KOCHEN FÜR DIE FAMILIE

HERAUSGEBERIN: DAGMAR VON CRAMM
Autorinnen: Susanne Bodensteiner | Martina Kittler | Julia Skowronek
Foodfotos: Fotos mit Geschmack, Ulrike Schmid | Sabine Mader
Peoplefotos: Peter von Felbert | Anne Eickenberg

KOCHEN FÜR DIE FAMILIE

6

Einleitung & Service

24

Nudeln

46

Kartoffeln

64

Reis & Getreide

82

Eier

96

Gemüse & Salate

116

Fleisch & Geflügel

136

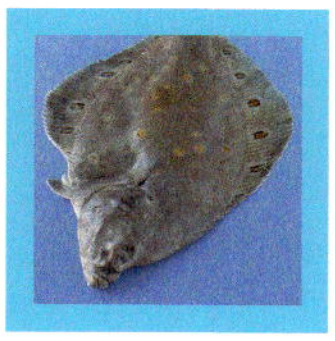

Fisch & Meeresfrüchte

152

Süßes & Obst

172

Brotzeit & unterwegs essen

190

Feste feiern

218

Kochen für die Kindergruppe

224

Hausmittel gegen Unwohlsein

228

Zum Nachschlagen

Die Autorinnen

Dagmar von Cramm

Meine Jungs sind jetzt groß. Das lässt mir Zeit, mich intensiver um Ernährung in Theorie und Praxis zu kümmern. Und mein Jüngster bringt immer noch spontan zum Mittagessen Freunde mit.

Martina Kittler

Geschnippelt, gekocht und ausprobiert wird bei mir fast täglich. Janina und Laurens sind meine kritischsten Tester. Wenn's ihnen schmeckt, heißt das »grünes Licht« für ein Rezept. Und manchmal legen sie auch selbst Hand an – mit Freunden und Küchenverbot für Mama.

Julia Skowronek

Früher kochte ich für anspruchsvolle Gäste in sternedekorierten Restaurants. Jetzt macht es mir viel Spaß, für meine Familie und vor allem auch Felines (4) fünfzehn hungrige Kindergartenfreunde gutes Essen zu zaubern. Und immer freue ich mich, wenn's den Leuten schmeckt!

Susanne Bodensteiner

Mein Leben ist großartig – zumindest beim Kochen. Mein Sohn Felix (13) verputzt nach dem Fußballtraining fast eine halbe Mannschaftsportion. Und für Jakob (16; 1,87 m) darf's immer XXL sein – ob bei Schnitzel, Salat oder Taschengeld.

WAS DIESES BUCH KANN

Möchten Sie Ihre Familie gut und gesund ernähren? Und gleichzeitig eine vergnügte Runde bei Tisch haben? Soll es allen schmecken – ohne dass Sie Stunden in der Küche und beim Einkaufen verbringen? Kurz: Wünschen Sie sich das Rundum-sorglos-Kochbuch für Ihre Familie?
Hier ist es. Wir wollen Sie möglichst nicht länger als eine halbe Stunde am Herd halten. Wir verwenden einfache Zutaten aus dem Supermarkt. Und wir geben Ihnen mehr als 365 Rezept-Anregungen, so dass garantiert für jeden Tag und jedes Familienmitglied etwas dabei ist.

Mein Tipp Beziehen Sie Ihre Familie mit ein. Jeder darf sich mal was wünschen. Dafür sind die Lesezeichen ganz hinten im Buch gedacht. Vor allem: Jeder darf mithelfen beim Aussuchen, Schnippeln, Rühren und Kneten – und auch das Auf- und Abdecken ist Familienangelegenheit. Seien Sie großzügig, loben Sie tüchtig, dann werden alle gerne mit anfassen und dabei noch eine Menge lernen. Außerdem: Beim gemeinsamen Kochen und auch anschließend zusammen bei Tisch kann man prima miteinander reden. Das tut dem Familienleben garantiert gut! *Ihre Dagmar von Cramm*

Einfach kochen und genießen!

Unsere Rezepte enthalten viele Tipps, die speziell auf die Familienküche abgestimmt sind. So können Sie nach Lust, Laune und Marktangebot variieren und ergänzen.

Kinder machen mit Da können Kinder den Kochlöffel schwingen bzw. das macht ihnen beim Vorbereiten besonders viel Spaß.

Austausch-Tipp Die Erdbeerzeit ist längst vorbei? Ihre Familie hasst Spinat? Hier finden Sie Alternativen für bestimmte Zutaten.

Mehr draus machen Erste Hilfe bei Überraschungsgästen: Ihr Kind hat Freunde mitgebracht, das Nachbarskind soll kurzfristig ein paar Stunden betreut werden? Kein Problem, alle werden satt.

Tuning-Tipp Einfache Tricks, die das Rezept raffiniert aufpeppen – nicht nur für Gäste.

1 x kochen – 2 x essen Gut geplant ist halb gekocht! Heute gibt's Pellkartoffeln? Dann kochen Sie gleich die doppelte Menge, und schon wird der Kartoffelsalat morgen zum Blitzrezept.

Vegi-Tipp So schmeckt's auch, aber bestimmt nicht nur Vegetariern. Und so kommen Sie auch vom Nährwert her auf Ihre Kosten.

Das schmeckt dazu Was zum Rezept passt: Beilagen, Ergänzungen, Saucen, Dips und mehr.

Speed-Tipp Zutaten- und Zubereitungs-Tricks, wenn es mal wieder besonders fix sein soll.

Vorrats-Tipp Rezeptabwandlungen mit Zutaten, die immer im Haus sind; Hinweise dazu, wie lange Gerichte im Voraus zubereitet bzw. aufbewahrt werden können – spart Zeit und Geld.

Einfrier-Tipp So können Sie eine Speise oder ein Teilgericht gleich in größeren Mengen und zum Lagern im Tiefkühlgerät vorbereiten.

DAS KOCHE ICH ...

wenn's superschnell gehen soll

wenn's nicht viel kosten darf

aus dem Vorrat

wenn's unkompliziert sein soll

wenn's gut vorzubereiten sein soll

beim Kinderfest

im Frühling

im Sommer

im Herbst

im Winter

für kleine und große Vegetarier

wenn nur ein kleiner Imbiss gefragt ist

wenn's was Besonderes sein darf

wenn's mal exotisch sein soll

1 x 1 DER ERNÄHRUNG

Ohne Essen läuft nichts! Es liefert uns die Energie, die wir zum Leben brauchen: zum Arbeiten, Joggen oder Spielen, zum Denken, Verdauen oder Schlafen. Geliefert wird die Energie von den drei Nahrungsbausteinen Kohlenhydrate, Eiweiß und Fett. Ob die Menge an Energie, die Sie und Ihre Familie täglich zu sich nehmen, mit dem übereinstimmt, was jeder individuell verbraucht, ist offensichtlich: Zu viel lässt die Fettpolster wachsen, zu wenig die Rippen hervortreten. Um beurteilen zu können, ob diese Ernährung auch gesund ist, reicht das aber nicht aus. Für die Versorgung mit allen wichtigen Nahrungsinhaltsstoffen ist der Anteil und die Art von Kohlenhydraten, Eiweißen und Fett in der täglichen Nahrung ganz entscheidend.

Kohlenhydrate – die schnelle Energie

Unser Stoffwechsel kann sie besonders leicht in Energie verwandeln. Kohlenhydrate, die gut die Hälfte (ca. 55 %) der Tageskalorien liefern sollten, kommen vor allem in pflanzlichen Lebensmitteln vor, z. B. in Getreideflocken, Brot, Pasta, Gemüse und Obst. Und diese Lebensmittel liefern außer schneller Energie auch noch jede Menge Vitamine, Mineralstoffe, Ballast- und Bioaktivstoffe. Dabei gilt: Je naturbelassener das Lebensmittel, desto mehr Powersubstanzen stecken drin: in Vollkornmehl mehr als in Weißmehl, im Apfel mehr als im Apfelsaft, in Haferflocken mehr als in süßen Flakes, in Pellkartoffeln mehr als in Pommes frites. Zucker besteht ausschließlich aus leeren Kohlenhydraten. Er liefert reichlich Kalorien, aber nichts Wertvolles. Daher sollte Zucker nur einen möglichst winzigen Teil unserer Ernährung ausmachen.

Fett – die konzentrierte Energie

Fett liefert pro Gramm doppelt so viele Kalorien wie Kohlenhydrate und Eiweiß – ein Zuviel davon lässt schnell die Fettpolster wachsen. Kalorien aus Fett sollten daher nicht mehr als ein Drittel (ca. 30 %) unseres täglichen Energiebedarfs decken. Ganz darauf zu verzichten wäre allerdings fatal: Fett ist Träger von fettlöslichen Vitaminen (vor allem Vitamin D und E). Bestimmte Fettarten liefern außerdem wichtige mehrfach ungesättigte Fettsäuren, die unser Körper selbst nicht bauen kann. Empfehlung der Ernährungsexperten: Greifen Sie eher zu pflanzlichem als zu tierischem Fett und bevorzugen Sie Omega-3-Fettsäuren, die in Fisch, Raps-, Lein- und Walnussöl enthalten sind.

Eiweiß – die aufbauende Energie

Eiweiß liefert zum einen Energie, zum anderen das Baumaterial, aus dem unsere Zellen bestehen. Daher sollten mindestens 12–15 % der Tageskalorien aus Eiweiß stammen. Nicht nur in Milch, Eiern, Fleisch und Fisch steckt Eiweiß, sondern auch in pflanzlichen Lebensmitteln, vor allem in Nüssen, Hülsenfrüchten, Pilzen, Getreide und Kartoffeln. Eine vegetarische Ernährung mit Milchprodukten, Vollkorn und Hülsenfrüchten kann deshalb leicht den Eiweißbedarf decken. Besonders wertvoll: Ein Mix aus tierischem und pflanzlichem Eiweiß. Genießen Sie z. B. Kartoffeln mit Ei oder Getreide mit Milch, Joghurt oder Käse. So reichen schon Mini-Mengen, um den Tagesbedarf zu decken.

Wasser – einfach lebenswichtig

Unser Körper besteht zu gut zwei Dritteln aus Wasser – kein Wunder, dass ohne regelmäßige Flüssigkeitszufuhr nichts läuft. Höchstens vier Tage stehen wir ohne Flüssigkeit durch, ohne Essen dagegen mehrere Monate. Die Aufgaben des Wassers in unserem Körper: Es transportiert Nährstoffe und Sauerstoff zu den Zellen, schafft den »Abfall« weg und reguliert die Körpertemperatur. Da wir über Urin und Schweiß ständig Wasser verlieren, müssen wir nachfüllen: Trinken Sie mindestens 1 1/2–2 Liter am Tag, und wenn es heiß ist oder beim Sport noch mehr. Kinder haben auf das Körpergewicht bezogen einen höheren Flüssigkeitsbedarf als Erwachsene: Vorschulkinder brauchen mindestens 1 Liter Flüssigkeit, Grundschulkinder 1 1/4 Liter.

Vitamine – die zündenden Funken

Sie sind notwendig, damit die Stoffwechselprozesse in unserem Körper richtig und schnell ablaufen. Unser Körper kann Vitamine nicht selbst bilden, deshalb müssen wir sie mit dem Essen aufnehmen. Besonders die wasserlöslichen wie etwa Vitamin C und die B-Vitamine sollten immer wieder in unserer Nahrung auftauchen, da sie nicht gespeichert werden. Von den fettlöslichen Vitaminen A, D, E und K dagegen kann unser Körper Depots anlegen. Bestens versorgt ist, wer sich regelmäßig Obst und Gemüse, Kartoffeln, Vollkorn- und Milchprodukte schmecken lässt. Bereiten Sie das Essen so oft wie möglich frisch zu und essen Sie auch mal Rohkost. Denn Hitze, Licht und Luft mögen Vitamine gar nicht.

Mineralstoffe – klein, aber fein

Sie sind nicht nur an Stoffwechselprozessen beteiligt, sondern auch Teil unserer Körpersubstanz, z. B. Eisen im Blut, Kalzium in Knochen und Zähnen oder Jod in der Schilddrüse. Bei Kindern ist eine gute Mineralstoffversorgung besonders wichtig, da sie beim Wachsen Körpermasse aufbauen.

Bioaktivstoffe – für Fitness und Gesundheit

Die Bedeutung dieser großen Gruppe von unterschiedlichsten Inhaltsstoffen ist erst in den letzten Jahren entdeckt worden. Zu den Bioaktivstoffen zählen Pflanzeninhaltsstoffe wie z. B. Karotine, Phenole, Sulfide und Ballaststoffe, aber auch Milchsäure. All diese Substanzen sind nicht lebenswichtig, aber sie stärken unseren Körper und unsere Immunabwehr, machen ihn fit gegen Krankheitserreger. Reichlich Bioaktivstoffe nehmen wir mit einer abwechslungsreichen Ernährung mit viel Obst, Gemüse, Vollkorn- und Milchprodukten auf. Besondere Bedeutung kommt den Ballaststoffen zu: Sie sorgen für eine gesunde Darmflora, eine zügige, schonende Verdauung und binden schädliche Substanzen. Außerdem sättigen sie. Ballaststoffreich sind Obst, Gemüse und Vollkornprodukte, ballaststoffarm sind Weißmehlprodukte, zuckerreiche Produkte, Fertigprodukte und Fastfood.

Ein Süppchen für jeden oder ein Topf für alle?

Auch wenn die Werbung anderes suggeriert: Kinder brauchen keine speziellen Lebensmittel. Sie sind mit der normalen Familienkost aus frischen Lebensmitteln optimal versorgt. Also ein Topf für alle? Jein! Jedes Familienmitglied hat spezielle Bedürfnisse: Frauen leiden häufig unter Eisenmangel, da sie durch den monatlichen Blutverlust einen höheren Bedarf an diesem Spurenelement haben und oft wenig Fleisch und Wurst essen. Ausgleich schaffen reichlich Vollkornprodukte, Hülsenfrüchte, Nüsse und Samen. Bei Männern können Vitamin C, Folsäure und Ballaststoffe knapp werden, denn viele sind Gemüsemuffel. Eine Portion Salat vor der Hauptmahlzeit liefert die fehlenden Nährstoffe. Kinder kommen oft bei Kalzium, Jod, Betakarotin und einigen B-Vitaminen zu kurz. Außerdem knapp: Flüssigkeit. Täglich ein Glas Milch verbessert die Kalziumversorgung.

DER DGE-ERNÄHRUNGSKREIS

Gruppe 1: Getreideprodukte – am besten Vollkorn

... liefern viel Stärke (Kohlenhydrate), Ballaststoffe, B-Vitamine und Magnesium

→ täglich 4–6 Scheiben Brot/Brötchen, evtl. statt 1 Scheibe Brot 1 Portion Müsli

→ täglich 1 Portion Nudeln, Reis, Kartoffeln, Bulgur, Couscous oder Polenta

Gruppe 2: Gemüse – auch roh genießen

... liefert viel Vitamin C, Betakarotin, Folsäure und Kalium sowie Bioaktivstoffe

→ täglich 3 Portionen Gemüse – roh, als grüner Salat, Saft oder Knabbergemüse; gekocht als Beilage oder Hauptgericht, mehrmals im Monat auch Hülsenfrüchte

Gruppe 3: Obst – gesunder Knabberspaß

... liefert viel Vitamin C, Betakarotin, Folsäure und Kalium

→ täglich 2–3 Portionen Obst; Saft kann 1 Portion ersetzen

Gruppe 4: Milch und Milchprodukte – natürlich gut

... liefern viel Eiweiß, Kalzium und Vitamin B2

→ täglich etwa 2 Gläser Milch oder 1 Glas Milch, 1 Becher Joghurt und 1 Scheibe Käse oder 1 Becher Joghurt und 2–3 Scheiben Käse

Gruppe 5: Fisch, Fleisch, Wurst und Eier – bewusst genießen

... liefern viel Eiweiß, Eisen (Fleisch) und Jod (Fisch)

→ pro Woche 1 Portion fettarmer Seefisch (Kabeljau, Seelachs, Tilapia)

→ pro Woche 1/2 Portion fettreicher Fisch (Lachs, Hering, Makrele)

→ pro Woche 2–3 Portionen Fleisch

→ pro Woche 2–3 Portionen Wurst- und Fleischwaren

→ pro Woche max. 3 Eier (inkl. versteckter Eier, z. B. in Kuchen oder Saucen)

Gruppe 6: sichtbare Fette wie Butter, Öl und ungehärtete Margarine

... liefern mehrfach ungesättigte Fettsäuren und die Vitamine E (Öl) und D (Butter)

→ täglich 1 1/2–3 EL Butter

→ täglich 1–1 1/2 EL Öl (am besten Rapsöl) oder Margarine

Gruppe 7: Getränke wie Wasser, ungesüßter Früchte- oder Kräutertee, Saftschorle

... liefern Flüssigkeit und gelöste Mineralstoffe

→ täglich mindestens 1 1/2 Liter, also 6 Gläser – bei Hitze und Schwitzen mehr

DAS BESTE FÜR IHRE FAMILIE

Getränke

→ **Wasser** ist klarer Favorit bei den Durstlöschern, ob frisch aus der Leitung oder aus Flaschen. Ganz ohne Kalorien versorgt es uns mit der nötigen Flüssigkeit. Mineralwasser enthält zusätzlich viele Mineralstoffe. Auch ungesüßte Tees löschen Durst, ohne dick zu machen.
→ **Fruchtsäfte** liefern Vitamine und Mineralstoffe, aber auch viel Energie in Form von Fruchtzucker. Am besten 1 : 3 mit Wasser verdünnen.
→ **Milch** ist kein Durstlöscher, sondern ein wertvolles Lebensmittel.
→ Lassen Sie Limo, Cola, Eistee und andere **trendy Drinks** im Supermarkt links liegen! Mit ihrem hohen Zuckergehalt liefern diese Getränke jede Menge Kalorien, ohne satt zu machen und verursachen noch mehr Durst. Bei Cola und Eistee ist für Kinder außerdem der Koffeingehalt bzw. der hohe Säuregehalt, der die Zähne angreift, problematisch.

Getreideprodukte, Kartoffeln, Reis

→ **Brot:** Mindestens die Hälfte des täglichen Brotes sollte Vollkornbrot sein. Denn das enthält noch alle Nährstoffe des ganzen Getreidekorns: Mineralstoffe wie Magnesium und Eisen, Vitamine, vor allem der B-Gruppe, hochwertiges Eiweiß und Fett. Brot aus Weißmehl ist weit weniger wertvoll und macht nicht so lange satt. Vollkornbrot ist nicht immer auf den ersten Blick zu erkennen: Es muss nicht grob und dunkel, sondern kann auch hellbraun und aus fein gemahlenem Vollkornmehl sein. Oft werden Weißmehlprodukte, auch Mehrkornbrote durch den (harmlosen) Farbstoff Zuckercouleur optisch auf Vollkorn getrimmt. Fragen Sie Ihren Bäcker oder studieren Sie die Zutatenliste. Beim Mehl gilt: Je höher die Typenzahl, desto höher der Vollkornanteil. Reines Vollkornmehl hat gar keine Type.
→ **Cerealien, Cornflakes & Co.:** Naturbelassene Hafer- oder andere Vollkornflocken sind ausgesprochen gesunde Sattmacher. Die meisten Cerealien – ob Cornflakes, Crispies oder Honigpops – sind dagegen reine Zuckerbomben, zum Teil auch wahllos mit Vitaminen und Mineralstoffen angereichert. Schauen Sie auf die Zutatenliste! Wenn Ihre Kinder nicht darauf verzichten möchten, mischen Sie süße Cerealien unter normales Müsli.
→ **Kartoffeln, Nudeln, Getreide und Reis:** Sie sind Basis der Hauptmahlzeit, je naturbelassener, desto wertvoller: Pell- oder Salzkartoffeln tun für unsere Fitness und Gesundheit mehr Gutes als Pommes frites, selbst gekochtes Kartoffelpüree ist nährstoffreicher als das aus der Tüte. Reis, Getreide und Nudeln sind in der Vollkornvariante besonders empfehlenswert. Parboiled Reis ist ein guter Kompromiss zwischen dem nährstoffarmen polierten Reis und dem groben Vollkornreis. Für Abwechslung auf dem Teller sorgen Polenta (Maisgrieß), Bulgur oder Couscous (aus Weizen). Tipp für Gemüsemuffel: Kartoffeln enthalten viel mehr Vitamine und Mineralstoffe als Reis oder Nudeln und können so Gemüse teilweise ersetzen.

Gemüse und Obst

Voll mit Vitaminen, Mineral-, Ballast- und anderen Bioaktivstoffen sollte Gemüse und Obst jeden Tag auf dem Speiseplan stehen.
→ **»Take five!«** raten die Ernährungsexperten. Wer fünf Mal am Tag zu Frischem greift, kann das Risiko, krank zu werden, entscheidend reduzieren. Abwechslung ist dabei das Zauberwort, denn so ergänzen sich die Nährstoffe der verschiedenen Arten.
→ Je frischer und reifer Gemüse und Früchte sind, desto mehr Wertvolles enthalten sie. Ziehen Sie **Produkte aus der Region** weit gereister Treibhausware vor – sie sind auch preiswerter.
→ Im Winter ist **TK-Ware** eine sinnvolle Alternative. Tomaten, Mais, Hülsenfrüchte, Rotkohl und Sauerkraut dürfen auch **aus der Dose** stammen. Dosenobst kann allerdings sehr zuckerreich sein.
→ Servieren Sie Gemüse nicht nur gekocht, sondern auch als **Rohkost** zum Dippen oder als Salat – dann bietet es besonders viele Vitamine.

Milchprodukte

Ob Sie **pasteurisierte Frischmilch oder H-Milch** wählen, ist vor allem eine Geschmacksfrage, von den Inhaltsstoffen her gibt es keinen großen Unterschied. H-Milch enthält zwar geringfügig weniger Vitamine, aber genauso viel knochenstärkendes Kalzium.
→ Gibt es in Ihrer Familie Probleme mit **Übergewicht,** kaufen Sie am besten Milch und Joghurt mit **maximal 1,5 % Fett.** Zum Verfeinern von Suppen und Saucen statt Crème fraîche und Schmand Crème légère bzw. saure Sahne verwenden. (Schlag-)Sahne können Sie häufig ganz oder teilweise durch Milch ersetzen. Bevorzugen Sie bei Frischkäse die fettreduzierten Varianten und Magerquark.
→ Spezielle **Kinder-Milchprodukte** sind in der Regel stark gesüßt, ebenso Desserts aus Milchprodukten, Fruchtjoghurts und Quarkspeisen. Am besten mixen Sie Joghurt oder Quark und Früchte selbst.
→ Achten Sie auf die **Zutatenliste:** je kürzer, desto besser. Übrigens: Probiotische Produkte wirken tatsächlich positiver auf die Darmflora als normale Milchprodukte – aber nur, wenn man sie jeden Tag isst.

Fleisch und Wurst

Fleisch ist wichtig als Eisenlieferant, liefert zudem Eiweiß, Zink und Niacin. Um gut versorgt zu sein, reichen auch kleine Mengen. Beste Fleisch- und Wurstqualität finden Sie beim Bio-Metzger.
→ **Dunkelrotes Fleisch** wie Rind, Lamm und Wild enthält besonders viel Eisen, Schweinefleisch viel Vitamin B2. **Geflügelfleisch** (ohne Haut) hat den Vorteil, dass es sehr fettarm und leicht verdaulich ist.
→ Meiden Sie **vorgewürzte Fleischwaren.** Unter der Marinade oder Würze verstecken sich oft minderwertige Qualität und viel Salz.
→ **Wurst** ist durch Pökeln bzw. Räuchern nicht so gesund. Fettarme Sorten sind Schinken, Geflügelwurst, Bierschinken oder Sülze.

Fisch

Ob aus Meer oder Fluss, Fisch liefert hochwertiges Eiweiß. Schade, dass er in vielen Familien so selten auf den Tisch kommt.
→ **Seefisch** ist unser bester Jodlieferant, besonders Schellfisch, Seelachs und Kabeljau. Fette Seefische wie Hering, Makrele, Tunfisch und Lachs punkten zudem mit mehrfach ungesättigten Omega-3-Fettsäuren – gut für Blutgefäße und Herz. **Süßwasserfische** wie Forellen, Zander oder Wolfsbarsch enthalten diese ebenfalls.
→ **TK-Fisch** enthält noch alle wichtigen Inhaltsstoffe und ist uneingeschränkt zu empfehlen. Für Kinder sind grätenarmes Fischfilet oder auch Fischstäbchen ideal.

Fett

→ **Als Streichfett** Butter wählen, die Vitamin D und bioaktive Substanzen enthält, oder ungehärtete Pflanzenmargarine.
→ **In der kalten Küche,** z. B. für Salate, kaltgepresstes Öl nehmen. Es enthält besonders viel Wertvolles. Empfehlenswert: Raps-, Lein-, Nussöl.
→ **Zum Braten und Frittieren** ein hoch erhitzbares, raffiniertes Öl nehmen, am besten Raps- oder Sojaöl.

Augenschmaus Liebevoll dekoriert macht das Essen nicht nur Kindern so richtig Appetit – auch auf Gesundes!

Fingerfood Servieren Sie öfter mal Fingerfood: Das Essen mit den Händen macht allen Spaß und regt die Sinne an.

Extra-Würstchen Mama mag kräutergrün, Papa wählt Peperoni: Oft machen Kleinigkeiten ein Gericht zur Leibspeise.

Kinder knabbern gern Sie ziehen rohes Gemüse oft gekochtem vor. Rohkost auch mal als Snack zwischendurch anbieten.

Ordnung muss sein – zumindest auf dem Teller. Kinder wollen sehen, aus was das Essen besteht, und dann selbst mischen.

Clevere Resteküche Was übrig bleibt, verpacken, kühlen oder einfrieren. Beim Aufwärmen das Gericht einmal aufkochen.

Einfach gut Trinkwasser aus der Leitung wird hier zu Lande streng kontrolliert und kann uneingeschränkt empfohlen werden.

Helfen macht hungrig Kids, die in der Küche mithelfen, entlasten Mama und bekommen Appetit aufs Selbstgeschnipselte.

Hokuspokus verschwindibus Püriert oder fein geraspelt schmecken Paprika, Lauch und Möhren auch Gemüsemuffeln.

BASIS-VORRAT FÜR FAMILIEN

Frische-Vorrat

- Äpfel
- Butter
- Eier
- Joghurt
- Kartoffeln
- Knoblauch
- Milch
- Sahne
- Zitronen
- Zwiebeln

Tiefkühl-Vorrat

- Beeren
- Blätterteig
- Brot
- Eis (Vanille, Schokolade)
- Fischfilets
- Fischstäbchen
- Gemüse (z. B. Spinat, Erbsen, grüne Bohnen, Brokkoli, Pfannengemüse)
- Hackfleisch
- Kräuter (z. B. Petersilie, Schnittlauch, Kräutermischungen, evtl. Ingwer, Zitronengras)
- Parmesan

Gewürze

- Cayennepfeffer
- Currypulver
- Kümmelsamen
- Lorbeerblätter
- Muskatnuss
- Paprikapulver, edelsüß und rosenscharf
- Salz, Pfefferkörner
- Zimtpulver und -stangen

Vorratsschrank

- Alufolie, Backpapier
- Apfelmus (Glas)
- Brühe (gekörnt oder im Würfel)
- Essig, Öl
- Gemüsemais (Dose)
- Gewürzgurken
- Honig
- getrocknete Hülsenfrüchte (z. B. rote Linsen)
- gekochte Hülsenfrüchte (Dose oder Glas; z. B. Kidney-Bohnen, weiße Bohnen, Kichererbsen)
- Kapern
- Kekse
- Knäckebrot, Zwieback
- Konfitüre
- Mehl
- Müsli, Haferflocken
- Nudeln
- Nüsse, Mandeln, Pinienkerne
- Obst (Dose oder Glas, z. B. Mandarinen, Pfirsiche, Ananas, Kirschen)
- Oliven
- Polenta (Maisgrieß)
- Reis
- Sauerkraut (Dose)
- Senf, Sojasauce, evtl. Tabasco
- gehäutete Tomaten (Dose)
- getrocknete Tomaten
- stückige Tomaten (Dose oder Packung)
- Tunfisch (Dose)
- Zucker

Preiswert einkaufen

→ **Einkauf fängt zu Hause an** Sonderangebote in der Zeitung studieren, Liste schreiben, nicht hungrig zur Einkaufstour starten.

→ **Perfekte Logistik** Kaufen Sie systematisch ein: einmal im Vierteljahr im Großmarkt Dauer-Vorräte wie Nudeln, Dosentomaten oder Mehl, einmal im Monat Haltbares wie Gewürze, Getränke, TK-Waren, Öl oder Essig. Dann reichen ein bis zwei Einkäufe in der Woche für frische Produkte.

→ **Gemeinsam Geld sparen** Wenn Sie sich mit anderen Familien zusammentun, lohnt sich der Einkauf direkt beim Bio-Bauern oder im Großmarkt: So teilen Sie sich nicht nur Riesen-Fleischportionen, Gemüsekisten oder Paletten mit Dosen-Tomaten, sondern auch die Fahrtkosten.

→ **A la saison** Freilandgemüse und -obst aus unseren Breiten ist zur Haupterntezeit nicht nur preiswert, sondern auch besonders reich an Nährstoffen.

→ **Sparen kurz vor Ladenschluss** In Bäckereien, beim Gemüsehändler und manchmal auch im Supermarkt gibt's dann oft Preisnachlass.

→ **Mit Kindern einkaufen** Planen Sie mehr Zeit ein, wenn Sie die Knirpse mitnehmen. In der Kassenschlange heißt es Nerven bewahren: Nicht ohne Grund werden die hier platzierten Süßigkeiten »Quengelware« genannt.

→ **Raffinierte Verführer** Supermärkte präsentieren ihre Waren nach einem psychologisch ausgeklügelten System. Denken Sie daran, dann sind Sie vor ungewollten Spontankäufen geschützt. In bequemer Griff- und Sichthöhe stehen z. B. meist teurere Markenartikel, für preiswerte »No-Names« und »Musts« wie Mehl oder Zucker müssen Sie sich dagegen bücken; daher der Name »Bückware«. Was Ihre Familie laufend frisch benötigt, finden Sie weit entfernt vom Eingang: So müssen Sie für eine Tüte Milch, ein Pfund Hackfleisch oder ein Päckchen Mozzarella erst den ganzen Supermarkt durchqueren, vorbei an verlockenden Angeboten.

Coole Tipps für Vorräte

→ **Fisch, Fleisch und Geflügel** sind frisch besonders empfindlich und brauchen deshalb den kältesten Platz im Kühlschrank. Der ist im untersten Fach über dem Gemüsefach, weil kalte Luft nach unten fällt. Fisch am besten am Einkaufstag genießen.

→ **Hackfleisch** bietet Keimen große Angriffsfläche. Beim Metzger frisch durchdrehen lassen und am selben Tag zubereiten, sonst als flaches Päckchen einfrieren. Dazu das Hackfleisch in einen Gefrierbeutel packen und mit einem Nudelholz »ausrollen«. So braucht es im Tiefkühlgerät wenig Platz und taut bei Bedarf im Kühlschrank schnell wieder auf.

→ **Kräuterquark, Joghurtdip & Co.** im Kühlschrank immer gut abdecken. Denn Milchprodukte nehmen leicht Gerüche an.

→ **Frisches Gemüse** in Frischhaltebeutel packen und ins Gemüsefach des Kühlschranks legen. Wickeln Sie Spargelstangen vorher in ein feuchtes Tuch. Schneiden Sie das Grün bei Bundmöhren und Radieschen ab, dann bleibt das Gemüse knackiger. Blattspinat, Paprika oder Auberginen möglichst bald genießen.

→ **Salat** macht schnell schlapp. Im Gemüsefach bleibt zarter Kopfsalat – locker in Zeitungspapier eingeschlagen – höchstens 1 Tag schön knackig. Eisberg-, Romana- oder Burgundersalat hält etwas länger. Haben Sie Feldsalat bereits geputzt und gewaschen? Gut trocken geschleudert darf er im Kühlschrank ruhig noch einen Tag aufs Anmachen warten. Blättchen einfach locker in eine Plastiktüte umfüllen.

→ **Kräutersträußchen** bleiben 3–4 Tage frisch, wenn Sie sie befeuchten, in einen Frischhaltebeutel stecken, diesen wie einen Luftballon aufblasen und dann verschlossen in den Kühlschrank legen. Zum Einfrieren Kräuter waschen, fein schneiden und in Eiswürfelbehältern mit etwas Wasser frosten: Vitaminwürfel für Wintersalate und -suppen.

→ **Sonnenverwöhnte Früchte** wie Bananen oder Orangen vertragen Kühlschrankkälte nicht. Auch Tomaten büßen an Aroma ein.

→ **Teigtäschchen** auf Vorrat zubereitet? Wenn Sie Ravioli, Tortellini und Wan-Tan einfrieren möchten, sollten Sie sie unbedingt nebeneinander auf ein Tablett gelegt vorfrosten, dann erst in Gefrierbeutel umfüllen. Sonst klumpen sie zusammen.

→ **Ingwer** lässt sich super einfrieren und gefroren reiben. Liebt Ihre Familie asiatische Küche? Dann können Sie beim Besuch im Asienladen auch Kaffirlimettenblätter und Zitronengrasstängel in größerer Menge mitnehmen und zuhause in den Kältevorrat legen.

→ **Beerensegen aus dem Garten** auf einem Tablett vorfrosten, dann in Gefrierbeutel oder -dosen umfüllen. So kann man sie später für Kuchen und Desserts leicht portionieren.

Ganze Kohlköpfe, z. B. Weißkohl, Rotkohl oder Chinakohl, können Sie gut auf Vorrat kaufen. Denn trocken, dunkel und kühl gelagert bleibt das robuste Gemüse wochenlang frisch.

Vitamine von der Fensterbank: Viele heimische und exotische Kräuter, Pflücksalate und sogar scharfe Chilischoten lassen sich in Töpfchen und Balkonkästen leicht ziehen und stehen so auch nach Ladenschluss zur Verfügung.

Der Gesundheit zuliebe

→ Vorrats- und Kühlschrank **regelmäßig kontrollieren.** Denn Verdorbenes ist nicht nur unappetitlich, sondern steckt häufig auch Nachbarvorräte an.

→ Geben Sie **Schädlingen** keine Chance! Mehl, Nüsse und Trockenfrüchte am besten gleich nach Anbruch der Packung in dicht schließende Gläser umfüllen. Name und Haltbarkeitsdatum aus der Packung ausschneiden und aufs Vorratsglas kleben. Vorratsschrank regelmäßig mit Speziallösung aus dem Bioladen, Kühlschrank mit Essigwasser auswischen.

→ Ein bisschen **Schimmel** bei Brot dürfen Sie großzügig wegschneiden. Ansonsten gilt: Im Zweifelsfall Schimmeliges besser wegwerfen. Denn Schimmelpilze machen sich nicht nur an der Oberfläche, sondern auch unsichtbar im Inneren breit. Vor allem wasserhaltige Früchte wie Pfirsiche oder Tomaten sind nicht zu retten, wenn Sie Schimmelspuren aufweisen.

→ Ob frisch oder aufgetaut: **Fisch und Geflügel** immer kalt abwaschen und mit Küchenpapier trockentupfen. Auftauwasser von Fleisch, Geflügel und Fisch wegschütten.

Obst

	Saison | die besten Monate												besonders reich an *	Tipp
	J	F	M	A	M	J	J	A	S	O	N	D		
Ananas	■	■	■	■					■	■	■	■	Mg	reife duften, lassen sich nicht lange lagern
Äpfel	■	■	■						■	■	■	■	Vit. C	nicht neben Bananen lagern
Aprikosen						■	■	■					Provit. A, Vit. E, sek. PS	reife, feste sind besonders süß
Avocados	■	■	■	■						■	■	■	Vit. E, Vit. C, K, Fett, BS	sollen auf Fingerdruck leicht nachgeben
Bananen	■	■	■	■	■	■	■	■	■	■	■	■	K, Mg, B-Vitamine	mit Punkten auf der Schale vollreif, gleich essen
Birnen	■							■	■	■	■	■	BS	kühl und dunkel lagern, weiche gleich essen
Brombeeren							■	■	■				Provit. A, Fols., Vit. C, BS, sek. PS	am Einkaufstag genießen
Erdbeeren				■	■	■	■	■					Fols., Vit. C, Fe	am besten im Juni aus heimischem Anbau
Grapefruits	■	■	■									■	Provit. A, Vit. C, sek. PS	pinkfarbene sind süßer und kaum bitter
Heidelbeeren							■	■					Vit. E, Vit. C, BS, sek. PS	gezüchtete bleiben bis zu 3 Tage frisch
Himbeeren							■	■	■				Vit. C, BS	empfindlich! – gleich genießen oder einfrieren
Honigmelonen							■	■	■	■			Provit. A, B-Vitamine, Fols., Vit. C, K	aromatische duften angenehm
Johannisbeeren								■	■				Vit. C, BS	mit einer Gabel von der Rispe streifen
Kirschen						■	■	■					Fols., Vit. C, sek. PS	empfindlich! – im Kühlschrank max. 2 Tage
Kiwis	■	■	■	■	■	■	■	■	■	■	■	■	Vit. C, Ca	halten im Kühlschrank 3–4 Wochen
Mangos					■	■							Provit. A, Vit. E, Fols.	nie im Kühlschrank lagern
Mandarinen Clementinen Satsumas	■	■									■	■	Provit. A, Vit. B1, Ca, sek. PS	nicht im Kühlschrank aufbewahren
Mirabellen								■	■				Provit. A	bald genießen
Nektarinen							■	■					Provit. A	sollen weich, aber nicht matschig sein
Orangen	■	■	■	■						■	■	■	Fols., Vit. B1, Vit. C, Ca	sind matt, wenn nicht mit Wachs behandelt
Pfirsiche						■	■	■					Vit. E	vor dem Reinbeißen sehr gut waschen
Pflaumen							■	■	■				Provit. A, sek. PS	sollten keine grünen Stellen haben
Rhabarber					■	■							Vit. C, K	frische Stangen sind schön fest
Wassermelone						■	■	■	■				Provit. A, B-Vitamine	gekühlt genießen
Weintrauben							■	■	■	■	■		Fols., sek. PS	am besten gleich genießen
Zitronen	■	■	■	■	■	■	■	■	■	■	■	■	Vit. C, Mg	nur Bio-Ware ist gänzlich unbehandelt
Zwetschgen							■	■	■				sek. PS	am besten am Einkaufstag verarbeiten

Salate

	Saison | die besten Monate												besonders reich an *	Tipp
	J	F	M	A	M	J	J	A	S	O	N	D		
Batavia-Salat					■	■	■	■	■				Provit. A, Fols.	je dunkler gefärbt, desto würziger
Chinakohl	■	■	■						■	■	■	■	Fols., Vit. C	im Gemüsefach mindestens 2 Wochen haltbar
Eichblattsalat			■	■	■	■	■	■	■	■			Provit. A, Fols.	darf nur kurz im Kühlschrank lagern
Eisbergsalat			■	■	■	■	■	■	■	■			Provit. A	bleibt im Kühlschrank in Folie knackig
Feldsalat	■	■							■	■	■	■	Provit. A, Vit. C	auch abgepackten sorgfältig waschen
Kopfsalat			■	■	■	■	■	■	■	■			Provit. A, Fols.	feste Köpfe ohne welke Blätter wählen
Lollo rosso			■	■	■	■	■	■	■	■			Provit. A, Fols.	bleibt 1–2 Tage im Gemüsefach frisch
Radicchio							■	■	■	■			Provit. A, Fe	auf knackig frische Außenblätter achten

Gemüse

Saison | die besten Monate

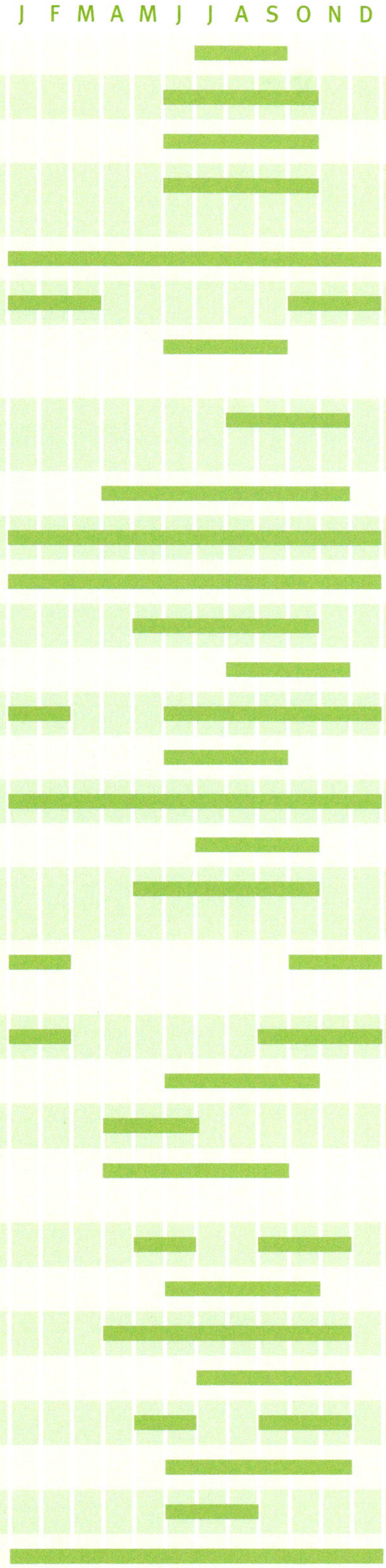

Gemüse	besonders reich an *	Tipp
Auberginen	Vit. B6, K	harte reifen bei Zimmertemperatur nach
Blumenkohl	Vit. B6, Fols., Vit. C, K, BS	beim Einkauf auf hellen Strunk achten
Bohnen, grün	Provit. A, Vit. B6, Fols., Vit. C, K, BS	vor dem Genuss blanchieren
Brokkoli	Provit. A, Vit. B2, Fols., Vit. C, K, Ca, Fe, BS	soll kräftig grün und fest sein
Champignons	Vit. B2, Fols., K, EW	möglichst nur mit Tuch oder Pinsel säubern
Chicoreé	Provit. A	im Kühlschrank bis zu 1 Woche haltbar
Erbsen	Provit. A, Vit. B1, Fols., Vit. C, K, Fe, K, EW, BS	frische reifen nach, schnell verbrauchen
Fenchel	Provit. A, Vit. E, Vit. B1, Fols., Vit. C, K, Mg, Fe, BS, sek. PS	Schnittflächen dürfen nicht trocken aussehen
Frühlingszwiebeln	Fe, sek. PS	beim Kauf auf sattes, kräftiges Grün achten
Kartoffeln	B-Vitamine, K	keimen bei Licht: kühl und dunkel lagern
Knoblauch	sek. PS	je frischer, desto milder
Kohlrabi	Provit. A, Fols., Vit. C, K, Mg	bleibt im Kühlschrank max. 3 Tage knackig
Kürbis	Provit. A, Fols., Vit. C, K, sek. PS	auf pralle Schale ohne Flecken achten
Lauch	Provit. A, Vit. B6, Fols., Vit. C,	welkt rasch, nur kurz im Kühlschrank lagern
Mangold	Provit. A, Vit. E, Fols., Vit. C, K, Ca, Fe	weiße Stiele sollen ohne braune Stellen sein
Möhren	Provit. A, K, Fe, BS, sek. PS	Bundmöhren schnell verbrauchen
Paprikaschoten	Vit. E, Vit. B6, Vit. C, BS	am besten aus dem Freiland im Herbst
Rettich Radieschen	Fols., Vit. C, K, sek. PS	knackige haben sattgrüne Blättchen
Rosenkohl	Provit. A, Vit. B6, Fols., Vit. C, K, BS, sek. PS	Röschen müssen fest geschlossen sein
Rotkohl	Vit. E, Fols., Vit., C, K, BS, sek. PS	unkompliziert und lange haltbar
Salatgurken	Provit. A, Fols., Vit. C	im Winter lieber drauf verzichten
Spargel	Vit. E, Fols., Vit. C, K, sek. PS	soll beim Aneinanderreiben quietschen
Spinat	Provit. A, Vit. E, B-Vitamine, Fols., Vit. C, K, Ca, Mg, Fe	in feuchtem Tuch im Gemüsefach lagern
Spitzkohl	Fols., Vit. C, BS, sek. PS	im Gemüsefach 5–6 Tage haltbar
Staudensellerie	Provit. A, K, BS	hält im Kühlschrank in Folie 10 Tage
Tomaten	Provit. A, Fols., Vit. C, K	im Spätsommer aus heimischem Anbau
Weißkohl	Vit. E, Fols., Vit. C, BS	kühl gelagert lange haltbar
Wirsing	Vit. E, Vit. B6, Fols., Vit. C, K, BS	Sommerwirsing ist zarter und weniger herb
Zucchini	Provit. A, Fols., Vit. C, K, Fe	kleine, feste mit makelloser Schale kaufen
Zuckerschoten	B-Vitamine, Fe, BS	am besten nicht lange lagern
Zwiebeln	Fols., Vit. C, sek. PS	kühl, trocken, nicht in Plastiktüte lagern

***ANMERKUNG:** Die oben genannten Inhaltsstoffe sind im Vergleich mit anderen Gemüse- bzw. Obstsorten besonders erwähnenswert. Damit wird jedoch keine Aussage über die enthaltene absolute Menge getroffen.

ABKÜRZUNGEN: Vit. = Vitamin | Provit. = Provitamin (Vitaminvorstufe) | Fols. = Folsäure | K = Kalium | Ca = Calcium | Mg = Magnesium | Fe = Eisen | EW = Eiweiß | BS = Ballaststoffe | sek. PS = sekundäre Pflanzenstoffe

Hilfe, mein Essen schmeckt langweilig! Eine Prise Zucker, ein Spritzer Zitronensaft, ein Löffelchen Pesto, Ketchup, Dijon- oder süßer Hausmacher-Senf wirken oft Wunder, wenn das gewisse Etwas noch fehlt.

Mit Liebe gekocht, perfekt gewürzt, aber optisch kein Genuss? Mit einem Klecks Crème fraîche oder Pesto serviert, macht Suppe gleich mehr her. Püree, Gemüse oder Ragout mit frisch gehackter Petersilie, gezupftem Dill oder fein geschnittenen Basilikum- bzw. Minzeblättchen bestreuen.

Pannenhilfe von A bis Z

→ Angebranntes retten
Steaks oder Frikadellen zu scharf angebraten? Schneiden Sie Verbranntes mit einem scharfen Messer vorsichtig ab, und braten Sie das Fleisch in frischem Öl erneut an. Runter vom Herd und raus aus dem Topf – so lässt sich Suppe, Sauce, Gemüseeintopf oder Milchreis retten: Alles, was nicht anklebt, in einen sauberen Topf umschütten, vorher auf keinem Fall umrühren und auch nicht am Topfboden kratzen! Leichter Brandgeschmack lässt sich mit Currypulver, Zimt, Sahne, Orangensaft oder mildem Essig überdecken.
Wer nicht schrubben will, füllt nach dem Missgeschick Topf oder Pfanne sofort mit kochend heißem Wasser. Ein Spritzer Spülmittel dazu und alles über Nacht einweichen lassen! Am nächsten Tag lässt sich Angebranntes dann leicht mit einem Spatel vom Topfboden lösen.

→ Eiweiß wird nicht steif
Alles in eine blitzsaubere Schüssel umfüllen, 1 Prise Salz und 1 Spritzer Zitronensaft dazugeben und geduldig weiterschlagen. Wenn's trotzdem nichts wird, hilft nur eins: mit frischem Eiweiß von vorne anfangen.

→ Gemüse ist verkocht
Ob Blumenkohl, Brokkoli oder Möhren: Allzu weich gekochtes Gemüse schmeckt mit Brühe und einem Schuss Sahne oder Kokosmilch püriert gut als Cremesuppe oder mit etwas Butter und Milch zerstampft als Püree.

→ Haut auf dem Pudding
Die muss erst gar nicht entstehen: Auf den noch warmen Pudding Zucker streuen oder Oberfläche mit Frischhaltefolie abdecken.

→ Klümpchen
Sauce, Pudding oder Pfannkuchenteig durch ein feines Sieb streichen. Pudding sollten Sie noch einmal unter Rühren aufkochen, sonst wird er nicht fest.

→ Kuchen klebt in der Backform
Backblech oder Form mit nassem Küchentuch abkühlen. Dann können Sie den Kuchen leichter herauslösen.

→ Kuchen ist zu trocken
Den Kuchen mit einem Holzstäbchen mehrmals einstechen. Orangensaft und Zuckersirup verrühren und über den Kuchen träufeln. Mischung eventuell mit etwas Rum oder Likör aromatisieren.

→ Kuchen ist zu dunkel
Bei verbrannten Kuchen dunkle Stellen großzügig wegschneiden. Übrigen Kuchen dick mit Puderzucker bestäuben oder mit Glasur bepinseln.

→ Mayonnaise ist geronnen
Rühren Sie in einer neuen Schüssel 1 frisches Eigelb mit wenigen Tropfen Öl und 1 Prise Salz cremig, und geben Sie nach und nach die missglückte Mayonnaise dazu. Damit's erst gar nicht passiert, alle Zutaten mindestens eine Viertelstunde vorher aus dem Kühlschrank holen und Zimmertemperatur annehmen lassen.

→ Sauce ist zu flüssig
1–2 TL Speisestärke mit etwas kaltem Wasser verrühren, zur Sauce gießen und alles unter Rühren aufkochen. Wenn's ein paar Kalorien mehr sein dürfen: 1 EL Mehl und 1 EL Butter verkneten, dann unterrühren.

→ Vorheizen vergessen
Entweder Umluftheizung einstellen oder den Auflauf bzw. Kuchen in den kalten Backofen stellen und die Garzeit um 10–15 Min. verlängern

→ Zu salzig
Zu viel Salz in Suppen oder Eintöpfen können Sie von einer Kartoffel aufsaugen lassen: Kartoffelstückchen einige Minuten mitkochen, dann rausfischen und etwas Wasser oder Milch nachgießen. Unter zu salziges Gulasch oder etwas versalzene Bolognese Tomatenwürfelchen mischen. Versalzene Saucen mit Wasser, Milch oder Sahne verlängern und mit 1 Prise Zucker würzen. Versalzenes Salatdressing mit halbierten Cocktailtomaten, Paprikawürfelchen oder fein gehobelten Möhrenscheibchen mischen.
Komplett versalzenes Gemüse in ein Sieb abgießen und falls nötig kurz abspülen. Um den Vitaminverlust auszugleichen, Gemüse mit reichlich frisch gehackten Kräutern servieren.

→ Zu scharf
Ein Schuss Milch oder Kokosmilch, ein Löffel Joghurt oder Tomatenwürfelchen und 1 Prise Zucker machen zu feurige Currys milder.

Essen will gelernt sein!

Essen – das ist nicht nur Nährstoffaufnahme, das ist auch Riechen, Schmecken, Sehen, Fühlen, Genießen – im Idealfall ein Fest für alle Sinne. Doch das Thema Essen birgt in der Familie auch reichlich Konfliktpotenzial: Gute Bekannte aus der Werbung und auch die Freunde sitzen unsichtbar mit am Tisch. Eine angenehme und entspannte Stimmung lässt sich selten durch Verbote schaffen, wohl aber durch Regeln und positive Gegenakzente:

→ Nehmen Sie sich **Zeit zum Essen,** setzen Sie sich mit der Familie an den gedeckten Tisch. Das tut gut! Und Sie spüren, wann Sie satt sind. Nebenher im Stehen hat man schnell eine Menge verdrückt, ohne es richtig zu merken.

→ Ein **schöner Essplatz** erhöht den Genuss! Sorgen Sie für angenehme Beleuchtung, Sets und ausreichend Armfreiheit, darüber hinaus erfreuen Blumen, Kerzen, auch ein Arrangement aus Obst oder Muscheln die Sinne.

→ Den Teller am Herd zu füllen ist praktisch, wenn Sie nur zu zweit sind. Gemütlicher sind **Platten und Schüsseln**, von denen sich jeder nimmt. So lernen Kinder früh, sich nach Hunger zu bedienen. Außerdem: Essen auf diese Weise ganz demonstrativ zu teilen, verbindet die Tischgemeinschaft.

→ Was der Bauer nicht kennt, das isst er nicht: Einseitigkeit kann die Folge sein. Deshalb ist **Probieren Pflicht** – immer wieder. Denn nur durch Lebensmittelvielfalt kann man Geschmack entwickeln.

→ Süßigkeiten verlocken jederzeit. Legen Sie keine Vorräte an, und setzen Sie eine **»Naschzeit«** fest – am besten nach dem Essen.

→ »Bäh« und »Igitt« sind tabu bei Tisch – das verdirbt den anderen den Appetit. Übrigens: **Ablehnung prägt stärker als Vorlieben.** Meckert Papa übers »Kaninchenfutter«, überzeugt das den Nachwuchs oft mehr als Mamas Gemüseleidenschaft. Ausweg: Jeder darf 3 Lebensmittel »abwählen«.

→ Nicht vergessen: Eltern und überhaupt alle Erwachsene sind **Vorbilder!**

Riten & Regeln

Ein gemeinsamer Rahmen von Verhaltensregeln gibt Kindern Geborgenheit und Orientierung. Und die Eltern haben es einfacher mit der täglichen Organisation. Regeln schaffen Gemeinsamkeit, das A und O für ein Familienleben. Und sie sind nicht nur im Alltag, sondern – in Form von Ritualen – auch an Festtagen wichtig. Verbinden Sie nicht speziell mit Weihnachten, Ostern oder Geburtstagsfeiern bestimmte, sehr persönliche Erinnerungen? Gerade Feste sollten alle Familienmitglieder positiv erleben, sich miteinander freuen, sich gegenseitig stärken. Tipps und Ideen zu den Festen rund ums Jahr finden Sie auf den Seiten 216 und 217.

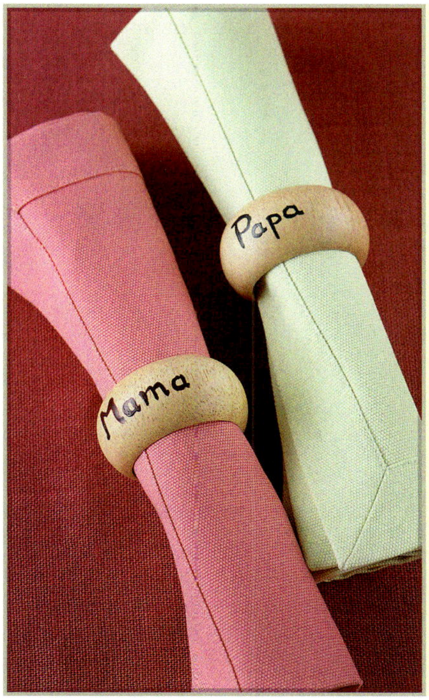

Basics für den Familientisch

86 % aller Kinder essen am liebsten mit der Familie. Kein Wunder: Am Esstisch werden Neuigkeiten ausgetauscht, Pläne geschmiedet, es wird gescherzt und über ernste Themen gesprochen. In entspannter Atmosphäre schmeckt das Essen gleich noch mal so gut. So stimmt das Drumherum:

→ Eine Familienmahlzeit beginnt und endet **gemeinsam.** Kleine Kinder dürfen vorher aufstehen, wenn sie fertig sind und wenn sie fragen.

→ Der Esstisch ist **medienfreie Zone:** Zeitung, Radio, TV und Kopfhörer sind Kommunikationskiller! Telefon und Handy werden während des Essens nicht bedient!

→ Voraussetzung für eine **angenehme Tischrunde** sind gewaschene Hände und saubere Kleidung. Außerdem: Hände auf den Tisch, Ellenbogen runter! Nicht schmatzen und schlürfen, nicht mit vollem Mund reden – so ist's für alle appetitlich. Servietten helfen Malheurs zu vermeiden.

→ Zum Essen sollte getrunken werden, am besten **Wasser.** Doch erst zu Ende kauen, dann trinken!

→ Der **Teller muss nicht leer gegessen** werden. Kinder lernen am besten, ihren Hunger einzuschätzen, wenn sie zunächst nicht zu große Portionen bekommen und nachnehmen dürfen.

→ Alle sind für das anregende, **positive Tischgespräch** mitverantwortlich. Also keine Kraftausdrücke, Vorwürfe, Zornausbrüche oder Tränen. Auch schwierige Themen besser ausklammern!

→ Kein Restaurant Mama: **Jeder hilft** beim Aufdecken und Abräumen.

Nudeln machen alle glücklich! Feinschmecker und Fernwehgeplagte, Eltern, die wenig Zeit zum Kochen haben,

Nudeln

und Kinder, die sonst nur wenig mögen. Für jeden finden sich hier die richtige Pasta-Form und die passende Sauce, ob exotisch aus dem Wok oder klassisch alla italiana. Doch machen umgekehrt alle Nudeln glücklich? Geschmacksfrage! Viele finden, dass die dunklen

Vollkorn-Teigwaren in kulinarischer Hinsicht nicht mit den hellen Klassikern aus Hartweizen konkurrieren können. Da trifft es sich sehr gut, dass unsere Saucen so viel Gemüse enthalten. Das macht dann auch alle glücklich, die sich gesunde Ballaststoffe wünschen.

Pannenhilfe für Pastafans

Ein Telefonat, einmal nicht aufgepasst – schon ist die **Sauce zu dick** eingekocht. Kein Problem: Vor dem Abgießen der Nudeln ein paar Löffel **Nudelwasser** abnehmen und in die Sauce rühren.

Grundrezept Nudeln kochen

ganz einfach
20 Min.

pro Portion ca. 405 kcal
14 g Eiweiß · 1 g Fett · 85 g Kohlenhydrate

ZUTATEN FÜR 4 PORTIONEN

Salz
400–500 g Hartweizen-Spaghetti, je nach Hunger (oder andere Nudeln wie Tagliatelle, Penne, Fusilli)

ZUBEREITUNG

1. In einem großen Topf 4 l Wasser aufkochen, 4 TL Salz hinzufügen. Spaghetti hineingeben und mit einem Kochlöffel ins Wasser drücken, damit sie schnell alle unter Wasser sind.

2. Ohne Deckel 8 Min. kochen – das Wasser muss die ganze Zeit kochen! Die Nudeln zwischendurch ab und zu mit einem Holzlöffel lockern, damit sie nicht zusammenkleben.

3. Dann die Garprobe machen: Eine Nudel herausfischen und probieren, ob sie »al dente« ist – sie soll nicht zu weich, aber auch nicht zu hart sein und sich angenehm beißen lassen.

4. Spaghetti in ein Sieb abgießen und kurz abtropfen lassen. Gleich auf tiefe Teller verteilen, dick mit Sauce begießen und je nach Rezept mit geriebenem Parmesan bestreuen.

Basilikum-Pesto

blitzschnell
15 Min.
pro Portion ca. 245 kcal
6 g Eiweiß · 24 g Fett · 2 g Kohlenhydrate

ZUTATEN FÜR 4 PORTIONEN

2 Bund Basilikum (50–75 g Blätter)
1–2 Knoblauchzehen
30 g Pinienkerne
6–7 EL kaltgepresstes Olivenöl
50 g geriebener Parmesan
Salz · Pfeffer

ZUBEREITUNG

1. Das Basilikum abbrausen, trockenschütteln und die Blätter abzupfen. Knoblauch schälen und grob hacken.

2. Basilikum, Knoblauch und Pinienkerne im Mixer oder mit dem Pürierstab bei mittlerer Stufe zerkleinern, nach und nach das Öl einfließen lassen. Käse untermischen, salzen und pfeffern.

3. Nach dem Grundrezept (oben) gekochte Nudeln mit dem Pesto vermischen. Falls nötig, mit etwas Nudelkochwasser geschmeidiger machen. Sofort servieren.

1 x kochen – 2 x essen Pesto für 8 bzw. für zweimal 4 Portionen zubereiten – die Hälfte gleich essen, Reste in einem Twist-Off-Glas mit Öl bedeckt und gut verschlossen 1 Woche im Kühlschrank aufbewahren.

Austausch-Tipp Preiswerter wird's mit 2 Bund glatter Petersilie und 30 g gehäuteten gehackten Mandeln, noch knofeliger mit 75 g Bärlauch.

Erbsen-Schinken-Sahne

gelingt immer
20 Min.
pro Portion ca. 440 kcal
21 g Eiweiß · 32 g Fett · 15 g Kohlenhydrate

ZUTATEN FÜR 4 PORTIONEN

300 g TK-Erbsen
1 Zwiebel
1 Knoblauchzehe
150 g gekochter Schinken in Scheiben
2 EL Butter · 200 g Sahne
150 g junger Gouda, grob geraspelt
1 EL heller Saucenbinder
Salz · Pfeffer
1 EL Zitronensaft
3–4 Stängel Basilikum

ZUBEREITUNG

1. Die Erbsen antauen lassen. Zwiebel und Knoblauch schälen, fein hacken. Den Schinken in kleine Würfel schneiden.

2. Die Butter erhitzen, Zwiebeln und Knoblauch darin glasig dünsten. Schinkenwürfel und Erbsen dazugeben und 2–3 Min. bei mittlerer Hitze andünsten.

3. Die Sahne und den Gouda unterrühren und bei kleiner Hitze 5 Min. unter Rühren schmelzen lassen. Saucenbinder einrühren.

4. Die Sauce mit Salz, Pfeffer und Zitronensaft abschmecken. Basilikum abbrausen, trockenschütteln, die Blättchen abzupfen und aufstreuen.

Vegi-Tipp Schinken weglassen. Dafür 1 Fleischtomate vierteln, Samen entfernen und das Fruchtfleisch in kleine Würfel schneiden, zum Schluss dazugeben.

Gemüse-Erdnuss-Sauce

leicht & lecker
20 Min.
pro Portion ca. 150 kcal
7 g Eiweiß · 17 g Fett · 15 g Kohlenhydrate

ZUTATEN FÜR 4 PORTIONEN

1 rote Zwiebel
1 EL Olivenöl
400 g TK-Mexiko-Pfannengemüse
1/4 l Gemüsebrühe
3 EL Erdnussbutter »crunchy«
2 EL Crème fraîche
Salz · Pfeffer
rosenscharfes Paprikapulver
1/2 Bund Petersilie

ZUBEREITUNG

1. Die Zwiebel schälen und fein hacken. In einer Pfanne im heißen Öl glasig dünsten. Das gefrorene Gemüse dazugeben und bei starker Hitze unter Rühren 4 Min. braten.

2. Brühe angießen, die Erdnussbutter und Crème fraîche einrühren und aufkochen lassen. Alles bei mittlerer Hitze 5 Min. köcheln lassen.

3. Die Sauce mit Salz, Pfeffer und 2 Msp. Paprika dezent scharf abschmecken. Die Petersilie waschen, trockenschütteln und die Blätter fein hacken. Vor dem Servieren auf die Sauce streuen.

Tuning-Tipp 300 g Putenfilet in Streifen schneiden, in 2 EL Öl 3 Min. unter Wenden goldbraun anbraten. Zwiebeln, dann das Gemüse dazugeben und weiterverfahren, wie im Rezept beschrieben.

Sanfte Paprikasauce

ganz einfach
25 Min.
pro Portion ca. 235 kcal
3 g Eiweiß · 22 g Fett · 5 g Kohlenhydrate

ZUTATEN FÜR 4 PORTIONEN

2 feste rote Paprikaschoten
1 feste gelbe Paprikaschote
1 Knoblauchzehe
3 EL Butter
200 g Sahne
Salz · Pfeffer

ZUBEREITUNG

1. Paprikaschoten waschen und mit einem Sparschäler rundum schälen. Paprika halbieren, putzen und grob würfeln. Den Knoblauch schälen und durch die Presse drücken.

2. Butter in einer tiefen Pfanne mit Deckel erhitzen. Paprikawürfel und Knoblauch darin andünsten, zugedeckt in ca. 15 Min. weich dünsten. Wenn nötig, etwas Wasser zugeben.

3. Die gedünsteten Paprika mit der Sahne in einem hohen Topf fein pürieren, mit Salz und Pfeffer abschmecken. Nochmals erhitzen.

Das schmeckt dazu gefüllte Nudeln wie Tortellini und Ravioli oder Spaghetti und Brathähnchen oder Schnitzel

Speed-Tipp Eingelegte Paprika in Öl aus dem Glas können Sie ungedünstet mit der Sahne pürieren. Sauce erhitzen und würzen.

Basilikumrahm

schnell was Warmes
15 Min.
pro Portion ca. 215 kcal
3 g Eiweiß · 16 g Fett · 14 g Kohlenhydrate

ZUTATEN FÜR 4 PORTIONEN

1 großes Bund Basilikum
80 g altbackenes Weiß- oder Mischbrot
1 EL Butter
300 ml Gemüsebrühe
100 ml Milch
150 g Sahne
Salz · Pfeffer

ZUBEREITUNG

1. Basilikum abbrausen, trockenschütteln und die Blätter abzupfen. Das Brot entrinden und in kleine Würfel schneiden. Butter in einem Topf erhitzen und die Brotwürfel darin kräftig anbraten.

2. Mit Gemüsebrühe, Milch und Sahne ablöschen. Alles aufkochen lassen, Topf vom Herd nehmen. Das Basilikum zugeben und mit einem Pürierstab fein pürieren. Mit Salz und Pfeffer abschmecken.

Das schmeckt dazu kleine Nudeln wie Spirelli, Farfalle oder Gabelspaghetti aber auch Tortellini, Gnocchi oder Kartoffeln

Tuning-Tipp 3 EL Pinienkerne in einer trockenen Pfanne rösten, bis sie duften, und die angerichteten Nudeln damit bestreuen.

Speed-Tipp statt Basilikum: 2 EL Pesto

Möhren-Käse-Sauce

besonders reich an Karotin
20 Min.
pro Portion ca. 230 kcal
15 g Eiweiß · 12 g Fett · 15 g Kohlenhydrate

ZUTATEN FÜR 4 PORTIONEN

1 kleine Zwiebel
1 Knoblauchzehe
1 EL neutrales Öl
1 TL Mehl
1/4 l Möhrensaft
125 g Hartkäse, gerieben
1 TL Speisestärke
100 ml Milch
200 g Gemüsemais (Dose), abgetropft
Salz · Pfeffer
Zitronensaft

ZUBEREITUNG

1. Zwiebel und Knoblauch schälen. Zwiebel in kleinen Portionen und Knoblauch im Ganzen durch eine Knoblauchpresse drücken.

2. Öl in einer beschichteten Pfanne erhitzen, Zwiebeln und Knoblauch darin glasig dünsten. Mehl darüber stäuben, mit dem Möhrensaft ablöschen. Käse einstreuen und die Sauce unter Rühren zum Kochen bringen – der Käse sollte in der Sauce schmelzen.

3. Stärke mit Milch glatt rühren, mit dem Schneebesen in die kochende Sauce einrühren. Die Sauce noch ca. 5 Min. köcheln lassen. Den Mais zugeben, erhitzen. Die Sauce mit Salz, Pfeffer sowie mit einem Spritzer Zitronensaft abschmecken und servieren.

Das schmeckt dazu Nudeln oder Gnocchi

Austausch-Tipp Cremig sanft wird die Sauce mit Frisch- statt Hartkäse. Die Speisestärke in dem Fall weglassen.

Geflügelrahmsauce

preiswert
20 Min.
pro Portion ca. 175 kcal
1 g Eiweiß · 16 g Fett · 6 g Kohlenhydrate

ZUTATEN FÜR 4 PORTIONEN

2 TL weiche Butter
2 TL Mehl
1/2 Bund Schnittlauch
2 Schalotten
1 TL neutrales Öl
350 ml Hühnerbrühe
150 g Sahne
Salz · Pfeffer

ZUBEREITUNG

1. Butter und Mehl mit einer Gabel glatt verkneten, zu Kugeln formen und kurz ins Tiefkühlfach legen. Schnittlauch waschen, trockenschütteln, in Röllchen schneiden.

2. Schalotten schälen, fein würfeln. In einem Topf im heißen Öl glasig dünsten. Brühe und Sahne zugießen, alles kurz aufkochen lassen.

3. Nach und nach die Mehlbutterkugeln mit dem Schneebesen in die kochende Sauce rühren, bis sie sich aufgelöst haben. Die Sauce noch mindestens 5 Min. kochen.

4. Sauce mit Salz und Pfeffer abschmecken, mit Schnittlauch bestreut servieren.

Vorrats-Tipp Mit Mehlbutter binden Sie Saucen kinderleicht und ohne Klümpchen. Die Kugeln halten sich eingefroren ca. 3 Monate – bereiten Sie also gleich mehr zu.

Kinder machen mit Aus Mehlbutter kleine Murmeln formen macht Kindern Spaß.

Basilikumrahm (oben), Möhren-Käse-Sauce (Mitte links), Geflügelrahmsauce (Mitte rechts), Sanfte Paprikasauce (unten)

Grundrezept Tomatensauce

mit Liebe gemacht
30–50 Min.

pro Portion ca. 90 kcal
3 g Eiweiß · 5 g Fett · 7 g Kohlenhydrate

ZUTATEN FÜR 4 PORTIONEN

1 Zwiebel
2 Knoblauchzehen
2 EL Olivenöl
3 EL Tomatenmark
1 große Dose gehäutete Tomaten (800 g)
2 Lorbeerblätter
1 TL gehackte Rosmarinnadeln (ersatzweise 2 TL getrocknete italienische Kräuter)
Salz · Pfeffer

ZUBEREITUNG

1. Zwiebel und Knoblauch schälen, klein würfeln. Das Öl erhitzen, Zwiebeln und Knoblauch darin bei mittlerer Hitze 5 Min. andünsten.

2. Das Tomatenmark einrühren und kurz anschwitzen. Die Tomaten samt Saft dazugeben und mit einem Kochlöffel zerdrücken. 1/4 l Wasser angießen. Die Sauce mit den Lorbeerblättern und Kräutern sowie mit Salz und Pfeffer würzen. Bei schwacher Hitze mindestens 20 Min., besser 40 Min. offen kochen lassen.

1 x kochen – 2 x essen Gleich die doppelte Menge zubereiten – heute mit Pasta, morgen als Suppe genießen.

Tuning-Tipp Wenn Sie 1–3 getrocknete, zerriebene Peperoni in die Sauce rühren, erhalten Sie einen scharfen **Sugo all'arrabiata.** Oder wie wäre es mit einem **Sugo Aurora?** Die fertige Tomatensauce pürieren, 100 g Sahne unterrühren und kurz erwärmen. Sauce nochmals abschmecken und mit 4 gehackten Basilikumblättern bestreuen.

Tomatensauce mit Tunfisch

olivenwürzig
30 Min.
pro Portion ca. 150 kcal
10 g Eiweiß · 8 g Fett · 8 g Kohlenhydrate

ZUTATEN FÜR 4 PORTIONEN

1 Grundrezept Tomatensauce (S. 30)
1 Dose Tunfisch im eigenen Saft (135 g Abtropfgewicht)
2–3 eingelegte Sardellenfilets (Anchovis)
1/2 Bund Petersilie
50 g schwarze Oliven
2 EL Kapern
Salz · Pfeffer

ZUBEREITUNG

1. Die Tomatensauce wie im Grundrezept (S. 30) beschrieben zubereiten.

2. Den Tunfisch abgießen, abtropfen lassen und zerpflücken. Die Sardellenfilets abspülen und klein würfeln. Die Petersilie waschen, trockenschütteln und die Blättchen fein hacken.

3. Tunfisch, Sardellen, Oliven und Kapern in die fertige Sauce einrühren und erhitzen. Mit Salz und Pfeffer abschmecken. Die Petersilie aufstreuen.

Austausch-Tipp Statt Tunfisch Muschelfleisch aus der Dose verwenden.

DIE rote Sauce – einfach unübertrefflich!

→ **Die klassische Tomatensauce** Sie braucht nur wenige Zutaten – Zwiebeln, Knoblauch, Kräuter, Pfeffer, Salz, gutes Olivenöl und natürlich Tomaten. Dafür bieten sich geschälte Dosentomaten (»Pelati«) oder stückige Tomaten aus der Packung oder Dose an. Sie sind nicht so wässrig wie frische Tomaten und besitzen viel mehr Aroma. Nur wenn Sie preiswert frische sonnengereifte Tomaten erwischen, lohnt es sich, die Sauce damit zuzubereiten: Statt Dosentomaten 1,5 kg frische Tomaten nehmen – überbrühen, häuten, Samen und Stielansätze entfernen und das Fruchtfleisch grob hacken.

→ **Allroundtalent** Tomatensauce ist ganz einfach zuzubereiten, extrem vielseitig zu verwenden und hier auf dieser Seite drei Mal anders. Besonders wenn's um Nudeln geht, steht sie auf der Familien-Hitliste ganz oben. Servieren Sie die Tomatensauce – gleich ob klassisch oder Variante – am besten zu Tagliatelle (Bandnudeln), Makkaroni oder Spaghetti. Sie können sie auch sehr gut mit Fisch oder Fleisch [→ S. 119, 121] kombinieren, als Basis für eine Suppe oder für gefülltes Gemüse [→ S. 106] verwenden. Oder mal kalt als Brotaufstrich servieren. Lecker!

Tomatensauce mit Gemüse

vegetarisch
35–55 Min.
pro Portion ca. 170 kcal
4 g Eiweiß · 8 g Fett · 10 g Kohlenhydrate

ZUTATEN FÜR 4 PORTIONEN

1 Zwiebel
2 Knoblauchzehen
2 Stangen Staudensellerie
1 kleiner Zucchino
1 Möhre
3 EL Olivenöl
1/4 l Rotwein oder Gemüsebrühe
800 g stückige Tomaten (Packung oder Dose)
1 TL frisch gehackter oder getrockneter Thymian
Salz · Pfeffer

ZUBEREITUNG

1. Die Zwiebel und den Knoblauch schälen, getrennt fein hacken. Selleriestangen und Zucchino waschen und putzen, die Möhre schälen. Alles fein würfeln.

2. Das Öl erhitzen, Zwiebeln darin glasig dünsten. Sellerie, Zucchini, Möhren und Knoblauch hinzufügen und 3 Min. andünsten. Mit Wein oder Brühe ablöschen. Tomaten zugeben, mit Thymian würzen. Salzen und pfeffern.

3. Die Sauce bei kleiner Hitze mindestens 20 Min., besser 40 Min. offen kochen lassen.

Tuning-Tipp Schmoren Sie mit dem klein gehackten Gemüse gleich noch 250 g gemischtes Hackfleisch an.

Speed-Tipp Statt Gemüse zu schnippeln 300 g TK-Suppengemüse mit Zwiebeln und Knoblauch andünsten.

Tomaten-Speck-Sauce mit Mais

deftig, kräftig, gut
35 Min.
pro Portion ca. 255 kcal
11 g Eiweiß · 16 g Fett · 15 g Kohlenhydrate

ZUTATEN FÜR 4 PORTIONEN

100 g durchwachsener Räucherspeck
1 Zwiebel
1 EL Olivenöl
3 EL Tomatenmark
1/4 l Fleischbrühe
1 große Dose gehäutete Tomaten (800 g)
1 Lorbeerblatt
2 TL getrockneter Oregano
135 g Gemüsemais (Dose), abgetropft
1/2 Bund Schnittlauch
Salz · Pfeffer

ZUBEREITUNG

1. Speck sehr fein würfeln, die Zwiebel schälen und fein hacken. Den Speck mit den Zwiebeln im heißen Öl auslassen.

2. Das Tomatenmark einrühren und anrösten. Sofort mit der Brühe ablöschen. Tomaten einrühren, zerdrücken. Lorbeer und Oregano hinzufügen. Die Sauce bei kleiner Hitze offen 20 Min., besser 40 Min. köcheln lassen.

3. Den Mais in der fertigen Sauce erhitzen. Schnittlauch waschen, trockenschütteln und fein schneiden. Die Suppe mit Salz und Pfeffer abschmecken, mit Schnittlauch bestreuen.

Austausch-Tipp Mögen Sie's noch würziger? Kein Problem. Einfach den Speck weglassen. Dafür Cabanossi, die kräftige Knoblauchwurst, mit den Zwiebeln braten.

Tomatencremesuppe

preiswert
25 Min.
pro Portion ca. 250 kcal
7 g Eiweiß · 16 g Fett · 10 g Kohlenhydrate

ZUTATEN FÜR 4 PORTIONEN

1 Bund Suppengrün (Lauch, Möhren, Sellerie)
2 EL neutrales Öl
1 TL Kräuter der Provence
1 TL Mehl
1/4 l Gemüsebrühe
1 Grundrezept Tomatensauce (S. 30)
Salz · Pfeffer
1 Bund Schnittlauch
100 g Sahne

ZUBEREITUNG

1. Das Suppengrün waschen, putzen und in nicht zu grobe Würfel schneiden. Das Öl in einem Topf erhitzen, Suppengrün und Kräuter der Provence darin 5 Min. andünsten.

2. Das Gemüse mit dem Mehl bestäuben, dieses kurz anschwitzen. Die Brühe angießen, Tomatensauce einrühren. Die Suppe salzen und pfeffern, Suppe zugedeckt bei mittlerer Hitze 10 Min. köcheln lassen, dann pürieren.

3. Den Schnittlauch waschen, trockenschütteln und fein schneiden. Die Sahne halbsteif schlagen und je einen Klecks auf die Suppe geben. Mit Schnittlauch bestreuen.

Tuning-Tipp Für Würze-Plus: 75 g klein gewürfelten Räucherspeck vor dem Gemüsegaren in 1 EL Öl im Topf auslassen, wieder herausnehmen und für die Garnitur verwenden. Oder statt Speck »on the top« das Brät von 2 Bratwürstchen ausdrücken, zu Klößchen rollen und 5 Min. in der bereits pürierten Suppe ziehen lassen.

Linsen-Tomaten-Eintopf

deftig, kräftig, gut
30 Min.
pro Portion ca. 435 kcal
22 g Eiweiß · 16 g Fett · 48 g Kohlenhydrate

ZUTATEN FÜR 4 PORTIONEN

2 gelbe Paprikaschoten
1 Zwiebel
2 Debreziner (ca. 100 g)
1 große Dose Linsen (530 g)
1 EL Butterschmalz
1 Grundrezept Tomatensauce (S. 30)
400 ml Gemüsefond (Glas)
1/2 Bund Petersilie
Salz · Pfeffer
2–3 EL Essig
Zucker

ZUBEREITUNG

1. Paprikaschoten waschen, putzen und in grobe Stücke schneiden. Die Zwiebel schälen und fein würfeln. Die Debreziner in Scheiben schneiden. Linsen in einem Sieb abbrausen, abtropfen lassen.

2. Das Butterschmalz in einem Topf erhitzen, Zwiebeln darin glasig dünsten. Die Tomatensauce einrühren, den Fond angießen und aufkochen lassen. Paprika, Linsen und Debreziner hinzufügen, alles zugedeckt bei mittlerer Hitze 10 Min. köcheln lassen.

3. Petersilie waschen und trockenschütteln, die Blättchen hacken. Die Suppe mit Salz, Pfeffer, Essig und 1 Prise Zucker würzen. Die Petersilie hineingeben.

Mehr draus machen Eine zweite Dose Linsen zufügen und den Eintopf mit Fond und passierten Tomaten »verlängern«.

Antipasti-Bohnen

aus dem Vorrat gezaubert
30 Min.
pro Portion ca. 160 kcal
7 g Eiweiß · 6 g Fett · 17 g Kohlenhydrate

ZUTATEN FÜR 4 PORTIONEN

- 1 Zweig Rosmarin (ersatzweise 1 TL getrockneter Rosmarin)
- 3 Knoblauchzehen
- 1 unbehandelte Zitrone
- 2 Dosen weiße Riesenbohnen (à 250 g Abtropfgewicht)
- 1 Grundrezept Tomatensauce (S. 30)
- 1 TL Honig
- 1 Bund Basilikum
- Salz · Pfeffer

ZUBEREITUNG

1. Rosmarin waschen und trockentupfen, die Nadeln abstreifen und hacken. Knoblauch schälen und in Scheiben schneiden. Die Zitrone heiß waschen, trockenreiben, die Hälfte der Schale fein abreiben. Die Bohnen in einem Sieb abspülen und abtropfen lassen.

2. Die Tomatensauce mit dem Rosmarin, Knoblauch, Zitronenschale und Honig aufkochen. Bohnen zufügen und bei mittlerer Hitze 20 Min. offen köcheln lassen.

3. Die Zitrone halbieren, den Saft einer Hälfte auspressen. Basilikum abbrausen, trockenschütteln, die Blätter grob hacken. Beides unter die noch heißen Bohnen rühren, mit Salz und Pfeffer würzen.

Das schmeckt dazu Baguette

Tuning-Tipp Feurig wird's mit 1–2 roten Chilischoten – diese waschen, Stiel und Samen entfernen, das Fruchtfleisch hacken und mit den Tomaten köcheln.

Piccata alla Milanese

wie beim Italiener
30 Min.
pro Portion ca. 670 kcal
47 g Eiweiß · 19 g Fett · 76 g Kohlenhydrate

ZUTATEN FÜR 4 PORTIONEN

- 4 Kalbsschnitzel (ca. 500 g)
- Salz · Pfeffer
- 30 g Mehl · 2 Eier
- 40 g Parmesan, gerieben
- 40 g Semmelbrösel
- 2 EL Butterschmalz
- 300 g Spaghetti
- 1 Grundrezept Tomatensauce (S. 30)
- 1–2 Stängel Basilikum

ZUBEREITUNG

1. Die Schnitzel auf beiden Seiten salzen, pfeffern und in dem Mehl wenden. Eier auf einem Teller verquirlen. Parmesan und Semmelbrösel auf einem Teller mischen. Schnitzel durch die Eier ziehen, dann in der Käse-Brösel-Mischung wenden.

2. Das Butterschmalz erhitzen, die Schnitzel darin auf beiden Seiten in 8 Min. goldbraun braten.

3. Inzwischen die Spaghetti in kochendem Salzwasser in 8–10 Min. bissfest garen, abgießen und abtropfen lassen. Die Tomatensauce erhitzen. Die Schnitzel mit Spaghetti und Tomatensauce anrichten. Mit Basilikum garnieren.

Speed-Tipp Wer's eilig hat, kauft tiefgekühlte panierte Schweineschnitzel und brät sie geschwind in der Pfanne.

Grundrezept Sauce bolognese

klassisch italienisch
30 Min. + 60 Min. Garen

pro Portion ca. 375 kcal
19 g Eiweiß · 28 g Fett · 7 g Kohlenhydrate

ZUTATEN FÜR 4 PORTIONEN

50 g durchwachsener Räucherspeck
1 Möhre
2 Stangen Staudensellerie
1 Zwiebel
2 Knoblauchzehen
2 EL Butter
300 g gemischtes Hackfleisch
1 kleine Dose gehäutete Tomaten (400 g)
je 1/8 l Rotwein und Fleischbrühe oder nur Brühe
Salz · Pfeffer
1 TL getrockneter Oregano

ZUBEREITUNG

1. Speck in kleine Würfel schneiden. Die Möhre schälen, den Sellerie waschen und putzen. Zwiebel und Knoblauch schälen. Möhre, Sellerie, Zwiebel und Knoblauch klein würfeln.

2. In einem nicht zu großen, eher breiten Topf die Butter zerlassen. Wenn sie aufschäumt, den Speck und das Gemüse hineingeben und bei mittlerer Hitze 2–3 Min. anschwitzen. Das Hackfleisch dazugeben und mit dem Kochlöffel zerteilen, unter Rühren in 5 Min. braun und krümelig braten.

3. Die Tomaten samt Saft unterheben und mit dem Kochlöffel zerdrücken. Den Wein und die Brühe oder nur die Brühe dazugießen. Mit Salz, Pfeffer und Oregano würzen, die Sauce zugedeckt bei kleiner Hitze 60 Min. köcheln lassen.

4. Ab und zu umrühren und nachschauen, ob noch genügend Flüssigkeit da ist. Eventuell etwas Fleischbrühe oder Wasser nachgießen. Abschmecken.

1 x kochen – 2 x essen Von der klassischen Sauce bolognese sollten Sie immer die doppelte Menge zubereiten – aufgewärmt schmeckt das herzhafte Hackfleischragout noch einmal so gut!

Tuning-Tipp 10 g getrocknete Steinpilze 30 Min. in lauwarmem Wasser einweichen, in ein Sieb abgießen – Einweichwasser auffangen, für die Sauce verwenden. Pilze klein schneiden und mitschmoren. Zum Schluss 3–4 EL Sahne unter die Sauce rühren und noch weitere 10 Min. köcheln lassen, bis sie schön sämig geworden ist.

Austausch-Tipp Andere Gemüse wie Fenchel oder Zucchini mitschmoren und die Sauce mit Anis oder Fenchelsamen würzen.

Heiß geliebte Sauce

Das **Hackfleischragout** gab dem Nudel-Bestseller »Spaghetti bolognese« seinen Namen. Es reicht für mindestens **400 g Spaghetti.**

Auch super für

Lasagne, Pasticcio und als Füllung für Cannelloni [alle Rezepte → S. 36/37]

Scharfe Paprika-Bolognese

ganz einfach mit Pep!
30 Min. + 60 Min. Garen

pro Portion ca. 360 kcal
21 g Eiweiß · 24 g Fett · 9 g Kohlenhydrate

ZUTATEN FÜR 4 PORTIONEN

je 1 grüne und gelbe Paprikaschote · 1–2 rote Peperoni · 1 Grundrezept Sauce bolognese mit magerem Rinderhackfleisch (oben) · 1 TL edelsüßes Paprikapulver
1/2 TL rosenscharfes Paprikapulver
Salz · Pfeffer

ZUBEREITUNG

1. Paprikaschoten waschen, halbieren und putzen. Die Hälften in kleine Würfel schneiden. Die Peperoni ebenfalls waschen, längs halbieren und putzen, das Fruchtfleisch winzig klein würfeln.

2. Für die Sauce bolognese wie im Grundrezept oben Zwiebeln, Knoblauch und Speck andünsten, Paprika und Peperoni dazugeben und mitdünsten. Das Rinderhackfleisch hinzufügen und weiterverfahren, wie im Rezept oben beschrieben. Die Sauce mit edelsüßem und rosenscharfem Paprikapulver sowie mit Salz und Pfeffer würzen.

Mehr draus machen Das scharfe Ragout bringt auch Pep auf Ihre Party: mit 1 l Tomatensaft auffüllen, 10 Min. köcheln lassen und als Mitternachtssüppchen servieren.

Austausch-Tipp Frische Peperoni sind Mangelware in Ihrem Supermarkt? Für Feuer sorgen auch getrocknete Chilischoten. 1–3 Schoten im Mörser zerreiben und untermischen. Vorsicht – viel Schärfe steckt in den Kernen!

Grundrezept Sauce bolognese

Kräuterwürzige Bolognese

Sommerhit
30 Min. + 60 Min. Garen
pro Portion ca. 380 kcal
19 g Eiweiß · 28 g Fett · 8 g Kohlenhydrate

ZUTATEN FÜR 4 PORTIONEN

1 Zweig Rosmarin
1/2 Bund Thymian
1 Bund Petersilie
1/2 Bund Basilikum
1 Grundrezept Sauce bolognese (S. 34 oben)
2 Lorbeerblätter
Pfeffer · Salz

ZUBEREITUNG

1. Rosmarin, Thymian, Petersilie und Basilikum abbrausen, trockenschütteln und die Blätter abzupfen. Einige Petersilien- und Basilikumblätter zum Garnieren beiseite legen, die übrigen Kräuter hacken.

2. Zum Grundrezept Sauce bolognese (S. 34) nach dem Ablöschen Lorbeerblätter und die gehackten Kräuter hinzufügen. Das Ragout köcheln lassen, wie im Grundrezept beschrieben.

3. Die Lorbeerblätter zum Schluss herausfischen. Die Sauce mit Pfeffer und wenig Salz abschmecken. Übrige Petersilie und Basilikum hacken und aufstreuen.

Kinder machen mit Gerne zupfen die Kleinen die Kräuterblätter ab und lieben es, das Gericht damit zu verschönern!

Kalbsragout mit Spargel

ganz was Feines
30 Min. + 30 Min. Garen
pro Portion ca. 365 kcal
20 g Eiweiß · 24 g Fett · 6 g Kohlenhydrate

ZUTATEN FÜR 4 PORTIONEN

300 g mageres Kalbfleisch
50 g durchwachsener Räucherspeck
1 weiße Zwiebel
1 Bund Suppengrün (Lauch, Möhren, Sellerie)
2 EL Olivenöl
Salz · Pfeffer
1 EL Mehl
je 1/8 l Weißwein und Kalbsfond oder nur Kalbsfond (Glas)
300 g grüner Spargel
125 g Sahne

ZUBEREITUNG

1. Fleisch und Speck sehr klein würfeln. Die Zwiebel schälen, Suppengrün waschen und putzen, alles ebenfalls klein würfeln.

2. Das Öl erhitzen, Fleisch und Speck darin unter Wenden bei mittlerer Hitze 5 Min. anbraten. Zwiebeln und Suppengrün dazugeben, 3 Min. dünsten. Salzen und pfeffern, Mehl darüber stäuben und anschwitzen. Mit Wein und/oder Fond aufgießen, zugedeckt 20 Min. schmoren.

3. Inzwischen den Spargel waschen, putzen und schräg in 1–2 cm große Stücke schneiden. In die Sauce geben, die Sahne einrühren und 10 Min. mitköcheln lassen. Das Ragout mit Salz und Pfeffer abschmecken.

Tuning-Tipp Das Ragout mit 2 Msp. abgeriebener Schale von einer unbehandelten Zitrone und 1–2 EL Kapern verfeinern.

Grundrezept Lasagne

selber machen lohnt sich

1 Std. 45 Min. + 40 Min. Backen

pro Portion ca. 745 kcal

37 g Eiweiß · 43 g Fett · 48 g Kohlenhydrate

ZUTATEN FÜR 6 PORTIONEN

1 Grundrezept Sauce bolognese (S. 34)

Für die Béchamelsauce:

50 g Butter
50 g Mehl
3/4 l Milch
Salz · Pfeffer
geriebene Muskatnuss
1 TL Zitronensaft

Außerdem:

250 g Mozzarella
250 g Lasagne-Nudelplatten (ohne Vorkochen)
100 g Parmesan, gerieben
1 EL kalte Butter

ZUBEREITUNG

1. Die Sauce bolognese nach dem Grundrezept auf S. 34 zubereiten.

2. Für die Béchamelsauce die Butter in einem Topf erhitzen. Das Mehl mit dem Schneebesen einrühren, kurz anschwitzen. Die Milch dazugießen, dabei rühren, damit sich keine Klümpchen bilden. Die Sauce bei mittlerer Hitze aufkochen und 10 Min. köcheln lassen. Mit Salz, Pfeffer, Muskat und Zitronensaft pikant abschmecken.

3. Backofen auf 200° vorheizen. Den Mozzarella würfeln. In eine große rechteckige ofenfeste Lasagne- oder Auflaufform etwas Béchamelsauce gießen. Abwechselnd Nudelplatten, Bolognesesauce, Béchamelsauce, Mozzarella und Nudeln in die Form füllen, mit einer Schicht Béchamelsauce abschließen.

4. Parmesan aufstreuen, die Lasagne mit der Butter in Flöckchen belegen, im Ofen (Mitte, Umluft 180°) in 40 Min. goldbraun backen.

Speed-Tipp Lasagne lässt sich prima vorbereiten – sogar schon am Vorabend. Abgedeckt in den Kühlschrank stellen und kurz vorm Essen in den vorgeheizten Ofen schieben.

Tuning-Tipp 400 g Egerlinge oder Champignons feinblättrig schneiden, in 1 EL Butter 2–3 Min. anbraten, dann 7 Min. dünsten, bis die Flüssigkeit verdampft ist. Abwechselnd mit Sauce bolognese und Béchamelsauce in die Form schichten.

Für zart-knuspriges und saftiges Vergnügen

Auch wenn der Duft von Käse, Tomatensauce und Ragout noch so lockt, sollten Sie der fertig gebackenen Lasagne vor dem Servieren eine kleine Pause gönnen. Lassen Sie sie im ausgeschalteten Ofen noch 5–10 Min. ruhen. Dadurch verteilen sich Saucen und Flüssigkeiten gleichmäßig, die Lasagne lässt sich leichter in Portionen schneiden und aus der Form heben.

Lieber mal eine vegetarische Lasagne?

600 g **gemischtes Gemüse** – Zucchini, Auberginen, rote und gelbe Paprika, Möhren – waschen, putzen und **klein würfeln.** Mit Wein oder **Brühe und Tomaten** köcheln, würzen. Mit Béchamel, Nudelplatten und Mozzarella einschichten [→ **2. Rezept auf S. 220**].

Mangold-Lasagne mit Feta

mit Liebe gemacht!
1 Std. 45 Min. + 40 Min. Backen
pro Portion ca. 775 kcal
33 g Eiweiß · 47 g Fett · 50 g Kohlenhydrate

ZUTATEN FÜR 6 PORTIONEN

1 Grundrezept Sauce bolognese (S. 34)
1 Grundrezept Béchamelsauce (Teilrezept im Rezept S. 36)
500 g Mangold
1 Knoblauchzehe
2 EL Olivenöl
Salz · Pfeffer
geriebene Muskatnuss
200 g Feta
250 g Lasagne-Nudelplatten
100 g Gouda, geraspelt
1 EL kalte Butter

ZUBEREITUNG

1. Sauce bolognese (Rezept S. 34) und Béchamelsauce (Rezept links) zubereiten, köcheln lassen.

2. Den Mangold waschen und putzen. Stiele klein würfeln, Blätter grob hacken. Knoblauch schälen, fein hacken und im Öl kurz andünsten. Gehackte Mangoldstiele dazugeben und bei mittlerer Hitze 3 Min. mitdünsten. Das Mangoldgrün hinzufügen, 5 Min. mitdünsten. Mit Salz, Pfeffer und Muskat herzhaft abschmecken.

3. Den Backofen auf 200° vorheizen. Feta würfeln. Abwechselnd Béchamel, Nudeln, Bolognese, Mangold und Feta in die Form schichten. Mit Gouda bestreuen, mit Butterflöckchen belegen. Im Ofen (Mitte, Umluft 180°) 40 Min. backen.

Austausch-Tipp Schmeckt auch klasse mit 500 g frischen Spinatblättern.

Cannelloni mit Fleischragout

Nudeln, die's in sich haben
1 Std. 45 Min. + 30 Min. Backen
pro Portion ca. 555 kcal
26 g Eiweiß · 30 g Fett · 41 g Kohlenhydrate

ZUTATEN FÜR 6 PORTIONEN

1 Grundrezept Sauce bolognese (S. 34)
2 EL Semmelbrösel
100 g Parmesan, gerieben
2 EL Crème double
250 g Cannelloni ohne Vorkochen (Fertigprodukt)
500 g passierte Tomaten (Packung)
Salz · Pfeffer
30 g kalte Kräuterbutter (Fertigprodukt)

ZUBEREITUNG

1. Die Sauce bolognese nach dem Grundrezept auf S. 34 zubereiten.

2. Den Backofen auf 200° vorheizen. Semmelbrösel, 3 EL Parmesan und Crème double unter die Hackfleischsauce mischen. Die Cannelloni damit füllen.

3. Die übrige Bolognesesauce mit den passierten Tomaten verrühren, kräftig salzen und pfeffern. Etwa ein Drittel davon in einer ofenfesten Lasagne- oder Auflaufform verteilen, die Cannelloni hineinlegen. Die restliche Tomaten-Hack-Sauce obenauf verteilen, mit dem übrigen Parmesan bestreuen. Mit der Kräuterbutter in Flöckchen belegen. Im Ofen (Mitte, Umluft 180°) 30–40 Min. backen.

Austausch-Tipp Noch aromatischer wird's, wenn Sie die Cannelloni mit **Kräuterwürziger Bolognese** (Rezept S. 35) füllen.

Pasticcio

klassisch griechisch
1 Std. 45 Min. + 40 Min. Backen
pro Portion ca. 620 kcal
32 g Eiweiß · 31 g Fett · 49 g Kohlenhydrate

ZUTATEN FÜR 6 PORTIONEN

1 Grundrezept Sauce bolognese (S. 34)
1/2 TL Zimtpulver
350 g kurze Makkaroni
Salz
4 Eier
Pfeffer
geriebene Muskatnuss
75 g Parmesan, gerieben
75 g Gouda, fein geraspelt
Fett für die Form

ZUBEREITUNG

1. Die Bolognesesauce (Rezept S. 34) kochen, mit dem Zimt würzen. Inzwischen die Makkaroni in reichlich kochendem Salzwasser nach Packungsangabe bissfest garen. In ein Sieb abgießen und gut abtropfen lassen.

2. Den Backofen auf 200° vorheizen. Die Eier verquirlen, mit Salz, Pfeffer und Muskat würzen. Parmesan und Gouda mischen, 2 EL davon abnehmen und beiseite stellen. Den übrigen Käse und die Hälfte der Eiermasse mit der Hälfte der Nudeln mischen.

3. Die Nudelmischung in eine gefettete Auflaufform geben, das Hackfleischragout darauf verteilen. Erst die restlichen Nudeln, dann die übrige Eiermasse darauf verteilen. Mit dem übrigen Käse bestreuen. Im Ofen (Mitte, Umluft 180°) 40 Min. backen.

Das schmeckt dazu gemischter Blattsalat

Austausch-Tipp Wer keine kurzen Makkaroni bekommt, nimmt stattdessen Penne oder Fusilli oder greift zu langen Makkaroni und bricht sie ein- bis zweimal durch.

Mehr draus machen Ein prima Gericht, wenn Gäste mit am Familientisch sitzen: Für 12 Portionen die doppelte Menge vorbereiten. Nudeln, Hackfleischragout und Eiermilch in die gefettete Fettpfanne des Backofens einschichten. Wie beschrieben backen.

Pasticcio

Spitzkohl-Tortellini

deftig, kräftig, gut
30 Min.
pro Portion ca. 335 kcal
20 g Eiweiß · 17 g Fett · 25 g Kohlenhydrate

ZUTATEN FÜR 4 PORTIONEN

400 g Tortellini mit Fleischfüllung (Kühlregal)
Salz · 500 g Spitzkohl
1 Zwiebel
1 Knoblauchzehe
2 EL Butterschmalz
Pfeffer
1 TL rosenscharfes Paprikapulver
1 TL gehackter Thymian (frisch oder getrocknet)
1 Dose stückige Tomaten (400 g)
50 g Parmesan, gerieben

ZUBEREITUNG

1. Tortellini in kochendem Salzwasser 2 Min. garen, dann abtropfen lassen. Den Spitzkohl putzen, waschen und in Rauten schneiden.

2. Zwiebel und Knoblauch schälen, fein würfeln und im heißen Butterschmalz in einer großen Pfanne glasig dünsten. Die Kohlstücke dazugeben, mit Salz, Pfeffer, Paprika und Thymian würzen und unter gelegentlichem Rühren bei mittlerer Hitze 5 Min. dünsten. Die Tomaten einrühren, weitere 5 Min. offen schmoren lassen.

3. Die Tortellini untermischen, eben erhitzen, nochmals abschmecken. Mit dem Parmesan bestreut servieren.

Austausch-Tipp Kein Spitzkohl zu finden? Dann greifen Sie zu jungem Weißkohl!

Vegi-Tipp Die mit Fleisch gefüllten Tortellini durch Ricotta-Spinat-Tortellini ersetzen.

Käse-Spinat-Spätzle

gelingt immer
30 Min. + 10 Min. Backen
pro Portion ca. 625 kcal
34 g Eiweiß · 25 g Fett · 68 g Kohlenhydrate

ZUTATEN FÜR 4 PORTIONEN

750 g frische Spätzle (Kühlregal)
Salz
2 kleine Zwiebeln
2 EL Butter
400 g TK-Blattspinat
Pfeffer
geriebene Muskatnuss
100 g gekochter Schinken in Scheiben
200 g Käse, geraspelt (z. B. Emmentaler)
Butter für die Form

ZUBEREITUNG

1. Die Spätzle in reichlich kochendem Salzwasser 1–2 Min. kochen, dann abgießen und gut abtropfen lassen.

2. Die Zwiebeln schälen und in dünne Ringe schneiden. Die Butter erhitzen, die Zwiebeln darin glasig dünsten. Den gefrorenen Spinat dazugeben und zugedeckt bei mittlerer Hitze in 10 Min. auftauen lassen. Mit Salz, Pfeffer und Muskat würzen, ab und zu umrühren.

3. Den Backofen auf 220° (Umluft 200°) vorheizen. Den Schinken in feine Streifen schneiden. Eine Gratinform einfetten, darin die Spätzle, die Spinatmischung, Schinken und zwei Drittel des Käses mischen. Mit Salz, Pfeffer und Muskat würzen. Übrigen Käse obenauf streuen. Im heißen Ofen (Mitte) 10 Min. überbacken.

Speed-Tipp Käsespätzle mit Schinken, aber ohne Spinat zubereiten – im Nu fertig!

Maultaschen mit Paprikagemüse

Schwäbisches mit Frischekick
30 Min.
pro Portion ca. 390 kcal
21 g Eiweiß · 20 g Fett · 30 g Kohlenhydrate

ZUTATEN FÜR 4 PORTIONEN

600 g Maultaschen (Kühlregal)
Salz
je 300 g rote und gelbe Paprikaschoten
150 g Zucchini
100 g Schalotten
200 g Tomaten
2 Knoblauchzehen
3 EL Olivenöl
1 EL edelsüßes Paprikapulver
1 TL Tomatenmark
Pfeffer
3 Zweige Basilikum

ZUBEREITUNG

1. Die Maultaschen in kochendes Salzwasser geben, bei milder Hitze 20 Min. ziehen lassen.

2. Paprikaschoten und Zucchini waschen, putzen und getrennt klein würfeln. Die Schalotten schälen, fein hacken. Tomaten waschen, vierteln, Stielansätze und Samen entfernen. Das Fruchtfleisch würfeln. Knoblauch schälen und fein hacken.

3. Das Öl erhitzen, Schalotten, Knoblauch und Paprika darin 3 Min. andünsten. Zucchini 2 Min. mitdünsten. Paprikapulver und Tomatenmark unterrühren, kurz anschwitzen, mit 1/8 l Nudelkochwasser aufgießen. Gemüse salzen und pfeffern, Tomatenwürfel unterheben und alles noch 5 Min. dünsten.

4. Die Maultaschen abtropfen lassen, mit dem Paprikagemüse anrichten. Basilikum abbrausen, trockenschütteln, Blätter grob hacken und aufstreuen.

Gebratene Asia-Nudeln

aus dem Wok
25 Min.
pro Portion ca. 430 kcal
34 g Eiweiß · 11 g Fett · 48 g Kohlenhydrate

ZUTATEN FÜR 4 PORTIONEN

250 g Mie-Nudeln (chin. Eiernudeln)
2 TL dunkles Sesamöl
400 g Hähnchenbrustfilet
1 Bund Frühlingszwiebeln
2 kleine rote Paprikaschoten
200 g kleine Champignons
1 walnussgroßes Stück Ingwer
1 Knoblauchzehe
2–3 EL neutrales Öl
3 EL helle Sojasauce
Salz · Pfeffer

ZUBEREITUNG

1. Nudeln nach Packungsangabe garen, abtropfen lassen, mit dem Sesamöl mischen.

2. Das Fleisch kalt abspülen, mit Küchenpapier trockentupfen und in Streifen schneiden. Frühlingszwiebeln waschen, putzen und in feine Ringe schneiden. Paprika waschen, halbieren, putzen und in Streifen schneiden. Die Pilze putzen und halbieren. Ingwer und Knoblauch schälen, fein würfeln.

3. Das Öl im Wok oder in einer Pfanne erhitzen. Fleisch darin portionsweise in 2–3 Min. braun anbraten, herausnehmen. Dann Frühlingszwiebeln, Ingwer und Knoblauch anbraten, Paprika und Pilze zufügen, 3 Min. unter Rühren mitbraten. Die Nudeln hinzufügen und 5 Min. mitbraten. Mit Sojasauce, Salz und Pfeffer würzen. Das Fleisch unterheben.

Tuning-Tipp Typisch asiatisch wird's mit Shiitakepilzen statt mit Champignons.

Suppennudeltopf

kalorienarm
20 Min.
pro Portion ca. 300 kcal
10 g Eiweiß · 13 g Fett · 35 g Kohlenhydrate

ZUTATEN FÜR 4 PORTIONEN

1 Stange Lauch
3 Möhren
1/2 Sellerieknolle
4 Tomaten
2 EL neutrales Öl
Salz · Pfeffer
150 g Suppennudeln
4 EL Pesto (Glas)
Sojasauce

ZUBEREITUNG

1. Gemüse waschen. Lauch putzen und in nicht zu dünne Ringe schneiden. Möhren und Sellerie schälen, klein würfeln. Tomaten überbrühen, häuten und vierteln. Stielansätze und Samen entfernen, das Fruchtfleisch hacken.

2. Öl in einem großen Topf erhitzen. Lauch, Möhren und Sellerie darin anbraten. 1 1/2 l Wasser dazugießen und aufkochen lassen. Das Gemüse salzen und pfeffern, bei schwacher Hitze 8 Min. köcheln lassen. Die Nudeln zugeben und nach Packungsangabe garen.

3. Gegen Ende der Garzeit die Tomaten zur Suppe geben und diese mit Pesto und Sojasauce abschmecken.

Einfrier-Tipp Kochen Sie die Suppe ohne Tomaten und Nudeln für den Tiefkühl-Vorrat: eine gute Basis für Suppen aller Art.

Kürbis-Nudeltopf

besonders reich an Karotin
25 Min.
pro Portion ca. 570 kcal
27 g Eiweiß · 16 g Fett · 78 g Kohlenhydrate

ZUTATEN FÜR 4 PORTIONEN

400 g Hokkaido-Kürbis
1 EL neutrales Öl
250 g Rinderhackfleisch
Salz · Pfeffer
2 TL mildes Currypulver
500 ml Gemüsebrühe
200 ml Orangensaft
200 ml Kaffeesahne
350 g Gabelspaghetti
2–4 EL Sojasauce
2 EL Ketchup

ZUBEREITUNG

1. Kürbis gründlich waschen und mit Schale in ca. 2 x 2 cm große Würfel schneiden.

2. Öl in einem Topf erhitzen und das Hackfleisch darin krümelig braten (immer wieder mit dem Kochlöffel zerstoßen). Mit Salz und Pfeffer kräftig würzen. Kürbis zugeben und 2 Min. andünsten. Currypulver darüber stäuben und mit Gemüsebrühe, Orangensaft und Kaffeesahne auffüllen.

3. Alles zum Kochen bringen. Nudeln zugeben und nach Packungsangabe bissfest kochen. Dabei öfters rühren, die Mischung brennt leicht an. Mit Sojasauce und Ketchup abschmecken und servieren.

Vegi-Tipp Hackfleisch weglassen und unter die Nudeln am Ende 100 g geröstete Erdnüsse oder 250 g Kichererbsen (Dose) mischen.

Spinat-Nudeltopf mit Nüssen

besonders reich an Folsäure
Auftauzeit + 25 Min.
pro Portion ca. 575 kcal
24 g Eiweiß · 21 g Fett · 73 g Kohlenhydrate

ZUTATEN FÜR 4 PORTIONEN

2 Packungen TK-Rahmspinat (900 g)
1 Zwiebel
1 Knoblauchzehe
1 EL neutrales Öl
400 ml Gemüsebrühe
Salz · Pfeffer
geriebene Muskatnuss
300 g Hörnchennudeln
50 g Cashewkerne
100 g Feta

ZUBEREITUNG

1. Rahmspinat (evtl. in der Mikrowelle) auftauen. Zwiebel und Knoblauch schälen. Zwiebel fein würfeln. Öl in einem Topf erhitzen, Zwiebeln hineingeben, Knoblauch durch die Presse dazudrücken, beides andünsten.

2. Spinat und Gemüsebrühe dazugeben und aufkochen. Mit Salz, Pfeffer und Muskat kräftig würzen. Nudeln zufügen und im Spinat-Mix nach Packungsangabe bissfest kochen. Dabei öfters umrühren.

3. Inzwischen die Cashewkerne in einer trockenen Pfanne rösten, bis sie duften; aus der Pfanne nehmen. Feta klein würfeln.

4. Wenn die Nudeln fast gar sind, den Feta unterrühren und warm werden lassen. Mit Salz, Pfeffer und etwas Muskat abschmecken, mit Cashewkernen bestreut servieren.

Austausch-Tipp Den Nudeltopf unbedingt auch mal mit Gorgonzola statt Feta genießen. Einfach gut!

Asia-Nudeltopf mit Würstchen

ganz einfach
20 Min.
pro Portion ca. 705 kcal
22 g Eiweiß · 37 g Fett · 65 g Kohlenhydrate

ZUTATEN FÜR 4 PORTIONEN

1 1/2 l Gemüsebrühe
1/4 l passierte Tomaten (Packung)
1 walnussgroßes Stück Ingwer
1 Packung TK-Asia-Gemüsemischung (400 g)
250 g Mie-Nudeln (chin. Eiernudeln)
4 Wiener Würstchen
1 Bund Petersilie
2 EL süßsaure Sauce (Fertigprodukt; ersatzweise Aprikosenmarmelade)
Sojasauce

ZUBEREITUNG

1. Die Brühe mit den passierten Tomaten zum Kochen bringen. Ingwer schälen und durch die Knoblauchpresse dazudrücken.

2. Gemüsemischung und Nudeln zugeben, alles zum Kochen bringen. Den Topf vom Herd nehmen – die Nudeln zugedeckt gar ziehen lassen.

3. Würstchen jeweils dritteln und an beiden Enden kreuzweise einschneiden. In der Suppe heiß werden lassen – dabei drehen sie sich auf. Die Petersilie waschen, trockenschütteln und die Blättchen fein hacken. Nudeltopf mit süßsaurer Sauce, Sojasauce und Petersilie würzen.

Tuning-Tipp So wird der Nudeltopf gästefein: Statt Petersilie Koriandergrün und statt Würstchen Garnelen nehmen, alles mit reichlich Cayennepfeffer »verschärfen«. Zitrusfrisches Aroma bekommt der Nudeltopf, wenn Sie 2–3 Kaffirlimettenblätter (Asia-Laden) mitkochen.

Nudelauflauf mit Guss

klassisch gut

20 Min. + 25 Min. Backen

pro Portion ca. 440 kcal

23 g Eiweiß · 13 g Fett · 58 g Kohlenhydrate

ZUTATEN FÜR 4 PORTIONEN

250 g Spiralnudeln
Salz · 100 g gekochter Schinken · 3 Eier
1/4 l Milch · Pfeffer
geriebene Muskatnuss
500 g in Stückchen portionierbarer TK-Spinat (kein Rahmspinat)
3 EL Semmelbrösel
2 EL kalte Butter

ZUBEREITUNG

1. Die Nudeln in reichlich Salzwasser nach Packungsangabe bissfest kochen. Schinken in Würfel schneiden.

2. Ofen auf 200° vorheizen. Eier und Milch mit einem Schneebesen verquirlen. Mit Salz, Pfeffer und etwas Muskat kräftig würzen.

3. Nudeln abtropfen lassen, in einer flachen Auflaufform (ca. 2 l Inhalt) mit Spinatstücken und Schinkenwürfeln mischen. Mit der Eiermilch übergießen, mit den Semmelbröseln bestreuen, mit Butterflöckchen belegen. Im Ofen (Mitte, Umluft 180°) ca. 25 Min. backen, bis die Eiermilch gestockt ist. Werden die Brösel zu dunkel, Form mit Alufolie abdecken.

Das schmeckt dazu Tomaten- oder Paprikasauce ohne Fleisch – am leckersten selbst gemacht (Rezepte S. 28, 30, 31)

Vegi-Tipp Wer auf den Schinken, nicht aber auf den Genuss verzichten möchte, mischt 100 g gehackte Walnüsse unter den Auflauf.

Nudelauflauf Rapidissimo

ganz einfach

20 Min. + 40 Min. Backen

bei 4 Portionen pro Portion ca. 590 kcal

26 g Eiweiß · 30 g Fett · 54 g Kohlenhydrate

ZUTATEN FÜR 4–5 PORTIONEN

250 g Farfalle
400 g Tomaten
1 gelbe Paprikaschote
150 g Cabanossi (Knoblauchwurst)
400 ml Tomatensaft
100 g Sahne
100 ml Gemüsebrühe
Salz · Pfeffer
150 g Feta
1 Hand voll Rucola

ZUBEREITUNG

1. Ofen auf 180° vorheizen. Nudeln ungegart in einer flachen Auflaufform verteilen. Tomaten waschen und achteln, Stielansätze entfernen. Paprika waschen, halbieren, putzen und klein würfeln. Cabanossi in dünne Scheiben schneiden. Alles unter die Nudeln mischen.

2. Tomatensaft, Sahne und Brühe mischen, mit Salz und Pfeffer würzen. Gleichmäßig über dem Nudelmix verteilen. Die Nudeln mit einem Löffel in die Sauce drücken – alles, was rausragt, bleibt hart. Feta mit der Gabel zerdrücken und über den Auflauf streuen.

3. Den Auflauf im Ofen (Mitte, Umluft 160°) ca. 40 Min. backen, davon die letzten 15 Min. zugedeckt. Rucola verlesen, waschen und trockenschütteln. Die Stiele entfernen, Blätter nach Belieben grob hacken, über das fertige Gericht streuen.

Speed-Tipp Noch schneller: Frische Tomaten und Tomatensaft-Guss durch eine Dose Tomatencremesuppe (800 g) ersetzen.

Noodles & Fireballs

Hit für Kids
25 Min. + 15 Min. Backen
pro Portion ca. 590 kcal
23 g Eiweiß · 31 g Fett · 54 g Kohlenhydrate

ZUTATEN FÜR 4 PORTIONEN

- 250 g Spaghetti
- Salz
- 3 rohe Bratwürstchen
- 2 EL Sesam
- 2 EL Pizzagewürz (Kräutermischung)
- 3 Möhren
- 1 kleine Dose gehäutete Tomaten (400 g)
- 75 g Käse, geraspelt (z. B. Emmentaler)

ZUBEREITUNG

1. Spaghetti in reichlich Salzwasser nach Packungsangabe bissfest kochen. Backofen auf 200° (Umluft 180°) vorheizen.

2. Aus den Bratwürstchen das Brät portionsweise herausdrücken und zu kleinen Kugeln formen. Sesam und Pizzagewürz auf einem Teller mischen. Fleischbällchen darin wälzen. Möhren schälen und raspeln.

3. Spaghetti mit Dosentomaten und Möhrenraspeln in einer Auflaufform (1 1/2 l Inhalt) mischen. Fleischbällchen darauf verteilen. Mit Käse bestreuen und im heißen Ofen (Mitte) ca. 15 Min. backen.

Tuning-Tipp Für Feuerspucker die Fleischbällchen in einem Mix aus Sesam und 1 EL Paprikaflocken (»Pulbiber«; gibt's in türkischen Lebensmittelläden) wälzen.

Kinder machen mit Lassen Sie Ihre Kinder die Fleischklößchen formen – dauert länger, macht aber Riesenspaß!

Nudelauflauf für Eilige

rasant vorbereitet
15 Min. + 20 Min. Backen
pro Portion ca. 860 kcal
27 g Eiweiß · 43 g Fett · 89 g Kohlenhydrate

ZUTATEN FÜR 4 PORTIONEN

- 300 g Mie-Nudeln (chin. Eiernudeln)
- 1 Bund Frühlingszwiebeln
- 200 g TK-Erbsen, aufgetaut
- 450 g Gemüsemais (Dose), abgetropft
- 3 Eier · 200 g Sahne
- 100 ml Milch
- 4 EL süßsaure Sauce (Fertigprodukt)
- Salz · Pfeffer
- 200 g Frischkäse (mind. 40 % F. i. Tr.)
- 3 EL Sesam

ZUBEREITUNG

1. Backofen auf 200° vorheizen. 1 l Wasser im Wasserkocher zum Kochen bringen. Die Mie-Nudeln damit übergießen und zugedeckt 3 Min. ziehen lassen, dann abgießen.

2. Frühlingszwiebeln waschen, putzen und in Ringe schneiden. Zusammen mit Erbsen und Mais unter die Nudeln mischen.

3. Eier mit Sahne, Milch und süßsaurer Sauce verquirlen, mit Salz und Pfeffer würzen, in einer Auflaufform oder auf dem tiefen Backblech mit dem Nudelmix mischen.

4. Den Frischkäse als Kleckse auf der Mischung verteilen. Das Ganze mit Sesam bestreuen und den Auflauf im Ofen (Mitte, Umluft 180°) ca. 20 Min. backen.

Mehr draus machen Sind Überraschungsgäste gekommen? Mit 150 g Garnelen oder gewürfeltem Putenschinken und einem Salat reicht der Auflauf für 6 Portionen.

Nudelsalat mit cremigem Dressing

auch für die Low-Budget-Party
20 Min.
pro Portion ca. 315 kcal
10 g Eiweiß · 11 g Fett · 44 g Kohlenhydrate

ZUTATEN FÜR 4 PORTIONEN

200 g Spirelli (Spiralnudeln)
Salz
1/2 Kopf Eisbergsalat
150 g Kirschtomaten (möglichst klein)
1/2 Salatgurke
3 EL Sonnenblumenkerne
1/2 Bund Schnittlauch
150 g Joghurt
2 EL Salatmayonnaise
1 EL Sahnemeerrettich (Glas)
Pfeffer

ZUBEREITUNG

1. Nudeln nach Packungsangabe in reichlich Salzwasser bissfest kochen, abgießen und mit kaltem Wasser abschrecken.

2. Inzwischen Salat und Gemüse waschen. Salat putzen, in fingerbreite Streifen schneiden. Gurke längs vierteln, Kerne mit einem Teelöffel entfernen, Fruchtfleisch in 1 cm dicke Scheiben schneiden. Sonnenblumenkerne in einer trockenen Pfanne rösten, bis sie duften.

3. Den Schnittlauch waschen und in Röllchen schneiden. Joghurt mit Mayonnaise und Meerrettich glatt rühren. Mit Salz und Pfeffer kräftig würzen. Schnittlauch unterheben.

4. Die abgekühlten Nudeln mit Salat, Tomaten und Gurken mischen. Das Dressing gut untermischen. Den Salat mit den Sonnenblumenkernen bestreut servieren.

Austausch-Tipp Kräftige Kräuterwürze gibt klein geschnittene Rucola statt Eisbergsalat.

Party-Nudelsalat

super vorzubereiten
40 Min.
pro Portion ca. 455 kcal
16 g Eiweiß · 27 g Fett · 37 g Kohlenhydrate

ZUTATEN FÜR 4 PORTIONEN

150 g Rigatoni (Röhrennudeln)
Salz
4 EL neutrales Öl
250 g Weißkohl
400 ml Gemüsebrühe
2 rote Paprikaschoten
1 Bund Schnittlauch
150 g Cabanossi (Knoblauchwurst)
2 EL Senf
4 EL Apfelessig
Pfeffer
1–2 TL edelsüßes Paprikapulver

ZUBEREITUNG

1. Rigatoni in reichlich Salzwasser mit 1 EL Öl ca. drei Viertel der auf der Packung angegebenen Zeit kochen – sie sollten noch sehr viel Biss haben.

2. Weißkohl waschen, putzen und in dünne Streifen hobeln. Brühe aufkochen und über den Kohl gießen. Paprika waschen, halbieren, putzen und fein würfeln. Den Schnittlauch waschen, in Röllchen schneiden. Cabanossi erst längs in dünne Streifen, dann quer fein schneiden. Alles unter den überbrühten Kohl mischen und etwas ziehen lassen.

3. Übriges Öl mit Senf und Essig verschlagen, mit Salz, Pfeffer und Paprika würzen. Unter das Gemüse mischen. Nudeln gut abschrecken, abtropfen lassen. Unter den Salat mischen. Bleibt mindestens 10 Std. frisch. Schmeckt am nächsten Tag gut durchgezogen noch besser.

Vegi-Tipp Cabanossi weglassen und eine Hand voll geröstete Kürbiskerne überstreuen.

Bunter Spätzlesalat

super vorzubereiten
20 Min. + 15 Min. Durchziehen
pro Portion ca. 450 kcal
15 g Eiweiß · 26 g Fett · 39 g Kohlenhydrate

ZUTATEN FÜR 4 PORTIONEN

- 250 g Brokkoli
- 150 g Eierspätzle
- Salz
- 1 EL neutrales Öl
- 150 g Gemüsemais (Dose)
- 1 Glas Cocktailwürstchen (180 g Abtropfgewicht) oder frische Würstchen vom Metzger
- 120 g Kräuterfrischkäse
- 100 ml Orangensaft
- 3–4 EL Sahne
- Pfeffer

ZUBEREITUNG

1. Brokkoli waschen, in kleine Röschen teilen. Stiele schälen und würfeln. Die Spätzle in Salzwasser mit dem Öl nach Packungsangabe bissfest kochen. In den letzten 3 Min. der Garzeit den Brokkoli mitkochen. Alles kalt abschrecken, abtropfen und abkühlen lassen.

2. Mais und Cocktailwürstchen abtropfen lassen. Für das Dressing den Frischkäse mit Orangensaft und Sahne glatt rühren. Mit Salz und Pfeffer kräftig abschmecken.

3. Alle Salatzutaten in einer großen Schüssel mit dem Dressing mischen. Den Salat vor dem Servieren ca. 15 Min. abgedeckt im Kühlschrank durchziehen lassen.

Speed-Tipp Statt Brokkoli Kirschtomaten zum Salat geben und frische Spätzle aus dem Kühlregal nehmen, die sind in 2–3 Min. gar.

Vegi-Tipp Statt Würstchen 2 klein gewürfelte hart gekochte Eier untermischen.

Blitz-Nudelsalat Asia

für große und kleine Asia-Fans
15 Min.
pro Portion ca. 450 kcal
14 g Eiweiß · 20 g Fett · 54 g Kohlenhydrate

ZUTATEN FÜR 4 PORTIONEN

- 1/2 Dose Ananasstücke (340 g Abtropfgewicht gesamt)
- 1/2 Bund Frühlingszwiebeln
- 1 EL neutrales Öl
- 1 Packung TK-Asia-Gemüsemischung (400 g)
- 300 ml Gemüsebrühe
- 200 g Mie-Nudeln (chin. Eiernudeln)
- 100 g geräucherter Putenschinken
- Sojasauce
- Pfeffer

ZUBEREITUNG

1. Ananasstücke abtropfen lassen, den Saft dabei auffangen. Frühlingszwiebeln waschen, putzen und in dünne Ringe schneiden.

2. Öl in einem Topf erhitzen und die Frühlingszwiebeln kurz darin andünsten. Das Asia-Gemüse zugeben. Mit Gemüsebrühe und 100 ml vom Ananassaft ablöschen und aufkochen. Ananasstücke und Mie-Nudeln dazugeben und ca. 3–5 Min. bei mittlerer Hitze ausquellen lassen.

3. Putenschinken klein würfeln, unterheben und den Salat auskühlen lassen. Vor dem Servieren mit Sojasauce, Ananassaft und Pfeffer abschmecken.

Tuning-Tipp Chinesisches Fünf-Gewürze-Pulver gibt zusätzliches Asia-Aroma. Schärfer wird's, wenn Sie eine in Ringe geschnittene rote Chilischote mit den Frühlingszwiebeln andünsten.

Kartoffeln

Lieben Sie Sieglinde, Irmgard oder Quarta? Bestimmt, denn die Knollen mit den **altmodischen Namen** sind rundum familienfreundlich. Kartoffeln stecken voller **Powerstoffe,** kosten auch »bio« nicht die Welt und sind in der Küche wahre Verwandlungskünstler. Machen Sie das Beste aus **jedem Typ:** Zaubern Sie feine Pürees aus mehlig kochenden Kartoffelsorten. Mit den vorwiegend fest kochenden **Allroundern** gelingen

Pommes frites und Aufläufe perfekt, fest kochende machen sich gut im Salat. Die **Liebe zur Knolle** lässt sich aber ganz einfach wecken: Eine dampfende Ofenkartoffel, darauf ein zart schmelzendes Butterflöckchen und eine Prise Salz – da geht großen und kleinen Feinschmeckern das **Herz** auf.

Grundrezept Stampfkartoffeln

preiswert · 30 Min.

pro Portion ca. 165 kcal
4 g Eiweiß · 3 g Fett · 30 g Kohlenhydrate

ZUTATEN FÜR 4 PORTIONEN

1 kg mehlig kochende Kartoffeln
Salz
50 ml Milch
Pfeffer
geriebene Muskatnuss
1 EL Butter

ZUBEREITUNG

1. Die Kartoffeln schälen und vierteln. Knapp mit Salzwasser bedeckt in ca. 20 Min. weich kochen.

2. Kartoffeln abgießen und etwas ausdampfen lassen. Mit einem Kartoffelstampfer grob zerdrücken. Milch erwärmen und mit einem Kochlöffel unter die Stampfkartoffeln schlagen. Mit Salz, Pfeffer und etwas Muskat abschmecken.

3. Die Butter in einem Topf erhitzen, bis sie bräunt, über die Kartoffeln gießen.

Da passt's dazu Ob Bratwürstchen, Fischstäbchen, Spiegeleier, Brathähnchen oder gemischter Salat: mit Stampfkartoffeln wird ein leckeres Essen daraus.

Tuning-Tipp Würzig-aromatisch wird's mit Kräuter-, Knoblauch-, Chili- oder Trüffelbutter oder mit Pesto statt Butter. Oder Sie heben kurz vor dem Servieren 1 Bund klein gehackte Kräuter, z. B. Schnittlauch, Petersilie, Koriandergrün oder Rucola, unter. Für Nussaroma 2 EL angeröstete Nüsse, Kerne oder Samen, z. B. gehackte Haselnüsse, Kürbiskerne oder Sesam, über die fertigen Stampfkartoffeln streuen.

Austausch-Tipp Zusätzlich zu den Kartoffeln 500 g klein geschnittenes Gemüse, z. B. Möhren, Sellerie, Brokkoli oder Kohlrabi, nach der Hälfte der Garzeit mitkochen und mit zerstampfen – das ersetzt die Gemüsebeilage und eignet sich besonders für kleine Gemüsemuffel.

Kinder machen mit Kartoffeln mit dem Kartoffelstampfer zu zermatschen macht richtig Spaß!

Speed-Tipp Im Schnellkochtopf sind die Kartoffeln in knapp 10 Min. gar.

1 x kochen – 2 x essen Kochen Sie gleich die doppelte Menge Stampfkartoffeln – die zweite Hälfte wird am nächsten Tag die Haube fürs Fleischwurstgulasch (s. das Rezept auf der rechten Seite).

So gelingt's garantiert

→ **Perfekt für sämige Pürees** stärkereiche mehlig kochende Kartoffeln
→ **Auch wenn es Püree heißt** mit dem Pürierstab gibt's Kleister!
→ **Sie haben weder Kartoffelstampfer noch -presse?** Zerdrücken Sie die Kartoffeln mit einer Gabel oder mit den Quirlen des Handrührgeräts.
→ **Zu flüssig?** Esslöffelweise Haferflocken oder Semmelbrösel dazugeben.
→ **Zu fest?** Noch etwas warme Milch einrühren.

Grundrezept Kartoffelpüree

reich an Ballaststoffen · 30 Min.

pro Portion ca. 225 kcal
7 g Eiweiß · 7 g Fett · 33 g Kohlenhydrate

ZUTATEN FÜR 4 PORTIONEN

1 kg mehlig kochende Kartoffeln
Salz
300 ml Milch
2 EL Butter
geriebene Muskatnuss

ZUBEREITUNG

1. Kartoffeln waschen und mit 1 TL Salz in ca. 1/2 l Wasser zum Kochen bringen. Die Kartoffeln müssen nicht ganz mit Wasser bedeckt sein, sie garen auch im Dampf darüber. Bei kleiner Hitze zugedeckt 20–25 Min. garen.

2. Lassen sich die Kartoffeln dann leicht einstechen, abschrecken und noch heiß pellen.

3. Kartoffeln durch eine Kartoffelpresse drücken oder mit einem Kartoffelstampfer zerdrücken. Milch mit 1 TL Salz, der Butter und etwas Muskat erwärmen und unter das Kartoffelmus rühren.

Austausch-Tipp Leichter wird's mit Buttermilch, Tomatensaft oder Brühe statt Milch. Für **Gemüsepüree** bis zu zwei Drittel der Kartoffeln z. B. durch Möhren, Kürbis, Pastinaken oder Rote Bete ersetzen. Für **Asia-Püree** statt Milch Kokosmilch verwenden und 1/2 Bund gehacktes Koriandergrün unterheben.

Kinder machen mit Die Kartoffelpresse erfordert viel Kraft, Kinder kommen viel besser mit einem Stampfer zurecht.

Kartoffel-Goldtaler

Fleischwurstgulasch mit Hut

preiswert
50 Min. + 20 Min. Backen
pro Portion ca. 435 kcal
15 g Eiweiß · 26 g Fett · 35 g Kohlenhydrate

ZUTATEN FÜR 4 PORTIONEN

- 1 Grundrezept Stampfkartoffeln (S. 48)
- 250 g gehäutete Fleischwurst
- 1 Zwiebel
- 400 g Champignons
- 1 gelbe Paprikaschote
- 1 EL neutrales Öl
- Salz · Pfeffer
- 1 TL getrockneter Majoran
- 1 Dose stückige Tomaten (400 g)
- 1 EL kalte Butter

ZUBEREITUNG

1. Stampfkartoffeln wie links beschrieben zubereiten. Backofen auf 200° vorheizen. Fleischwurst klein würfeln. Zwiebel schälen und fein würfeln. Champignons putzen und je nach Größe halbieren oder vierteln. Paprika waschen, halbieren, putzen und klein würfeln.

2. Öl in einer Pfanne erhitzen. Zwiebeln darin andünsten, das Gemüse zugeben und bei starker Hitze kräftig anbraten. Mit Salz, Pfeffer und Majoran kräftig würzen. Fleischwurst kurz mitbraten, dann mit den Tomaten ablöschen. 5 Min. bei starker Hitze einkochen lassen und nochmals abschmecken.

3. Mischung in eine Auflaufform (ca. 3 l Inhalt) geben und mit den Stampfkartoffeln bedecken. Mit Butterflöckchen belegen und im Ofen (Mitte, Umluft 180°) ca. 20 Min. backen.

Speed-Tipp Instant-Püree gibt Gas.

Kartoffel-Goldtaler

Püree mal knusprig
45 Min.
pro Portion ca. 340 kcal
10 g Eiweiß · 12 g Fett · 47 g Kohlenhydrate

ZUTATEN FÜR 4 PORTIONEN

- 1 Grundrezept Kartoffelpüree (S. 48) oder Kartoffelpüree-Reste
- 2 Eigelbe
- 5 EL Mehl
- Mehl zum Arbeiten
- Öl zum Braten

ZUBEREITUNG

1. Kartoffelpüree ggf. frisch wie links beschrieben zubereiten, mit Eigelben und Mehl verkneten. Mit bemehlten Händen aus der Masse ca. 8 cm große Plätzchen formen.

2. Öl in einer großen Pfanne erhitzen und die Plätzchen darin portionsweise von jeder Seite in ca. 4 Min. goldbraun braten. Auf Küchenpapier abtropfen lassen.

Das schmeckt dazu saucenreiche Fleischgerichte oder ein knackiger Salat

Tuning-Tipp 5 getrocknete Tomaten in Streifen schneiden und unter den Teig kneten.

Austausch-Tipp Für **Herzogin-Kartoffeln** den Kartoffelplätzchenteig mit nur 3 EL Mehl zubereiten, mit einem Spritzbeutel mit großer Sterntülle auf ein mit Backpapier ausgelegtes Blech spritzen und im heißen Ofen (Mitte) bei 225° (Umluft 200°) ca. 10 Min. backen. Statt Mehl können Sie auch geriebene Nüsse oder geriebenen Parmesan unter den Teig kneten.

Pellkartoffeln mit Schnittlauchquark

einfach lecker
15 Min. + 40 Min. Garen
pro Portion ca. 365 kcal
25 g Eiweiß · 10 g Fett · 42 g Kohlenhydrate

ZUTATEN FÜR 4 PORTIONEN

1,2 kg vorwiegend fest kochende Kartoffeln
Salz
2 Bund Schnittlauch
750 g Quark (20 % Fett i. Tr.)
Pfeffer

ZUBEREITUNG

1. Kartoffeln waschen, in einem großen Topf mit Salzwasser bedecken. Zugedeckt aufkochen. Die Kartoffeln bei schwacher Hitze je nach Größe in 20–40 Min. weich kochen.

2. Den Schnittlauch waschen, trockenschütteln, in Röllchen schneiden. Mit dem Quark verrühren, mit Salz und Pfeffer würzen.

3. Mit einem kleinen spitzen Messer die Kartoffeln anstechen; geht das ohne Widerstand, sind sie gar. Kartoffeln abgießen, heiß pellen.

Da passt's dazu zu Salat, zu gebratenen Forellen (S. 141) und Frikadellen (S. 118)

1 x kochen – 2 x essen Für **Bratkartoffeln** die gepellten Kartoffeln abkühlen lassen, in Scheiben schneiden. 2 Zwiebeln schälen und in Ringe schneiden. Öl in einer großen Pfanne erhitzen. Kartoffeln und Zwiebeln darin bei großer Hitze in 10–15 Min. goldbraun braten. Salzen und pfeffern.

Ofenkartoffeln mit Butter

zum Sattessen
5 Min. + 60 Min. Backen
pro Portion ca. 215 kcal
4 g Eiweiß · 9 g Fett · 30 g Kohlenhydrate

ZUTATEN FÜR 4 PORTIONEN

8 große vorwiegend fest kochende Kartoffeln
4 EL Butter
grobes Meersalz (ersatzweise »normales« Salz)

ZUBEREITUNG

1. Den Backofen auf 200° vorheizen. Kartoffeln gründlich waschen, auf das Ofengitter legen und im Ofen (Mitte, Umluft 180°) je nach Größe in 45–60 Min. weich backen. Mit einem kleinen spitzen Messer in die Kartoffeln stechen; ist kein Widerstand mehr spürbar, sind sie fertig.

2. Die Kartoffeln kreuzweise einschneiden, etwas zusammendrücken, damit sie sich öffnen und mit Butter und Salz servieren. Schmeckt zu Rumpsteak (S. 133) und Fisch mit Kräuterkruste (S. 147).

Tuning-Tipp Ganz was Feines: Für **Ofenkartoffeln mit Forelle und Frischkäse** 4 geräucherte Forellenfilets in Stücke teilen. 1 Bund gemischte Kräuter waschen, trockenschütteln und die Blättchen fein hacken. 300 g Frischkäse mit 150 g Joghurt verrühren. Die Kräuter, 2 EL Meerrettich, 1 TL Zitronensaft, Salz und Pfeffer dazugeben. Frischkäsedip und Fisch auf den geöffneten Kartoffeln verteilen.

Salzkartoffeln

leckere Beilage
10 Min. + 25 Garen
pro Portion ca. 170 kcal
4 g Eiweiß · 3 g Fett · 30 g Kohlenhydrate

ZUTATEN FÜR 4 PORTIONEN

- 1 kg vorwiegend fest kochende Kartoffeln
- Salz
- 1–2 EL kalte Butter

ZUBEREITUNG

1. Kartoffeln schälen, in große Stücke teilen. In einen großen Topf geben, vollständig mit Salzwasser bedecken, zugedeckt aufkochen lassen. Hitze reduzieren und die Kartoffeln je nach Größe in 15–25 Min. weich kochen.

2. Mit einem kleinen spitzen Messer in die Kartoffeln stechen; ist kein Widerstand mehr spürbar, sind sie fertig. Anderenfalls die Kochzeit um 5 Min. verlängern und erneut probieren. Zum Servieren das Wasser abgießen und Butter in Flöckchen auf den Kartoffeln verteilen. Schmeckt z. B. gut zu Forelle (S. 141).

Tuning-Tipp Lust auf Grün? Für **Petersilienkartoffeln** 1 Bund Petersilie waschen, trockenschütteln und die Blättchen fein hacken. 2 EL Butter erhitzen, die Petersilie dazugeben und die Kartoffeln damit mischen.

Speed-Tipp Im Dampfdrucktopf sind die Salzkartoffeln in 7 Min. weich.

Kartoffeln mit Mojo

Urlaub auf den Kanaren!
20 Min. + 35 Min. Garen
pro Portion ca. 405 kcal
5 g Eiweiß · 26 g Fett · 38 g Kohlenhydrate

ZUTATEN FÜR 4 PORTIONEN

- 1 kg Kartoffeln
- 4 EL Meersalz (ersatzweise »normales« Salz)
- 3–5 getrocknete Chilischoten
- 3 EL edelsüßes Paprikapulver
- 1 EL gemahlener Kreuzkümmel
- 100 ml Rotweinessig
- 150 ml Olivenöl
- Salz · Zucker

ZUBEREITUNG

1. Kartoffeln gründlich waschen, in einen flachen, großen Topf geben, salzen und den Topf zur Hälfte mit Wasser auffüllen. Zugedeckt aufkochen und die Kartoffeln je nach Größe in 15–25 Min. knapp gar kochen.

2. Inzwischen für die Sauce die Chilischoten fein zerbröseln. Paprikapulver, Kreuzkümmel und Chili mit dem Essig mischen. Das Olivenöl langsam dazugießen und alles zu einer dickflüssigen Sauce verrühren. Mit Salz und Zucker abschmecken.

3. Den Deckel vom Kartoffeltopf abnehmen und das Wasser vollständig einkochen lassen. Die Kartoffeln ohne Wasser 5–10 Min. unter häufigem Rühren im Topf anrösten. Die Kartoffeln sind fertig, wenn die Schale trocken und von einer Salzschicht überzogen ist. Mit der Schale servieren. Schmeckt zu gebackenen Tintenfischringen (S. 147) und Brathähnchen (S. 120).

Speckkartoffeln mit Maroni

am besten im Herbst
30 Min. + 20 Min. Backen
pro Portion ca. 370 kcal
14 g Eiweiß · 20 g Fett · 33 g Kohlenhydrate

ZUTATEN FÜR 4 PORTIONEN

750 g mittelgroße vorwiegend fest kochende Kartoffeln
Salz
1 EL neutrales Öl
8–10 Scheiben Bacon, quer halbiert
Pfeffer
edelsüßes Paprikapulver
200 g gekochte Esskastanien (Maroni, vakuumverpackt)

ZUBEREITUNG

1. Kartoffeln waschen und mit etwas Salz in ca. 400 ml Wasser zum Kochen bringen. Zugedeckt in 20–25 Min. gar kochen. Kalt abschrecken, noch heiß pellen, längs halbieren.

2. Ofen auf 220° (Umluft 200°) vorheizen. Ein Backblech mit Backpapier auslegen, dieses mit dem Öl einpinseln. Jede Kartoffelhälfte mit 1/2 Scheibe Bacon belegen, auf das Blech setzen. Mit etwas Pfeffer und Paprika würzen.

3. Im heißen Ofen (Mitte) ca. 20 Min. garen. Nach 10 Min. Garzeit die Maroni zwischen den Kartoffeln verteilen und mitbacken.

Das schmeckt dazu Feldsalat mit Roter Bete und ein Dip, z. B. Kräuterquark, Senfsauce oder Ajvar (Paprikapaste)

Speed-Tipp Schneller geht's mit Pellkartoffeln vom Vortag.

Grüne Kartoffeltorte

vegetarisch
30 Min. + 30 Min. Backen
pro Portion ca. 430 kcal
19 g Eiweiß · 23 g Fett · 36 g Kohlenhydrate

ZUTATEN FÜR 4 PORTIONEN

800 g knapp gar gekochte Pellkartoffeln (am besten vom Vortag)
750 g Blattspinat oder 450 g aufgetauter TK-Blattspinat
1 kleine Zwiebel
1–2 Knoblauchzehen
1 EL neutrales Öl
Salz · Pfeffer
geriebene Muskatnuss
2 EL Sesam
150 g Feta
300 g saure Sahne
2 EL kalte Butter
Fett für die Form

ZUBEREITUNG

1. Kartoffeln pellen und grob raspeln. Frischen Spinat waschen, putzen und grob hacken. Den Ofen auf 225° (Umluft 200°) vorheizen.

2. Zwiebel und Knoblauch schälen, fein würfeln, in einer großen Pfanne im Öl andünsten. Frischen Spinat tropfnass zugeben, ca. 5 Min. zugedeckt dünsten. TK-Spinat nicht dünsten. Mit Salz, Pfeffer und Muskat kräftig würzen.

3. Sesam in einer trockenen Pfanne kurz rösten. Feta mit der sauren Sahne pürieren. Eine Auflaufform ausfetten. Die Hälfte der Kartoffeln einschichten, leicht würzen. Darüber die Hälfte der Fetacreme, dann den Spinat geben. Übrige Fetacreme darauf verteilen und mit den restlichen Kartoffeln bedecken, nochmals leicht würzen. Die Butter in Flöckchen darauf setzen und mit Sesam bestreuen. Im heißen Ofen (Mitte) ca. 30 Min. backen.

Kartoffel-Quartett

preiswert
30 Min. + 10 Min. Backen
pro Portion ca. 570 kcal
28 g Eiweiß · 33 g Fett · 39 g Kohlenhydrate

ZUTATEN FÜR 4 PORTIONEN

1 kg große Pellkartoffeln (8 Stück)
Salz · 1 Tomate
100 g Mozzarella
100 g Gouda in Scheiben
1 kleine Möhre
1 Frühlingszwiebel
4 Scheiben Salami
4 EL Tomatenmark
150 g Brät (lose oder aus Bratwurstmasse)
4 EL Semmelbrösel
4 EL geriebener Parmesan
Olivenöl

ZUBEREITUNG

1. Kartoffeln in wenig Salzwasser 20–25 Min. kochen. Lassen sie sich leicht einstechen, sind sie gar. Abschrecken und noch heiß pellen.

2. Ofen auf 200° (Umluft 180°) vorheizen. Kartoffeln längs halbieren und auf einem mit Backpapier belegten Backblech verteilen.

3. Tomate waschen, Stielansatz entfernen und wie den Mozzarella in Scheiben schneiden. Gouda in Streifen schneiden, Möhre schälen und grob raspeln, Frühlingszwiebel waschen, putzen und in Ringe schneiden.

4. 4 Kartoffelhälften mit Salami, Tomaten und Mozzarella belegen, 4 mit Tomatenmark und Goudastreifen, 4 mit einem Mix aus Brät, Möhrenraspeln und Frühlingszwiebelringen, 4 mit einem Mix aus Semmelbröseln und Parmesan, beträufelt mit Öl. Kartoffeln im heißen Ofen (Mitte) 10–15 Min. überbacken.

Kinder machen mit Jeder belegt seine eigene Kartoffel – die schmeckt besonders gut!

Zigeuner-Kartoffelblech

ganz einfach
25 Min. + 15 Min. Backen
pro Portion ca. 540 kcal
23 g Eiweiß · 33 g Fett · 36 g Kohlenhydrate

ZUTATEN FÜR 4 PORTIONEN

1 kg Kartoffeln
100 g Cabanossi (Knoblauchwurst)
2 kleine rote Paprikaschoten (ca. 400 g)
1 Kugel Mozzarella (125 g)
2 Zweige Rosmarin
3 EL Pinienkerne
100 g Sahne
100 ml Milch
2 Eier
Salz · Pfeffer
edelsüßes Paprikapulver
Fett fürs Blech

ZUBEREITUNG

1. Ofen auf 220° (Umluft 200°) vorheizen. Ein tiefes Backblech oder zwei Pizzableche fetten. Kartoffeln schälen, in dünne Spalten schneiden. Cabanossi in Scheiben schneiden. Paprikaschoten waschen, putzen und klein würfeln.

2. Mozzarella klein würfeln. Den Rosmarin waschen, die Nadeln fein hacken. Beides mit den Pinienkernen mischen. Sahne, Milch und Eier verquirlen, mit wenig Salz, Pfeffer sowie mit Paprikapulver würzen und gleichmäßig auf das Blech bzw. die Pizzableche gießen.

3. Kartoffeln, Cabanossi und Paprika mischen und im Eiermix verteilen. Mit dem Mozzarella bestreuen und im heißen Ofen (Mitte) ca. 20 Min. backen. Auf dem Blech servieren.

Das schmeckt dazu Joghurt-Sauerrahm-Dip mit Schnittlauch

Austausch-Tipp Statt Paprika vorgegarte Brokkoliröschen, Lauchringe, Gemüsemais aus der Dose oder TK-Erbsen nehmen.

Sattessen in der großen Runde

Kartoffelgratin ist prima für die Kindergruppe: Es lässt sich gut vorbereiten und lange warm halten. Einfach die angegebenen Mengen mal vier nehmen.

Grundrezept Kartoffelgratin

feine Beilage
15 Min. + 45 Min. Backen
pro Portion ca. 470 kcal
6 g Eiweiß · 34 g Fett · 33 g Kohlenhydrate

ZUTATEN FÜR 4 PORTIONEN

1 kg mehlig kochende Kartoffeln
Salz · Pfeffer
geriebene Muskatnuss
400 g Sahne
Butter für die Form

ZUBEREITUNG

1. Backofen auf 200° vorheizen, eine ofenfeste Form mit Butter ausstreichen. Kartoffeln schälen, in sehr dünne Scheiben hobeln. Gleichmäßig mit Salz, Pfeffer und etwas Muskat würzen, in die Form geben.

2. Die Sahne mit Salz, Pfeffer und 1 Msp. Muskat würzen, über die Kartoffeln gießen. Das Gratin im Ofen (Mitte, Umluft 180°) in 35–45 Min. goldbraun backen.

Da passt's dazu zu Lammbraten (S. 201) und Rumpsteak (S. 133)

Tuning-Tipp Die Hälfte der Kartoffeln durch 500 g feste Birnen ersetzen. Birnen schälen, das Kernhaus entfernen, das Fruchtfleisch in dünne Spalten schneiden. Birnen und Kartoffeln abwechselnd einschichten und wie beschrieben backen.

Austausch-Tipp Schichten Sie nach Lust und Laune: einen Teil der Kartoffeln z. B. durch Gemüse ersetzen. Es eignen sich alle Gemüsesorten, man muss sie nur vorgaren. Dazu das Gemüse putzen oder waschen und in mundgerechte Stücke schneiden. Kurz in Salzwasser blanchieren und eiskalt abschrecken oder kurz in heißem Öl anbraten. Damit das Gratin fest wird, die Sahne mit 1 EL Stärke verquirlen.

Speed-Tipp Die Sahne aufkochen, Kartoffelscheiben dazugeben, gut würzen und alles heiß in die gebutterte Form geben. Im vorgeheizten Ofen ca. 20–30 Min. backen.

Jansons Versuchung

Würziges aus Skandinavien
25 Min. + 45 Min. Backen
pro Portion ca. 525 kcal
11 g Eiweiß · 38 g Fett · 34 g Kohlenhydrate

ZUTATEN FÜR 4 PORTIONEN

1 Grundrezept Kartoffelgratin (oben)
2 Zwiebeln
1 EL Butter
12 eingelegte Sardellenfilets (Anchovis)
Butter für die Form

ZUBEREITUNG

1. Den Backofen auf 200° vorheizen und eine ofenfeste Form mit Butter ausstreichen. Kartoffeln und Sahne wie im Grundrezept oben beschrieben vorbereiten. Die Hälfte der Kartoffeln in die Form schichten, die übrigen zur Seite stellen.

2. Zwiebeln schälen, in Ringe schneiden und in der Butter glasig dünsten. Die Zwiebeln auf den Kartoffeln verteilen. Die Sardellenfilets abspülen und darüber legen. Die übrigen Kartoffeln darüber geben und mit der Sahne angießen. Im Ofen (Mitte, Umluft 180°) in 35–45 Min. goldbraun backen. Schmeckt als Hauptgericht mit Salat.

Einfrier-Tipp Das Gratin portionsweise einfrieren. Bei Bedarf kleine ofenfeste Förmchen ausbuttern, das gefrorene Gratin einlegen und etwas Milch angießen. In den kalten Backofen schieben und bei 180° (Umluft 160°) in 30–40 Min. aufbacken.

Kartoffelgratin mit getrockneten Tomaten

raffiniert kombiniert
25 Min. + 45 Min. Backen
pro Portion ca. 800 kcal
30 g Eiweiß · 54 g Fett · 50 g Kohlenhydrate

ZUTATEN FÜR 4 PORTIONEN

100 g getrocknete Tomaten · 100 g getrocknete Zucchini (gut sortierter Supermarkt)
1 Grundrezept Kartoffelgratin (oben)
1 TL getr. Oregano · 250 g Taleggio (ital. halbfester Schnittkäse) · Butter für die Form

ZUBEREITUNG

1. Den Backofen auf 200° vorheizen. Tomaten und Zucchini mit kochendem Wasser überbrühen und ca. 15 Min. ziehen lassen.

2. Inzwischen eine ofenfeste Form mit Butter ausstreichen und das Kartoffelgratin vorbereiten wie im Grundrezept oben beschrieben. Den Käse in Würfel schneiden.

3. Tomaten und Zucchini abgießen, abtropfen lassen und mit dem Oregano mischen. Abwechselnd Kartoffeln, Zucchini, Käse und Tomaten in die Form schichten und mit der Sahne (Grundrezept) begießen. Im Ofen (Mitte, Umluft 180°) in 35–45 Min. goldbraun backen. Das Gratin schmeckt als Hauptgericht mit Salat, als Beilage zu Fisch und Geflügel.

Vorrats-Tipp Geriebenen Käse aus dem Vorrat verwenden, z. B. Emmentaler, Gouda, Appenzeller oder einen Käse-Mix.

Süßkartoffel-Nuss-Gratin

einfach lecker
15 Min. + 40 Min. Backen
pro Portion ca. 855 kcal
17 g Eiweiß · 57 g Fett · 71 g Kohlenhydrate

ZUTATEN FÜR 4 PORTIONEN

1 kg Süßkartoffeln · 200 g Studentenfutter
4 EL geriebener Parmesan · Salz · Pfeffer
400 g Sahne · 1 EL Speisestärke
Butter für die Form

ZUBEREITUNG

1. Backofen auf 200° vorheizen und eine ofenfeste Form mit Butter ausstreichen. Die Süßkartoffeln schälen und in 2 cm große Würfel schneiden.

2. Süßkartoffeln, Studentenfutter und Parmesan mischen, mit Salz und Pfeffer würzen und in die Form geben.

3. Die Sahne mit der Stärke verrühren, mit Salz und Pfeffer würzen und über die Kartoffeln gießen. Im Ofen (Mitte, Umluft 180°) in 30–40 Min. goldbraun backen. Das Gratin schmeckt mit Rote-Beten-Salat (S. 114) zu Ente (S. 201) und Rinderbraten (S. 131).

Tuning-Tipp Für eine Nusskruste 4 Eiweiße steif schlagen, 100 g gemahlene Nüsse und 4 EL geriebenen Parmesan unterheben. Die Masse nach ca. 25 Min. Backzeit auf dem Gratin verteilen und dieses weitere 10–20 Min. backen.

Mediterrane Kartoffelpfanne

schmeckt nach Urlaub
30 Min.
pro Portion ca. 490 kcal
8 g Eiweiß · 6 g Fett · 26 g Kohlenhydrate

ZUTATEN FÜR 4 PORTIONEN

800 g vorwiegend fest kochende Kartoffeln
2 rote Paprikaschoten
4 Zweige frischer Rosmarin oder 1 TL getrockneter Rosmarin
Salz · Pfeffer
edelsüßes Paprikapulver
75 g Feta
Öl zum Braten

ZUBEREITUNG

1. Kartoffeln schälen und, am besten mit der Küchenmaschine, in dünne Scheiben hobeln. Paprikaschoten waschen, halbieren, putzen und in dünne Streifen schneiden. Frischen Rosmarin waschen, trockenschütteln und die Nadeln klein hacken.

2. Öl in einer großen Pfanne (ca. 28 cm Ø) erhitzen. Kartoffelscheiben darin bei mittlerer Hitze ca. 10 Min. braten, ab und zu wenden. Mit Salz, Pfeffer, Paprikapulver und Rosmarin würzen. Paprikastreifen 5 Min. mitbraten.

3. Den Feta in kleine Stücke schneiden und kurz vor Schluss zur Kartoffelpfanne geben. Das Gericht mit Salz, Pfeffer und Paprika abschmecken und heiß servieren.

Tuning-Tipp Eine Hand voll Oliven oder 1–2 EL Kapern dazugeben.

Mehr draus machen Reicht für 6 Portionen, wenn Sie vor den Kartoffeln 150 g Hackfleisch anbraten.

Sesam-Kartoffeln

originelle Beilage
25 Min.
pro Portion ca. 255 kcal
6 g Eiweiß · 12 g Fett · 30 g Kohlenhydrate

ZUTATEN FÜR 4 PORTIONEN

800 g vorwiegend fest kochende Kartoffeln
Salz · 4 EL Butter
3 EL Semmelbrösel
3 EL Sesam

ZUBEREITUNG

1. Kartoffeln gut waschen. Mit wenig Wasser und 2 TL Salz ungeschält in einen Topf geben, zum Kochen bringen. Zugedeckt 20–25 Min. garen. Die Kartoffeln sind gar, wenn man sie mit einem Messer leicht einstechen kann.

2. Kartoffeln kalt abschrecken und noch heiß pellen. Kleine Kartoffeln ganz lassen, größere halbieren oder vierteln.

3. Butter in einer Pfanne erhitzen. Semmelbrösel und Sesam darin ca. 3 Min. anrösten. Kartoffeln dazugeben und in den Butterbröseln schwenken, so dass sie rundherum »paniert« werden. Sofort servieren.

Da passt's dazu zu vielen Fleisch- und Fischgerichten oder – für ein vegetarisches Hauptgericht – zu Kräuterquark und Salat

Speed-Tipp Mit Pellkartoffeln vom Vortag sind die Sesam-Kartoffeln ein Blitzrezept.

Tuning-Tipp Kartoffeln vor dem Servieren mit 1/2 Bund gehackter Petersilie bestreuen.

Schinken-Stippe-Kartoffeln

Lieblingsessen mit Tradition
25 Min.
pro Portion ca. 275 kcal
10 g Eiweiß · 14 g Fett · 26 g Kohlenhydrate

ZUTATEN FÜR 4 PORTIONEN

800 g vorwiegend fest kochende Kartoffeln
Salz
1 Bund Schnittlauch
4 Scheiben gekochter Schinken
200 g Schmand (24 %)
50 ml Milch
Pfeffer

ZUBEREITUNG

1. Kartoffeln gut waschen. Mit wenig Wasser und 2 TL Salz in einen Topf geben und zum Kochen bringen. Bei kleiner Hitze zugedeckt 20–25 Min. garen.

2. Schnittlauch waschen und in feine Röllchen schneiden. Den Schinken klein würfeln. Schmand und Milch erhitzen, mit Salz und Pfeffer würzen. Den Schinken dazugeben und warm werden lassen.

3. Kartoffeln kalt abschrecken und noch heiß pellen. Kleinere Kartoffeln halbieren, größere in nicht zu kleine Stücke schneiden. Mit der Schinken-Stippe übergossen und mit Schnittlauch bestreut servieren.

Austausch-Tipp Mehr Feuer gewünscht? Für **Paprikacreme** 3 EL Ajvar (Paprikapaste) und 2 klein gewürfelte rote Paprikaschoten unter den Schmand rühren. Für Senfcreme 1–2 EL Senf unterrühren und statt Schnittlauch Dill verwenden.

Schicht-Brägele

mediterran angehaucht
50 Min.
pro Portion ca. 390 kcal
11 g Eiweiß · 26 g Fett · 28 g Kohlenhydrate

ZUTATEN FÜR 4 PORTIONEN

1 Bund Petersilie
Salz · Pfeffer
getrockneter Oregano
Zimtpulver
800 g fest kochende Kartoffeln
3 EL neutrales Öl
250 g Zucchini
250 g Tomaten
1/2 Bund Basilikum
100 g Feta
100 g Schmand (24 %)
100 g Sahne

ZUBEREITUNG

1. Petersilie waschen, Blättchen fein hacken. Mit 2 TL Salz, etwas Pfeffer, 1 Msp. Oregano und 1 Prise Zimt mischen.

2. Kartoffeln schälen und in dünne Scheiben hobeln. Öl in einer großen beschichteten Deckelpfanne erhitzen und die Kartoffeln darin anbraten. Mit etwas Würzmix bestreuen und bei kleiner Hitze zugedeckt schmoren.

3. Inzwischen die Zucchini waschen, putzen, in Scheiben schneiden, in die Pfanne schichten und würzen. Tomaten waschen, ohne Stielansätze klein schneiden, einschichten, ebenfalls würzen. Alles zugedeckt 15 Min. garen.

4. Basilikum abbrausen, trockenschütteln, die Blätter grob hacken, mit Feta, Schmand und Sahne pürieren. Auf den Schicht-Brägele verteilen und alles noch 5–10 Min. weitergaren.

Austausch-Tipp Anderes Gemüse wie z. B. Gemüsezwiebeln, Lauch, Auberginen oder Paprika einschichten.

Kartoffelgulasch Szegediner Art

Gulasch mal vegetarisch
30 Min.
pro Portion ca. 255 kcal
7 g Eiweiß · 6 g Fett · 40 g Kohlenhydrate

ZUTATEN FÜR 4 PORTIONEN

- 1 kg mehlig kochende Kartoffeln
- 3 rote Paprikaschoten
- 1 große Zwiebel
- 2 Stängel Salbei
- 2 EL neutrales Öl
- 250 g Sauerkraut
- 2 EL Tomatenmark
- 330 ml Tomatensaft
- 1/4 l Gemüsebrühe
- Salz · Pfeffer

ZUBEREITUNG

1. Kartoffeln schälen und in ca. 2 cm dicke Stifte schneiden. Paprika waschen, halbieren, putzen und in schmale Streifen schneiden. Die Zwiebel schälen und in möglichst dünne Ringe schneiden. Salbei waschen, die Blätter in nicht zu feine Streifen schneiden.

2. Das Öl in einem großen Topf erhitzen und die Zwiebeln darin glasig dünsten. Kartoffeln, Paprika, Sauerkraut, Tomatenmark und Salbei dazugeben und 5 Min. braten.

3. Tomatensaft und Brühe angießen. Mit Salz und Pfeffer würzen, ca. 15 Min. zugedeckt köcheln lassen. Dann das Gulasch offen noch etwas einkochen lassen und servieren.

Tuning-Tipp Einen Klecks Schmand obenauf geben. Würziger wird's mit 1 EL mitgeschmorten getrockneten Steinpilzen.

Kartoffel-Samtsuppe mit Knusperchen

schmeckt auch Gemüsemuffeln
30 Min.
pro Portion ca. 395 kcal
6 g Eiweiß · 17 g Fett · 45 g Kohlenhydrate

ZUTATEN FÜR 4 PORTIONEN

- 1 Bund Suppengrün (Lauch, Möhren, Sellerie)
- 700 g mehlig kochende Kartoffeln
- 1 große Zwiebel
- 2 Lorbeerblätter
- 2 Gewürznelken
- 1 EL neutrales Öl
- 1 1/4 l Hühnerbrühe
- 1 Bund Schnittlauch
- 100 g Schmand (24 %)
- Salz · Pfeffer
- 3 Scheiben altbackenes Mischbrot
- 2 EL Butter

ZUBEREITUNG

1. Lauch waschen, putzen und in Ringe schneiden. Möhren, Sellerie und Kartoffeln waschen, schälen, grob würfeln. Zwiebel schälen, mit Lorbeer und Nelken bestecken.

2. Öl in einem großen Topf erhitzen. Lauch, Möhren, Sellerie und Zwiebel darin kräftig anrösten. Kartoffeln kurz mitbraten. Mit der Brühe ablöschen. Zum Kochen bringen und bei kleiner Hitze ca. 15 Min. köcheln lassen, bis die Kartoffeln gar sind. Zwiebel entfernen und die Suppe fein pürieren.

3. Schnittlauch waschen, in feine Röllchen schneiden. Mit dem Schmand in die (nicht mehr kochende) Suppe rühren. Mit Salz und Pfeffer abschmecken.

4. Das Brot klein würfeln und in der Butter rundherum goldbraun braten. Suppe und Knusperchen getrennt servieren.

Pizza-Kartoffeln

ganz einfach
25 Min.
pro Portion ca. 265 kcal
12 g Eiweiß · 12 g Fett · 27 g Kohlenhydrate

ZUTATEN FÜR 4 PORTIONEN

- 750 g Kartoffeln
- 1 Kugel Mozzarella (125 g)
- 1 Zwiebel
- 1 Knoblauchzehe
- 200 ml Gemüsebrühe
- 1 EL neutrales Öl
- 1 Dose stückige Tomaten (400 g)
- Salz · Pfeffer
- 1–2 EL Pesto (Glas)

ZUBEREITUNG

1. Die Kartoffeln schälen und in ca. 1,5 cm große Würfel schneiden. Abgetropften Mozzarella ebenfalls würfeln. Zwiebel schälen und fein würfeln. Den Knoblauch schälen.

2. Öl in einem Topf erhitzen. Zwiebeln hineingeben, Knoblauch dazupressen, die Zwiebeln glasig dünsten. Kartoffeln kurz mit anbraten. Brühe angießen und die Kartoffeln darin 5 Min. köcheln lassen.

3. Die Tomaten zugeben, alles mit Salz und Pfeffer würzen, ca. 15 Min. weiterkochen lassen, bis die Kartoffeln gar sind. Mozzarella zugeben und schmelzen lassen. Das Gericht mit Pesto abschmecken.

Das schmeckt dazu gedünsteter Brokkoli, Schnitzel, Frikadellen oder Rühreier

Austausch-Tipp Noch würziger wird's mit Feta statt Mozzarella und 1 TL getrockneten Kräutern der Provence statt Pesto.

Schnüsch mit Miniklößchen

Lieblingsessen mit Tradition
45 Min.
pro Portion ca. 295 kcal
7 g Eiweiß · 16 g Fett · 29 g Kohlenhydrate

ZUTATEN FÜR 4 PORTIONEN

- 800 g vorwiegend fest kochende Kartoffeln
- 400 g Möhren
- 2 EL neutrales Öl
- Salz · Pfeffer
- 2 rohe Bratwürstchen
- 4 EL Schmand (24 %)
- 1 Bund Petersilie

ZUBEREITUNG

1. Kartoffeln und Möhren schälen, getrennt in 1–2 cm große Stücke schneiden. In einem Topf das Öl erhitzen, Möhren darin ca. 3 Min. andünsten. Kartoffeln zugeben, 650 ml Wasser angießen, mit 1 TL Salz und etwas Pfeffer würzen. 12 Min. zugedeckt köcheln lassen.

2. Aus den Bratwürstchen das Brät herausdrücken, zu kleinen Klößchen formen. Diese zu den Bouillonkartoffeln geben, bei schwacher Hitze in ca. 5 Min. gar ziehen lassen.

3. Bouillonkartoffeln mit Salz und Pfeffer abschmecken, vom Herd nehmen. Petersilie waschen, trockenschütteln und die Blättchen abzupfen. Mit dem Schmand fein pürieren, dabei etwas von der Brühe untermixen. Den Petersilienrahm getrennt servieren, so kann jeder selbst mischen.

Kinder machen mit Brätklößchen rollen ist der Hit!

Austausch-Tipp Rucola statt Petersilie

Das passt zu frittierten, gebratenen oder gebackenen Kartoffeln

→ **Barbecue-Gewürzmischung** Je 2 TL edelsüßes Paprikapulver, gemahlenen Kreuzkümmel, gemahlenen Koriander, Currypulver, Salz und Zucker mit 1 TL gemahlenem Pfeffer und 1/2 TL Cayennepfeffer mischen und in einem luftdicht verschlossenen Behälter aufbewahren.

→ **Harissa-Mayonnaise** 150 g Mayonnaise mit 1–2 TL Harissa (würzige Chilipaste aus dem türkischen Lebensmittelgeschäft) verrühren.
→ **Curryketchup** 150 g Ketchup mit 1–2 TL Currypulver verrühren. Die scharfe Mayonnaise und das Ketchup schmecken auch gut zu kurzgebratenem oder gegrilltem Fleisch.

Pommes frites

selbst gemacht besonders lecker
30 Min.
pro Portion ca. 200 kcal
3 g Eiweiß · 10 g Fett · 24 g Kohlenhydrate

ZUTATEN FÜR 4 PORTIONEN

Öl zum Frittieren (mindestens 1 l)
800 g vorwiegend fest kochende Kartoffeln
Salz

ZUBEREITUNG

1. Die Fritteuse oder einen großen Topf mit dem Öl füllen und dieses auf ca. 160° erhitzen. Inzwischen die Kartoffeln schälen und in ca. 1 cm dicke Stäbchen schneiden. Kartoffeln auf einem Küchenhandtuch ausbreiten und gut trockentupfen.

2. Die Kartoffeln portionsweise im heißen Öl ca. 5 Min. vorbacken, herausnehmen und abtropfen lassen. Das Öl auf 180° erhitzen und die Kartoffeln nochmals portionsweise in ca. 3 Min. knusprig backen. Herausnehmen, auf Küchenpapier abtropfen lassen, salzen und sofort servieren.

Tuning-Tipp Die Kartoffeln gründlich waschen und mit der Schale in schmale Spalten schneiden. Wie Pommes frites zubereiten und zum Schluss mit Barbecue-Gewürzmischung (Kasten links) würzen.

Reibekuchen

am besten gleich aufessen
30 Min.
pro Portion ca. 270 kcal
7 g Eiweiß · 13 g Fett · 31 g Kohlenhydrate

ZUTATEN FÜR 4 PORTIONEN

1 kg mehlig kochende Kartoffeln
2 Eier (Größe M)
Salz · Pfeffer
geriebene Muskatnuss
Öl zum Braten

ZUBEREITUNG

1. Die Kartoffeln schälen und auf der Gemüsereibe fein reiben, in ein feines Sieb geben und gut ausdrücken. Dabei die Flüssigkeit auffangen und ca. 3 Min. stehen lassen.
Die Flüssigkeit vorsichtig abgießen und die Kartoffelstärke die sich am Boden abgesetzt hat, zu den Kartoffeln geben.

2. Kartoffeln mit Eiern und Stärke mischen, mit Salz, Pfeffer und 1 Msp. Muskat würzen.

3. Öl in einer großen Pfanne erhitzen. Mit einem Esslöffel Teigportionen in die Pfanne setzen, flach streichen, von beiden Seiten in ca. 5–10 Min. goldbraun braten, herausnehmen, auf Küchenpapier abtropfen lassen.

Das schmeckt dazu Apfelmus, selbst gemacht (S. 157) oder aus dem Glas.

Tuning-Tipp 300 g Räucherlachs mit Dillschmand zu den Reibekuchen servieren.

Kartoffeln vom Blech

ganz einfach
10 Min. + 25 Min. Backen
pro Portion ca. 245 kcal
5 g Eiweiß · 8 g Fett · 37 g Kohlenhydrate

ZUTATEN FÜR 4 PORTIONEN

1 kg vorwiegend fest kochende kleine Kartoffeln
4 EL Olivenöl
1 EL grobes Meersalz (ersatzweise »normales« Salz)
1 EL Kümmelsamen

ZUBEREITUNG

1. Den Backofen auf 200° vorheizen. Ein Backblech mit dem Olivenöl bestreichen, Salz und Kümmel gleichmäßig darauf streuen.

2. Die Kartoffeln gründlich waschen, längs halbieren und mit der Schnittfläche nach unten auf das Blech setzen. Im Ofen (Mitte, Umluft 180°) in 20–25 Min. weich backen.

Austausch-Tipp Statt Kümmel 1 EL Fenchelsamen verwenden. Oder 4 Rosmarinzweige waschen, trockenschütteln, etwas zerkleinern und unter die Kartoffeln legen, oder je 1 Lorbeerblatt unter den Kartoffeln verstecken.

Tuning-Tipp Für **Zitronenkartoffeln** die Kartoffeln und 3 unbehandelte Zitronen waschen. Kartoffeln vierteln und Zitronen in Stücke schneiden. 1/2 Bund Thymian waschen und trockenschütteln. Die Kartoffeln, Zitronen, Thymian, Salz, Pfeffer und 4 EL Olivenöl mischen und wie beschrieben backen, dabei gelegentlich umwenden.

Kartoffelrisotto

leckere Beilage
30 Min.
pro Portion ca. 365 kcal
10 g Eiweiß · 14 g Fett · 37 g Kohlenhydrate

ZUTATEN FÜR 4 PORTIONEN

800 g fest kochende Kartoffeln
1 Zwiebel
2 EL Olivenöl
1/4 l Weißwein oder Gemüsebrühe
1 l Gemüsebrühe
200 g TK-Erbsen
Salz · Pfeffer
2 EL Butter
4 EL geriebener Parmesan

ZUBEREITUNG

1. Kartoffeln schälen und in sehr kleine Würfel schneiden. Die Zwiebel schälen und fein würfeln.

2. Das Olivenöl erhitzen und die Zwiebeln darin glasig dünsten, die Kartoffeln dazugeben und kurz mitdünsten. Mit Wein oder 1/4 l Brühe ablöschen und einkochen lassen. Ca. 1/2 l Gemüsebrühe dazugießen und bei kleiner Hitze ca. 10 Min. köcheln lassen. Dabei oft umrühren und nach und nach die übrige Gemüsebrühe zugießen.

3. Die Erbsen unter den Risotto mischen, das Gericht mit Salz und Pfeffer würzen, noch ca. 5 Min. kochen lassen. Zum Schluss Butter und Parmesan unterrühren und sofort servieren. Der Kartoffelrisotto sollte noch Biss und eine weiche, aber nicht flüssige Konsistenz haben.

Tuning-Tipp 1 Döschen Safranfäden mitkochen.

Grundrezept Kartoffelsalat mit Speck

klassisch gut
30 Min. + 30 Min. Garen + 20 Min. Marinieren

pro Portion ca. 490 kcal
8 g Eiweiß · 36 g Fett · 33 g Kohlenhydrate

ZUTATEN FÜR 4 PORTIONEN

1 kg fest kochende Kartoffeln
Salz
2 Zwiebeln
150 g durchwachsener Speck
4 EL neutrales Öl
gut 1/4 l Brühe
4 EL Weißweinessig
2 EL Senf
Pfeffer
1 Bund Schnittlauch

ZUBEREITUNG

1. Kartoffeln gründlich waschen, in einem großen Topf vollständig mit Salzwasser bedecken. Zugedeckt aufkochen lassen, die Hitze reduzieren und die Kartoffeln je nach Größe in ca. 30 Min. weich kochen.

2. Mit einem kleinen spitzen Messer in die Kartoffeln stechen; ist kein Widerstand mehr spürbar, sind sie fertig. Anderenfalls die Kochzeit um 5 Min. verlängern und erneut probieren. Das Wasser abgießen, die heißen Kartoffeln pellen und in Scheiben schneiden.

3. Die Zwiebeln schälen, ebenso wie den Speck fein würfeln. Das Öl in einer Pfanne erhitzen, Speck und Zwiebeln darin ca. 3 Min. anbraten. 1/4 l Brühe und den Essig in die Pfanne geben, aufkochen und über die Kartoffeln gießen. Mit Senf, Salz und Pfeffer würzen, gut mischen und 20 Min. durchziehen lassen.

4. Schnittlauch waschen, trockenschütteln, in Röllchen schneiden. Den Kartoffelsalat abschmecken, evtl. noch Brühe zugeben. Schnittlauch untermischen.

Austausch-Tipp Speck und Schnittlauch durch 1 Salatgurke ersetzen – die Gurke mit Schale in Scheiben schneiden und diese unter den Kartoffelsalat mischen – oder 2 Bund Rucola grob zerkleinern oder 1/4 Kopf Endiviensalat in feine Streifen schneiden. Rucola bzw. Endiviensalat jeweils erst kurz vor dem Servieren untermischen.

Kartoffelsalat mit Mayonnaise

aus dem Vorrat gezaubert
30 Min. + 30 Min. Garen
+ 20 Min. Marinieren
pro Portion ca. 480 kcal
6 g Eiweiß · 34 g Fett · 36 g Kohlenhydrate

ZUTATEN FÜR 4 PORTIONEN

1 kg fest kochende Kartoffeln · Salz
2 Zwiebeln · 3–4 Essiggurken
1 EL neutrales Öl · 150 g Mayonnaise
150 g Joghurt · gut 100 ml Gurkensud
1 EL Worcestersauce · Pfeffer

ZUBEREITUNG

1. Kartoffeln wie im Grundrezept (S. 62) beschrieben garen, pellen, abkühlen lassen und in Scheiben schneiden. Zwiebeln schälen und fein würfeln. Essiggurken klein schneiden.

2. Das Öl in einer Pfanne erhitzen und die Zwiebeln darin glasig dünsten, wieder aus der Pfanne nehmen.

3. Aus Mayonnaise, Joghurt, 100 ml Gurkensud, Worcestersauce, Salz und Pfeffer ein Dressing anrühren. Zwiebeln und Gurken zu den Kartoffeln geben, das Dressing darüber gießen und alles gut mischen. 20 Min. durchziehen lassen. Den Kartoffelsalat abschmecken, evtl. noch etwas Gurkensud zugeben. Schmeckt zu Wiener Würstchen.

Speed-Tipp Neue Kartoffeln gründlich waschen, kochen, mit Schale in Scheiben schneiden, mit dem Dressing marinieren.

Tuning-Tipp Gibt den Frischekick: 1/2 Rezept Kartoffelsalat ohne Essiggurken zubereiten, Gurkenbrühe durch 5 EL milden Weißweinessig ersetzen. 1 Bund Radieschen und 1 Bund Frühlingszwiebeln sowie 1 Salatgurke waschen und putzen. Radieschen und Gurke in Scheiben, Frühlingszwiebeln in Ringe schneiden, zartes Radieschengrün hacken und alles unter den Kartoffelsalat mischen.

Das schmeckt dazu **Grillwürstchen mit Speck:** 4 dicke Grillwürste von beiden Seiten leicht einritzen. 4 Scheiben Speck um die Würste wickeln und von jeder Seite ca. 5 Min. bei mittlerer Hitze braten oder grillen.

Kartoffel-Spargel-Salat

frühlingsleicht
30 Min. + 30 Min. Garen
+ 20 Min. Marnieren
pro Portion ca. 490 kcal
4 g Eiweiß · 11 g Fett · 19 g Kohlenhydrate

ZUTATEN FÜR 4 PORTIONEN

500 g fest kochende Kartoffeln · Salz
500 g grüner Spargel · gut 150 ml Gemüsebrühe · 5 EL Weißweinessig · 4 EL Olivenöl
1 EL Senf · Pfeffer

ZUBEREITUNG

1. Die Kartoffeln wie im Grundrezept (S. 62) beschrieben garen, pellen und in Scheiben schneiden. Das untere Drittel vom Spargel schälen und die Stangen in mundgerechte Stücke schneiden.

2. Spargel in Salzwasser in ca. 3 Min. bissfest kochen und eiskalt abschrecken. 150 ml Brühe aufkochen, zusammen mit Essig, Öl, Senf, Salz und Pfeffer über die Kartoffeln gießen, gut mischen und 10 Min. durchziehen lassen.

3. Kartoffelsalat abschmecken, evtl. noch Brühe zugeben. Spargel untermischen und den Salat weitere 10 Min. durchziehen lassen.

Tuning-Tipp 200 g zerbröckelten Schafkäse und/oder 250 g halbierte Kirschtomaten untermischen.

Speed-Tipp Für **Marinierte Kartoffeln** 800 g Kartoffeln wie im Grundrezept (S. 62) beschrieben zubereiten, pellen, in Scheiben schneiden und auf einer großen Platte verteilen. 5 EL Rotweinessig darüber gießen, mit grobem Meersalz (ersatzweise »normalem« Salz) und Pfeffer würzen. 1 Bund Petersilie waschen, trockenschütteln, die Blättchen grob hacken und über die Kartoffeln streuen. Zum Schluss mit 4 EL Olivenöl beträufeln.

Das schmeckt dazu **Kotelett:** Backofen auf 200° (Umluft 180°) vorheizen. 4 Koteletts vom Schwein oder Kalb salzen und pfeffern. Koteletts in einer Pfanne in heißem Öl von beiden Seiten scharf anbraten, herausnehmen und in eine ofenfeste Form legen. Im Ofen in 10–15 Min. fertig braten. Mit Zitronenspalten oder Kräuterbutter servieren.

Orientalischer Kartoffelsalat

raffiniert gewürzt
20 Min. + 30 Min. Garen
+ 10 Min. Marinieren
pro Portion ca. 300 kcal
4 g Eiweiß · 17 g Fett · 31 g Kohlenhydrate

ZUTATEN FÜR 4 PORTIONEN

1 kg vorwiegend fest kochende Kartoffeln
Salz · 2 Zwiebeln · 100 ml Olivenöl
2 TL Kurkuma · 1 TL gemahlener Koriander
1 Msp. Schwarzkümmelsamen
1/2–1 TL Pulbiber (Paprikaflocken; aus dem türkischen Lebensmittelladen; ersatzweise Paprikapulver und Chili gemischt)
4 EL Zitronensaft

ZUBEREITUNG

1. Kartoffeln wie im Grundrezept (S. 62) beschrieben garen, pellen und in mundgerechte Stücke schneiden. Die Zwiebeln schälen und in Ringe schneiden.

2. Das Öl erhitzen, die Zwiebeln darin glasig dünsten. Kurkuma, Koriander, Schwarzkümmel und Pulbiber dazugeben und bei mittlerer Hitze ca. 1 Min. anrösten. Die Mischung mit dem Zitronensaft zu den Kartoffeln geben, gut untermischen, 10 Min. durchziehen lassen. Den Kartoffelsalat abschmecken, evtl. noch Flüssigkeit zugeben. Schmeckt zu gegrilltem und paniertem Fisch (S. 213,138).

Tuning-Tipp Fruchtfleisch aus 1/2 Kokosnuss herauslösen und in sehr feine Scheiben schneiden. 1 Bund Koriandergrün waschen, trockenschütteln und die Blättchen abzupfen. 1–2 grüne Chilischoten waschen, Stiel und Samen entfernen, das Fruchtfleisch in sehr feine Ringe schneiden. Alles unter den fertigen Kartoffelsalat mischen.

Austausch-Tipp Mögen Sie's lieber heiß? Für **Orientalische Bratkartoffeln** alle Zutaten außer Zitronensaft und nur ca. 3 EL Olivenöl vorbereiten bzw. bereitstellen. Das Olivenöl in einer Pfanne erhitzen, Kartoffeln und Zwiebeln darin bei großer Hitze in ca. 10 Min. goldbraun braten, dabei oft umwenden. Die Gewürze zugeben, ca. 1 Min. anrösten und die Kartoffeln servieren.

Party-Klassiker

Kartoffelsalat lässt sich **gut vorbereiten** und schmeckt allen! Aber bitte erst am Tag der Party marinieren, bis zum Servieren **kalt stellen** und auf Hygiene bei der Zubereitung achten!

Und alles andere als Einzelgänger

Zu Kartoffelsalat passen z. B. Wiener **Würstchen,** kurzgebratenes **Fleisch** aller Art, gebratener oder gebackener **Fisch,** auch Maultaschen (Schwäbischer Klassiker!) oder **bunte Salate.**

Reis & Getreide

Ebbe in der Haushaltskasse? Kein Grund, auf Genuss zu verzichten! Selbst ein preiswertes Tütchen Reis lässt sich mühelos in eine raffinierte Spezialität verwandeln. Wenn Sie die Parboiled- oder Vollkorn-Version wählen, bieten die kleinen Kraftpakete

in Paella, Pilaw und Risotto neben ihrem aromatischen Geschmack auch noch reichlich Vitamine und Vitalstoffe. Und damit bei Tisch mit den Sattmacher-Körnern keine Langeweile aufkommt, haben wir für Sie auch Bulgur, Couscous und Hirse fein kombiniert und aus gesundem Getreide Lieblingspizza, leckere Quiche und pikante Pastete gebacken. Für kernigen Genuss, den Sie sich jeden Tag leisten können!

Gebratener Reis mit Zuckerschoten

Grundrezepte Reis kochen – 3 Methoden

ganz einfach
25–30 Min.

pro Portion ca. 220 kcal
4 g Eiweiß · 0 g Fett · 49 g Kohlenhydrate

ZUTATEN FÜR 4 PORTIONEN

Salz
250 g Langkornreis (bzw. 2 Kochbeutel Langkornreis à 125 g)

ZUBEREITUNG

1. **Wasserreis-Methode:** In einem Topf 1 1/2 l Wasser zum Kochen bringen, 1 TL Salz zufügen. Reis dazuschütten, einmal aufkochen und zugedeckt 15–20 Min. köcheln lassen. Den Reis in ein feines Sieb abgießen und gut abtropfen lassen.

2. **Quellreis-Methode:** Den losen Reis in einen Messbecher geben, an der Liter-Einteilung die Menge ablesen (ca. 1/4 l). Reis in einem Topf erwärmen, aber nicht rösten. Die doppelte Menge Wasser – also 1/2 l – angießen. Bei mittlerer Hitze zum Kochen bringen, leicht salzen. Im geschlossenen Topf bei milder Hitze 20 Min. ausquellen lassen. Den Deckel abnehmen und den Reis mit einer Gabel auflockern.

3. **Kochbeutel-Methode:** Pro Beutel Reis die auf der Packung angegebene Menge Wasser und Salz aufkochen. Reis im Kochbeutel hineinlegen und zugedeckt bei milder Hitze in der angegebenen Zeit garen. Die Beutel herausheben, abtropfen lassen und aufschneiden.

Speed-Tipp Mit Schnellkochreis können Sie viel Zeit sparen – er ist schon in 5–10 Min. servierfertig. Wird lose oder auch im Kochbeutel angeboten.

Gebratener Reis mit Zuckerschoten

Lust auf Frühling
30 Min.
pro Portion ca. 400 kcal
22 g Eiweiß · 14 g Fett · 78 g Kohlenhydrate

ZUTATEN FÜR 4 PORTIONEN

200 g Zuckerschoten
250 g Möhren
250 g Champignons
3 Frühlingszwiebeln
1 Bund Petersilie
2 EL neutrales Öl
1 EL Butter
750 g gekochter Langkornreis (aus 250 g rohem Reis; S. 66)
50 g Emmentaler, geraspelt
Salz · Pfeffer

ZUBEREITUNG

1. Die Zuckerschoten waschen, putzen und halbieren. Möhren schälen und schräg in Scheiben schneiden. Pilze putzen und grob zerteilen. Die Frühlingszwiebeln waschen, putzen und in Ringe schneiden. Petersilie waschen, trockenschütteln und die Blättchen hacken.

2. Öl und Butter in einer großen Pfanne erhitzen. Zuckerschoten und Möhren darin 5 Min. kräftig anbraten. Reis, Pilze und Frühlingszwiebeln hinzufügen, 5 Min. unter Wenden mitbraten. Petersilie und Käse untermischen, salzen und pfeffern.

Tuning-Tipp Ein bisschen Fleisch gefällig? 100 g gewürfelten Kochschinken unterheben.

Reis aufs Korn genommen

→ Der Topf Breit und schwer, aus Edelstahl oder Gusseisen sollte der Topf sein, damit die Körner gleichmäßig garen. Rechnen Sie pro Portion als Beilage und für Hauptgerichte 60 g rohen Reis – das ergibt etwa die dreifache Menge gekochten Reis (ca. 180 g).

→ Würziger! Garen Sie den Reis statt in Wasser in Fleisch-, Hühner- oder Gemüsebrühe. Durch Kokosmilch, Gemüse- oder Tomatensaft (Flüssigkeit sollte aber immer mindestens zur Hälfte Wasser/Brühe sein!) erhält Reis geschmackliche und farbliche Finesse. Wie wäre es z. B. einmal mit einem süßen Reis in Pink durch Kirsch- oder Heidelbeersaft?

→ Gekochten Reis können Sie wunderbar mit Saucen und Ragouts kombinieren, etwa mit Erbsen-Schinken-Sahne oder Gemüse-Erdnuss-Sauce [→ beides S. 27] oder dem Kalbsragout mit Spargel [→ S. 35]. Falls Sie Reis übrig haben: aufheben! Im Kühlschrank hält er sich abgedeckt 2–3 Tage. Einfach mit klein geschnittenem Gemüse, Fisch, Fleisch oder Geflügel nach Fantasie und Geschmack in Pfanne oder Wok blitzschnell aufbraten.

Nasi goreng mit Omelett

für große und kleine Asia-Fans
35 Min.
pro Portion ca. 565 kcal
38 g Eiweiß · 19 g Fett · 59 g Kohlenhydrate

ZUTATEN FÜR 4 PORTIONEN

400 g Schweinefilet
2 Eier (Größe M)
Salz · Pfeffer
2 EL Butter
1 EL neutrales Öl
400 g TK-China-Gemüse
100 g Shrimps
750 g gekochter Langkornreis (aus 250 g rohem Reis; S. 66)
2 EL Sojasauce
1 Päckchen Röstzwiebeln (15 g; Fertigprodukt)

ZUBEREITUNG

1. Das Filet in Streifen schneiden. Die Eier mit 2 EL Wasser, Salz und Pfeffer verrühren.

2. In einer großen Pfanne 1 EL Butter erhitzen, die Eier darin in 4–5 Min. stocken lassen. Herausnehmen und abkühlen lassen.

3. Das Öl und die übrige Butter erhitzen, das Fleisch darin portionsweise in 3–4 Min. goldbraun braten, salzen und pfeffern. Gefrorenes Gemüse, Shrimps, Reis und Fleisch zufügen, unter Rühren bei starker Hitze 5 Min. braten. Mit Sojasauce, Salz und Pfeffer würzen.

4. Das Omelett aufrollen, in Scheiben schneiden. Mit den Röstzwiebeln obenauf legen.

Mehr draus machen Doppelte Menge Reis am Vortag kochen. Am nächsten Tag mit den übrigen Zutaten im Wok braten und direkt auf den Tisch stellen. Die Chinapfanne wirkt wie ein Warmhaltegerät.

Tuning-Tipp Scharfes Sambal oelek und süßscharfes Sambal manis dazureichen.

Rote Reispfanne mit Fisch

ganz einfach
30 Min.
pro Portion ca. 450 kcal
31 g Eiweiß · 13 g Fett · 51 g Kohlenhydrate

ZUTATEN FÜR 4 PORTIONEN

2 Fleischtomaten (à 200 g)
600 g Schollen- oder Heilbuttfilet
Salz · Pfeffer
1 Zwiebel
2 Knoblauchzehen
4 EL neutrales Öl
750 g gekochter Langkornreis (aus 250 g rohem Reis; S. 66)
2 EL Tomatenmark
2 EL Zitronensaft
einige Basilikumblätter

ZUBEREITUNG

1. Tomaten überbrühen, häuten, vierteln, Stielansatz und Samen entfernen, das Fruchtfleisch klein würfeln. Fischfilet in mundgerechte Stücke schneiden, salzen und pfeffern. Zwiebel und Knoblauch schälen, fein hacken.

2. Das Öl in einer großen Pfanne erhitzen, den Fisch darin bei starker Hitze in 3 Min. rundum anbraten. Herausnehmen und warm stellen. Zwiebeln und Knoblauch in der Pfanne 3 Min. anbraten. Reis und Tomatenmark zugeben und bei mittlerer Hitze 5 Min. mitbraten.

3. Fisch- und Tomatenwürfel unterheben, gerade eben erhitzen. Salzen und pfeffern, den Zitronensaft darüber träufeln. Mit Basilikum garnieren.

Austausch-Tipp Ist kein gekochter Reis für dieses Gericht übrig geblieben? Dann 250 g rohen Reis in einer Mischung aus je 1/4 l Tomatensaft und leicht gesalzenem Wasser aufkochen und ausquellen lassen.

Aller Welts Reis

Hier zu Lande unterscheiden wir im Wesentlichen zwei Reistypen:
→ **Langkornreis** hat lange Körner, die beim Kochen locker bleiben und nicht kleben, weil sie weniger stärkereich sind. Ideal für Beilagen und Gerichte, die trocken, keinesfalls saucig sein sollen.
→ **Rundkornreis** wird auch Milch- oder Risottoreis genannt. Er enthält mehr Stärke als Langkornsorten. Seine Körner kochen weicher. Gut geeignet für Risotto, Paella, Süßspeisen.

Reis zum Sattessen

Reisgerichte, die wir hier servieren, bringen uns als **komplette Mahlzeit** auf den Geschmack. Ohne Fisch, Fleisch und Geflügel eignen sie sich aber **auch als Beilage** wunderbar, z. B. Safranreis zu Fisch, Paprikareis zum Rumpsteak oder Curryreis zum Lammkotelett.

Paella

aus der spanischen Familienküche
35 Min. + 35 Min. Garen
pro Portion ca. 665 kcal
45 g Eiweiß · 23 g Fett · 60 g Kohlenhydrate

ZUTATEN FÜR 4 PORTIONEN

150 g TK-Erbsen
1 rote Paprikaschote
1 große Fleischtomate · 1 Zwiebel
4 Hähnchenbrustfilets (ca. 500 g)
200 g Knoblauchwurst (z. B. Debreziner)
8 geschälte rohe Garnelen
(nach Belieben mit Schwanzfächer)
3 EL Olivenöl
Salz · Pfeffer
1 Döschen Safranfäden (0,1 g)
250 g Rundkornreis
3/4 l Hühnerbrühe

Nach Belieben für die Garnitur:
1/2 Bund Petersilie, grob gehackt
1 unbehandelte Zitrone, in Achtel geschnitten

ZUBEREITUNG

1. Erbsen antauen lassen. Paprikaschote waschen, halbieren, putzen und in Stücke (ca. 2 cm) schneiden. Die Tomate waschen, halbieren, Stielansatz und Samen entfernen, das Fruchtfleisch würfeln. Die Zwiebel schälen und fein hacken.

2. Die Hähnchenfilets kalt abspülen, mit Küchenpapier trockentupfen und in mundgerechte Stücke schneiden. Die Wurst in dünne Scheiben schneiden. Garnelen abbrausen und trockentupfen.

3. Das Öl in einer großen Pfanne erhitzen. Hähnchenfleisch darin 5 Min. anbraten, salzen und pfeffern, herausnehmen. Garnelen in die Pfanne geben, in 2–3 Min. rosa braten. Herausnehmen und beides warm stellen.

4. Zwiebeln und Paprika in der Pfanne andünsten. Tomaten und Erbsen zufügen, 5 Min. dünsten. Mit Safran, Salz und Pfeffer würzen. Den Reis dazugeben. Mit der Brühe ablöschen. 20 Min. offen bei mittlerer Hitze köcheln, bis alle Flüssigkeit aufgesogen ist.

5. Fleisch, Wurst und Garnelen auf dem Reis verteilen. Zugedeckt 15 Min. bei milder Hitze ziehen lassen. Nach Belieben mit gehackter Petersilie und Zitronenachteln garnieren.

Tuning-Tipp 500 g Venusmuscheln braten, bis sich alle geöffnet haben. 250 g kleine Calamari 5 Min. garen. Beides mit Fleisch, Wurst und Garnelen auf die Paella legen, zugedeckt ziehen lassen.

Reisfleisch mit Paprika

scharf
30 Min.
pro Portion ca. 450 kcal
33 g Eiweiß · 11 g Fett · 54 g Kohlenhydrate

ZUTATEN FÜR 4 PORTIONEN

- 500 g mageres Rindfleisch (z. B. Rumpsteak)
- 2 Zwiebeln
- 2–3 rote Paprikaschoten (ca. 500 g)
- 1 Stange Lauch
- 250 g 10-Minuten-Langkornreis
- Salz
- 2 EL Butterschmalz
- 2 EL edelsüßes Paprikapulver
- 150 ml Fleischbrühe
- Pfeffer
- Cayennepfeffer

ZUBEREITUNG

1. Das Fleisch in Streifen schneiden. Die Zwiebeln schälen und würfeln. Paprikaschoten waschen, halbieren, putzen und in Streifen schneiden. Lauch putzen und schräg in Ringe schneiden, diese gründlich waschen.

2. Den Reis nach Packungsangabe in Salzwasser gar kochen, dann abgießen.

3. Inzwischen das Butterschmalz in einem breiten Topf erhitzen. Fleisch und Zwiebeln darin 5 Min. bei mittlerer Hitze anbraten. Paprika und Lauch dazugeben, kurz andünsten. Mit Paprikapulver bestäuben. Brühe angießen, zugedeckt bei mittlerer Hitze 5 Min. köcheln lassen. Den Reis untermischen. Mit Salz, Pfeffer und Cayennepfeffer scharf abschmecken.

Tuning-Tipp Wer es noch feuriger mag, schärft zusätzlich mit 2 EL Chilisauce. Als Beilage passt roher Weißkohlsalat.

Möhren-Mandel-Pilaw

vegetarisch
25 Min. + 25 Min. Garen
pro Portion ca. 460 kcal
10 g Eiweiß · 20 g Fett · 57 g Kohlenhydrate

ZUTATEN FÜR 4 PORTIONEN

- 4 Möhren
- 2 kleine Zucchini
- 2 rote Zwiebeln
- 2 Knoblauchzehen
- 4 EL neutrales Öl
- 1 Zimtstange
- 4 Gewürznelken
- 250 g Basmatireis
- abgeriebene Schale und Saft von 1 unbehandelten Zitrone
- 3/4 l Gemüsebrühe
- 50 g gehackte Mandeln

ZUBEREITUNG

1. Möhren schälen und würfeln. Die Zucchini waschen, putzen und in Scheiben schneiden. Zwiebeln und Knoblauch schälen. Zwiebeln achteln, Knoblauch hacken.

2. Das Öl in einem breiten Topf erhitzen. Zimt und Nelken darin kurz schwenken. Zwiebeln und Knoblauch zufügen und anschwitzen. Möhren, Zucchini und Reis unterrühren, 3 Min. dünsten. Zitronenschale und -saft dazugeben, mit 1/2 l Brühe auffüllen und bei milder Hitze 10 Min. offen köcheln lassen.

3. Übrige Brühe angießen und alles zugedeckt weitere 10 Min. garen. Mandeln zum Schluss unter den Reis heben, vor dem Servieren 3 Min. ruhen lassen.

Tuning-Tipp Ein Brathähnchen vom Metzger oder Imbissstand häuten, Fleisch von den Knochen lösen und in mundgerechte Stücke schneiden. Mit den Mandeln zum Schluss unter den Pilaw mischen.

Curryreis mit Lamm

indisch inspiriert
35 Min. + 25 Min. Garen
pro Portion ca. 690 kcal
28 g Eiweiß · 39 g Fett · 54 g Kohlenhydrate

ZUTATEN FÜR 4 PORTIONEN

- 400 g Lammlende
- 2 EL Madras-Curry
- 1/2 Blumenkohl (ca. 400 g)
- 3 Schalotten
- 1 Stück Ingwer (ca. 2 cm)
- 4 EL neutrales Öl
- Salz · Pfeffer
- 250 g Duftreis
- 1/2 l Geflügelbrühe
- 250 g ungesüßte Kokosmilch (Dose)
- 3–4 Tomaten (ca. 300 g)

ZUBEREITUNG

1. Das Fleisch in dünne Scheiben schneiden. Mit 1 EL Currypulver einreiben. Blumenkohl waschen, putzen und in Röschen teilen. Schalotten und Ingwer schälen, fein würfeln.

2. In einer großen Pfanne 2 EL Öl erhitzen. Schalotten und Ingwer darin anbraten. Lammscheiben portionsweise hinzufügen und bei starker Hitze unter ständigem Rühren 2 Min. braten. Herausnehmen, mit Salz und Pfeffer würzen. Warm stellen.

3. Das übrige Öl erhitzen. Blumenkohl und Reis einrühren, 3 Min. andünsten. 1 EL Currypulver einstreuen, salzen und pfeffern. Die Brühe zugießen und aufkochen. Die Hitze reduzieren, die Kokosmilch zufügen. Zugedeckt bei milder Hitze 20 Min. garen.

4. Tomaten waschen, vierteln, Stielansatz und Samen entfernen, das Fruchtfleisch in Spalten schneiden. Mit dem Fleisch kurz vor Ende der Garzeit unterheben. Den Reis mit Salz und Pfeffer abschmecken.

Austausch-Tipp Zur Abwechslung den Curryreis mit Entenbrust zubereiten.

Speed-Tipp Wenn's ganz schnell gehen soll – Schnellkochreis verwenden.

Möhren-Mandel-Pilaw

Meeresfrüchte-Risotto

Grundrezept Risotto mit buntem Gemüse

klassisch italienisch
30 Min.
pro Portion ca. 630 kcal
15 g Eiweiß · 15 g Fett · 93 g Kohlenhydrate

ZUTATEN FÜR 4 PORTIONEN

Für das Gemüse:
800 g Gemüse (z. B. Paprikaschoten, Möhren, Brokkoli, Lauch, Erbsen) · 1 EL Olivenöl
Salz · Pfeffer

Für den Risotto:
1 Zwiebel · 1 EL Olivenöl · 400 g Risottoreis
1/4 l Weißwein oder Gemüsebrühe
1,2 l Gemüsebrühe · Salz · Pfeffer
2 EL Butter · 4 EL grob geraspelter Parmesan

ZUBEREITUNG

1. Das Gemüse putzen, waschen und in mundgerechte Stücke schneiden. Für den Risotto die Gemüsebrühe aufkochen und heiß stellen, die Zwiebel schälen und fein würfeln.

2. Die Zwiebeln in 1 EL Öl glasig dünsten. Den Reis zugeben, bei mittlerer Hitze kurz mitdünsten, bis er knistert. Mit 1/4 l Wein oder Brühe ablöschen, die Flüssigkeit einkochen lassen. Ca. 1/2 l Gemüsebrühe dazugießen und den Reis bei kleiner Hitze ca. 15 Min. köcheln lassen. Dabei oft umrühren und nach und nach die übrige Brühe zugießen.

3. Inzwischen für das Gemüse 1 EL Olivenöl im Wok oder in einer großen Pfanne erhitzen. Das Gemüse darin bei großer Hitze unter ständigem Rühren ca. 3 Min. anbraten. Unter den Risotto mischen, diesen mit Salz und Pfeffer würzen und nochmals ca. 5 Min. kochen lassen.

4. Zum Schluss Butter und Parmesan unterrühren und sofort servieren. Der Reis sollte noch Biss und der Risotto eine weiche, aber nicht flüssige Konsistenz haben.

Das schmeckt dazu **Saltimbocca:** 8 kleine Kalbs- oder Schweineschnitzel dünn klopfen, salzen und pfeffern. 8 Scheiben Parmaschinken und 8 große Salbeiblätter auf die Schnitzel legen, mit Zahnstochern feststecken. Das Fleisch in Mehl wenden, abklopfen. Öl in einer großen Pfanne erhitzen, Schnitzel darin bei großer Hitze von beiden Seiten ca. 8 Min. braten, herausnehmen. Bratsatz mit 200 ml Marsala oder Kalbsfond (Glas) ablöschen, aufkochen und über die Schnitzel geben.

Meeresfrüchte-Risotto

Risotto de luxe
35 Min.
pro Portion ca. 675 kcal
31 g Eiweiß · 16 g Fett · 86 g Kohlenhydrate

ZUTATEN FÜR 4 PORTIONEN

500 g TK-Meeresfrüchte
1 Grundrezept Risotto (S. 70) ohne Gemüsebrühe, Butter, Parmesan
1,2 l Fischfond (Glas)
1 Bund Petersilie
1 EL Olivenöl
Salz · Pfeffer

ZUBEREITUNG

1. Die Meeresfrüchte auftauen lassen. Den Risotto wie im Grundrezept (S. 70) beschrieben zubereiten, jedoch statt der Gemüsebrühe den Fischfond verwenden.

2. Inzwischen die Petersilie waschen, trockenschütteln und die Blättchen fein hacken. Meeresfrüchte mit Küchenpapier trockentupfen. Das Olivenöl in einer Pfanne erhitzen, die Meeresfrüchte darin bei großer Hitze ca. 3 Min. dünsten. Mit Salz und Pfeffer würzen, mit dem größten Teil der Petersilie unter den fertigen Risotto mischen. Mit der übrigen Petersilie bestreut servieren.

Risotto mit dreierlei Pilzen

fein im Herbst
30 Min. + 60 Min. Einweichen
pro Portion ca. 330 kcal
9 g Eiweiß · 21 g Fett · 11 g Kohlenhydrate

ZUTATEN FÜR 4 PORTIONEN

10 g getrocknete Steinpilze · 1/4 l trockener Weißwein oder Gemüsebrühe · 50 g durchwachsener Speck
1 Grundrezept Risotto (S. 70)
200 g Champignons oder Egerlinge
200 g Austernpilze
1 EL Olivenöl
Salz · Pfeffer

ZUBEREITUNG

1. Die Steinpilze abbrausen und im Weißwein oder in der Gemüsebrühe 1 Std. einweichen. Pilze abgießen, dabei den Sud auffangen, und hacken.

2. Für den Risotto den Speck klein würfeln, mit vorbereiteten Steinpilzen und – wie im Grundrezept (S. 70) – Zwiebeln in 1 EL Olivenöl bei milder Hitze anbraten. Reis zufügen, mit dem Pilzsud ablöschen und einkochen lassen. 1,2 l Brühe (Grundrezept) nach und nach angießen, 30 Min. garen.

3. Die frischen Pilze putzen und klein schneiden, in 1 EL heißem Öl 3 Min. braten, salzen und pfeffern. Mit Butter und Parmesan (Grundrezept) unter den Risotto mischen.

Kräuter-Risotto

mit Frischekick
35 Min.
pro Portion ca. 570 kcal
12 g Eiweiß · 12 g Fett · 87 g Kohlenhydrate

ZUTATEN FÜR 4 PORTIONEN

1 Grundrezept Risotto (S. 70)
30 g Rucola
je 1 Bund Petersilie, Basilikum und Schnittlauch
1–2 TL Zitronensaft
Salz · Pfeffer

ZUBEREITUNG

1. Den Risotto wie im Grundrezept (S. 70) beschrieben ohne Gemüse zubereiten und verfeinern.

2. Inzwischen alle Kräuter waschen und trockenschütteln. Die Blättchen abzupfen, einige zum Garnieren zurücklegen, den Rest fein hacken.

3. Die Kräuter unter den Risotto heben, diesen mit Zitronensaft, Salz und Pfeffer würzen. Mit Kräuterblättern garnieren.

Risotto-Einmaleins

Sie haben noch keine Erfahrung mit dem Risottokochen? So klappt's garantiert!

→ **Der richtige Reis** Kaufen Sie »Risottoreis«, Aborio-Reis oder – etwas preisgünstiger – Reis aus dem türkischen Lebensmittelgeschäft.
→ **Nicht weglaufen** Wichtig ist Rühren und nochmals Rühren und regelmäßig etwas Flüssigkeit nachgießen.
→ **Das richtige Timing** Sofort serviert schmeckt der Risotto am allerbesten!

Ein Risotto ist eine **perfekte Mahlzeit** zum Sattessen – schmeckt aber auch **als Beilage** zu Fleisch und Fisch mit wenig Sauce. Passt zu Putenröllchen [→ S. 123], Italia Schnitzel [→ S. 134], zu Kabeljau [→ S. 141] oder Rotbarsch [→ S. 143].

Aus übrig gebliebenem Risotto sind flugs **Reisbratlinge** gezaubert: Risotto mit Eiern und Semmelbröseln zu einer formbaren Masse verkneten. Mit angefeuchteten Händen Bratlinge formen, einen zum Test braten. Falls nötig noch Ei (macht den Teig weicher und bindet) oder Brösel (macht den Teig fester) zugeben.

Reispuffer mit Pfannengemüse

preiswert
30 Min.
pro Portion ca. 580 kcal
21 g Eiweiß · 33 g Fett · 49 g Kohlenhydrate

ZUTATEN FÜR 4 PORTIONEN

3 Eier (Größe M)
1/8 l Milch
3 EL Mehl
1 Bund Frühlingszwiebeln
100 g Gouda, geraspelt
300 g gekochter Risottoreis (aus 100 g rohem Reis; S. 66)
1 TL Kräuter der Provence
Salz · Pfeffer
800 g TK-Pfannengemüse
1 EL Tomatenmark
200 ml Gemüsebrühe
Öl zum Braten

ZUBEREITUNG

1. Eier mit Milch und Mehl glatt rühren. Frühlingszwiebeln waschen, putzen und klein würfeln. Mit Käse und gekochtem Reis unter die Eiermilch rühren. Mit Kräutern, Salz und Pfeffer würzen.

2. Öl in einer Pfanne erhitzen. Mit einem Esslöffel kleine Teigportionen hineinsetzen und in 5–6 Min. von beiden Seiten kleine Puffer backen.

3. Gleichzeitig das gefrorene Gemüse in einem breiten Topf bei starker Hitze 4 Min. anbraten. Tomatenmark einrühren, mit der Brühe ablöschen. Zugedeckt bei mittlerer Hitze in 6 Min. sämig schmoren. Das Gemüse zu den Puffern servieren.

Austausch-Tipp Auch klasse mit Ratatouille (S. 101) oder Tomatensauce (S. 30) und Salat!

Grünkern-Möhren-Bratlinge

vegetarisch
35 Min.
pro Portion ca. 440 kcal
19 g Eiweiß · 15 g Fett · 57 g Kohlenhydrate

ZUTATEN FÜR 4 PORTIONEN

2 Packungen Grünkern-Burger-Mischung (à 160 g)
200 g Magerquark
4–5 EL Sahne
2–3 TL Zitronensaft
1 Bund Petersilie
50 g gehackte Haselnüsse
Salz · Pfeffer
2 Möhren
1 Schalotte
Öl zum Braten

ZUBEREITUNG

1. Die Grünkern-Mischung mit 1/2 l Wasser verrühren und 15 Min. quellen lassen.

2. Quark mit Sahne und Zitronensaft verrühren. Petersilie waschen, trockenschütteln, die Blättchen fein hacken. Die Hälfte davon mit den Nüssen unter den Quark mischen. Den Dip salzen, pfeffern und kalt stellen.

3. Möhren schälen und grob raspeln. Die Schalotte schälen und klein würfeln. Möhren, Schalotten und übrige Petersilie unter den Grünkern mischen. Salzen und pfeffern. Die Masse zu Küchlein formen.

4. Öl in einer großen Pfanne erhitzen, die Küchlein darin portionsweise in 5–6 Min. auf beiden Seiten goldbraun braten. Herausnehmen, auf Küchenpapier kurz abtropfen lassen. Den Dip dazureichen.

Austausch-Tipp Auch andere Getreidemischungen z. B. mit Dinkel oder Hafer können Sie auf diese Art aufpeppen.

Bulgur-Frikadellen mit Minzejoghurt

orientalisch aromatisch
35 Min.
pro Portion ca. 420 kcal
16 g Eiweiß · 14 g Fett · 61 g Kohlenhydrate

ZUTATEN FÜR 4 PORTIONEN

250 g Bulgur
1 kleine Zwiebel
1 Knoblauchzehe
3 EL Olivenöl
Salz · Pfeffer
1 TL gemahlener Kreuzkümmel
500 g Strauchtomaten
300 g Joghurt
1 Hand voll Minzeblätter
2 Eier (Größe M)
4–5 EL Semmelbrösel

ZUBEREITUNG

1. Den Bulgur mit 1/4 l kochendem Wasser übergießen, 15 Min. quellen lassen.

2. Inzwischen die Zwiebel schälen und fein würfeln, Knoblauch schälen und durchpressen. Beides in 1 EL Öl glasig dünsten. Mit Salz, Pfeffer und Kreuzkümmel würzen. Tomaten waschen und ohne Stielansätze in Scheiben schneiden. Joghurt salzen und pfeffern. Minze waschen, trockentupfen, hacken und untermischen.

3. Den Bulgur mit Eiern, Zwiebeln und Semmelbröseln verkneten, nochmals nachwürzen. Mit feuchten Händen 16 kleine flache Frikadellen formen. Übriges Öl in einer Pfanne erhitzen, Frikadellen darin portionsweise auf beiden Seiten in 5–6 Min. goldbraun braten. Mit Tomaten und Minzejoghurt anrichten.

Kinder machen mit Kleine Hände sind beim Frikadellen-Drehen eine große Hilfe.

Reisring mit Rahmgemüse

nach Lust, Laune und Marktangebot
30 Min.
pro Portion ca. 565 kcal
21 g Eiweiß · 22 g Fett · 100 g Kohlenhydrate

ZUTATEN FÜR 4 PORTIONEN

300 g Langkornreis
1,2 l Gemüsebrühe
1 kg gemischtes Gemüse (z. B. Möhren, Spargel, Kohlrabi, Zuckerschoten, Blumenkohl)
2 EL Butter · 4 TL Mehl
125 g Sahne
Salz · Pfeffer
geriebene Muskatnuss
1 Bund Petersilie
Fett für die Form

ZUBEREITUNG

1. Den Reis mit 600 ml Brühe aufkochen und zugedeckt bei milder Hitze 20 Min. quellen lassen. Inzwischen das Gemüse waschen und putzen oder schälen, grob zerteilen. Übrige Brühe erhitzen, das Gemüse darin 5–6 Min. garen. Abgießen, Brühe auffangen und das Gemüse abschrecken.

2. Die Butter zerlassen. Das Mehl darüber stäuben und kurz anschwitzen, mit 400 ml Brühe vom Gemüse und der Sahne ablöschen. Unter Rühren 5 Min. bei mittlerer Hitze kochen lassen. Mit Salz, Pfeffer und Muskat würzen. Gemüse zugeben, erhitzen.

3. Eine Ringform (ca. 1 l Inhalt) gut einfetten. Petersilie waschen, trockenschütteln und die Blättchen fein hacken. Unter den Reis mischen, diesen in die Form füllen und etwas pressen. Auf einen vorgewärmten Teller stürzen, einen Teil des Gemüseragouts in die Mitte geben. Übriges Gemüse dazuservieren.

Grießklößchensuppe

Kinderliebling
30 Min.
pro Portion ca. 240 kcal
9 g Eiweiß · 11 g Fett · 25 g Kohlenhydrate

ZUTATEN FÜR 4 PORTIONEN

200 ml Milch
1 EL Butter · Salz
geriebene Muskatnuss
100 g Grieß
1 l Gemüsebrühe oder Fleischbrühe
3 Eier (Größe M)

ZUBEREITUNG

1. Milch mit Butter, Salz und 1 Msp. Muskat aufkochen. Den Grieß auf einmal hineingeben und ca. 3 Min. kochen lassen, bis sich eine feste Masse bildet, dabei gut umrühren. Die Masse in eine Schüssel umfüllen und ca. 15 Min. abkühlen lassen.

2. Inzwischen die Brühe aufkochen. Die Eier nach und nach unter die Grießmasse rühren. Mit zwei Teelöffeln Klößchen formen, in die Brühe einlegen und bei kleiner Hitze ca. 10 Min. ziehen lassen.

Einfrier-Tipp Die gegarten Grießklößchen abkühlen lassen, nebeneinander auf ein Blech legen und zunächst für ca. 4 Std. offen ins Tiefkühlgerät stellen, dann in Gefrierdosen umfüllen. Die Klößchen nach Bedarf einzeln entnehmen und in heißer Brühe erhitzen.

Speed-Tipp Die Grießklößchen mit fertigem Nockerlgrieß nach Packungsangabe zubereiten. Spart ca. 15 Min.

Graupensuppe mit Speck

klassisch gut
30 Min.
pro Portion ca. 545 kcal
9 g Eiweiß · 26 g Fett · 57 g Kohlenhydrate

ZUTATEN FÜR 4 PORTIONEN

100 g durchwachsener Speck
1 EL neutrales Öl
2 1/2 l Gemüsebrühe
250 g feine Perlgraupen
2 Lorbeerblätter
1 Bund Suppengemüse (Möhren, Lauch, Sellerie)
Salz · Pfeffer
2 EL Zitronensaft

ZUBEREITUNG

1. Speck in kleine Würfel schneiden. Das Öl in einem großen Topf erhitzen, den Speck darin anbraten und mit Gemüsebrühe auffüllen. Graupen und Lorbeerblätter dazugeben, aufkochen und die Graupen bei kleiner Hitze in ca. 20 Min. weich kochen.

2. Inzwischen das Suppengemüse putzen, waschen und in ca. 1 cm große Stücke schneiden. Das Gemüse in den Topf geben und ca. 10 Min. mitkochen. Die Suppe mit Salz, Pfeffer und Zitronensaft abschmecken.

Das schmeckt dazu Die Suppe wird mit Bauernbrot zum Hauptgericht.

Tuning-Tipp Den Speck durch Bündnerfleisch ersetzen. Zum Servieren hauchdünn geschnittenes Bündnerfleisch auf die Suppe legen.

Zitronensuppe mit Reis

aus der griechischen Familienküche
25 Min.
pro Portion ca. 280 kcal
7 g Eiweiß · 6 g Fett · 46 g Kohlenhydrate

ZUTATEN FÜR 4 PORTIONEN

1,2 l Geflügelbrühe
200 g Reis
1 Bund Petersilie
1 Zitrone · 2 Eier
Salz · Pfeffer
gemahlener Piment

ZUBEREITUNG

1. Die Geflügelbrühe aufkochen, den Reis hineingeben und bei kleiner Hitze in ca. 15 Min. weich kochen.

2. Inzwischen die Petersilie waschen, trockenschütteln und die Blättchen fein hacken. Die Zitrone auspressen, den Saft in einer Schüssel mit den Eiern verquirlen.

3. Von der heißen Suppe ca. 200 ml unter die Eier rühren. Die Mischung langsam zurück in den Suppentopf gießen, gut umrühren und die Suppe nicht mehr kochen lassen, damit das Ei nicht gerinnt. Mit Salz, Pfeffer und 1 Msp. Piment würzen und zum Servieren mit der Petersilie bestreuen.

Speed-Tipp Übrig gebliebenen gekochten Reis für die Suppe verwenden.

Tuning-Tipp Bei selbst gemachter Hühnerbrühe, das gekochte Hähnchenfleisch in mundgerechte Stücke schneiden und in die Suppe geben.

Maissuppe mit Kopfsalat

schnell was Warmes
20 Min.
pro Portion ca. 185 kcal
2 g Eiweiß · 8 g Fett · 24 g Kohlenhydrate

ZUTATEN FÜR 4 PORTIONEN

1 Zwiebel
1/4 Kopfsalat
2 EL neutrales Öl
100 g Polenta (Maisgrieß; ersatzweise Weizengrieß)
1 l Gemüsebrühe
Salz · Pfeffer
geriebene Muskatnuss

ZUBEREITUNG

1. Zwiebel schälen und fein würfeln. Den Salat putzen, waschen, abtropfen lassen und in sehr feine Streifen schneiden.

2. In einem Topf das Öl erhitzen, die Zwiebeln darin glasig dünsten. Den Maisgrieß dazugeben, hellbraun anrösten und mit der Gemüsebrühe aufgießen.

3. Die Suppe ca. 5 Min. kochen lassen, mit Salz, Pfeffer und 1 Msp. Muskat würzen. Zum Servieren den Salat auf der Suppe verteilen.

Austausch-Tipp Darf's mal ein kerniges Süppchen sein? Für **Grünkernsuppe** 1 Zwiebel und 1 Bund Suppengemüse schälen bzw. putzen, würfeln und in 2 EL Öl andünsten. 200 g Grünkernschrot zugeben, anrösten und mit 1 1/2 l Gemüsebrühe auffüllen. Bei kleiner Hitze in ca. 10 Min. weich kochen und mit Salz, Pfeffer und 1 Msp. Muskat würzen.

Bulgursalat

kalorienarm
25 Min. + 60 Min. Kühlen
pro Portion ca. 240 kcal
6 g Eiweiß · 10 g Fett · 33 g Kohlenhydrate

ZUTATEN FÜR 4 PORTIONEN

150 g Bulgur (grober Hartweizengrieß)
1 kleine Salatgurke
1 rote Spitzpaprikaschote
1 kleine Zwiebel
2 Bund Petersilie
4 Tomaten
3 EL Zitronensaft
Salz · Pfeffer
1 TL edelsüßes Paprikapulver
3–4 EL Olivenöl

ZUBEREITUNG

1. Den Bulgur mit 150 ml kochendem Wasser übergießen, 15 Min. quellen lassen. Inzwischen die Gurke schälen und klein würfeln. Paprikaschote waschen, putzen und in sehr feine Streifen schneiden. Die Zwiebel schälen, und fein hacken. Petersilie waschen, trockenschütteln und die Blättchen grob hacken.

2. Die Tomaten überbrühen und häuten. Stielansätze entfernen, das Fruchtfleisch hacken, samt Saft und Kernen zum Bulgur geben. Mit den übrigen vorbereiteten Zutaten untermischen.

3. Zitronensaft, Salz, Pfeffer, Paprikapulver und Öl zu einer Marinade verrühren, unter den Salat mischen. Diesen 1 Std. kalt stellen, dann nochmals abschmecken.

Mehr draus machen Super für Party oder Picknick: Der Salat lässt sich nicht nur prima vorbereiten, er schmeckt nach 1–2 Std. sogar noch besser. Einfach die Zutatenmengen vervielfachen. Dekorativ: Salat auf Weinblättern auf einer Platte anrichten.

Gemüse-Weizen mit Ei

gelingt immer
30 Min.
pro Portion ca. 400 kcal
16 g Eiweiß · 18 g Fett · 44 g Kohlenhydrate

ZUTATEN FÜR 4 PORTIONEN

250 g Zartweizen (2 Kochbeutel)
Salz
1 große Fenchelknolle
3 Möhren
4 EL Olivenöl
1 Bund Frühlingszwiebeln
4 Eier
Pfeffer
2–3 TL Zitronensaft

ZUBEREITUNG

1. Den Weizen in kochendem Salzwasser bei mittlerer Hitze 10 Min. offen kochen, dann gut abtropfen lassen.

2. Den Fenchel putzen, waschen und quer in feine Streifen schneiden. Möhren schälen und in dünne Scheiben schneiden. Das Öl in einem breiten Topf erhitzen, Möhren und Fenchel kurz darin offen andünsten, dann zugedeckt 5 Min. dünsten. Frühlingszwiebeln waschen, putzen und schräg in ca. 1/2 cm breite Stücke schneiden.

3. Eier mit Salz und Pfeffer verquirlen. Den Weizen zum Gemüse geben, unter Rühren 2 Min. braten. Zwiebeln hinzufügen und 2 Min. mitbraten. Eier dazugeben und durchrühren, bis die Masse stockt. Mit Salz, Pfeffer und Zitronensaft würzen.

Couscous mit grünen Bohnen

ganz einfach
25 Min.
pro Portion ca. 475 kcal
12 g Eiweiß · 10 g Fett · 71 g Kohlenhydrate

ZUTATEN FÜR 4 PORTIONEN

1 Zwiebel
2 EL Olivenöl
1 EL Butter
300 g TK-Bohnen (grüne Bohnen)
425 ml Gemüsebrühe
300 g Couscous (feiner Weizengrieß)
500 g Kirschtomaten
225 g Gemüsemais (Dose), abgetropft
2 TL gehackter Thymian (frisch oder getrocknet)
Salz · Pfeffer
150 g Sahnejoghurt

ZUBEREITUNG

1. Die Zwiebel schälen und fein würfeln. 1 EL Öl mit der Butter in einer großen Pfanne erhitzen, Zwiebeln darin glasig dünsten. Gefrorene Bohnen dazugeben. 1/8 l Brühe angießen und das Gemüse zugedeckt bei mittlerer Hitze 7–8 Min. dünsten.

2. Die restliche Brühe mit 1 EL Olivenöl aufkochen, vom Herd nehmen, den Couscous einrühren und 5 Min. quellen lassen.

3. Inzwischen die Tomaten waschen und vierteln. Den Couscous mit einer Gabel auflockern, mit Tomaten, Mais und Thymian unter die Bohnen mischen. Mit Salz und Pfeffer kräftig würzen. Joghurt dazureichen.

1 x kochen – 2 x essen Heute ein vegetarisches Hauptgericht, morgen ein Salat zu gebratenen Hähnchenkeulen. Also: am besten gleich mehr kochen!

Hirsesoufflé mit Brombeeren

besonders reich an Eisen
35 Min. + 30 Min. Backen
pro Portion ca. 700 kcal
15 g Eiweiß · 41 g Fett · 65 g Kohlenhydrate

ZUTATEN FÜR 4 PORTIONEN

150 g Hirse
Salz
100 g gehackte Mandeln
100 g Datteln
2 Eier (Größe M)
70 g Zucker
1/2 TL Zimtpulver
500 g Brombeeren (frisch oder TK)
2 EL Orangensaft
250 g Sahne
Butter für die Form

ZUBEREITUNG

1. Die Hirse waschen, in 1/2 l Salzwasser zugedeckt bei milder Hitze 20 Min. quellen lassen. Die Mandeln in einer trockenen Pfanne anrösten. Datteln entsteinen und klein würfeln.

2. Backofen auf 180° vorheizen. Eine ofenfeste Form einfetten. Eier trennen. Eiweiße steif schlagen. Eigelbe und 50 g Zucker sowie Mandeln und Datteln unter die Hirsemasse mischen. Mit Zimt würzen. Eischnee unterheben. Hirsemasse in die Form einfüllen. Im Ofen (Mitte, Umluft 160°) 30 Min. backen.

3. Die Brombeeren nach Bedarf verlesen, mit dem übrigen Zucker sowie dem Orangensaft marinieren. Sahne halbsteif schlagen, mit den Beeren zum heißen Soufflé servieren.

Austausch-Tipp Schmeckt auch köstlich mit Erdbeeren und Vanillesauce.

Variante Pizza Vier Jahreszeiten

Tomatensauce auf den Teig [→ S. 79 oben], je ein Viertel mit Kochschinken, Pilzen, schwarzen Oliven und Artischocken belegen, Käse drüber, backen!

Pizza Margherita

Grundrezept Pizzateig

wie beim Italiener
15 Min. + 30 Min. Ruhen

pro Portion ca. 440 kcal
12 g Eiweiß · 11 g Fett · 74 g Kohlenhydrate

ZUTATEN FÜR 4 PORTIONEN
400 g Mehl
1 TL Salz
1/2 Würfel frische Hefe (20 g) oder 1 Päckchen Trockenhefe
4 EL Olivenöl
Mehl zum Formen

ZUBEREITUNG

1. Das Mehl in eine große Schüssel schütten, das Salz darauf streuen. Eine Mulde in die Mitte drücken, die Hefe hineinbröckeln oder -streuen. Mit 70 ml lauwarmem Wasser verrühren. Etwas Mehl darüber streuen, zugedeckt an einem warmen Ort 10 Min. gehen lassen.

2. Zu Mehl und Hefeansatz, 100 ml lauwarmes Wasser und das Olivenöl geben. Alles kurz durchmischen, dann auf der bemehlten Arbeitsfläche kräftig durchkneten – der Teig muss geschmeidig sein und darf nicht mehr kleben.

3. Die Teigkugel in die Schüssel legen, mit einem Tuch abdecken und 20–30 Min. gehen lassen, bis sich ihr Volumen verdoppelt hat. Den Teig weiterverarbeiten, wie in den einzelnen Rezepten beschrieben.

Speed-Tipp **Quark-Öl-Teig** für Kurzentschlossene: 400 g Mehl mit je 1 TL Salz und Backpulver mischen, 200 g Magerquark, 8 EL Milch und 8 EL Öl zufügen und alles rasch zu einem elastischen Teig verkneten. Den Teig ausrollen, ein Blech damit auslegen.

Mehr draus machen Den Grundteig in 5 Kugeln aufteilen, diese zu jeweils 10 kleinen Pizzaböden ausrollen. Nach Fantasie belegen. Die Mini-Pizzahappen, italienisch Pizzette, im vorgeheizten Ofen bei 225° (Umluft 200°) 15–20 Min. backen.

Pizza Margherita

klassisch gut
35 Min. + 30 Min. Ruhen
+ 25 Min. Backen
pro Portion ca. 730 kcal
26 g Eiweiß · 34 g Fett · 79 g Kohlenhydrate

ZUTATEN FÜR 4 PORTIONEN
1 Grundrezept Pizzateig (oben)
1 große Dose gehäutete Tomaten (800 g)
4 EL Olivenöl · Salz · Pfeffer
250 g Mozzarella · 1 Bund Basilikum
Öl fürs Blech

ZUBEREITUNG

1. Den Teig zubereiten wie im Grundrezept oben beschrieben.

2. Backofen auf 220° vorheizen. Ein Blech oder 2 runde Pizzableche mit Öl einstreichen, Teig darauf dünn ausrollen.

3. Die Tomaten abtropfen lassen, in einer Schüssel klein schneiden und mit der Gabel zerdrücken. Mit 2 EL Olivenöl, Salz und Pfeffer mischen. Mozzarella in Scheiben schneiden. Basilikum abbrausen, trockenschütteln, die Blätter abzupfen.

4. Die Tomatenmasse auf dem Teig verteilen, mit Mozzarella und Basilikum belegen. Übriges Öl darüber träufeln. Im Ofen (Mitte, Umluft 200°) 25 Min. backen.

Speed-Tipp Noch Tomatensauce (S. 30) im Vorrat? Dann her damit! Als Tomatengrundmasse auf dem Teig verstreichen, mit übrigen Zutaten belegen – ab in den Ofen!

Spinat-Pizza

vegetarisch
45 Min. + 30 Min. Ruhen
+ 15 Min. Backen
pro Portion ca. 890 kcal
32 g Eiweiß · 46 g Fett · 88 g Kohlenhydrate

ZUTATEN FÜR 4–6 PORTIONEN
450 g TK-Blattspinat
1 Grundrezept Pizzateig (oben)
1 Zwiebel · 2 Knoblauchzehen
4 EL Olivenöl · 50 g Pinienkerne
50 g Rosinen · Salz · Pfeffer
150 g Emmentaler, geraspelt
50 g Parmesan, gerieben · Öl fürs Blech

ZUBEREITUNG

1. Spinat antauen lassen. Den Teig zubereiten wie im Grundrezept oben beschrieben. Backofen auf 220° vorheizen. Blech einölen. Den Teig darauf ausrollen.

2. Zwiebel und Knoblauch schälen, fein hacken und beides in 2 EL Öl glasig dünsten. Spinat zufügen und bei mittlerer Hitze 10 Min. dünsten. Flüssigkeit abgießen, Spinat hacken. Pinienkerne und Rosinen zufügen, salzen und pfeffern.

3. Spinatmasse auf dem Teig verteilen. Beide Käsesorten aufstreuen, salzen und pfeffern. Mit übrigem Öl beträufeln. Im Ofen (Mitte, Umluft 200°) 15 Min. backen.

Austausch-Tipp Lust auf zarte Anisnote? Statt Spinat 1 große Fenchelknolle in feine Streifen schneiden, auf dem Teig verteilen.

Pizza Capricciosa

Überraschung all'italiana
35 Min. + 30 Min. Ruhen
+ 20 Min. Backen
pro Portion ca. 705 kcal
30 g Eiweiß · 30 g Fett · 77 g Kohlenhydrate

ZUTATEN FÜR 4 PORTIONEN
1 Grundrezept Pizzateig (oben)
1 Packung stückige Tomaten (500 g)
2 TL getrockneter Oregano · Salz · Pfeffer
100 g gekochter Schinken
4 eingelegte Sardellenfilets (Anchovis)
100 g Champignons · 4 Artischockenherzen (Dose) · 80 g schwarze entsteinte Oliven
200 g Mozzarella · 2 EL Olivenöl
Öl fürs Blech

ZUBEREITUNG

1. Den Teig wie im Grundrezept oben beschrieben zubereiten. Backofen auf 220° vorheizen. Blech einölen, den Teig darauf ausrollen.

2. Die Tomaten mit 1 TL Oregano, Salz und Pfeffer würzen. Schinken in Stücke schneiden. Sardellenfilets abspülen und hacken. Pilze putzen und in Scheiben schneiden. Artischocken vierteln. Oliven halbieren. Mozzarella in Scheiben schneiden.

3. Tomatensauce auf dem Teig verstreichen, die vorbereiteten Zutaten darauf verteilen. Mit Salz, Pfeffer und übrigem Oregano würzen. Mit Mozzarella belegen, mit dem Öl beträufeln. Im Ofen (Mitte, Umluft 200°) 20–25 Min. backen.

Grundrezept Quiche mit Speck und Zwiebeln

aus der französischen Familienküche
30 Min. + 30 Min. Ruhen
+ 50 Min. Backen
pro Stück ca. 480 kcal
10 g Eiweiß · 39 g Fett · 21 g Kohlenhydrate

ZUTATEN FÜR 1 SPRINGFORM
VON 26 cm Ø (8 STÜCK)

Für den Mürbeteig:
200 g Mehl
100 g kalte Butter
1 Eigelb
Salz

Für die Füllung:
3 Zwiebeln
200 g durchwachsener Speck
1 EL neutrales Öl
1/2 TL Kümmelsamen
4 Eier (Größe M)
200 g Sahne
200 ml Milch
Pfeffer
geriebene Muskatnuss

ZUBEREITUNG

1. Für den Teig das Mehl sieben, die Butter in Würfel schneiden. Beides mit dem Eigelb, 3–5 EL kaltem Wasser und Salz schnell zu einem mittelfesten Teig verkneten, in Klarsichtfolie einwickeln und 30 Min. im Kühlschrank ruhen lassen.

2. Zwiebeln schälen und in feine Ringe schneiden. Den Speck in Würfel schneiden. Öl in einer großen Pfanne erhitzen, Speck und Zwiebeln darin bei mittlerer Hitze ca. 5 Min. anbraten, dabei öfters umrühren und zum Schluss den Kümmel zugeben. Die Zwiebel-Speck-Mischung aus der Pfanne nehmen.

3. Den Backofen auf 200° vorheizen, die Springform mit Backpapier auslegen. Teig auf einer bemehlten Arbeitsfläche ausrollen, in die Form legen, dabei einen ca. 4 cm hohen Rand formen. Die Speck-Zwiebeln auf dem Teig verteilen.

4. Die Eier mit Sahne und Milch verquirlen, mit Salz, Pfeffer und 1 Msp. Muskat würzen und über die Speck-Zwiebeln gießen. Die Quiche im Ofen (unten, Umluft 180°) in 40–50 Min. goldbraun backen.

Das schmeckt dazu grüner Salat

Wie soll sie denn sein, die Lieblings-Quiche?

Das Prinzip ist immer dasselbe: knuspriger Teig , bunte Füllung und cremiger Guss. Einfach ausprobieren, was am besten ankommt! Prima vorzubereiten und schmeckt auch kalt!

→ **Geeignete Teige** Mürbeteig, Quark-Öl-Teig [→ S. 81 Tipp zur Quiche mit Fisch] – auch aus Vollkornmehl –, TK-Blätterteig
→ **Füllungen** 450 g aufgetauter TK-Blattspinat mit 150 g Räucherlachs, Lauchringen von 3 Stangen Lauch kurz angedünstet, dazu 150 g Schinken oder 300 g geriebener gemischter Käse.
→ **Guss** 4 Eier und 400 g Milchprodukt (solo oder gemischt), z. B. Sahne, Schmand, Milch, Joghurt, saure Sahne; dazu nach Belieben 150 g Reibkäse.

Quiche mit Fisch

Blätterteig de luxe

Auftauzeit + 30 Min. + 45 Min. Backen

pro Stück ca. 465 kcal

23 g Eiweiß · 32 g Fett · 22 g Kohlenhydrate

ZUTATEN FÜR 1 SPRINGFORM VON 26 cm Ø (8 STÜCK)

- 1 Paket TK-Blätterteig (450 g)
- 250 g weißfleischiges Fischfilet (z. B. Kabeljau)
- 250 g Lachsfilet
- 1 Bund Dill
- 3 Zweige Estragon
- 200 g gegarte geschälte Garnelen
- 2 EL Zitronensaft
- Salz · Pfeffer
- 3 Eier (Größe M)
- 300 g Schmand (24 %)

ZUBEREITUNG

1. Den Blätterteig auftauen lassen. Backofen auf 200° vorheizen, die Form mit Backpapier auslegen. Alle Fischfilets in mundgerechte Stücke schneiden. Dill und Estragon waschen, trockenschütteln, die Blättchen fein hacken.

2. Fisch, Garnelen, Kräuter und Zitronensaft mischen, salzen und pfeffern. Die Form mit dem Blätterteig auslegen, einen 3 cm hohen Rand formen. Füllung auf dem Teig verteilen.

3. Eier und Schmand verquirlen, mit Salz und Pfeffer würzen, über die Füllung gießen. Im Ofen (unten, Umluft 180°) in 35–45 Min. goldbraun backen.

Austausch-Tipp Blätterteig durch **Quark-Öl-Teig** ersetzen. Dazu 200 g Mehl mit 1/2 TL Backpulver mischen. Mit 100 g Magerquark, 4 EL Öl, 1 Eigelb und Salz zu einem mittelfesten Teig verkneten. In Frischhaltefolie wickeln und 30 Min. kalt stellen. Wie im Grundrezept auf S. 79 verarbeiten.

Hackfleischpastete

preiswert

Auftauzeit + 30 Min. + 50 Min. Backen

pro Scheibe ca. 445 kcal

21 g Eiweiß · 31 g Fett · 21 g Kohlenhydrate

ZUTATEN FÜR 1 KASTENFORM VON CA. 30 cm LÄNGE (10 SCHEIBEN)

- 1 Paket TK-Blätterteig (450 g)
- 2 Brötchen vom Vortag
- 2 Zwiebeln
- 1 EL neutrales Öl
- 1 Bund Petersilie
- 750 g gemischtes Hackfleisch
- 3 Eier (Größe M)
- Salz · Pfeffer
- 1 TL getrockneter Majoran
- 1 EL edelsüßes Paprikapulver
- 1 Eigelb

ZUBEREITUNG

1. Den Blätterteig auftauen lassen. Den Backofen auf 200° vorheizen, die Form mit Backpapier auslegen.

2. Brötchen in Wasser einweichen. Die Zwiebeln schälen, fein würfeln und im Öl glasig dünsten, zur Seite stellen und abkühlen lassen. Petersilie waschen, trockenschütteln und die Blättchen fein hacken.

3. Brötchen gut ausdrücken. Mit Hack, Zwiebeln, Petersilie und Eiern vermengen, mit Salz, Pfeffer, Majoran und Paprika würzen.

4. Die Form mit dem Blätterteig auslegen, dabei Teig für einen Deckel überhängen lassen. Hackmasse einfüllen, den Deckel darüber schlagen. Das Eigelb verquirlen und die Pastete damit bestreichen. Im Ofen (unten, Umluft 180°) in 40–50 Min. goldbraun backen. Die Pastete vorsichtig aus der Form stürzen und in Scheiben schneiden. Schmeckt warm und kalt.

Gemüsequiche

vegetarisch

30 Min. + 50 Min. Backen

pro Stück ca. 400 kcal

15 g Eiweiß · 26 g Fett · 26 g Kohlenhydrate

ZUTATEN FÜR 1 SPRINGFORM VON 26 cm Ø (8 STÜCK)

- 1 Grundrezept Mürbeteig (Teilrezept im Rezept S. 80)
- 2 Möhren
- 250 g Brokkoli
- 1 rote Paprikaschote
- 1 Stange Lauch
- 1 EL neutrales Öl
- Salz · Pfeffer
- geriebene Muskatnuss
- 150 g Emmentaler, geraspelt
- 4 Eier (Größe M)
- 400 g saure Sahne
- 2 EL Speisestärke
- Mehl zum Arbeiten

ZUBEREITUNG

1. Den Teig wie im Grundrezept (S. 80) beschrieben zubereiten und kühl stellen. Das Gemüse schälen bzw. waschen und putzen. Möhren längs halbieren und in dünne Scheiben schneiden. Brokkoli in kleine Röschen teilen. Paprika in Streifen, Lauch in (Halb-) Ringe schneiden.

2. Backofen auf 200° vorheizen. Das Öl im Wok oder einer großen Pfanne erhitzen. Das Gemüse darin bei großer Hitze unter ständigem Rühren ca. 5 Min. braten. Mit Salz, Pfeffer und Muskat würzen.

3. Die Springform mit Backpapier auslegen. Den Teig auf einer bemehlten Arbeitsfläche ausrollen, in die Form legen, dabei einen ca. 4 cm hohen Rand formen. Das Gemüse mit dem Emmentaler mischen und auf dem Teig verteilen.

4. Die Eier mit saurer Sahne und Stärke verquirlen, mit Salz, Pfeffer und 1 Msp. Muskat würzen und über die Füllung gießen. Im Ofen (unten, Umluft 180°) in 40–50 Min. goldbraun backen.

Gemüsequiche

Überraschung! Mit Eiern können Sie ganz schnell was Feines zaubern – und das auf internationalem Niveau: Mit nur wenigen Zutaten aus dem Vorrat verwandeln Sie sie in Nullkommanichts in feuriges Curry, traditionelle Tortilla, herzhaften Rüblischmarrn oder auch luftig-leichtes Soufflé. Aber egal ob

Eier

Sie die Eier kochen, braten, pochieren oder backen: Kaufen Sie Eier von Hennen,

die genügend Auslauf haben. Das erkennen Sie an der Anfangsziffer des aufgedruckten Kennzeichnungs-Codes: 0 bedeutet Ökohaltung, 1 Freilandhaltung, 2 steht für Boden- und 3 für Käfighaltung. Für Selbstgemachtes mit rohem Ei nur top-frische Eier verwenden. So sind Sie vor unliebsamen Überraschungen geschützt.

Kartoffelcurry mit Eiern

Grundrezept Eier kochen

ganz easy
10 Min.
pro Stück ca. 80 kcal
6 g Eiweiß · 6 g Fett · 0 g Kohlenhydrate

ZUTATEN FÜR 2 STÜCK
2 Eier (Größe M)

ZUBEREITUNG

1. Die Eierschalen an der runden Seite mit einer Nadel anpieksen, damit sie beim Kochen nicht platzen.

2. Wasser aufkochen und die Eier vorsichtig mit einem Löffel hineinlegen. Sie müssen vollständig mit Wasser bedeckt sein. Nach Belieben 2–10 Min. (siehe Kasten) bei mittlerer Hitze kochen, herausnehmen und sofort kurz mit eiskaltem Wasser abschrecken.

Tuning-Tipp Für **Eier im Glas** 2 Eier in ca. 4 Min. weich kochen, abschrecken, vorsichtig pellen und in ein Glas geben, nach Belieben mit 1 TL Schnittlauchröllchen oder 1 Msp. edelsüßem Paprikapulver bestreuen.

Kochzeiten von Eiern und Verwendungsbeispiele

→ **2–3 Min.** extra weich, Eiweiß und Eigelb flüssig. Frühstücksei.

→ **3–5 Min.** weich, Eiweiß ist mittelfest, Eigelb flüssig. Frühstücksei oder Eier im Glas.

→ **5–7 Min.** wachsweich, Eiweiß ist fest, Eigelb hat einen cremigen Kern, sonst ist es fest. Frühstücksei, Brotzeiteier oder halbiert als Dekoration, z. B. auf Kartoffelsalat

→ **8–10 Min.** hart gekochte Eier, Eiweiß und Eigelb sind fest. Frühstücksei, Brotzeitei, Dekoration oder zur Weiterverwendung in den nachfolgenden Rezepten.

→ **über 10 Min.** Um das Eigelb herum bildet sich eine grünliche Schicht. Die Färbung ist völlig unbedenklich, sieht aber nicht schön aus.

Eiersalat mit Senfdressing

einfach cool!
30 Min.
pro Portion ca. 725 kcal
19 g Eiweiß · 64 g Fett · 19 g Kohlenhydrate

ZUTATEN FÜR 4 PORTIONEN

8 Eier (Größe M)
1 Bund Dill
2 rote Paprikaschoten
250 g Mayonnaise
250 g Joghurt
3 EL Senf
3 EL Weißweinessig
2 EL Honig
Salz · Pfeffer

ZUBEREITUNG

1. Die Eier wie beim Grundrezept (S. 84) beschrieben hart kochen, pellen und in Scheiben schneiden. Den Dill waschen trockenschütteln und die Blättchen fein hacken. Paprika waschen, halbieren, putzen und in kleine Würfel schneiden.

2. Mayonnaise mit Joghurt, Senf, Essig und Honig zu einem Dressing verrühren, mit Salz und Pfeffer würzen. Eier, Dill und Paprika mit dem Dressing mischen.

Das schmeckt dazu Pellkartoffeln (S. 50)

Tuning-Tipp Für **Eiersandwiches** 8 Eier wie im Rezept beschrieben vorbereiten, aber nur ein halbes Rezept Dressing zubereiten. In 4 große Brötchen Taschen einschneiden. Diese mit je 2 Salatblättern auslegen. Die Eier mit dem Dressing beträufeln und in die Taschen füllen.

Blumenkohl mit Ei und Bröseln

leckere Beilage
30 Min.
pro Portion ca. 235 kcal
12 g Eiweiß · 15 g Fett · 14 g Kohlenhydrate

ZUTATEN FÜR 4 PORTIONEN

4 Eier (Größe M)
1 Kopf Blumenkohl
1 Bund Petersilie
Salz
4 EL Butter
6 EL Semmelbrösel
Pfeffer
geriebene Muskatnuss

ZUBEREITUNG

1. Die Eier wie beim Grundrezept (S. 84) beschrieben hart kochen, pellen und grob hacken. Blumenkohl waschen, putzen und in Röschen teilen. Petersilie waschen, trockenschütteln und die Blättchen fein hacken.

2. Den Blumenkohl in Salzwasser in ca. 10 Min. bissfest blanchieren. Inzwischen die Butter erhitzen, die Semmelbrösel darin ca. 2 Min. anrösten. Petersilie und Eier untermischen, mit Salz, Pfeffer und 1 Msp. Muskat würzen.

3. Blumenkohl mit einer Schaumkelle aus dem Wasser heben, auf Tellern anrichten und die Eier darüber verteilen.

Da passt's dazu Schmeckt zu Gulasch (S. 128) oder Rinderbraten (S. 131).

Austausch-Tipp Blumenkohl durch Spargel ersetzen: Spargel nach dem Rezept auf S. 105, Punkt 1 zubereiten, aber die Butter weglassen.

Kartoffelcurry mit Eiern

indisch inspiriert
25 Min.
pro Portion ca. 375 kcal
17 g Eiweiß · 19 g Fett · 34 g Kohlenhydrate

ZUTATEN FÜR 4 PORTIONEN

2 Zwiebeln
500 g vorwiegend fest kochende Kartoffeln
1 EL neutrales Öl
4–5 EL indische Currypaste
1 l Gemüsebrühe
2 EL Tomatenmark
3 EL Mangochutney
Salz
8 Eier (Größe M)

ZUBEREITUNG

1. Die Zwiebeln schälen und fein würfeln. Kartoffeln schälen und in ca. 2 cm große Würfel schneiden.

2. Zwiebeln im Öl glasig dünsten, die Currypaste dazugeben. Die Gemüsebrühe zugießen, Kartoffeln zugeben und in der Sauce in ca. 10 Min. weich kochen. Tomatenmark und Mangochutney einrühren, mit Salz abschmecken.

3. Inzwischen die Eier wie beim Grundrezept (S. 84) beschrieben hart kochen, pellen und in die fertige Sauce legen. Dazu schmeckt Reis.

Tuning-Tipp Für ein **indisches Menü** das Curry wie im Rezept beschrieben zubereiten. Dazu Basmatireis, Joghurtsauce, Papadams (Fertigprodukt), Chutneys und Pickels reichen. Für den Reis 250 g mit 350 ml Wasser aufkochen und abgedeckt bei kleiner Hitze ca. 15 Min. quellen lassen. Den Backofen auf 200° vorheizen (Umluft nicht empfehlenswert) und die Papadams auf den Grillrost (Mitte) legen und in ca. 1 Min. knusprig backen und sofort herausnehmen. Für die **Joghurtsauce** 250 g Joghurt mit Salz, 1 Msp. gemahlenem Kreuzkümmel und 2 EL gehackter Minze verrühren. Chutneys und Pickles fertig kaufen.

Blumenkohl mit Ei und Bröseln

Rühreier mit Schnittlauch

blitzschnell
10 Min.
ca. 285 kcal
14 g Eiweiß · 85 g Fett · 2 g Kohlenhydrate

ZUTATEN FÜR 1 PORTION

1/2 Bund Schnittlauch
2 Eier (Größe M)
2 EL Sahne
Salz · Pfeffer
1 TL Butter

ZUBEREITUNG

1. Den Schnittlauch waschen, trockenschütteln und in Röllchen schneiden. Eier mit der Sahne verquirlen, mit Salz und Pfeffer würzen. Den Schnittlauch einrühren.

2. Butter in einer Pfanne erhitzen. Die Eier in die Pfanne gießen und bei kleiner Hitze in ca. 3 Min. stocken lassen, dabei gelegentlich umrühren.

Tuning-Tipp Für **Rührei mit Garnelen** 1 TL gehackten Dill mit 2 Eiern und 2 EL Sahne verquirlen. Mit Salz und Pfeffer würzen. 1 TL Butter erhitzen, 2 EL gekochte geschälte Garnelen zugeben und ca. 1 Min. andünsten. Die Eier wie im Rezept beschrieben dazugeben und stocken lassen.

Austausch-Tipp Kein Schnittlauch im Haus? Sie können stattdessen auch 2 Scheiben in Streifen geschnittenen gekochten Schinken oder Räucherlachs nehmen oder Sie verwenden gehackte Petersilie.

Spiegeleier mit Speck

klassisch gut
10 Min.
ca. 420 kcal
15 g Eiweiß · 40 g Fett · 1 g Kohlenhydrate

ZUTATEN FÜR 1 PORTION

2 Scheiben durchwachsener Speck
2 Eier · Pfeffer
Öl zum Braten

ZUBEREITUNG

1. Öl in einer Pfanne erhitzen und den Speck darin bei mittlerer Hitze von beiden Seiten in ca. 3 Min. knusprig braten, herausnehmen und auf Küchenpapier abtropfen lassen.

2. Eier aufschlagen, vorsichtig in die Pfanne gleiten lassen und ca. 5 Min. bei kleiner Hitze braten. Das Eigelb soll warm sein, dies mit dem Finger testen, eventuell noch kurz weiterbraten. Die Eier mit Pfeffer würzen, zusammen mit dem Speck servieren.

Tuning-Tipp Very british: Für **Englisches Frühstück** zusätzlich 200 g gebackene Bohnen (Dose) erhitzen und 2 Scheiben Toast mit Butter dazuservieren.

Speed-Tipp Die Eier bei mittlerer Hitze ca. 2 Min. von einer Seite anbraten, wenden und auf der anderen Seite fertig braten.

Verlorene Eier mit Salat

kalorienarm
20 Min.
ca. 270 kcal
15 g Eiweiß · 22 g Fett · 5 g Kohlenhydrate

ZUTATEN FÜR 1 PORTION

100 g vorbereitete gemischte Blattsalate (aus dem Kühlregal)
3 Radieschen
1 EL Essig
1 EL Olivenöl
Salz · Pfeffer
2 EL Weißweinessig
2 möglichst frische Eier (Größe M)

ZUBEREITUNG

1. Die Blattsalate waschen und abtropfen lassen. Radieschen waschen und in dünne Scheiben schneiden. Aus Essig, Olivenöl, Salz und Pfeffer ein Salatdressing anrühren.

2. In einem kleinen Topf ca. 300 ml Wasser mit dem Weißweinessig aufkochen. Die Eier einzeln in eine Tasse aufschlagen, dabei das Eigelb nicht beschädigen. Eier nacheinander ins kochende Wasser gleiten lassen, bei kleiner Hitze ca. 3 Min. darin ziehen lassen.

3. Inzwischen den Salat mit dem Dressing mischen und anrichten. Eier mit einer Schaumkelle vorsichtig aus dem Wasser heben, auf Küchenpapier abtropfen lassen, mit dem Salat servieren.

Austausch-Tipp Die Eier schmecken auch auf Rahmspinat (S. 105) und Salzkartoffeln (S. 51), in Spinatsuppe (S. 109), mit Tomatensauce (S. 30) und Weißbrot oder – zum Frühstück – mit Toast und Butter.

Käseomelett

als Hauptgericht
10 Min.
ca. 435 kcal
24 g Eiweiß · 37 g Fett · 2 g Kohlenhydrate

ZUTATEN FÜR 1 PORTION

2 Eier (Größe M)
2 EL Sahne
Salz · Pfeffer
1 TL Butter
3 EL fein geraspelter Gouda
grob geraspelter Gouda zum Garnieren

ZUBEREITUNG

1. Die Eier mit der Sahne verquirlen, mit Salz und Pfeffer würzen.

2. Butter in einer Pfanne erhitzen, die Eier hineingießen. Die Hitze reduzieren, den fein geraspelten Käse auf den Eiern verteilen und das Omelett bei kleiner Hitze in ca. 5 Min. stocken lassen, dabei nicht umrühren.

3. Das fertige Omelett zusammenklappen und mit dem grob geraspelten Gouda bestreut servieren.

Tuning-Tipp Für **Champignonomelett** 1/2 Zwiebel schälen und würfeln, 100 g Champignons putzen und vierteln. Zwiebeln in 1 TL Butter glasig dünsten, Champignons kurz mitdünsten, 100 g Sahne angießen und ca. 3 Min. garen. Mit Salz und Pfeffer würzen. 1 TL gehackte Petersilie unterrühren. Das Omelett ohne oder wie im Rezept beschrieben mit Käse zubereiten. Die Champignons auf dem fertigen Omelett verteilen und dieses zusammenklappen.

Grundrezept Kartoffeltortilla

aus der spanischen Familienküche
30 Min.
ca. 645 kcal
17 g Eiweiß · 51 g Fett · 27 g Kohlenhydrate

ZUTATEN FÜR 1 PORTION

1–2 vorwiegend fest kochende Kartoffeln (ca. 200 g)
1/2 Zwiebel
einige Stängel Petersilie
3 EL Olivenöl
Salz · Pfeffer
2 Eier
2 EL Sahne

ZUBEREITUNG

1. Kartoffeln schälen und in ca. 1 cm große Würfel schneiden. Die Zwiebel schälen und in Ringe schneiden. Petersilie waschen, trockenschütteln und die Blättchen fein hacken.

2. Das Olivenöl in einer Pfanne erhitzen, die Kartoffeln darin ca. 5 Min. braten. Zwiebeln zugeben und alles ca. 5 Min. weiterbraten, bis die Kartoffeln weich sind, dabei gelegentlich umrühren. Mit Salz und Pfeffer würzen.

3. Inzwischen die Eier mit Sahne und der Petersilie verquirlen, mit Salz und Pfeffer würzen. Überschüssiges Öl aus der Pfanne gießen, die Eier über die Kartoffeln geben. Die Hitze reduzieren und die Tortilla abgedeckt in ca. 10 Min. stocken lassen. Schmeckt warm und kalt mit Salat.

Speed-Tipp Übrig gebliebene gekochte Kartoffeln verwenden und zusammen mit den Zwiebeln und 1 EL Olivenöl in ca. 5 Min. goldbraun braten. Die Tortilla wie beschrieben zubereiten.

Austausch-Tipp Mehr Gemüse gefällig? Dann ersetzen Sie die Hälfte der Kartoffeln durch Möhren oder Lauch. Das klein geschnittene Gemüse zusammen mit den Zwiebeln zu den Kartoffeln geben, die Tortilla wie beschrieben zubereiten.

Tuning-Tipp Für **Bauernomelett** gekochte Kartoffeln verwenden. Zusätzlich 2 Scheiben Speck in Streifen schneiden. 100 g kalten Braten, z. B. übrig gebliebenes Kasseler oder Reste vom Schweinebraten (beides S. 131), in ca. 1 cm große Würfel schneiden. Kartoffeln, Speck, Zwiebeln und Fleisch in 1 EL Öl anbraten und wie beschrieben weiterverfahren.

Tomatentortilla

Tomatentortilla

mit Frischekick
25Min.
ca. 275 kcal
24 g Eiweiß · 39 g Fett · 8 g Kohlenhydrate

ZUTATEN FÜR 1 PORTION

150 g Kirschtomaten
2 Stängel Petersilie
2 Eier
2 EL Sahne
Salz · Pfeffer
1 EL Butter
2 EL fein geraspelter Emmentaler
1 Zweig Basilikum

ZUBEREITUNG

1. Die Tomaten waschen und halbieren. Petersilie waschen, trockenschütteln und die Blättchen fein hacken. Eier mit Sahne und Petersilie verquirlen, mit Salz und Pfeffer würzen.

2. Butter in einer Pfanne erhitzen und die Tomaten darin ca. 3 Min. andünsten. Mit Salz und Pfeffer würzen. Die Eier über die Tomaten gießen, mit dem Käse bestreuen und wie im Grundrezept (S. 88) beschrieben stocken lassen.

3. Inzwischen das Basilikum abbrausen, trockenschütteln, die Blätter abzupfen und kurz vor dem Servieren auf der Tortilla verteilen.

Tuning-Tipp Für eine **Avocadotortilla** 1/2 Avocado schälen und das Fruchtfleisch würfeln, 100 g Kirschtomaten waschen und halbieren. 2 Eier mit 1 TL Zitronensaft, Salz, Pfeffer und 1 Msp. Cayennepfeffer verquirlen. Die Tortilla wie im Grundrezept (S. 88) beschrieben zubereiten (Punkt 1 und 2). Den Eierguss wie im Grundrezept zubereiten und über die Kartoffeln geben. Dann die Avocados und 2 EL geraspelten Cheddar auf der Tortilla verteilen und den Eierguss abgedeckt in ca. 10 Min. stocken lassen.

Zucchinifrittata

klassisch italienisch
25 Min.
ca. 370 kcal
16 g Eiweiß · 32 g Fett · 5 g Kohlenhydrate

ZUTATEN FÜR 1 PORTION

1 Zucchino
1/2 Zwiebel
1 Zweig Thymian
1 EL Olivenöl
2 Eier
2 EL Sahne
Salz · Pfeffer

ZUBEREITUNG

1. Zucchino putzen, waschen, längs halbieren und in dünne Scheiben schneiden. Die Zwiebel schälen und in Halbringe schneiden. Thymian waschen und die Blättchen abzupfen.

2. Olivenöl in einer Pfanne erhitzen, Zucchini und Zwiebeln darin ca. 5 Min. braten. Inzwischen die Eier mit Sahne und Thymianblättchen verquirlen, mit Salz und Pfeffer würzen.

3. Das Zucchinigemüse salzen und pfeffern. Den Eierguss über die Zucchini gießen und wie im Grundrezept (S. 88) beschrieben stocken lassen.

Austausch-Tipp Den Zucchino durch 1/2 Aubergine, den Thymian durch 1 Msp. getrockneten Oregano ersetzen oder einen Gemüsemix aus 1/2 roten Paprikaschote, 1 Frühlingszwiebel, 1 EL TK-Erbsen und 1 EL Gemüsemais (Dose) verwenden.

Tortilla – lecker & schnell

Eier hat man meistens im Haus und ruck zuck ist ein leckeres Essen gezaubert!

→ Die richtige Menge Die nebenstehenden Rezepte sind immer für 1 Portion berechnet, und mehr als die doppelte Menge, also die Zutaten für 2, sollten Sie auch nicht auf einmal in die Pfanne geben, sonst wird's zu matschig.
→ Tortilla-Buffet Bereiten Sie mal verschiedene Tortillas in mehreren Pfannen gleichzeitig zu. Damit ist bestimmt für jeden Geschmack was dabei.

Schmeckt nicht nur zuhause

Tortilla lässt sich gut vorbereiten, **mitnehmen** und schmeckt auch kalt, beispielsweise bei einem **Picknick** und auf dem kalten **Buffet**. Lecker dazu sind Oliven, Mixed Pickles, eingelegte Peperoni oder exotische Chutneys.

Eine Tortilla ist auch ein feiner **Snack in der Arbeit**. Mit einem knackigen Salat als Beilage wird sie zur gesunden Mahlzeit.

Power im Oval

Eier sind wahre Nährstoffwunder. Sie enthalten wertvolles **Eiweiß**, die Bausubstanz unseres Körpers, **Vitamin D** für die Kalziumaufnahme, Vitamin **B 12** und Eisen für Zellaufbau und Blutbildung, Biotin für den Stoffwechsel und **hochwertige Fette** wie Lezithin.

Noch zwei Pluspunkte: Eier sind blitzschnell gar und sehr preiswert. Halten Sie sich, wo angegeben, an die im Rezept verlangte **Ei-Größe:** Rezepte sind meist für **M(edium)-Eier** berechnet. S(mall)-Eier liefern zu wenig Masse, L(arge)- und XL-Eier zu viel.

Brokkoli-Soufflé

macht was her

20 Min. + 35 Min. Backen

pro Portion ca. 310 kcal

17 g Eiweiß · 21 g Fett · 13 g Kohlenhydrate

ZUTATEN FÜR 4 PORTIONEN

1 Packung Kräuter- oder Brokkolicremesuppe
500 g Brokkoli
50 g Nusskerne (z. B. Haselnüsse, Walnüsse, Mandeln, Erdnüsse)
4 Eier (Größe M)
3 EL Mehl
50 g Parmesan, gerieben
Salz
Fett für die Form

ZUBEREITUNG

1. Die Suppe nach Packungsangabe, aber nur mit 1/4 l Wasser zubereiten; abkühlen lassen. Backofen auf 200° vorheizen. Den Boden einer hohen Auflaufform (2 l Inhalt) einfetten. Die Form im Ofen warm werden lassen.

2. Brokkoli waschen, putzen und in kleine Röschen teilen. Die Stiele mit den Nüssen im Blitzhacker oder mit dem Messer fein hacken.

3. Eier trennen. Eigelbe verquirlen, nach und nach Cremesuppe, Mehl, Nussmischung und Parmesan unterrühren. Eiweiße mit 1 Prise Salz steif schlagen. Vorsichtig unterheben.

4. Brokkoli in die Form legen, die Soufflémasse einfüllen. Das Soufflé im Ofen (unten, Umluft 180°) 35 Min. backen. Sofort servieren.

Speed-Tipp Fertig gemahlene Nüsse und TK-Brokkoli verwenden.

Käsesoufflé mit Möhrengemüse

besonders reich an Karotin

10 Min. + 20 Min. Backen

pro Portion ca. 345 kcal

20 g Eiweiß · 22 g Fett · 16 g Kohlenhydrate

ZUTATEN FÜR 4 PORTIONEN

Für das Möhrengemüse:
800 g Möhren
1 EL neutrales Öl
Salz · Pfeffer
200 ml Orangensaft
1/2 Bund Petersilie

Für die Soufflés:
4 Eier (Größe M)
100 g Parmesan, gerieben
3 EL gemahlene Haselnüsse
2 EL feine Haferflocken
Salz · Pfeffer
geriebene Muskatnuss
Fett für die Förmchen

ZUBEREITUNG

1. Möhren schälen, in ca. 3 cm lange Stücke schneiden. Diese in einem Topf im heißen Öl 5 Min. andünsten. Mit Salz und Pfeffer würzen. Orangensaft angießen und alles zugedeckt ca. 15 Min. schmoren, gelegentlich umrühren. Petersilie waschen, die Blättchen fein hacken. Kurz vor Ende der Garzeit zugeben.

2. Während die Möhren schmoren, die Soufflés zubereiten. Backofen auf 200° vorheizen. 4 ofenfeste Förmchen oder Tassen (200 ml Inhalt) im Ofen vorwärmen.

3. Eier trennen. Eigelbe mit Parmesan, Nüssen und Haferflocken verrühren. Mit Salz, Pfeffer und etwas Muskat würzen. Eiweiße steif schlagen und vorsichtig unter die Eigelbmasse heben. Förmchen einfetten und die Soufflémasse einfüllen. Im Ofen (unten, Umluft 180°) ca. 20 Min. backen. Sofort mit dem Möhrengemüse servieren.

Ofen-Eier im Spinatnest

aus dem Vorrat gezaubert

15 Min. + 20 Min. Backen

pro Portion ca. 290 kcal

18 g Eiweiß · 20 g Fett · 12 g Kohlenhydrate

ZUTATEN FÜR 4 PORTIONEN

2 Packungen TK-Rahmspinat (à 450 g)
Salz · Pfeffer
geriebene Muskatnuss
4 Eier (Größe M)
100 g körniger Frischkäse
4 EL Sahne
1 TL edelsüßes Paprikapulver
Butter für die Form

ZUBEREITUNG

1. Backofen auf 180° vorheizen. Rahmspinat in der Mikrowelle auftauen. Eine flache Auflaufform (ca. 2 l Inhalt) dünn mit Butter einfetten. Den Spinat darin verteilen, mit Salz, Pfeffer und etwas Muskat würzen.

2. Mit einem Löffel in den Spinat vier Vertiefungen drücken. In jede 1 Ei gleiten lassen, das geht besonders gut, wenn man das Ei vorher in ein Glas aufschlägt.

3. Frischkäse mit Sahne und Paprikapulver verrühren. Mit Salz und Pfeffer würzen. Die Masse auf den 4 Eiern verteilen. Eier in den Ofen (Mitte, Umluft 160°) stellen, ca. 20 Min. überbacken, bis das Eiweiß gestockt ist.

Das schmeckt dazu Salzkartoffeln, Nudeln oder Brot

Mehr draus machen Pro Kind 1 zusätzliches Ei mit Käse in den Spinat setzen. Reichlich Kartoffelpüree (Instant) dazuservieren.

Eierguss-Gratin

preiswert

20 Min. + 25 Min. Backen

pro Portion ca. 675 kcal

27 g Eiweiß · 27 g Fett · 81 g Kohlenhydrate

ZUTATEN FÜR 4 GROSSE PORTIONEN

300 g Farfalle
Salz
250 g Zucchini
2 Fleischtomaten
125 g Sahne
1/8 l Milch
3 Eier (Größe M)
Pfeffer
2 TL getrockneter Oregano
1 Dose Gemüsemais (340 g), abgetropft
100 g Käse, geraspelt
Fett und Semmelbrösel fürs Blech

ZUBEREITUNG

1. Nudeln in reichlich Salzwasser nach Packungsangabe bissfest kochen. Inzwischen die Zucchini waschen, putzen und in dünne Streifen hobeln. Tomaten waschen und ohne Stielansätze in schmale Spalten schneiden.

2. Backofen auf 180° vorheizen. Fettpfanne des Ofens einfetten, mit Bröseln ausstreuen.

3. Sahne, Milch und Eier verquirlen, mit Salz, Pfeffer und Oregano würzen. Nudeln und Mais mit dem Guss mischen, auf das Blech geben. Zucchini und Tomaten darauf verteilen. Mit dem Käse bestreuen und im Ofen (Mitte, Umluft 160°) ca. 20 Min. backen.

Austausch-Tipp Bei diesem Rezept passen auf das Blech genauso gut die Nudeln von gestern, die nicht mehr so knackige Paprika oder der klein geschnittene Rest vom Sonntagsbraten – eben alles, was Sie in Kühlschrank und Vorratskammer finden.

Herzhafter Rüblischmarrn

Kinderliebling
30 Min.
pro Portion ca. 450 kcal
21 g Eiweiß · 29 g Fett · 26 g Kohlenhydrate

ZUTATEN FÜR 4 PORTIONEN

- 3 EL Kürbiskerne
- 200 g Möhren
- 4 Eier (Größe M)
- 1/4 l Buttermilch
- 120 g Mehl
- 100 g Schinkenspeckwürfelchen
- Salz · Pfeffer
- Öl zum Braten

ZUBEREITUNG

1. Kürbiskerne nach Belieben grob hacken und in einer trockenen Pfanne rösten, bis sie duften. Möhren schälen und fein raspeln.

2. Eier trennen. Eiweiße mit 1 Prise Salz steif schlagen. Eigelbe und Buttermilch verrühren. Mehl, Möhrenraspel, Schinkenspeck und Kürbiskerne unterrühren. Mit Salz und Pfeffer würzen. Eischnee vorsichtig unterziehen.

3. Öl in einer großen Pfanne (ca. 28 cm Ø) erhitzen. Die Hälfte des Teiges darin bei schwacher Hitze ca. 5 Min. backen. Wenden, gut anbacken lassen und mit zwei Holz- oder Plastiklöffeln zerreißen. Backen, bis alle Stücke goldbraun sind. Mit der anderen Hälfte des Teiges genauso verfahren. (Bei einer kleineren Pfanne in drei Portionen arbeiten.)

Das schmeckt dazu Tomatensalat oder grüner Salat

Vegi-Tipp Schinken durch 100 g geriebenen Parmesan ersetzen.

Pizzaschnitten mit Tomatensalat

preiswert
25 Min.
pro Portion ca. 445 kcal
16 g Eiweiß · 24 g Fett · 42 g Kohlenhydrate

ZUTATEN FÜR 4 PORTIONEN

Für den Tomatensalat:

- 500 g reife Tomaten
- 3 EL neutrales Öl
- 2 EL Aceto balsamico
- Salz · Pfeffer · Zucker
- 1/2 Bund Basilikum

Für die Pizzaschnitten:

- 2 Knoblauchzehen
- 6 Scheiben altbackenes Brot (ca. 300 g)
- 2 Eier (Größe M)
- 300 ml Milch
- 2 EL Tomatenmark
- 2 TL Pizzagewürz (Kräutermischung)
- 4 EL geriebener Parmesan
- Salz · Pfeffer
- Öl zum Braten

ZUBEREITUNG

1. Tomaten waschen und ohne Stielansätze in Scheiben schneiden. Öl und Essig verrühren, mit Salz, Pfeffer und 1 Prise Zucker würzen. Basilikum abbrausen, trockenschütteln, die Blätter fein hacken. Tomaten mit dem Dressing und dem Basilikum mischen.

2. Für die Schnitten den Knoblauch schälen und halbieren. Brotscheiben damit von beiden Seiten einreiben. Die Eier mit Milch, Tomatenmark, Pizzagewürz und Parmesan verquirlen. Mit Salz und Pfeffer würzen.

3. Brotscheiben in der Eiermasse wenden. Öl in einer großen Pfanne erhitzen, die Schnitten darin von jeder Seite bei milder Hitze in ca. 2 Min. goldbraun braten. Auf Küchenpapier entfetten und mit dem Salat servieren.

Austausch-Tipp Für süße Schnitten (»**Arme Ritter**«) Eier, Milch und 2 Packungen Vanillezucker verrühren. Mit Zimtzucker, Obstsalat oder Kompott servieren.

Spiegelei im Paprikanest

blitzschnell
15 Min.
pro Portion ca. 235 kcal
11 g Eiweiß · 11 g Fett · 25 g Kohlenhydrate

ZUTATEN FÜR 4 PORTIONEN

2 große rote Paprikaschoten
1 Zwiebel
1–2 EL neutrales Öl
4 Eier · Salz · Pfeffer
edelsüßes Paprikapulver
4 Scheiben Brot

ZUBEREITUNG

1. Paprikaschoten waschen. Stielansätze ausschneiden, Kerne entfernen. Von jeder Schote 2 große, 1 cm breite Ringe abschneiden. Den Rest würfeln. Zwiebel schälen und ebenfalls würfeln.

2. Öl in einer großen Pfanne erhitzen. Die Zwiebeln, Paprikawürfel und -ringe darin ca. 3 Min. braten. Dann die Würfel zur Seite schieben. Ringe wenden und in jeden Ring 1 Ei gleiten lassen. Alles mit Salz, Pfeffer und Paprika würzen. Zugedeckt bei kleiner Hitze ca. 5 Min. braten, bis die Eier stocken.

3. Brote auf vier Teller legen, 1 Paprika-Ei auf jedes setzen, Gemüse darum herum verteilen.

Speed-Tipp **Ei-Brot:** Aus jeder Brotscheibe einen 6 cm großen Kreis ausstechen. In der Pfanne anrösten, umdrehen und je 1 Ei hineinsetzen. Paprika roh dazureichen.

Tuning-Tipp 1 Knoblauchzehe und 50 g zerkrümelten Feta zum Gemüse geben, Brote mit scharfem Ajvar (Paprikapaste) bestreichen.

Eier im Töpfchen

ganz einfach
20 Min.
pro Portion ca. 115 kcal
8 g Eiweiß · 9 g Fett · 0 g Kohlenhydrate

ZUTATEN FÜR 4 PORTIONEN

Butter für die Förmchen
1 Scheibe gekochter Schinken
1/2 Bund Schnittlauch
2 TL Sahne
4 Eier (Größe S)
Salz · Pfeffer

ZUBEREITUNG

1. In einen weiten Topf etwa handbreit hoch Wasser füllen und aufkochen. Vier ofenfeste Förmchen oder Tassen (je 150 ml Inhalt) dünn einfetten.

2. Schinken klein würfeln. Schnittlauch waschen, in Röllchen schneiden. Schinken, Schnittlauch und Sahne auf die vier Förmchen verteilen, würzen. In jedes Förmchen vorsichtig 1 Ei gleiten lassen. Förmchen sorgfältig mit Alufolie abdecken.

3. Eiertöpfchen ins Wasserbad stellen, das Wasser aufkochen und die Eier 8–10 Min. ziehen lassen. Im Töpfchen servieren.

Austausch-Tipp Darf's mal etwas ungewöhnlicher sein? Dann statt Schinken und Schnittlauch 8 Blattspinat-Minis (TK) und etwas Roquefort oder 50 g Garnelen, 2 TL Schmand und 1 TL gehackten Dill nehmen. Indische Eier werden's mit 2 EL Frühlingszwiebelringen, 1 EL gehacktem Koriandergrün, 6–8 Cashewkernen und Currypulver.

Grundrezept Pfannkuchen

Kinderliebling
30 Min.
bei 10 Stück pro Stück ca. 320 kcal
11 g Eiweiß · 14 g Fett · 39 g Kohlenhydrate

ZUTATEN FÜR 8–12 STÜCK

500 g Mehl
800 ml Milch
Salz
4 Eier (Größe M)
Öl zum Braten

ZUBEREITUNG

1. Das Mehl in eine Schüssel geben, nach und nach die Milch dazugießen und einen glatten Teig rühren. Salz und Eier unterrühren.

2. Wenig Öl in einer Pfanne erhitzen. Den Teig mit der Schöpfkelle portionsweise in die Pfanne geben. Pfannkuchen bei mittlerer Hitze auf jeder Seite in ca. 2 Min. goldbraun backen. Fertige Pfannkuchen warm stellen, nacheinander 8–12 Pfannkuchen ausbacken.

Einfrier-Tipp In Streifen geschnittene Pfannkuchen auf einem Blech offen ca. 3 Std. im Tiefkühlgerät vorgefrieren, in Gefrierdosen umfüllen. Nach Bedarf portionsweise im auf 200° vorgeheizten Backofen (Umluft 180°) 5–10 Min. aufbacken. In heiße Brühe geben.

Speed-Tipp Pfannkuchen sind flugs gefüllt mit Frischkäsezubereitungen, Schinken und Käse, Chutneys, Marmelade, Nuss-Nougat-Creme, Fruchtmus.

Tuning-Tipp **Pfannkuchentorte:** Je 1 Grundrezept Sauce bolognese (S. 34), Rahmspinat (S. 105) und Pfannkuchen zubereiten. In eine gefettete Springform (28 cm Ø) abwechselnd Pfannkuchen, Sauce und Spinat schichten. Mit Spinat abschließen, 100 g geraspelten Edamer darüber streuen; im auf 200° vorgeheizten Ofen (Umluft 180°) in 45 Min. goldbraun backen.

Pfannkuchen mit Himbeerquark

schmeckt beerenstark
Auftauzeit + 35 Min.
bei 10 Stück pro Stück ca. 415 kcal
16 g Eiweiß · 16 g Fett · 50 g Kohlenhydrate

ZUTATEN FÜR 8–12 STÜCK

500 g TK-Himbeeren · 5 EL Puderzucker
5 EL Zitronensaft · 500 g Quark (20 % Fett i. Tr.)
1 Grundrezept Pfannkuchen (oben)
Puderzucker zum Bestäuben

ZUBEREITUNG

1. Die Himbeeren auftauen lassen, mit dem Puderzucker und dem Zitronensaft pürieren und mit dem Quark verrühren.

2. Einen Pfannkuchenteig wie im Grundrezept oben beschrieben zubereiten und Pfannkuchen backen. Mit dem Himbeerquark füllen und mit Puderzucker bestäuben.

Austausch-Tipp Die Himbeeren durch frische oder tiefgekühlte Erdbeeren, Heidelbeeren oder Brombeeren ersetzen.

Tuning-Tipp Für **Bananen-Schoko-Pfannkuchen** die Pfannkuchen wie im Grundrezept oben zubereiten. 50 g Mandelblättchen in einer trockenen Pfanne goldgelb rösten. 4 Bananen schälen, in Scheiben schneiden. 1/4 l warme Schokoladensauce – selbst gemacht (S. 169) oder fertig gekauft – vorbereiten. Pfannkuchen mit den Bananen und den Mandeln füllen, Schokosauce darüber gießen, mit Puderzucker bestäuben. Nach Belieben mit 200 g geschlagener Sahne servieren.

Grüne Pfannkuchen mit Schafkäse

vegetarisch
55 Min.
bei 10 Stück pro Stück ca. 430 kcal
21 g Eiweiß · 22 g Fett · 51 g Kohlenhydrate

ZUTATEN FÜR 8–12 STÜCK

1 Bund Petersilie · 4 Stängel Minze
500 g grüner Spargel · 200 g Zuckerschoten
1 Bund Frühlingszwiebeln · 250 g Schafkäse (Feta) · 1 Grundrezept Pfannkuchenteig (oben)
3 EL Olivenöl · Salz · Pfeffer · 3 EL Zitronensaft

ZUBEREITUNG

1. Petersilie und Minze waschen, trockenschütteln und die Blättchen separat fein hacken. Spargel, Zuckerschoten und Frühlingszwiebeln waschen und putzen. Vom Spargel das untere Drittel schälen, die holzigen Enden abschneiden. Spargel und Frühlingszwiebeln in mundgerechte Stücke schneiden. Den Schafkäse zerbröckeln.

2. Einen Pfannkuchenteig wie im Grundrezept oben beschrieben zubereiten, die Petersilie unterrühren. Pfannkuchen ausbacken (siehe oben) und warm stellen.

3. Das Olivenöl im Wok oder einer großen Pfanne erhitzen und das Gemüse darin bei mittlerer Hitze unter ständigem Rühren in 5–10 Min. bissfest braten. Mit Salz und Pfeffer würzen. Zum Schluss Zitronensaft, Schafkäse und Minze unterrühren, kurz erhitzen und die Pfannkuchen damit füllen.

Pfannkuchen mit Paprika-Geschnetzeltem

raffiniert gewürzt
55 Min.
bei 10 Stück pro Stück ca. 410 kcal
23 g Eiweiß · 17 g Fett · 42 g Kohlenhydrate

ZUTATEN FÜR 8–12 STÜCK

500 g Schweinefilet · 2 Zwiebeln · je 2 rote und gelbe Paprikaschoten · 1–2 Chilischoten
1 Bund Schnittlauch · 1 Grundrezept Pfannkuchen (oben) · 2 EL Öl · 4 EL Hoisinsauce (Asia-Laden) · 200 ml Gemüsebrühe · Salz

ZUBEREITUNG

1. Fleisch in mundgerechte Streifen schneiden. Zwiebeln schälen, grob würfeln. Paprika und Chilis waschen, halbieren und putzen. Paprika in Streifen, die Chilis in feine Ringe schneiden. Den Schnittlauch waschen, trockenschütteln und in Röllchen schneiden.

2. Einen Pfannkuchenteig wie im Grundrezept oben beschrieben zubereiten, Pfannkuchen backen und warm stellen.

3. 1 EL Öl in einer großen Pfanne erhitzen. Das Fleisch darin bei großer Hitze unter Rühren ca. 5 Min. anbraten, herausnehmen. Das übrige Öl in die Pfanne geben, die Zwiebeln darin ca. 5 Min. anbraten. Paprika und Chilis ca. 5 Min. mitbraten. Hoisinsauce und Gemüsebrühe zugeben und aufkochen.

4. Das Fleisch unter das Gemüse mischen, kurz erhitzen und mit Salz abschmecken. Vor dem Servieren den Schnittlauch unterrühren und die Pfannkuchen damit füllen.

Pfannkuchenteig aufgepeppt

Das Mehl mindestens zur Hälfte durch **Vollkorn- oder Dinkelmehl** ersetzen. Für **süße** Pfannkuchen die Hälfte vom Mehl durch **gemahlene Nüsse** oder Mandeln ersetzen.

Gemüse & Salate

zu essen, sollte erst ab 18 erlaubt sein. Dann würden Heranwachsende dem Tag entgegenfiebern, an dem sie cool die erste Möhre

knabbern, den ersten Salat verputzen, zum ersten Mal vom Fitness-Food kosten dürften.

Zum Glück für unsere Gesundheit dürfen alle Gemüse essen. Selbst wer Kalorien und Fette meiden muss, kann bei grüner, gelber und roter Pflanzennahrung unbeschwert zugreifen. Wir haben Paprika, Kohlrabi & Co. so appetitlich gegart, gefüllt oder zum Süppchen verwandelt, dass auch Minderjährige darauf stehen – sogar ohne Verbot!

Frühlingsgemüse mit Basilikum

Blanchierte Vielfalt für Gemüsefans

→ **Tomaten** lassen sich nach dem Blanchieren leicht häuten.
→ **Blattgemüse und Kohlblätter** werden durchs Blanchieren geschmeidig und eignen sich ideal zum Schichten und Füllen.
→ **Festes oder faseriges Gemüse** wie z. B. Lauch, Möhren oder Zuckerschoten machen Appetit auf Gemüsesalat, übergossen mit einer Vinaigrette.
→ **Blanchierflüssigkeit** findet z. B. ihren Platz als Sauce für einen saftigen Blumenkohlauflauf oder zu Spargel und Pasta ...

Gemüse mit Käse-Topping

Vorgegartes Gemüse in eine ofenfeste Form schichten. Sahne oder Gemüsebrühe angießen. Geriebenen **Käse und Butterflöckchen** auf dem Gemüse verteilen. Im vorgeheizten Backofen überbacken, bis die Oberfläche **goldbraun** ist.

Grundrezepte Gemüse garen – 3 Methoden

vitaminreich
je nach Sorte 30 Sek.–15 Min.
bei 3 Portionen pro Portion ca. 80 kcal
5 g Eiweiß · 4 g Fett · 7 g Kohlenhydrate

ZUTATEN FÜR 2–4 PORTIONEN

600 g Gemüse einer Sorte oder gemischt
Salz · Pfeffer

Zum Blanchieren Blattspinat, Blumenkohl, Brokkoli, Erbsen, grüne Bohnen, Kohlrabi, Kohlblätter, Knollensellerie, Lauch, Mangold, Möhren, Spargel, Zuckerschoten

Zum Dünsten Austernpilze, Blattspinat, Champignons, Fenchel, Gurken, Kohlrabi, Mangold, Möhren, Paprikaschoten, Tomaten, Zucchini, Zwiebeln · 1 EL Butter oder Öl
3–4 EL Wasser oder Gemüsebrühe

Zum Braten Auberginen, Zucchini, Champignons, Paprikaschoten · 4–5 EL Öl

ZUBEREITUNG

1. Das Gemüse waschen und putzen, je nach Sorte unzerkleinert lassen, in Scheiben oder Stücke schneiden.

2. **Blanchieren:** In einem großen Topf 2 l Salzwasser aufkochen. Eine Schüssel mit kaltem Wasser und einigen Eiswürfeln bereithalten. Das vorbereitete Gemüse ins kochende Wasser geben (das Wasser soll weiterkochen!) und sprudelnd garen: Spinat und Mangold 30 Sek., Zuckerschoten 2 Min., Brokkoli, Kohlblätter, grünen Spargel, Lauch und Mangoldstiele 3–5 Min., Blumenkohl, Erbsen, grüne Bohnen, Kohlrabi, Möhren, Sellerie und weißen Spargel 5–8 Min. Gemüse mit einer Schaumkelle herausheben, sofort in das Eiswasser tauchen; weiterverarbeiten oder einfrieren.

3. **Dünsten:** In einem breiten, flachen Topf Butter oder Öl erhitzen. Gemüse darin 5 Min. andünsten, hin und wieder wenden. Wasser oder Brühe angießen, salzen und pfeffern. Deckel auflegen und bei milder Hitze dünsten: Spinat, Pilze, Mangold, Tomaten und Zwiebeln 5 Min., Fenchel, Gurken, Kohlrabi, Möhren, Paprikaschoten und Zucchini 5–10 Min.

4. **Braten:** Auberginen- und Zucchinischeiben mit Salz bestreuen und 20 Min. Wasser ziehen lassen, trockentupfen. In einer Pfanne das Öl erhitzen, Gemüse darin portionsweise in 3–5 Min. braun braten, zwischendurch wenden. Salzen und pfeffern.

Bohnen-Möhren-Gemüse mit Kasseler

preiswert
35 Min.
pro Portion ca. 230 kcal
19 g Eiweiß · 11 g Fett · 12 g Kohlenhydrate

ZUTATEN FÜR 4 PORTIONEN

500 g breite grüne Bohnen
500 g Möhren
2 EL Butter
Salz · Pfeffer
Zucker
1/4 l Gemüsebrühe
2 Zweige Bohnenkraut
2 Kasseler Koteletts (ca. 400 g)

ZUBEREITUNG

1. Die Bohnen waschen, putzen und schräg in 1 cm breite Stücke schneiden. Möhren schälen und schräg in dünne Scheiben schneiden.

2. Die Butter in einem breiten Topf zerlassen, Bohnen und Möhren darin unter gelegentlichem Rühren 3 Min. andünsten. Mit Salz, Pfeffer und 1 Prise Zucker würzen. Brühe angießen, Bohnenkraut hinzufügen. Alles zugedeckt bei milder Hitze 10 Min. dünsten.

3. Die Knochen von den Koteletts entfernen, Fleisch in Würfel schneiden. Unter das Gemüse heben und weitere 5 Min. ziehen lassen. Mit Salz und Pfeffer abschmecken.

Das schmeckt dazu Kräuter-Baguette

Vegi-Tipp Wer's lieber vegetarisch mag, nimmt statt Kasseler 250 g Räuchertofu.

Frühlingsgemüse mit Basilikum

leicht und lecker
30 Min.
pro Portion ca. 180 kcal
15 g Eiweiß · 13 g Fett · 33 g Kohlenhydrate

ZUTATEN FÜR 4 PORTIONEN

300 g Bundmöhren
2 zarte Kohlrabi (ca. 400 g)
300 g grüner Spargel
200 g Zuckerschoten
4 Frühlingszwiebeln
Salz · Pfeffer
50 g Butter
1–2 TL Zitronensaft
1/2 Bund Basilikum

ZUBEREITUNG

1. Alle Gemüsesorten waschen und putzen oder schälen. Die Möhren je nach Dicke längs halbieren oder vierteln. Den Kohlrabi in Spalten schneiden. Die Spargelstangen in der Mitte einmal halbieren. Zuckerschoten ganz lassen. Die Frühlingszwiebeln einmal längs, einmal quer halbieren.

2. In einem Topf 2 l Salzwasser aufkochen. Das Gemüse darin portionsweise blanchieren und abschrecken (Grundrezept S. 98, Punkt 2): Möhren, Kohlrabi und Spargel 5 Min. kochen, Zuckerschoten und Frühlingszwiebeln 2 Min. Das Gemüse in einem Sieb abtropfen lassen.

3. Die Butter in einem breiten Topf zerlassen. Das Gemüse hineingeben, wenden, mit Salz, Pfeffer und Zitronensaft würzen. Basilikumblätter abzupfen, grob hacken und aufstreuen.

Austausch-Tipp So schmeckt der Sommer: das Gemüse je nach Saison variieren – z. B. Fenchel, Lauch, Möhren nehmen.

Auberginen-Tomaten-Gratin

endlich Sommer
50 Min. + 30 Min. Backen
pro Portion ca. 415 kcal
14 g Eiweiß · 33 g Fett · 14 g Kohlenhydrate

ZUTATEN FÜR 4 PORTIONEN

3–4 Auberginen (ca. 1 kg)
Salz · Pfeffer
5 EL Olivenöl
1 Zwiebel
1 Knoblauchzehe
1000 g stückige Tomaten (Packung oder Dose)
2 TL gehackter Thymian (frisch oder getrocknet)
100 g Greyerzer, fein geraspelt
125 g Sahne
Fett für die Form

ZUBEREITUNG

1. Auberginen waschen, putzen und in 1 cm dicke Scheiben schneiden. Salzen, 20 Min. ziehen lassen und trockentupfen. Etwas Öl in einer großen beschichteten Pfanne erhitzen, darin portionsweise die Auberginen braten (Grundrezept S. 98, Punkt 4).

2. Zwiebel und Knoblauch schälen und fein würfeln, im verbliebenen Bratöl dünsten. Tomatenstücke hinzufügen, mit Thymian, Salz und Pfeffer würzen. Ohne Deckel bei starker Hitze 10 Min. einkochen lassen.

3. Den Backofen auf 180° vorheizen (Umluft nicht empfehlenswert). Die Hälfte der Tomatensauce in eine gefettete ofenfeste Form geben. Die Auberginen einschichten, die übrige Tomatensauce darüber träufeln.

4. Käse mit der Sahne verrühren und über den Auberginen verteilen. Das Gratin im heißen Ofen (Mitte) 30 Min. backen.

Tuning-Tipp Sie können auch 400 g gemischtes Hackfleisch anbraten und mit den Tomaten zu einer Bolognese kochen. So wird's ein komplettes Gericht, zu dem Stangenweißbrot oder Kartoffeln passen.

Auberginen-Tomaten-Gratin

Grundrezept Ofengemüse

super vorzubereiten
20 Min. + 35 Min. Braten
pro Portion ca. 110 kcal
4 g Eiweiß · 8 g Fett · 6 g Kohlenhydrate

ZUTATEN FÜR 4 PORTIONEN

1 Zucchino
1 Fenchelknolle
2 Zwiebeln
2 Möhren
200 g Champignons
2 Zweige Rosmarin
Salz, Pfeffer
3 EL Olivenöl

ZUBEREITUNG

1. Den Backofen auf 200° vorheizen. Zucchino und Fenchel putzen, waschen. Zwiebeln und Möhren schälen. Die Champignons putzen, große Pilze eventuell halbieren. Die Zwiebeln in schmale Spalten schneiden und diese zerpflücken. Das übrige Gemüse in mundgerechte Stücke schneiden. Den Rosmarin waschen und trockenschütteln.

2. Das Gemüse und den Rosmarin in eine ofenfeste Form geben, mit Salz und Pfeffer würzen und mit dem Olivenöl beträufeln. Im Ofen (Mitte, Umluft 180°) 25–35 Min. braten, dabei gelegentlich umrühren. Ofengemüse schmeckt warm und kalt.

Austausch-Tipp Für Ofengemüse eignen sich eigentlich alle Gemüsesorten. Lauch und Frühlingszwiebeln immer erst 5–10 Min. vor Ende der Garzeit dazugeben, damit sie nicht verbrennen. Nach Belieben einen Teil des Gemüses durch Kartoffeln oder den Rosmarin durch Thymian ersetzen.

Orientalisches Ofengemüse

raffiniert gewürzt
15 Min. + 35 Min. Braten
pro Portion ca. 185 kcal
5 g Eiweiß · 12 g Fett · 14 g Kohlenhydrate

ZUTATEN FÜR 4 PORTIONEN

2 Zwiebeln · 400 g Möhren
400 g Petersilienwurzeln
1 Zimtstange
5 Gewürznelken
5 Kardamomkapseln
1 TL Pfefferkörner · Salz
1 EL flüssiger Honig
3 EL Olivenöl
3 EL Pistazien

ZUBEREITUNG

1. Backofen auf 200° vorheizen. Zwiebeln, Möhren und Petersilienwurzeln schälen. Die Zwiebeln in schmale Spalten schneiden und diese zerpflücken. Das übrige Gemüse in mundgerechte Stücke schneiden.

2. Das Gemüse in eine ofenfeste Form geben. Zimtstange, Nelken, Kardamom und Pfefferkörner dazugeben, das Gemüse salzen. Honig und Olivenöl gleichmäßig darüber verteilen.

3. Das Gemüse wie im Grundrezept oben beschrieben braten. Inzwischen die Pistazien grob hacken und vor dem Servieren über das Gemüse streuen.

Austausch-Tipp Nicht nur zu Halloween ein Hit: Möhren mal durch Kürbis, Petersilienwurzeln durch Rübchen ersetzen oder die Pistazien durch geröstete Mandelstifte.

Ratatouille

schmeckt nach Urlaub
20 Min. + 35 Min. Braten
pro Portion ca. 120 kcal
4 g Eiweiß · 8 g Fett · 8 g Kohlenhydrate

ZUTATEN FÜR 4 PORTIONEN

2 Zwiebeln · 1 Aubergine · 2 Zucchini
je 1 rote und gelbe Paprikaschote
4 Tomaten (ersatzweise 600 g gehäutete Tomaten aus der Dose) · 1/2 Bund Thymian
Salz · Pfeffer · 3 EL Olivenöl

ZUBEREITUNG

1. Backofen auf 200° vorheizen. Die Zwiebeln schälen. Aubergine, Zucchini, Paprika und Tomaten putzen und waschen. Das Gemüse in mundgerechte Stücke schneiden; Tomatenstücke zur Seite stellen. Den Thymian waschen und trockenschütteln.

2. Das Gemüse und den Thymian in eine ofenfeste Form geben, mit Salz und Pfeffer würzen und mit dem Olivenöl beträufeln. Im Ofen (Mitte, Umluft 180°) ca. 15 Min. garen, dabei gelegentlich umrühren. Die Tomaten dazugeben und das Gemüse noch 15–20 Min. weitergaren.

Das schmeckt dazu **Lammkoteletts:** 1 kg küchenfertig vorbereitete Lammkoteletts mit Salz und Pfeffer würzen. 1 Knoblauchknolle quer durchschneiden. Öl in einer Pfanne erhitzen, die Koteletts mit dem Knoblauch darin bei mittlerer Hitze von beiden Seiten ca. 5 Min. braten. Besonders dicke Koteletts im vorgeheizten Backofen bei 200° (Umluft 180°) 5–10 Min. nachbraten. Mit Kräuterbutter servieren.

Fenchel mit Kirschtomaten

Sommerhit
15 Min. + 35 Min. Braten
pro Portion ca. 125 kcal
5 g Eiweiß · 8 g Fett · 8 g Kohlenhydrate

ZUTATEN FÜR 4 PORTIONEN

3–4 Fenchelknollen · 250 g Kirschtomaten
3 Zweige Rosmarin · Salz · Pfeffer
3 EL Olivenöl

ZUBEREITUNG

1. Den Backofen auf 200° vorheizen. Fenchel putzen, waschen und ohne den Strunk in mundgerechte Stücke schneiden. Tomaten waschen und halbieren. Rosmarin waschen und trockenschütteln.

2. Fenchel, Tomaten und Rosmarin in eine ofenfeste Form geben, salzen und pfeffern und mit dem Olivenöl beträufeln. Im Ofen garen wie im Grundrezept beschrieben.

Tuning-Tipp Zum Sattessen: Für eine **Fenchel-Kartoffel-Pfanne** 2 Fenchelknollen wie oben beschrieben vorbereiten. 1 Zwiebel schälen und in Ringe schneiden. 400 g Kartoffeln schälen und in Spalten schneiden. Das Gemüse wie beschrieben zubereiten, Zwiebeln und Kartoffeln einfach untermischen und mitbacken.

Speed-Tipp Den Fenchel quer zur Faser in dünne Streifen schneiden. 2 EL Olivenöl im Wok oder in einer großen Pfanne erhitzen, Fenchel und Rosmarin darin bei großer Hitze ca. 10 Min. unter Wenden braten. Die halbierten Tomaten untermischen, kurz erhitzen, mit Salz und Pfeffer würzen.

Grundrezept Wokgemüse

vitaminreich
25 Min.
pro Portion ca. 190 kcal
9 g Eiweiß · 12 g Fett · 13 g Kohlenhydrate

ZUTATEN FÜR 4 PORTIONEN

2 Möhren · 1 Zucchino
250 g Brokkoli
1 rote Paprikaschote
2 Bund Frühlingszwiebeln
2 EL neutrales Öl
2 EL dunkles Sesamöl
150 ml helle Sojasauce
250 g Sojasprossen

ZUBEREITUNG

1. Das Gemüse putzen und waschen, die Möhren schälen. Die Möhren und den Zucchino der Länge nach halbieren und schräg in dünne Scheiben schneiden. Den Brokkoli in kleine Röschen teilen. Die Paprika in Streifen und die Frühlingszwiebeln in 3 cm lange Stücke schneiden.

2. Das Öl im Wok oder einer großen Pfanne, erhitzen. Das Gemüse, ohne die Sojasprossen, darin bei großer Hitze und unter ständigem Rühren 5–10 Min. braten. Mit Sesamöl und Sojasauce würzen. Sojasprossen unterrühren und alles noch ca. 2 Min. weitergaren. Die Sojasprossen sollen warm und knackig sein. Sofort servieren.

Das schmeckt dazu Reis

Tuning-Tipp Ganz was Feines: Für **Wokgemüse mit Huhn und Sesam** 500 g Hühnerbrustfilet in fingerdicke Streifen schneiden und mit Salz und Pfeffer würzen. 2 Chilischoten waschen, Stiele und Samen entfernen, das Fruchtfleisch in feine Ringe schneiden. 3 cm Ingwer schälen, sehr fein würfeln. 1 EL Öl im Wok erhitzen, das Hähnchenfleisch darin ca. 3 Min. bei großer Hitze rundum scharf anbraten, herausnehmen und zur Seite stellen. Das Gemüse wie im Rezept beschrieben zubereiten, zwischenzeitlich 2 EL Sesam, Chiliringe und Ingwer dazugeben und mitbraten. Hähnchenfleisch und Sojasprossen unter das Gemüse mischen und kurz erhitzen.

Austausch-Tipp Wokken Sie nach Lust und Laune: Es eignen sich eigentlich alle Gemüsesorten für diese Zubereitungsart. Immer mit dabei sein sollten Zwiebeln, Lauch oder Frühlingszwiebeln! Wegen der kurzen Garzeit das Gemüse möglichst klein schneiden.

Gemüse-Thaicurry

Gemüse-Thaicurry

scharf
30 Min.

pro Portion ca. 655 kcal
13 g Eiweiß · 58 g Fett · 23 g Kohlenhydrate

ZUTATEN FÜR 4 PORTIONEN

1 Grundrez. Wokgemüse (S. 102) ohne Gewürz

Für die Currysauce:
1 Zwiebel · 1 EL Öl
1–2 EL thail. Currypaste
4 Kaffirlimettenblätter (ersatzw. 4 Scheiben unbehandelte Limette)
800 ml ungesüßte Kokosmilch (Dose)
1 EL Tomatenmark
1–2 TL Reis- oder Weißweinessig · Zucker
1–2 TL Fischsauce

ZUBEREITUNG

1. Für die Currysauce die Zwiebel schälen und fein würfeln. Das Öl in einem großen Topf erhitzen, Zwiebeln darin glasig dünsten. Die Currypaste ca. 1 Min. mitdünsten, 150 ml Wasser zugießen, ca. 5 Min. kochen lassen.

2. Limettenblätter waschen, in feinste Streifen schneiden. Mit Kokosmilch und Tomatenmark zur Sauce geben, aufkochen, mit Essig, 1 Prise Zucker und Fischsauce würzen.

3. Das Gemüse wie im Grundrezept (S. 102) beschrieben zubereiten, aber nicht würzen. Das Gemüse in die Currysauce geben, kurz erhitzen und das Gericht servieren.

1 x kochen – 2 x essen Für Laksa-Suppe die doppelte Menge Currysauce und 1 Rezept Wokgemüse zubereiten. 250 g Reisnudeln kochen und in die fertige Suppe geben.

Grünes Wokgemüse

kalorienarm
25 Min.

pro Portion ca. 155 kcal
18 g Eiweiß · 9 g Fett · 35 g Kohlenhydrate

ZUTATEN FÜR 4 PORTIONEN

200 g Zuckerschoten
1 Bund grüner Spargel (400 g) · 1 Zucchino
250 g Brokkoli · 2 Bund Frühlingszwiebeln
2 Stängel Zitronengras
4 cm Ingwer · 2 EL Öl
1 EL Fischsauce
150 ml helle Sojasauce

ZUBEREITUNG

1. Das Gemüse waschen und putzen. Vom Spargel das untere Drittel schälen. Zucchino längs halbieren und schräg in dünne Scheiben schneiden. Den Brokkoli in kleine Röschen teilen. Frühlingszwiebeln in 3 cm lange Stücke schneiden.

2. Das Zitronengras waschen und in sehr dünne Scheiben schneiden. Ingwer schälen und sehr fein würfeln.

3. Gemüse wie im Grundrezept (S. 102) beschrieben zubereiten. Mit Fischsauce und Sojasauce würzen, sofort servieren.

Gemüse mit gebratenen Nudeln

zum Sattessen
30 Min.

pro Portion ca. 530 kcal
21 g Eiweiß · 23 g Fett · 67 g Kohlenhydrate

ZUTATEN FÜR 4 PORTIONEN

250 g Mie-Nudeln (chin. Eiernudeln; 4 Blöcke)
Salz
1 Grundrezept Wokgemüse (S. 102)
4 EL süße Chilisauce nach Belieben

ZUBEREITUNG

1. Die Nudeln laut Packungsangabe bissfest kochen, abgießen, mit kaltem Wasser abbrausen und abtropfen lassen.

2. Das Gemüse wie im Grundrezept (S. 102) beschrieben zubereiten, aber noch nicht würzen. Die Nudeln zugeben (evtl. mit zwei Pfannen arbeiten!) und unter Rühren erhitzen. Mit Sesamöl, Sojasauce (Grundrezept) und Chilisauce würzen.

Austausch-Tipp Die Mie-Nudeln durch Reisnudeln oder gekochten Reis ersetzen.

Let's wok!

Das aus Asien stammende Kochgerät ist inzwischen auf der ganzen Welt beliebt und verbreitet. Woks gibt es in verschiedenen Ausführungen.
→ Für alle Arten von Elektroherden sind schwere Modelle mit dickem, flachem Boden aus dem Haushaltswarengeschäft am besten.
→ Bei einem Gasherd reicht der einfache Wok aus dem Asienladen völlig aus.

Vielseitiges Gargeschirr

→ Kurze Garzeiten machen das Braten im Wok besonders vitaminschonend, und das Gemüse bleibt knackig und bunt.

→ Auch europäisch inspirierte Gerichte lassen sich im Wok zaubern, z. B. Geschnetzeltes [→ S. 129], Gemüse für Quiches [→ S. 81], gebratener Reis [→ S. 67].

Sauerkraut

ganz unkompliziert
15 Min. + 10–50 Min. Garen
pro Portion ca. 110 kcal
2 g Eiweiß · 7 g Fett · 12 g Kohlenhydrate

ZUTATEN FÜR 4 PORTIONEN

1 Zwiebel
2 EL Schweineschmalz (ersatzweise Öl)
1 Stück Speckschwarte (30 g)
700 g Sauerkraut
1/2 l Fleisch- oder Gemüsebrühe
1/2 TL schwarze Pfefferkörner
1 TL Wacholderbeeren
2 Lorbeerblätter
1 TL Kümmelsamen
Salz · Zucker
Küchengarn

ZUBEREITUNG

1. Die Zwiebel schälen und in feine Ringe schneiden. Das Schmalz erhitzen und die Zwiebeln darin glasig dünsten. Speck, Sauerkraut und Brühe zugeben und aufkochen.

2. Pfefferkörner, Wacholderbeeren, Lorbeerblätter und Kümmel in einen Papier-Teefilter oder in ein Mullsäckchen füllen. Das Gewürzsäckchen mit Küchengarn zubinden, ins Kraut hängen und dieses bei kleiner Hitze in 10–50 Min. – je nach Produkt und Belieben – weich kochen, eventuell Brühe nachgießen.

3. Das Kraut mit Salz und Zucker abschmecken. Zum Servieren die Speckschwarte und das Gewürzsäckchen entfernen.

Das schmeckt dazu Bratwürste

Mehr draus machen **Krautschupfnudeln:** 1 Zwiebel in Ringe, 100 g mageren Speck in Streifen schneiden. Beides mit 700 g Schupfnudeln in 2 EL Öl bei großer Hitze ca. 5 Min. braten, das fertige Sauerkraut untermischen.

Rahmwirsing

deftig, kräftig, gut
30 Min.
pro Portion ca. 540 kcal
7 g Eiweiß · 54 g Fett · 6 g Kohlenhydrate

ZUTATEN FÜR 4 PORTIONEN

700 g Wirsing
1 Zwiebel
150 g magerer Speck
1 EL neutrales Öl
200 ml Gemüsebrühe
200 g Crème fraîche
Salz · Pfeffer
geriebene Muskatnuss

ZUBEREITUNG

1. Den Wirsing vierteln, die äußeren Blätter sowie den Strunk entfernen. Den Wirsing in ca. 2 cm große Stücke schneiden. Zwiebel schälen und fein würfeln. Den Speck ebenfalls in Würfel schneiden.

2. Das Öl in einem großen Topf erhitzen, Zwiebeln und Speck darin anbraten. Den Wirsing dazugeben, kurz mitdünsten und mit der Gemüsebrühe aufgießen. Abgedeckt ca. 15 Min. bei kleiner Hitze bissfest garen. Eventuell noch Brühe nachgießen, dabei gelegentlich umrühren.

3. Die Crème fraîche unterrühren, mit Salz, Pfeffer und Muskat würzen. Einmal aufkochen lassen und servieren.

Das schmeckt dazu Salzkartoffeln

Tuning-Tipp In den fertigen Wirsing 2 EL groben Senf einrühren.

Spargelpäckchen

glänzend gegart
25 Min. + 50 Min. Backen
pro Portion ca. 150 kcal
7 g Eiweiß · 9 g Fett · 11 g Kohlenhydrate

ZUTATEN FÜR 4 PORTIONEN

2 kg weißer Spargel
Salz · Zucker
4 EL Butter

ZUBEREITUNG

1. Backofen auf 200° vorheizen. Den Spargel waschen, die Stangen von oben nach unten schälen und die holzigen Enden abschneiden.

2. 4 große Stücke Alufolie doppelt falten und den Spargel darauf legen. Mit Salz und Zucker würzen und die Butter darauf verteilen. Die Folie fest zu Päckchen verschließen und den Spargel im Ofen (Mitte, Umluft 180°) 40–50 Min. backen.

1 x kochen – 2 x essen Während der Spargel gart, aus den Schalen **Spargelcremesuppe** zubereiten: Schalen in 1 l mit Salz und Zitronensaft versetztem Wasser aufkochen, 30 Min. ziehen lassen. Den Fond durch ein Sieb abgießen, auffangen. 1 fein gewürfelte Zwiebel in 3 EL Butter glasig dünsten, 4 EL Mehl darüber stäuben, kurz anschwitzen. Fond zugießen, aufkochen und ca. 15 Min. köcheln lassen, dabei häufig umrühren. 200 g Sahne zugießen, die Suppe einmal aufkochen, abschmecken.

Rahmspinat

aus dem Vorrat gezaubert
25 Min.
pro Portion ca. 205 kcal
4 g Eiweiß · 18 g Fett · 6 g Kohlenhydrate

ZUTATEN FÜR 4 PORTIONEN

1 Zwiebel
1 EL Butter
450 g TK-Blattspinat (unaufgetaut)
150 ml Gemüsebrühe
200 g Sahne
Salz · Pfeffer
geriebene Muskatnuss
1 TL Speisestärke nach Belieben

ZUBEREITUNG

1. Die Zwiebel schälen, fein würfeln und in der Butter glasig dünsten. Den gefrorenen Spinat dazugeben und mit Gemüsebrühe angießen. Bei kleiner Hitze ca. 10 Min. kochen lassen, bis der Spinat vollständig aufgetaut ist, dabei häufig umrühren.

2. Die Sahne zugeben und mit Salz, Pfeffer und 1 Msp. Muskat würzen. Nach Belieben 1 TL Speisestärke mit 2 EL kaltem Wasser anrühren und zum Spinat geben. Alles nochmals aufkochen, so dass die Sauce andickt, gut umrühren und den Spinat servieren.

Tuning-Tipp Für **Spinat mit Gorgonzola** 150 g Gorgonzola in Würfel schneiden und in den fertigen Spinat rühren.

Austausch-Tipp Die Sahne durch Gemüsebrühe ersetzen und den fertigen Spinat zusätzlich mit 1 TL edelsüßem Paprikapulver sowie mit 1 EL Zitronensaft würzen.

Grundrezept Gefüllte Paprikaschoten

klassisch gut

30 Min. + 45 Min. Schmoren

pro Portion ca. 515 kcal

33 g Eiweiß · 33 g Fett · 20 g Kohlenhydrate

ZUTATEN FÜR 4 PORTIONEN

1 Brötchen vom Vortag · 60–90 ml Milch
2 Zwiebeln · 2 Knoblauchzehen
1 Bund Petersilie
500 g gemischtes Hackfleisch
1 Ei (Größe M)
Salz · Pfeffer
2 EL neutrales Öl
1 große Dose gehäutete Tomaten (800 g)
4 gelbe oder grüne Paprikaschoten (800 g)

ZUBEREITUNG

1. Das Brötchen in der lauwarmen Milch 10 Min. einweichen. Zwiebeln und Knoblauch schälen und fein würfeln. Petersilie waschen und trockenschütteln. Nach Belieben ein paar Blättchen für die Garnitur beiseite legen, die restlichen fein hacken.

2. Hackfleisch mit dem Ei, der Hälfte der Zwiebeln, mit Knoblauch, gehackter Petersilie und dem ausgedrückten Brötchen verkneten. Kräftig mit Salz und Pfeffer würzen.

3. Das Öl in einem Topf erhitzen, die übrigen Zwiebeln darin glasig dünsten. Die Tomaten aus der Dose mit dem Saft dazugeben, zerdrücken. Salzen, pfeffern und offen 10 Min. köcheln lassen.

4. Paprikaschoten waschen, oben rund um den Stielansatz jeweils einen flachen Deckel abschneiden. Die Schoten putzen und mit der Hackmasse füllen. Paprikadeckel aufsetzen. Die gefüllten Schoten in die Tomatensauce stellen, zugedeckt 45 Min. bei mittlerer Hitze schmoren. Mit der zurückbehaltenen Petersilie garnieren.

Das schmeckt dazu Reis

Mehr draus machen Einfach die Mengen verdoppeln. Gefüllte Schoten in die Tomatensauce in eine ofenfeste Form stellen. Im auf 180° vorgeheizten Ofen (unten, Umluft nicht empfehlenswert) 50–60 Min. schmoren.

Austausch-Tipp Auch anderes Gemüse wie Schmorgurken, Auberginen oder Zucchini eignen sich prima als »Füllhorn« für die würzige Hackfleischmischung.

Gemüse mit saftigem Innenleben

Gefülltes Gemüse ist eine runde Sache – Hauptgericht mit Beilage in einem. Praktisch, weil es vorbereitet werden kann. Easy, weil es ohne Aufsicht gart.

→ **Ein Ei** gehört unbedingt daran – gleich ob Gehacktes von Rind, Schwein, Lamm oder gemischt – es bindet den rohen Fleischteig.

→ **Ein Brötchen** – in Milch oder Wasser eingeweicht – macht dagegen den Fleischteig locker. Auch mit Semmelbröseln, Cornflakes, gekochtem Reis oder gequollenem Bulgur wird er nicht zu fest.

Gemüse aushöhlen und füllen

Zucchini und Auberginen längs halbieren, bis auf eine Randstärke von ca. 1 cm aushöhlen. Die Früchte innen salzen, 20 Min. ziehen lassen, kurz anbraten. Von **Kürbissen** einen flachen Deckel abschneiden, Fruchtfleisch aushöhlen, würfeln, dünsten, für die Füllung nehmen.

Gefüllte Sauerkraut-Paprikaschoten

preiswert
45 Min. + 45 Min. Schmoren
pro Portion ca. 820 kcal
46 g Eiweiß · 59 g Fett · 25 g Kohlenhydrate

ZUTATEN FÜR 4 PORTIONEN

1 Grundrezept gefüllte Paprikaschoten (S. 106) ohne Hackfleisch
200 g Cabanossi (Knoblauchwurst)
1 EL neutrales Öl
300 g Sauerkraut
Salz · Pfeffer
1 TL Honig
4 EL Schmand (24 %)

ZUBEREITUNG

1. Wie im Grundrezept (S. 106) beschrieben das Brötchen in Milch einweichen; Zwiebeln, Knoblauch und Petersilie hacken. Die Cabanossi in feine Streifen schneiden.

2. Die Hälfte der Zwiebeln und den Knoblauch im Öl hellgelb andünsten (Grundrezept). Sauerkraut dazugeben und 3 Min. mitdünsten. Vom Herd nehmen, ausgedrücktes Brötchen, Petersilie, Ei (Grundrezept) und Wurst untermischen. Mit Salz, Pfeffer und Honig würzen.

3. Tomatensauce nach Grundrezept (S. 106 Punkt 3) kochen, Paprikaschoten wie im Grundrezept vorbereiten und füllen, je 1 EL Schmand obenauf geben. Deckel auf die Schoten setzen. In einen Topf in die Sauce setzen und zugedeckt bei mittlerer Hitze 45 Min. schmoren.

Schmorgurken mit Fetafüllung

aus der griechischen Familienküche!
45 Min. + 50 Min. Schmoren
pro Portion ca. 440 kcal
28 g Eiweiß · 23 g Fett · 29 g Kohlenhydrate

ZUTATEN FÜR 4 PORTIONEN

100 g Langkornreis
Salz · Pfeffer
1 Grundrezept gefüllte Paprikaschoten (S. 106) mit 300 g Rinderhackfleisch
100 g Feta
1 TL gehackter Oregano (frisch oder getrocknet)
4 Schmorgurken (à 300–350 g)
60 g schwarze Oliven

ZUBEREITUNG

1. Den Reis in Salzwasser zugedeckt bei mittlerer Hitze 10 Min. köcheln, dann abgießen und gut abtropfen lassen.

2. Backofen auf 180° vorheizen (Umluft nicht empfehlenswert). Die Füllung aus dem Grundrezept (S. 106) mit 300 g Hackfleisch zubereiten, dabei statt dem in Milch eingeweichten Brötchen den Reis einarbeiten. Feta in Würfel schneiden und untermischen. Mit Salz, Pfeffer und Oregano kräftig würzen.

3. Gurken schälen, längs halbieren und die Kerne herausschaben. Die Gurkenhälften statt der Paprikaschoten (Grundrezept) füllen. Die Tomatensauce (Grundrezept) mit den Oliven in eine große ofenfeste Form geben. Gurken darauf setzen und im heißen Ofen (unten) 50–60 Min. garen.

Austausch-Tipp Die Hälfte des Rinderhackfleischs durch Lammhack ersetzen – schmeckt so würzig wie in Griechenland!

Tomaten mit Tunfischfüllung

kalorienarm
35 Min. + 20 Min. Backen
pro Portion ca. 305 kcal
18 g Eiweiß · 19 g Fett · 15 g Kohlenhydrate

ZUTATEN FÜR 4 PORTIONEN

8 Fleischtomaten (ca. 2 kg)
Salz · Pfeffer
4 Scheiben Weißbrot
4 EL Olivenöl
2 Knoblauchzehen
2 Dosen Tunfisch im eigenen Saft (à 140 g Abtropfgewicht)
1 Bund Petersilie
2 EL Crème fraîche
1 Ei (Größe M)
1 TL gehackter Thymian (frisch oder getrocknet)
1 EL Kapern
Öl für die Form

ZUBEREITUNG

1. Tomaten waschen, abtrocknen, einen Deckel abschneiden. Samen mit einem Löffel entfernen. Das Fruchtfleisch aushöhlen, hacken und beiseite stellen. Tomaten innen salzen, umgedreht abtropfen lassen.

2. Den Backofen auf 200° (Umluft 180°) vorheizen. Weißbrot in Würfel schneiden, in einer Pfanne in 2 EL Olivenöl goldbraun anrösten. Knoblauch schälen und dazupressen. Die Pfanne vom Herd nehmen.

3. Tunfisch abtropfen lassen und zerpflücken. Die Petersilie waschen, trockenschütteln, abzupfen und hacken. Crème fraîche und Ei mit dem Tunfisch mischen, mit Salz, Pfeffer und Thymian würzen. Petersilie und Kapern, zuletzt die Knoblauchcroûtons unterheben. In die Tomaten füllen und die Deckel auflegen.

4. Eine ofenfeste Form leicht ölen, die Tomaten hineinsetzen, das gehackte Tomatenfleisch darum herum verteilen. Alles salzen, pfeffern und mit dem übrigen Öl beträufeln. Im heißen Ofen (Mitte) 20 Min. backen.

Das schmeckt dazu grüner Salat

Mehr draus machen Kleinere Strauchtomaten füllen und 15 Min. backen. Mit Basilikum garnieren und als Vorspeise servieren.

Tomaten mit Tunfischfüllung

Blumenkohl-Brokkoli-Suppe (links), Gemüsecremesuppe mit hellem Gemüse (oben) bzw. mit Möhren (unten), Kürbis-Curry-Suppe (rechts)

Grundrezept Gemüsecremesuppe

ganz einfach
30 Min.
pro Portion ca. 275 kcal
4 g Eiweiß · 20 g Fett · 17 g Kohlenhydrate

ZUTATEN FÜR 4 PORTIONEN

500 g gemischtes Gemüse (z. B. 2 Möhren, 1 Stange Lauch, 1 Fenchelknolle, 3 Stangen Staudensellerie)
250 g mehlig kochende Kartoffeln · 1 Zwiebel
1 EL Butter · 800 ml Gemüsebrühe
2 Lorbeerblätter · 200 g Sahne · Salz · Pfeffer
geriebene Muskatnuss

ZUBEREITUNG

1. Das Gemüse putzen und waschen. Möhren und Kartoffeln schälen. Alles in Stücke schneiden. Die Zwiebel schälen und würfeln.

2. Die Butter in einem Topf erhitzen, die Zwiebeln darin glasig dünsten. Das Gemüse dazugeben, kurz mitdünsten und mit der Gemüsebrühe aufgießen. Lorbeerblätter zugeben und aufkochen. Die Hitze reduzieren und das Gemüse in ca. 15 Min. weich kochen.

3. Lorbeerblätter entfernen und die Suppe pürieren. Die Sahne dazugeben, alles nochmals aufkochen, mit Salz, Pfeffer und 1 Msp. Muskat würzen.

Tuning-Tipp 4 Debreziner oder andere würzige Würste in dünne Scheiben schneiden, in die fertige Suppe geben und kurz erhitzen.

Austausch-Tipp Appetit auf andere Gemüsesorten? Das Gemüse ist je nach Angebot und Geschmack beliebig austauschbar. Einfach mal ausprobieren, was am besten ankommt!

Einfrier-Tipp Die fertige Suppe ist bestens zum Einfrieren geeignet – am besten portionsweise abpacken, für einen schnellen Suppen-Snack.

Spinatsuppe mit Croûtons

Kinderliebling
20 Min.
pro Portion ca. 320 kcal
5 g Eiweiß · 25 g Fett · 17 g Kohlenhydrate

ZUTATEN FÜR 4 PORTIONEN

1 Zwiebel · 3 EL Butter · 300 g TK-Spinat
800 ml Gemüsebrühe · 4 Scheiben Toastbrot
200 g Sahne · Salz · Pfeffer · geriebene Muskatnuss · 2 EL Zitronensaft

ZUBEREITUNG

1. Zwiebel schälen, fein würfeln und in 1 EL Butter glasig dünsten. Spinat dazugeben, mit der Brühe aufgießen und ca. 10 Min. kochen lassen, bis der Spinat vollständig aufgetaut ist.

2. Inzwischen das Toastbrot würfeln und in 2 EL Butter goldbraun anrösten und zur Seite stellen. Die Suppe pürieren, die Sahne dazugeben und alles nochmals aufkochen. Mit Salz, Pfeffer und 1 Msp. Muskat würzen.

3. Vor dem Servieren den Zitronensaft einrühren und die Suppe nicht mehr kochen lassen. Die Croûtons auf die Suppe streuen.

Tuning-Tipp 4 EL gegarte geschälte Garnelen oder 150 g Räucherlachs in Streifen oder 4 pochierte Eier (S. 87 links) in die fertige Suppe geben und darin kurz erhitzen.

Austausch-Tipp Den TK-Spinat durch frischen ersetzen, dazu 500 g Spinat putzen, waschen, abtropfen lassen und wie im Rezept beschrieben verwenden.

Kürbis-Curry-Suppe

raffiniert gewürzt
30 Min.
pro Portion ca. 360 kcal
4 g Eiweiß · 26 g Fett · 24 g Kohlenhydrate

ZUTATEN FÜR 4 PORTIONEN

800 g Kürbis · 1 Zwiebel · 4 cm Ingwer
1 EL neutrales Öl · 1 EL rote thailändische Currypaste · 700 ml Gemüsebrühe
400 ml Orangensaft · 400 ml ungesüßte Kokosmilch (Dose) · Salz · Zucker

ZUBEREITUNG

1. Kürbis schälen, die Samen entfernen und das Fruchtfleisch in Stücke schneiden. Die Zwiebel schälen und würfeln. Den Ingwer schälen und fein schneiden.

2. Das Öl erhitzen und die Zwiebeln darin glasig dünsten. Kürbisstücke und Ingwer dazugeben, kurz mitdünsten. Die Currypaste unterrühren und ca. 1 Min. anrösten. Mit der Gemüsebrühe aufgießen, aufkochen, die Hitze reduzieren und den Kürbis in ca. 15 Min. weich kochen.

3. Die Suppe pürieren, Orangensaft und Kokosmilch dazugießen. Die Suppe nochmals aufkochen, mit Salz und Zucker würzen.

Das schmeckt dazu Krupuk (Krabbenchips; aus dem Asia-Laden) oder ein Butterbrot

Austausch-Tipp Den Kürbis durch Möhren ersetzen.

Blumenkohl-Brokkoli-Suppe

preiswert
30 Min.
pro Portion ca. 275 kcal
8 g Eiweiß · 21 g Fett · 12 g Kohlenhydrate

ZUTATEN FÜR 4 PORTIONEN

1 Kopf Blumenkohl (ca. 750 g) · 500 g Brokkoli · 1 Zwiebel · 1/2 unbehandelte Zitrone
1 EL Butter · 800 ml Gemüsebrühe · Salz · Pfeffer · 200 g Sahne · geriebene Muskatnuss

ZUBEREITUNG

1. Blumenkohl und Brokkoli putzen und waschen. Den Blumenkohl grob zerteilen, den Brokkoli in kleine Röschen teilen. Die Zwiebel schälen und würfeln. Zitrone heiß waschen und in Scheiben schneiden.

2. In einem Topf die Butter erhitzen, Zwiebeln darin glasig dünsten. Blumenkohl kurz mitdünsten, mit der Gemüsebrühe aufgießen und die Zitronen dazugeben. Die Hitze reduzieren und den Kohl in ca. 15 Min. weich kochen. Inzwischen den Brokkoli in Salzwasser in ca. 5 Min. bissfest blanchieren, eiskalt abschrecken.

3. Zitronenscheiben aus der Suppe entfernen und diese pürieren. Die Sahne dazugeben, alles nochmals aufkochen, mit Salz, Pfeffer und 1 Msp. Muskat würzen. Den Brokkoli in die Suppe geben und kurz erhitzen.

Tuning-Tipp 1 Döschen Safran mitkochen.

Minestrone mit weißen Bohnen

aus der italienischen Familienküche

30 Min. + 30 Min. Garen

pro Portion ca. 395 kcal

18 g Eiweiß · 17 g Fett · 36 g Kohlenhydrate

ZUTATEN FÜR 4 PORTIONEN

2 Zwiebeln
2 Knoblauchzehen
1,2 kg gemischtes Gemüse (z. B. Möhren, Fenchel, Staudensellerie, Lauch, grüne Bohnen, Erbsen, Wirsing, Kartoffeln)
50 g magerer Räucherspeck
2 EL Butter
1 1/2 l Gemüsebrühe
4 große Tomaten
1 Dose weiße Bohnen (250 g Abtropfgewicht)
Salz · Pfeffer
1 Bund Petersilie
4 EL geriebener Parmesan

ZUBEREITUNG

1. Zwiebeln schälen, halbieren und in dünne Scheiben schneiden. Knoblauch schälen. Das Gemüse waschen und putzen bzw. schälen, in Stücke oder dünne Scheiben schneiden.

2. Speck klein würfeln und in einem Topf auslassen. Butter zerlassen, Zwiebeln und zerdrückten Knoblauch darin glasig braten. Übriges Gemüse und Kartoffeln zufügen, 1 Min. mitdünsten. Die Brühe angießen, aufkochen und alles 15 Min. köcheln lassen.

3. Tomaten überbrühen, häuten, halbieren, Stielansatz und Samen entfernen, das Fruchtfleisch würfeln. Die Bohnen abgießen und abtropfen lassen. Beides einrühren, 10 Min. offen weiterkochen lassen. Mit Salz und Pfeffer würzen. Petersilie waschen, abzupfen, hacken und in die Suppe rühren. Mit Parmesan bestreut servieren.

Tuning-Tipp Noch sättigender wird's, wenn Sie 100 g Risottoreis mitgaren.

Rote-Linsen-Dal

indisch inspiriert

25 Min.

pro Portion ca. 370 kcal

18 g Eiweiß · 13 g Fett · 44 g Kohlenhydrate

ZUTATEN FÜR 4 PORTIONEN

1 Zwiebel
1 walnussgroßes Stück Ingwer
2 Knoblauchzehen
4 EL neutrales Öl
1 TL Kurkuma
1 TL gemahlener Kreuzkümmel
300 g rote Linsen
700 ml Gemüsebrühe
1 Bund Petersilie
Salz · Pfeffer
3–4 TL Zitronensaft

ZUBEREITUNG

1. Zwiebel und Ingwer schälen und fein würfeln. Knoblauchzehen schälen.

2. Das Öl erhitzen. Zwiebeln, zerdrückten Knoblauch und Ingwer darin 2–3 Min. dünsten. Mit Kurkuma und Kreuzkümmel bestauben und kurz anschwitzen.

3. Die Linsen einrühren, mit der Brühe aufgießen und bei mittlerer Hitze 10–12 Min. köcheln, bis die Flüssigkeit fast vollständig aufgesogen ist.

4. Die Petersilie waschen, trockenschütteln. Blättchen hacken und bis auf ein wenig für die Garnitur unter die Linsen rühren. Mit Salz, Pfeffer und Zitronensaft abschmecken.

Das schmeckt dazu Basmatireis

Tuning-Tipp Perfekte Beilagen zum indischen Linsenpüree sind mit Curry gewürztes und gedünstetes Fischfilet oder gebratenes Hähnchenfilet.

Linseneintopf

klassisch gut

30 Min. + 12 Std. Einweichen

pro Portion ca. 600 kcal

18 g Eiweiß · 38 g Fett · 39 g Kohlenhydrate

ZUTATEN FÜR 4 PORTIONEN

250 g Tellerlinsen
1 Bund Suppengemüse (z. B. Möhren, Lauch, Sellerie)
150 g magerer Speck
2–3 EL Öl
Salz · Pfeffer
1–2 TL gekörnte Brühe
2 EL Mehl
4–6 EL Aceto balsamico

ZUBEREITUNG

1. Die Linsen 12 Std. in kaltem Wasser einweichen, durch ein Sieb abgießen. In einen Topf geben, mit Wasser aufgießen, aufkochen lassen und den Schaum abschöpfen. Bei mittlerer Hitze in ca. 20 Min. weich kochen.

2. Inzwischen das Suppengemüse waschen, putzen und ca. 1 cm groß würfeln. Den Speck fein würfeln und in 1 TL Öl anbraten.

3. Das Gemüse und den Speck zu den Linsen geben, ca. 5 Min. kochen lassen. Mit Salz, Pfeffer und gekörnter Brühe würzen.

4. Inzwischen das übrige Öl in einer Pfanne erhitzen. Das Mehl einstreuen und in ca. 5 Min. hellbraun anrösten. Das Mehl in die Suppe rühren und diese damit leicht binden. Vor dem Servieren mit Essig abschmecken.

Das schmeckt dazu Wiener Würstchen

Speed-Tipp Die Tellerlinsen durch rote Linsen oder Puy-Linsen ersetzen, beide Sorten benötigen keine Einweichzeit.

Vegetarisches Chili

scharf

30 Min.

pro Portion ca. 335 kcal

15 g Eiweiß · 10 g Fett · 47 g Kohlenhydrate

ZUTATEN FÜR 4 PORTIONEN

1 Zwiebel
2 Paprikaschoten
800 g Kidneybohnen (Dose)
1 Dose Gemüsemais (340 g)
1 EL neutrales Öl
2 EL gemahlener Koriander
2–4 getrocknete Chilischoten
1 große Dose gehäutete Tomaten (800 g)
Salz · 1 EL Kakaopulver
200 g saure Sahne

ZUBEREITUNG

1. Die Zwiebel schälen und fein würfeln. Paprikaschoten waschen, putzen und klein schneiden. Kidneybohnen und Mais in ein Sieb geben, kalt abbrausen, abtropfen lassen.

2. Die Zwiebel im Öl glasig dünsten, Paprikawürfel dazugeben und ca. 2 Min. mitdünsten. Koriander und Chilis zugeben, ca. 1 Min. anrösten und mit den Dosentomaten auffüllen. Bei mittlerer Hitze ca. 10 Min. kochen lassen und mit Salz abschmecken.

3. Bohnen, Mais und den Kakao dazugeben, ca. 5 Min. mitkochen und mit großen Klecksen saurer Sahne darauf servieren.

Das schmeckt dazu Weißbrot

Tuning-Tipp Für den Party-Klassiker **Chili con carne** zusätzlich 500 g Rinderhack mit den Zwiebeln, aber ohne Paprikaschoten anbraten. Das Chili wie beschrieben zubereiten. Kochzeit: ca. 30 Min. Paprika, Bohnen und Mais zugeben und ca. 5 Min. mitkochen.

Grundrezepte Salatsaucen

ganz einfach
jeweils 5 Min.
Vinaigrette: pro Portion ca. 115 kcal
0 g Eiweiß · 12 g Fett · 1 g Kohlenhydrate

Sauerrahm-Dressing: pro Portion ca. 50 kcal
1 g Eiweiß · 4 g Fett · 2 g Kohlenhydrate

ZUTATEN FÜR JEWEILS 4 PORTIONEN

Für die Vinaigrette:
2 EL Weißweinessig
1/2 TL scharfer Senf (möglichst Dijon-Senf)
Salz · Pfeffer
4–6 EL neutrales Öl

Für das Sauerrahm-Dressing:
150 g saure Sahne
2 EL Milch
Salz · Pfeffer
1–2 EL Zitronensaft

ZUBEREITUNG

1. Vinaigrette: Essig, Senf, Salz und Pfeffer mit dem Schneebesen verrühren. Das Öl nach und nach darunter schlagen, bis die Sauce schön cremig wird.

Da passt's dazu zu Blattsalaten, Gemüse, Sülzen und kaltem Fleisch

Vorrats-Tipp Eine größere Menge anrühren und in eine Flasche füllen. Hält sich im Kühlschrank ca. 10 Tage. Vor der Verwendung gut durchschütteln.

Tuning-Tipp 2 winzig klein gewürfelte Schalotten und 2 EL gehackte Kräuter (Petersilie, Basilikum) unterrühren: Vitamin- und Frischekick!

2. Sauerrahm-Dressing: Die saure Sahne mit Milch, Salz, Pfeffer und Zitronensaft verrühren.

Da passt's dazu zu grünen Salaten, Salaten aus gekochtem Gemüse, Eier-, Fleisch- und Fischsalaten

Tuning-Tipp Ein Hauch von Zitrone macht Salate extra-frisch an: Dazu die dünn abgeriebene Schale von 1/2 unbehandelten Zitrone sowie 2 EL grob gehackte Zitronenmelisse unter das Dressing rühren.

Austausch-Tipp Feiner im Geschmack wird's mit Sahnejoghurt. Und wer nicht auf Kalorien achten muss, kann die saure Sahne auch durch Crème fraîche ersetzen.

Tomaten-Vinaigrette

aus dem Vorrat gezaubert
10 Min.
pro Portion ca. 120 kcal
0 g Eiweiß · 13 g Fett · 2 g Kohlenhydrate

ZUTATEN FÜR 4 PORTIONEN

- 2 EL Rotweinessig
- 1 TL Aceto balsamico
- Salz · Pfeffer
- 5 EL Olivenöl
- 1 in Öl eingelegte getrocknete Tomate (Glas)
- 1 kleine Knoblauchzehe

ZUBEREITUNG

1. Beide Essigsorten gut mit Salz und Pfeffer verrühren, dann das Olivenöl unterschlagen.

2. Die Tomate abtropfen lassen, in sehr kleine Würfel schneiden. Mit 1 TL Tomatenöl (aus dem Glas mit den getrockneten Tomaten) hinzufügen. Den Knoblauch schälen und dazupressen.

Da passt's dazu zu kräftigen Blattsalaten wie Radicchio, Löwenzahn, Rucola und als Marinade zu Carpaccio, Artischocken

Speed-Tipp 1 TL Tomatenmark oder 1 EL Tomatenketchup statt der getrockneten Tomaten unterrühren.

Austausch-Tipp Mögen Sie lieber frische Tomate? Dann diese kurz überbrühen, häuten, Stielansatz und Samen entfernen und das Fruchtfleisch klein gewürfelt unterheben.

Salatsaucen machen richtig an

→ **Vinaigrette** Die klassische Salatsauce gelingt perfekt, wenn die Reihenfolge stimmt: Zuerst Salz und Pfeffer im Essig auflösen (Essig schließt das Aroma auf!), dann das Öl zugießen. Anschließend nach Belieben mit einer Prise Abwechslung würzen: Zwiebeln, Knoblauch, Kräutern, Oliven, Kapern …

→ **Sauce statt Wasser** Blattsalate nach dem Waschen gut abtropfen lassen oder in einer Salatschleuder trockenschleudern und erst kurz vor dem Servieren in der Sauce wenden. So wird die Sauce nicht verwässert, und der Salat behält seine knackige Frische.

Konzentrierte Aromen

Bei **Essig und Öl** sollten Sie nicht an der Qualität sparen! Empfehlenswert sind **reine Weinessige** aus Rot- oder Weißwein. Feiner Aceto balsamico (Balsamessig) wird nur zum Würzen, also sparsam benutzt. Obstessig schmeckt milder und fruchtiger. **Neutrale Pflanzenöle** wie Sonnenblumen-, Maiskeim-, Raps- und Distelöl sind für Salatsaucen besonders geeignet. Olivenöl (extra vergine) hat ein intensives **Aroma,** ebenso Kürbiskern- und **Nussöle.**

Ingwer-Vinaigrette

für große und kleine Asia-Fans
10 Min.
pro Portion ca. 135 kcal
0 g Eiweiß · 14 g Fett · 3 g Kohlenhydrate

ZUTATEN FÜR 4 PORTIONEN

- 1 Limette (ersatzweise 1 kleine unbehandelte Zitrone)
- 2 EL Weißweinessig
- Salz
- 1/2 TL Madras-Curry
- 1 TL Puderzucker
- 5 EL neutrales Öl
- 1 TL dunkles Sesamöl
- 1 walnussgroßes Stück Ingwer
- 1/2 Bund Petersilie

ZUBEREITUNG

1. Die Limette heiß waschen, trockenreiben und die Schale fein abreiben. Den Saft der Limette auspressen, mit dem Essig, Salz, Curry und Puderzucker gründlich verrühren.

2. Das Öl nach und nach zugießen und mit dem Schneebesen cremig schlagen, das Sesamöl unterrühren.

3. Den Ingwer schälen und sehr fein würfeln. Die Petersilie waschen, trockenschütteln, die Blätter abzupfen, fein hacken und beides untermischen.

Da passt's dazu zu grünen Salaten, kräftigem Gemüse wie Rettich und Weißkohl, Salaten mit Fisch, Meeresfrüchten und Geflügel

Tuning-Tipp Eine winzig klein geschnittene scharfe Chilischote und statt Petersilie 1/2 Bund frisches Koriandergrün zum Schluss unter das Dressing mischen – weckt die Lebensgeister!

Apfel-Joghurt-Sauce

blitzschnell
15 Min.
pro Portion ca. 80 kcal
1 g Eiweiß · 6 g Fett · 5 g Kohlenhydrate

ZUTATEN FÜR 4 PORTIONEN

- 100 g Joghurt
- 2 EL Zitronensaft
- Salz · Pfeffer
- 1/2 TL Honig
- 1 EL neutrales Öl
- 1 EL Walnussöl
- 1 kleiner säuerlicher Apfel
- 1 Bund Schnittlauch

ZUBEREITUNG

1. Joghurt mit Zitronensaft, Salz, Pfeffer und Honig verrühren. Das neutrale Öl und das Walnussöl unterrühren.

2. Den Apfel waschen, vierteln, schälen und das Kernhaus entfernen. Fruchtfleisch sehr sehr klein würfeln oder raffeln und unter den Joghurt rühren. Schnittlauch abbrausen, fein schneiden und untermischen.

Da passt's dazu zu grünem Salat, Gemüserohkost, Salat mit Fleisch und Geflügel

Tuning-Tipp 1 EL gehackte Haselnüsse oder Walnüsse in einer trockenen Pfanne anrösten und abgekühlt unter das Dressing mischen. Oder statt Nüssen 2 TL geriebenen Meerrettich (Glas) unterrühren.

Austausch-Tipp Darf es mal etwas üppiger sein? Dann nehmen Sie doch Sahnejoghurt, Schmand oder 125 g halbsteif geschlagene Sahne als Basis für die Sauce.

Rote-Beten-Salat

blitzschnell
20 Min. + 1–2 Std. Kühlen
pro Portion ca. 130 kcal
1 g Eiweiß · 5 g Fett · 20 g Kohlenhydrate

ZUTATEN FÜR 4 PORTIONEN

500 g gegarte geschälte Rote Beten (vakuumverpackt; Gemüseabteilung)
1 kleine weiße Zwiebel
4 EL Rotweinessig
50 g Zucker
2 Gewürznelken
Salz · Pfeffer
1 EL Walnussöl
1 EL neutrales Öl

ZUBEREITUNG

1. Die Roten Beten nach Belieben halbieren, dann in dünne Scheiben schneiden. Die Zwiebel schälen und würfeln, mit den Roten Beten in einer Schüssel vermischen.

2. Den Essig mit 75 ml Wasser, Zucker und Gewürznelken einmal aufkochen lassen. Über die Roten Beten gießen, mit Salz und Pfeffer abschmecken. Mit den beiden Ölsorten beträufeln. Zugedeckt 1–2 Std. im Kühlschrank durchziehen lassen.

Da passt's dazu gekochtes Rindfleisch oder gedünstetes Fischfilet

Tuning-Tipp Für noch mehr Aroma 2 Äpfel schälen und grob raspeln, mit 1 EL geriebenem Meerrettich unter die Roten Beten mischen. Den Salat mit Schnittlauchröllchen bestreut servieren.

Kohlsalat mit Ananas

preiswert
30 Min. + 60 Min. Kühlen
pro Portion ca. 180 kcal
3 g Eiweiß · 8 g Fett · 23 g Kohlenhydrate

ZUTATEN FÜR 4 PORTIONEN

1/2 Kopf Weißkohl (ca. 600 g)
Salz · Pfeffer
1 kleine Dose Ananas (270 g Abtropfgewicht)
2 EL Weißweinessig
2 Möhren
1 weiße Zwiebel
4 EL Salatmayonnaise
2 TL Dijon-Senf
1/2 Bund Petersilie

ZUBEREITUNG

1. Den Kohl waschen, putzen, längs halbieren, dann fein hobeln oder in dünne Streifen schneiden. Mit Salz bestreuen und kurz durchkneten. Die Ananas abgießen und abtropfen lassen, den Saft auffangen. 100 ml Ananassaft mit Essig, Salz und Pfeffer verrühren, über den Kohl gießen.

2. Die Möhren schälen und grob raspeln. Ananas in kleine Stücke schneiden, Zwiebel schälen und klein würfeln. Möhren, Ananas und Zwiebel unter den Weißkohl mischen.

3. Die Mayonnaise mit Senf, Salz und Pfeffer verrühren. Petersilie waschen, trockenschütteln. Die Blättchen fein hacken und unterheben. Salat damit vermengen und 1 Std. im Kühlschrank durchziehen lassen.

Austausch-Tipp Bekömmlicher wird's, wenn Sie den Weißkohl 5 Min. blanchieren und abschrecken. Oder alternativ zarten Spitzkohl oder Jaroma-Kohl hobeln.

Griechischer Bauernsalat

klassisch gut!
30 Min.
pro Portion ca. 230 kcal
9 g Eiweiß · 19 g Fett · 5 g Kohlenhydrate

ZUTATEN FÜR 4 PORTIONEN

1 kleine Salatgurke
je 1 kleine rote und gelbe Paprikaschote
3–4 Tomaten
1 kleine weiße Zwiebel
je 3–4 Petersilien- und Basilikumstängel
1 kleiner Kopfsalat
150 g Feta
2 EL Weißweinessig
3 EL Zitronensaft
Salz · Pfeffer
5 EL Olivenöl
1 TL getrockneter Oregano

ZUBEREITUNG

1. Die Gurke schälen, längs halbieren, entkernen und würfeln. Paprikaschoten waschen, halbieren, putzen und in Streifen schneiden. Die Tomaten waschen und achteln. Die Zwiebel schälen und in dünne Ringe schneiden. Kräuter abbrausen, trockenschütteln, Blättchen abzupfen und grob hacken. Salatkopf in die Blätter zerteilen, diese waschen, trockenschleudern, putzen und zerpflücken.

2. Alle vorbereiteten Salatzutaten auf einer großen Platte dekorativ anrichten. Den Feta würfeln und darüber streuen.

3. Für das Dressing Essig, Zitronensaft, Salz und Pfeffer verrühren. Das Öl nach und nach unterschlagen, den Oregano untermischen. Die Marinade über den Salat träufeln.

Mehr draus machen Für eine Party die doppelte Menge Salat zubereiten. Die Vinaigrette in einer Karaffe separat dazustellen.

Lauwarmer Linsensalat

besonders reich an B-Vitaminen
30 Min. + 30 Min. Garen
pro Portion ca. 345 kcal
13 g Eiweiß · 17 g Fett · 34 g Kohlenhydrate

ZUTATEN FÜR 4 PORTIONEN

200 g kleine grüne oder braune Linsen
400 ml Gemüsebrühe
1 Bund Radieschen
3 Frühlingszwiebeln
50 g Radieschensprossen (ersatzweise Mungobohnensprossen)
1 säuerlicher Apfel
2 EL Zitronensaft
4 EL Apfelessig
Salz · Pfeffer
6 EL neutrales Öl
1/2 Bund Schnittlauch

ZUBEREITUNG

1. Die Linsen kalt abspülen, mit der Brühe aufsetzen und zugedeckt bei milder Hitze 30 Min. kochen.

2. Radieschen und Frühlingszwiebeln waschen, putzen und in dünne Scheiben schneiden. Sprossen abbrausen und gut abtropfen lassen. Den Apfel gut waschen, ungeschält achteln, das Kernhaus entfernen und das Fruchtfleisch in dünne Scheibchen schneiden. Mit dem Zitronensaft beträufeln.

3. Essig, Salz, Pfeffer und Öl zu einer Vinaigrette rühren. Die abgetropften Linsen, die Radieschen, Frühlingszwiebeln, Sprossen und Äpfel darin wenden und 10 Min. ziehen lassen. Schnittlauch waschen, fein schneiden und aufstreuen.

Tuning-Tipp 150 g Bacon (Frühstücksspeck) in Streifen kross ausbraten und auf den Salat geben.

Lust auf Fleisch? Genießen Sie's! Zwei- bis dreimal in der Woche dürfen Schnitzel & Co., Frikadellen oder Frikassée auf dem Tisch stehen. Ob ländlich-deftig oder leicht mit feiner Gemüsesauce, gönnen Sie sich in jedem Fall Qualität! Hochwertiges, aromatisches

Fleisch und Geflügel

bekommen Sie auf dem Bauernmarkt, im Bioladen und bei guten Metzgern, die auch Auskunft über Herkunft und Aufzucht der Tiere geben. Es lohnt sich, etwas mehr Geld auszugeben. Für die reine Lust am Genuss!

Grundrezept Frikadellen

klassisch gut
25 Min.
pro Portion ca. 405 kcal
23 g Eiweiß · 32 g Fett · 8 g Kohlenhydrate

ZUTATEN FÜR 4 PORTIONEN
(ca. 500 g FLEISCHTEIG)

1 Brötchen vom Vortag · 1 Zwiebel
1 Knoblauchzehe · 1/2 Bund Petersilie
400 g gemischtes Hackfleisch · 1 Ei (Größe M)
Salz · Pfeffer · 1 TL Paprikapulver
Öl zum Braten

ZUBEREITUNG

1. Brötchen in 1/4 l lauwarmem Wasser einweichen. Zwiebel und Knoblauch schälen. Die Zwiebel fein hacken, den Knoblauch durch die Presse drücken. Petersilie waschen, trockenschütteln und die Blättchen hacken.

2. Hackfleisch mit Zwiebeln, Knoblauch, dem gut ausgedrückten Brötchen, dem Ei, 1 TL Salz, etwas Pfeffer, dem Paprikapulver und der Petersilie in einer Schüssel mit den Händen so lange verkneten, bis sich alle Zutaten zum Fleischteig verbunden haben.

3. Teig 5–10 Min. quellen lassen. Ist er gut gewürzt? Zum Testen einen kleinen Fleischkloß in der Mikrowelle oder in der Pfanne garen. Mit angefeuchteten Händen zu 8 Frikadellen formen oder je nach Rezept (s. S. 119) weiterverarbeiten.

4. Frikadellen in einer Pfanne im heißen Öl bei mittlerer Hitze von jeder Seite in ca. 5 Min. knusprig braun braten.

Tuning-Tipp 1 TL Senf im Hackteig bringt noch mehr Würze.

Austausch-Tipp Fettärmer werden die Frikadellen mit reinem Rinderhack, besonders kräftig im Geschmack mit Lamm, ganz fein mit Kalb. Statt Paprikapulver mal andere Gewürze probieren: Currypulver, Kreuzkümmel, etwas Zimt, Chili- oder Ingwerpulver sorgen für eine Prise Exotik. Petersilie durch andere frische oder getrocknete Kräuter ersetzen, z. B. durch Basilikum, Koriander, Rosmarin, Thymian oder Salbei.

1 x kochen – 2 x essen Bereiten Sie gleich die doppelte Menge zu – Frikadellen schmecken auch kalt oder aufgewärmt. Wichtig: Die Frikadellen gut durchbraten, im Kühlschrank aufheben und beim Aufwärmen richtig heiß werden lassen.

Asia-Hackbällchen

Asia-Hackbällchen vom Blech

raffiniert gewürzt
25 Min.
pro Portion ca. 420 kcal
23 g Eiweiß · 32 g Fett · 10 g Kohlenhydrate

ZUTATEN FÜR 4 PORTIONEN

1 Grundrezept Fleischteig für Frikadellen (S. 118) ohne Paprikapulver
2 Möhren (ca. 200 g)
2–3 cm Ingwer
1 TL Currypulver

ZUBEREITUNG

1. Hackfleischteig nach Grundrezept (S. 118) zubereiten. Ofen auf 220° (Umluft 200°) vorheizen. Möhren waschen, putzen und grob raspeln. Ingwer schälen, durch die Knoblauchpresse drücken. Beides mit dem Currypulver unter den Teig kneten.

2. Aus dem Teig walnussgroße Bällchen formen, auf ein mit Backpapier belegtes Blech setzen. Im Ofen (Mitte) ca. 12 Min. backen, dabei einmal wenden. Schmeckt warm oder kalt.

Das schmeckt dazu süßsaure Sauce als Dip

Pinocchio-Hackfleischmuffins

Kinderliebling
15 Min. + 15 Min. Backen
pro Stück ca. 160 kcal
8 g Eiweiß · 12 g Fett · 6 g Kohlenhydrate

ZUTATEN FÜR 4 PORTIONEN (12 MUFFINS)

1 Grundrezept Fleischteig für Frikadellen (S. 118) · 1 säuerlicher Apfel (z. B. Cox Orange)
12 Mini-Möhren (je ca. 10 cm lang)
24 Kürbiskerne
1 Muffinblech mit 12 Mulden
Fett und Semmelbrösel für die Form

ZUBEREITUNG

1. Hackfleischteig wie im Grundrezept (S. 118) beschrieben zubereiten.

2. Apfel waschen, vierteln, das Kernhaus entfernen. Fruchtfleisch grob raspeln und unter den Hackfleischteig kneten. Ofen auf 200° (Umluft 180°) vorheizen. Möhren schälen.

3. Die 12 Mulden eines Muffinblechs dünn einfetten und mit Semmelbröseln ausstreuen. Hackfleischteig gleichmäßig auf die Mulden verteilen. In jeden Muffin 1 Möhre als »Pinocchionase« und 2 Kürbiskerne als Augen stecken. Im heißen Ofen (unten) ca. 15 Min. backen.

Hackbraten mit Tomatensauce

mal mediterran
40 Min. + 20 Min. Garen
pro Portion ca. 440 kcal
30 g Eiweiß · 29 g Fett · 14 g Kohlenhydrate

ZUTATEN FÜR 4 PORTIONEN

1 Grundrezept Fleischteig für Frikadellen (S. 118) · 4–5 getrocknete Tomaten (ca. 20 g)
100 g Feta
1 Bund Basilikum
1 EL neutrales Öl
1 große Dose gehäutete Tomaten (800 g)
1 Schuss Sahne
Salz · Pfeffer

ZUBEREITUNG

1. Hackfleischteig nach Grundrezept (S. 118) zubereiten. Getrocknete Tomaten (evtl. kurz in Wasser einweichen) und Feta klein würfeln. Basilikum waschen, hacken. Alles unter den Hackteig kneten und diesen zu 2 länglichen Braten formen.

2. Öl in einem breiten Topf erhitzen, die Braten darin rundherum anbraten. Die Tomaten zugeben, etwas zerdrücken. Mit Sahne, Salz und Pfeffer abschmecken. Die Braten zugedeckt bei mittlerer Hitze 20 Min. garen, dabei mehrmals wenden.

3. Braten herausnehmen. Tomatensauce aufkochen und abschmecken. Braten in Scheiben schneiden, mit Sauce servieren.

Ganz wichtig: Frische

→ Vorsicht Wegen seiner großen Oberfläche ist Hackfleisch sehr keimanfällig. Deshalb sollten Sie es nach dem Einkaufen sofort kühlen und innerhalb von 24 Std. verarbeiten. Durchgebraten hält es sich 2–3 Tage im Kühlschrank, eingefroren bleibt es ca. 3 Monate frisch.

Immer locker bleiben

→ Die Mischung macht's Pures Hackfleisch wird beim Braten gummiartig und zäh, da sich das Eiweiß zusammenzieht. Um das zu vermeiden, wird unter das Hackfleisch Ei und eingeweichtes Brot gemischt – das macht den Fleischteig locker. Statt Brot können Sie auch andere kohlenhydratreiche Zutaten wie Haferflocken, Semmelbrösel, gegarten Reis, roh geriebene Kartoffeln oder Couscous in den Teig geben.

Geschmack auf 101 Art

Im Hackteig lässt sich vieles unterbringen: Reste von gegarten Zutaten wie **Kartoffeln, Reis, Nudeln, Gemüse.** Auch rohe Kartoffeln oder Gemüse können Sie **klein gewürfelt oder geraspelt** untermischen. Mit klein geschnittenen Oliven, getrockneten Tomaten, Kapern oder Trockenfrüchten wird es **besonders würzig,** mit gehackten Nüssen oder Samen knackig. Sie können den Hackteig auch **füllen,** z. B. mit etwas Feta, Blauschimmelkäse, Mozzarella oder mit Resten von Gemüseragouts. Oder Sie verwenden den Hackteig selbst als **Füllung für Kürbis, Zucchini, Auberginen** oder **Tomaten.** Das Fruchtfleisch vorher auskratzen und klein gewürfelt unters Hack mischen. Bei 220° (Umluft 200°) – je nach Gemüseart unterschiedlich lang – im Ofen garen.

Grundrezept Brathähnchen

ganz einfach
15 Min. + 60 Min. Garen

pro Portion ca. 510 kcal
56 g Eiweiß · 32 g Fett · 1 g Kohlenhydrate

ZUTATEN FÜR 4 PORTIONEN

1 küchenfertiges Hähnchen (ca. 1,5 kg)
Salz · Pfeffer
1 TL edelsüßes Paprikapulver
1 Kräuterstrauß bestehend aus Petersilie, Thymian, Oregano, Lorbeer
3 Knoblauchzehen
2 EL Butterschmalz

ZUBEREITUNG

1. Das Hähnchen kalt abspülen und mit Küchenpapier trockentupfen. Innen und außen mit Salz, Pfeffer und Paprikapulver einreiben. Den Backofen auf 220° (Umluft 200°) vorheizen.

2. Den Kräuterstrauß abbrausen und trockenschütteln. Die Knoblauchzehen schälen und grob zerkleinern. Kräuterstrauß und Knoblauch in die Bauchhöhle des Hähnchens stecken. Die Keulen mit Küchengarn zusammenbinden. Das Butterschmalz zerlassen, das Hähnchen rundherum einstreichen.

3. Mit der Brustseite nach unten in einen Bräter legen und im heißen Ofen (unten) 60 Min. braten. Nach 20 Min. wenden. Während der letzten 30 Min. öfters mit dem Bratensaft begießen oder bepinseln. Mit einem Spießchen in den Schenkel stechen – wenn klarer Fleischsaft austritt, ist das Hähnchen fertig. Zum Tranchieren erst die Keulen abtrennen, dann die Brüste auslösen und in Scheiben schneiden.

Das schmeckt dazu Salat und Röstkartoffeln oder Brot oder Kartoffelsalat

Mehr draus machen 2 Brathähnchen gleichzeitig braten – einfach auf den Rost des Backofen legen, darunter eine Fettpfanne schieben.

Tomatenhähnchen mit Oliven

preiswert
30 Min. + 1 Std. 20 Min. Garen
pro Portion ca. 640 kcal
59 g Eiweiß · 38 g Fett · 11 g Kohlenhydrate

ZUTATEN FÜR 4 PORTIONEN

1 Grundrezept Brathähnchen (S. 120) ohne Paprikapulver und Butterschmalz
2 Zwiebeln · 2 Knoblauchzehen
2 Möhren · 4 EL Olivenöl
2 Lorbeerblätter
4 Zweige Rosmarin
1 große Dose gehäutete Tomaten (800 g)
1/8 l Rotwein oder Hühnerbrühe
Salz · Pfeffer
50 g schwarze Oliven

ZUBEREITUNG

1. Das Brathähnchen vorbereiten und füllen wie im Grundrezept (S. 120) beschrieben, allerdings nur mit Salz und Pfeffer würzen, Butterschmalz weglassen.

2. Backofen auf 200° vorheizen. Zwiebeln und Knoblauch schälen und fein würfeln. Die Möhren schälen und ebenfalls würfeln.

3. Das Öl in einem Bräter erhitzen. Zwiebeln, Knoblauch und Möhren darin bei mittlerer Hitze kräftig anbraten. Die Lorbeerblätter und Rosmarinzweige dazugeben, Tomaten samt Saft hinzufügen. Wein oder Brühe angießen, mit Salz und Pfeffer würzen. Die Oliven dazugeben.

4. Hähnchen auf die Tomaten setzen und im Ofen (unten, Umluft 180°) 60–70 Min. garen; dabei nach und nach 1/8 l Wasser angießen. Dann die Temperatur auf 220° (Umluft 200°) stellen und das Hähnchen weitere 10–15 Min. garen, bis das Fleisch gebräunt ist. Die Sauce mit Salz und Pfeffer würzen.

Das schmeckt dazu knuspriges Baguette oder im Umluftherd auf einem zweiten Blech mitgebackene Ofenkartoffeln (S. 50)

Tuning-Tipp Ein echter Hit: Mit dem Gemüse die ungeschälten Zehen von 2 großen Knoblauchknollen mitgaren. Beim Essen das Knoblauchpüree aus der Schale drücken und aufs Brot streichen. Köstlich!

Zitronenhähnchen vom Blech

mal mediterran
40 Min. + 1 Std. 15 Min. Garen
bei 6 Portionen pro Portion ca. 600 kcal
40 g Eiweiß · 39 g Fett · 20 g Kohlenhydrate

ZUTATEN FÜR 4–6 PORTIONEN

1 Hähnchen (ca. 1,5 kg)
Salz · Pfeffer
800 g kleine fest kochende Kartoffeln
300 g Schalotten · 300 g Zucchini
2 rote Paprikaschoten
5 Knoblauchzehen
1 Bund Thymian
2 Zitronen · 1/8 l Olivenöl
1/8 l Hühnerbrühe

ZUBEREITUNG

1. Hähnchen in 10 Portionsstücke zerlegen (Flügel, Ober- und Unterschenkel, Körper einmal längs, einmal quer teilen). Die Teile kalt abspülen, mit Küchenpapier trockentupfen, mit Salz und Pfeffer einreiben.

2. Den Backofen auf 200° vorheizen (Umluft nicht empfehlenswert). Kartoffeln schälen und längs halbieren. Die Schalotten schälen, größere halbieren. Die Zucchini waschen, putzen und in 2 cm dicke Scheiben schneiden. Paprikaschoten waschen, putzen und ebenfalls in Stücke schneiden. Die Knoblauchzehen schälen. Thymian abbrausen und trockenschütteln.

3. Die Kartoffeln auf der Fettpfanne des Backofens verteilen. Hähnchenteile, Schalotten, Zucchini- und Paprikastücke sowie die Knoblauchzehen darauf verteilen. Thymianzweige dazwischen stecken. Die Zitronen auspressen, mit Salz, Pfeffer, Olivenöl und der Brühe verrühren, über das Hähnchen gießen.

4. Die Saftpfanne in den heißen Ofen (unten) schieben und das Hähnchen 60 Min. braten. Es dann noch weitere 15 Min. bei 250° bräunen.

Tuning-Tipp Typisch griechisch wird's, wenn Sie vor dem Servieren noch 200 g zerbröckelten Feta und 1 Bund fein gehackte Petersilie darüber streuen.

Gefülltes Couscous-Hähnchen

ganz einfach
35 Min. + 1 Std. 20 Min. Garen
pro Portion ca. 680 kcal
63 g Eiweiß · 37 g Fett · 23 g Kohlenhydrate

ZUTATEN FÜR 4 PORTIONEN

1 Grundrezept Brathähnchen (S. 120)
200 g kleine Egerlinge (ersatzweise Champignons) · 1 kleine Zwiebel
1 EL Butter · 150 ml Gemüsebrühe
100 g Couscous (feiner Weizengrieß)
1/2 Bund Petersilie · 1 EL Semmelbrösel
1 Ei (Größe M) · 1 Eigelb · Salz · Pfeffer
etwas abgeriebene Schale von 1 unbehandelten Zitrone

ZUBEREITUNG

1. Das Hähnchen vorbereiten und würzen wie im Grundrezept (S. 120) beschrieben, aber nicht mit Kräutern und Knoblauch füllen.

2. Den Backofen auf 200° vorheizen. Pilze abreiben, putzen und feinblättrig schneiden. Die Zwiebel schälen, fein würfeln und in der zerlassenen Butter glasig dünsten. Die Pilze hinzufügen und unter Rühren 3 Min. anbraten. Mit der heißen Brühe ablöschen, aufkochen lassen und über den Couscous gießen, 5 Min. quellen lassen.

3. Petersilie waschen, trockenschütteln, die Blättchen fein hacken. Mit Semmelbröseln, Ei und Eigelb unter den Couscous mischen. Die Mischung mit Salz, Pfeffer und Zitronenschale würzen. In das Hähnchen einfüllen, die Öffnung mit Holzstäbchen zustecken.

4. Das Hähnchen mit der Brustseite nach unten auf ein Backblech legen. Im Ofen (unten, Umluft 180°) 30 Min. braten. Das Hähnchen umdrehen, die Hitze auf 180° (Umluft 160°) herunterschalten, weitere 50 Min. garen.

Das schmeckt dazu grüner Salat

Austausch-Tipp Wunderbar aromatische Variante: Pfifferlinge oder Steinpilze anstatt der Zuchtpilze nehmen.

Ein paar Würzvarianten

→ **Frisch** abgeriebene Zitronenschale → **Italienisch** Salbei und dünne Speckscheiben → **Feurig scharf** Cayennepfeffer, mit Öl verrührt → **Indisch** Curry, Koriandergrün und Ingwer

Würze geht unter die Haut

→ **Aroma-Knaller** Hähnchenhaut mit der Hand lockern und zurückschieben, Würzung direkt auf dem Fleisch verteilen, die Haut wieder über das Fleisch schieben und das Hähnchen braten.

Hähnchenteile auf Paprikagemüse

Sommerhit
20 Min. + 40 Min. Backen
pro Portion ca. 325 kcal
22 g Eiweiß · 18 g Fett · 17 g Kohlenhydrate

ZUTATEN FÜR 4 PORTIONEN

4 kleine Hähnchenbeine
Salz · Pfeffer
edelsüßes Paprikapulver
2 rote Paprikaschoten
2 gelbe Paprikaschoten
1 Mango
1 Zwiebel
2 Knoblauchzehen
2 TL getrockneter Rosmarin
2 EL neutrales Öl

ZUBEREITUNG

1. Ofen auf 220° (Umluft 200°) vorheizen. Hähnchenbeine kalt abspülen, mit Küchenpapier trockentupfen und mit einem scharfen Messer im Gelenk teilen. Mit Salz, Pfeffer und etwas Paprikapulver einreiben.

2. Paprikaschoten waschen, putzen und in dünne Streifen schneiden. Mango schälen, das Fruchtfleisch vom Stein schneiden und klein würfeln. Zwiebel schälen, halbieren und in halbe Ringe schneiden. Knoblauch schälen und in Scheibchen schneiden. Paprika, Mango, Zwiebeln und Knoblauch mit Rosmarin und Öl mischen, mit Salz und Pfeffer würzen.

3. Fettpfanne des Backofens mit Backpapier auslegen. Das Gemüse darauf verteilen, Hähnchenteile darauf setzen. Im heißen Ofen (Mitte) ca. 40 Min. backen. Hähnchenteile an der dicksten Stelle einstechen: Läuft klarer Saft aus, sind sie gar, sonst weitere 10 Min. backen.

Aprikosen-Hähnchen

saftig, fruchtig, wandelbar
15 Min. + 35 Min. Backen
pro Portion ca. 400 kcal
28 g Eiweiß · 17 g Fett · 29 g Kohlenhydrate

ZUTATEN FÜR 4 PORTIONEN

200 g getrocknete Aprikosen
400 g Hähnchenbrustfilet
edelsüßes Paprikapulver
Salz · Pfeffer
4 kleine Zwiebeln
2–3 EL Butter
1 Dose stückige Tomaten (400 g)
125 g Sahne
Currypulver oder gemahlener Kreuzkümmel nach Belieben

ZUBEREITUNG

1. Aprikosen mit kochendem Wasser übergießen, ziehen lassen. Ofen auf 180° vorheizen. Das Fleisch kalt abspülen, trockentupfen und in 3–4 cm große Stücke schneiden. Diese mit Paprika, Salz und Pfeffer würzen.

2. Zwiebeln schälen und vierteln, in einer Pfanne in der Butter anbraten und 5 Min. leicht schmoren lassen. Das Fleisch zugeben, rundherum anbraten. Dosentomaten und Sahne zugeben, mit Salz und Pfeffer kräftig würzen und alles in eine Auflaufform füllen.

3. Aprikosen abtropfen lassen und in Streifen schneiden. Zwischen dem Fleisch verteilen und das Gericht im Ofen (Mitte, Umluft 160°) ca. 35 Min. garen. Herausnehmen, mit Salz, Pfeffer, Paprikapulver und nach Belieben Currypulver oder Kreuzkümmel abschmecken.

Austausch-Tipp Statt Trockenaprikosen 400 g frische geviertelte Aprikosen nehmen.

Putenröllchen mit Möhren

leicht & lecker
30 Min.
pro Portion ca. 185 kcal
28 g Eiweiß · 6 g Fett · 5 g Kohlenhydrate

ZUTATEN FÜR 4 PORTIONEN

2 Möhren (ca. 300 g)
Salz · 400 g dünne Putenschnitzel
1 EL mittelscharfer Senf
50 g hauchdünn geschnittener gekochter Schinken
Mehl zum Bestäuben
1–2 EL neutrales Öl
Pfeffer
Zahnstocher

ZUBEREITUNG

1. Möhren waschen, putzen und in ca. 10 cm lange Stifte schneiden. In wenig Salzwasser zugedeckt ca. 4 Min. dünsten, so dass sie noch etwas Biss haben.

2. Schnitzel kalt abspülen, trockentupfen und flach klopfen. In 10 gleich große Teile schneiden, dünn mit Senf bestreichen. Schinken ebenfalls in 10 Teile schneiden, auf das Fleisch legen, darauf je 1 Möhrenstift. Das Fleisch aufrollen, mit Zahnstochern feststecken und rundherum mit Mehl bestäuben.

3. Öl in einer beschichteten Pfanne erhitzen. Putenröllchen darin rundherum in ca. 6 Min. goldbraun braten. Mit Salz und Pfeffer würzen, mit dem Bratfond beträufelt servieren.

Das schmeckt dazu Kartoffelpüree, Reis

Austausch-Tipp Für **Zucchiniröllchen** die Schnitzel mit Tomatenmark bestreichen und statt Möhren rohe Zucchinistifte einwickeln.

Hähnchenspieße mit Kokosdip

für kleine und große Asia-Fans
40 Min.
pro Portion ca. 400 kcal
26 g Eiweiß · 28 g Fett · 10 g Kohlenhydrate

ZUTATEN FÜR 4 PORTIONEN

Für die Spieße:
400 g Hähnchenbrustfilet
3 EL Ketchup
3 EL Sojasauce
1 EL Zitronensaft
Öl zum Braten
Metall- oder Schaschlikspieße

Für den Dip:
1/4 l ungesüßte Kokosmilch (Dose)
2 EL Tahin (Sesampaste; Bioladen oder Reformhaus)
1 TL Currypulver
2 TL Zucker
Zitronensaft

ZUBEREITUNG

1. Hähnchenbrust kalt abspülen, mit Küchenpapier trockentupfen und in daumendicke Streifen schneiden. Der Länge nach wellenförmig auf Spieße stecken. Ketchup, Sojasauce und Zitronensaft verrühren und diese Marinade über die Spieße geben.

2. Öl in einer Pfanne erhitzen und die Hähnchenspieße darin portionsweise von jeder Seite ca. 3 Min. braten.

3. Spieße aus der Pfanne nehmen und für den Dip Kokosmilch mit Tahin, Currypulver und Zucker in der Pfanne aufkochen. Restliche Marinade zugeben und bei mittlerer Hitze 3–4 Min. köcheln lassen. Mit Zitronensaft abschmecken und zu den Spießen servieren.

Das schmeckt dazu Reis und grüner Salat

Tuning-Tipp Besonders aromatisch: Spieße abgedeckt im Kühlschrank in der Marinade ziehen lassen – je länger, desto besser.

Grundrezept Paniertes Schnitzel

klassisch gut *pro Portion ca. 375 kcal*
30 Min. *34 g Eiweiß · 15 g Fett · 24 g Kohlenhydrate*

ZUTATEN FÜR 4 PORTIONEN

4 Schweineschnitzel (Lummer, je ca. 120 g)
Salz · Pfeffer
ca. 2 EL Mehl zum Wenden
ca. 10 EL Semmelbrösel
2 Eier
Öl zum Braten
2 Zitronen

ZUBEREITUNG

1. Die Schnitzel kalt abspülen und trockentupfen, mit dem Fleischklopfer oder einer schweren Pfanne etwas flach klopfen, dann beidseitig salzen und pfeffern.

2. Mehl und Semmelbrösel jeweils auf einen flachen Teller geben. Eier in einen tiefen Teller aufschlagen und mit einer Gabel leicht verschlagen. Die Schnitzel zuerst in Mehl wenden, etwas abklopfen und dann im Ei wenden. Zum Schluss in den Semmelbröseln wenden, dabei die Brösel gut fest drücken.

3. Öl in einer großen Pfanne heiß werden lassen. Die Schnitzel darin in 8–10 Min. von beiden Seiten goldbraun braten. Auf Küchenpapier abtropfen lassen und mit den in Spalten oder Scheiben geschnittenen Zitronen servieren. Die Schnitzel weder beim Braten noch beim Warmhalten zudecken, sonst löst sich die Panade.

Austausch-Tipp Funktioniert auch mit Kalbsschnitzel oder Hähnchen- oder Putenschnitzel, die Bratzeit verringert sich dann etwas. Statt Semmelbröseln können Sie auch Sesam, grob geriebene Nüsse oder zerbröselte Cornflakes zum Panieren verwenden. Bei kleiner Hitze braten, denn die Panaden verbrennen leicht.

Variante Mini-Schnitzelchen kommen bei Mini-Feinschmeckern besonders gut an: Schnitzel vor dem Panieren in kleine Stücke schneiden.

Kinder machen mit Auch wenn es etwas länger dauert und matschig werden kann: Lassen Sie Ihre Kinder die Schnitzel panieren!

Tuning-Tipp Für Parmesanschnitzel 3 EL frisch geriebenen Parmesan unter die Semmelbrösel mischen.

Mehr draus machen Meist bleibt beim Panieren etwas Ei, Paniermehl und Mehl übrig. Alles zu einem Teig rühren, eventuell mit etwas Milch strecken. Salzen und pfeffern und – wie Pfannkuchen – kurz in der Pfanne braten.

→ **Klopfen** macht das Fleisch zart.

→ **Panieren** Das gewürzte Fleisch zuerst in Mehl wälzen, so haftet die Hülle besser. Dann in verquirltem Ei, das dafür sorgt, dass die Semmelbrösel gut kleben bleiben. Brösel etwas andrücken, sonst fallen sie in der Pfanne ab und verbrennen.

→ **Bratfett** Daran nicht sparen, sonst verbrennt die Panade. Die fertigen Schnitzel auf Küchenpapier entfetten.

Schnitzelchen im Backteig

Kinderliebling *pro Portion ca. 395 kcal*
25 Min. *36 g Eiweiß · 27 g Fett · 25 g Kohlenhydrate*

ZUTATEN FÜR 4 PORTIONEN

120 g Mehl
3 Eier (Größe M)
150 ml Buttermilch
4 Schweineschnitzel (je ca. 120 g) · Salz · Pfeffer
Mehl zum Wenden
Öl oder Butterschmalz zum Ausbacken
Zitronenspalten zum Anrichten

ZUBEREITUNG

1. Für den Backteig Mehl, Eier und Buttermilch zu einem dickflüssigen Teig verrühren. Salzen und pfeffern und 10 Min. ausquellen lassen.

2. Schnitzel wie im Grundrezept (oben, Punkt 1) beschrieben vorbereiten und in 5–6 cm große Stücke schneiden. Im Mehl wenden und abklopfen.

3. Fett in einer schweren Pfanne erhitzen, es sollte ca. 1 cm hoch in der Pfanne stehen. Schnitzel portionsweise in den Teig tauchen und im heißen Fett goldbraun ausbacken. Auf Küchenpapier abtropfen lassen und sofort mit den Zitronenspalten servieren.

Das schmeckt dazu Kartoffelbrei und Tomatensalat

Austausch-Tipp Der Backteig eignet sich auch für Geflügel, festes Fischfilet (z. B. Seelachs oder Kabeljau), Tintenfischringe und Gemüse wie Blumenkohlröschen, Zucchini- oder Selleriescheiben und Paprikastreifen.

Tuning-Tipp Für Erwachsene die Buttermilch im Teig durch Weißwein oder Bier ersetzen.

Grundrezept Paniertes Schnitzel

Pilzrahm-Schnitzel

ganz einfach
25 Min.
pro Portion ca. 350 kcal
31 g Eiweiß · 21 g Fett · 8 g Kohlenhydrate

ZUTATEN FÜR 4 PORTIONEN

4 Schweineschnitzel (je ca. 120 g)
Salz · Pfeffer
ca. 2 EL Mehl zum Wenden
1 Bund Frühlingszwiebeln
400 g Champignons
Öl zum Braten
200 ml Gemüsebrühe
100 g Sahne

ZUBEREITUNG

1. Schnitzel wie im Grundrezept (S. 124, Punkt 1) vorbereiten und im Mehl wenden.

2. Frühlingszwiebeln waschen und putzen. Das Weiße fein würfeln, das Grüne in Ringe schneiden. Champignons putzen und, je nach Größe, halbieren oder vierteln.

3. 2 EL Öl in einer Pfanne erhitzen. Schnitzel darin bei starker Hitze von jeder Seite ca. 2 Min. anbraten. Aus der Pfanne nehmen.

4. Noch etwas Öl in die Pfanne geben und die Zwiebeln darin glasig dünsten. Pilze zugeben und 3 Min. bei starker Hitze kräftig anbraten. Mit Salz und Pfeffer würzen, Brühe angießen und ca. 5 Min. köcheln lassen.

5. Sahne zugeben, die Sauce mit Salz und Pfeffer würzen. Die Schnitzel darin erhitzen und mit dem Zwiebelgrün bestreut servieren.

Austausch-Tipp Probieren Sie mal **Paprikaschnitzel:** Statt Champignons 2 rote Paprikaschoten nehmen, mit Paprikapulver würzen.

Gefülltes Schnitzel

Kinderliebling
30 Min.
pro Portion ca. 305 kcal
34 g Eiweiß · 17 g Fett · 3 g Kohlenhydrate

ZUTATEN FÜR 4 PORTIONEN

4 Schweineschnitzel (je ca. 120 g)
Salz · Pfeffer
1 Kugel Mozzarella (125 g)
8 große Basilikumblätter
2–3 EL Tomatenmark
Rouladenspieße oder Zahnstocher
Mehl zum Wenden
Öl zum Braten

ZUBEREITUNG

1. Die Schnitzel wie im Grundrezept (S. 124, Punkt 1) beschrieben vorbereiten. Mozzarella in 8 dünne Scheiben schneiden. Basilikumblätter waschen.

2. Schnitzel dünn mit Tomatenmark bestreichen. Jedes mit 2 Scheiben Mozzarella und 2 Basilikumblättern belegen. Schnitzel zusammenklappen, mit Rouladenspießen oder Zahnstochern feststecken (Rouladenspieße lassen sich nach dem Braten leichter entfernen). Päckchen vorsichtig im Mehl wenden.

3. Schnitzel im Öl bei nicht zu starker Hitze auf jeder Seite 6–8 Min. braten. Spieße entfernen und servieren.

Das schmeckt dazu Baguette und ein Salat

Austausch-Tipp **Paprikaschnitzel** mit je 1/2 TL Ajvar (Paprikapaste) bestreichen und mit 25 g Feta und 3 Paprikastreifen füllen. **Spinatschnitzel** mit je 3 rohen Blättern Spinat, 2 Knoblauchscheiben und 25 g Feta füllen.

Super-Suppeneinlagen

Neben Reis und einfachen kleinen Nudeln, z. B. Hörnchen (Bild unten links) oder Buchstabennudeln, schwimmen auch **Spätzle oder Teigtäschchen** wie Ravioli, Tortellini oder Maultaschen gern in Brühe. Ebenfalls lecker: **Eierstich** (im Wasserbad gestockte Eiermilch), **Eierflöckchen** (verquirlte und passierte Eier), **Pfannkuchenstreifen** oder **Klößchen** aller Art.

→ **Zeit gespart** Wer's ganz eilig hat, streut fertige Backerbsen, geröstete Brotwürfel (Croûtons) oder gehackte Kräuter in die Suppe.

Fleischbrühe mit Gemüsestreifen

klassisch gut
30 Min. + 2 Std. Garen
pro Portion ca. 270 kcal
29 g Eiweiß · 12 g Fett · 3 g Kohlenhydrate

ZUTATEN FÜR 4 PORTIONEN

750 g Rindfleisch
(z. B. Beinscheiben oder Hochrippe)
1 Zwiebel
1 Bund Suppengrün
3 Stängel Petersilie
1 Lorbeerblatt
5 schwarze Pfefferkörner
Salz · Pfeffer

Für die Einlage:
2 Möhren
150 g Zucchini
2 kleine Tomaten
1/2 Bund Schnittlauch

ZUBEREITUNG

1. Das Fleisch waschen, mit 1 1/2 l kaltem Wasser in einen großen Topf geben, langsam zum Kochen bringen. Zwiebel schälen. Suppengrün waschen, putzen und grob zerschneiden. Petersilie waschen.

2. Zwiebel, Suppengrün, Petersilie, Lorbeer, Pfefferkörner und 2 TL Salz zum Fleisch geben. Alles bei milder Hitze 2 Std. ziehen lassen – die Suppe darf nicht sprudelnd kochen, nur leise köcheln.

3. Ca. 20 Min. vor Ende der Garzeit die Möhren schälen, die Zucchini waschen und putzen, beides in streichholzdünne Stifte (Julienne) oder in kleine Würfel schneiden. Die Tomaten überbrühen, abschrecken, häuten, Stielansatz und Samen entfernen, das Fruchtfleisch würfeln. Schnittlauch waschen, trockenschütteln und grob schneiden.

4. Die Suppe durch ein feines Sieb gießen, wieder in den Topf geben und aufkochen lassen. Gemüse hineingeben und bei mittlerer Hitze 5 Min. darin garen.

5. Das Fleisch von den Knochen ablösen, klein schneiden und wieder in die Suppe geben. Diese mit Salz und Pfeffer abschmecken, den Schnittlauch hineingeben.

Speed-Tipp Haben Sie einen Schnellkochtopf? Dann her damit. Unter Dampf braucht die Fleischbrühe nur etwa ein Drittel der Zeit (40–50 Min.).

Asiatischer Hähnchentopf

raffiniert gewürzt
35 Min.
pro Portion ca. 355 kcal
29 g Eiweiß · 10 g Fett · 37 g Kohlenhydrate

ZUTATEN FÜR 4 PORTIONEN

- 400 g Hähnchenfilet
- 3–4 EL Sojasauce
- 2 große Möhren
- 1 Bund Frühlingszwiebeln
- 125 g Shiitakepilze (ersatzweise Champignons)
- 1 walnussgroßes Stück Ingwer
- 2 Knoblauchzehen
- 2 EL neutrales Öl
- 150 g TK-Erbsen
- 1 1/4 l Hühnerbrühe
- Salz · Pfeffer

ZUBEREITUNG

1. Das Fleisch kalt abspülen, mit Küchenpapier trockentupfen, in Streifen schneiden und mit der Sojasauce beträufeln. Möhren schälen und in feine Streifen schneiden. Frühlingszwiebeln waschen, putzen und schräg in Stücke (2–3 cm) schneiden. Die Pilze putzen, Stiele entfernen und die Hüte in Streifen schneiden.

2. Ingwer und Knoblauch schälen, fein hacken und in dem heißen Öl andünsten. Möhren, Frühlingszwiebeln, Pilze und Erbsen hinzufügen, kurz andünsten. Mit der Brühe auffüllen, aufkochen und 5 Min. garen.

3. Hähnchenfilet samt Sojasauce zugeben, weitere 5 Min. köcheln. Salzen und pfeffern.

Tuning-Tipp So wird's ein Sattmacher-Süppchen: 100 g gegarten Schnellkochreis oder 50 g eingeweichte Glasnudeln miterhitzen. Nach Belieben die Suppe mit 1–2 EL trockenem Sherry (Fino) aromatisieren.

Vom Fleisch zur Bouillon

Ein Stück Fleisch, einige Knochen und ein Bund Suppengrün – mehr brauchen Sie nicht für ein aromatisches Süppchen. Natürlich können Sie statt Rindfleisch genauso gut Kalb-, Lammfleisch, Wildbret oder Geflügel als Basis für eine Brühe nehmen.

→ Grundrezept Hühnerbrühe 1 küchenfertiges Suppenhuhn (ca. 1,5 kg) waschen, mit 2 l Wasser aufkochen. 1 Zwiebel, 1 Knoblauchzehe, 1 Bund Suppengrün – alles grob zerteilt – sowie 3 Petersilienstängel hinzufügen, zugedeckt 2 Std. köcheln lassen. Suppe durch ein Sieb abgießen, wieder erhitzen. Hähnchenfleisch von den Knochen lösen, Haut entfernen. Fleisch in kleine Stücke schneiden, in die Brühe geben. Petersilie aufstreuen.

Das passt auch prima in die Brühe

→ Grießklößchen [→ S. 74]
→ Chiffonade das sind hauchdünne Streifen von Blattgemüse oder Salat, die aus aufgerollten Blättern geschnitten werden – super für eine Vorspeisen-Bouillon.

Wursteintopf mit Jaroma-Kohl

preiswert
30 Min.
pro Portion ca. 300 kcal
11 g Eiweiß · 18 g Fett · 20 g Kohlenhydrate

ZUTATEN FÜR 4 PORTIONEN

- 500 g Jaroma-Weißkohl (siehe Tipp)
- 200 g mehlig kochende Kartoffeln
- 1 EL neutrales Öl
- 100 g Baconstreifen (Kühlregal)
- 300 g TK-Suppengemüse
- 2 Lorbeerblätter
- 1 1/4 l Fleisch- oder Hühnerbrühe
- 4 Wiener Würstchen
- Salz · Pfeffer
- 1/2 Bund Petersilie

ZUBEREITUNG

1. Den Kohl waschen, putzen und in feine Streifen schneiden. Kartoffeln schälen und grob raspeln.

2. Das Öl erhitzen, den Speck darin kross ausbraten. Kohlstreifen, gefrorenes Suppengemüse und Kartoffeln hinzufügen und 3 Min. anschwitzen. Lorbeer zugeben, mit der heißen Brühe aufgießen und aufkochen lassen. Zugedeckt bei mittlerer Hitze 5–7 Min. köcheln lassen.

3. Würstchen in Scheiben schneiden, in den Eintopf geben und alles noch einmal aufkochen lassen. Das Gericht salzen und pfeffern. Petersilie waschen, trockenschütteln und die Blättchen hacken. Vor dem Servieren aufstreuen.

Austausch-Tipp Es gibt keinen Jaroma-Kohl? Dann greifen Sie zu Spitzkohl oder zu jungem Weißkohl.

Chili con carne

klassisch mexikanisch
30 Min. + 60 Min. Garen
pro Portion ca. 500 kcal
38 g Eiweiß · 25 g Fett · 30 g Kohlenhydrate

ZUTATEN FÜR 4 PORTIONEN

- 2 große Zwiebeln
- 2 Knoblauchzehen
- je 1 rote und grüne Paprikaschote
- 2 EL neutrales Öl
- 500 g Rinderhackfleisch
- 1–2 EL Chilipulver
- Salz · Pfeffer
- 1 große Dose gehäutete Tomaten (800 g)
- 1/2 l Fleischbrühe
- 1 Dose Kidneybohnen (480 g Abtropfgewicht)
- 1 Bund Schnittlauch

ZUBEREITUNG

1. Zwiebeln und Knoblauch schälen und würfeln. Die Paprikaschoten waschen, putzen und in Stücke schneiden.

2. Das Öl in einem großen Topf erhitzen, Zwiebeln und Knoblauch darin glasig dünsten. Hackfleisch dazugeben, unter Rühren braun und krümelig braten. Paprika hinzufügen, kurz mitdünsten. Mit Chilipulver, Salz und Pfeffer würzen. Tomaten samt Saft einrühren, die Brühe angießen. Alles offen bei milder Hitze 60 Min. einkochen lassen.

3. Die Bohnen abgießen, abbrausen und gut abtropfen lassen. 10 Min. vor Ende der Garzeit in den Topf geben. Das Chili nochmals abschmecken. Schnittlauch waschen, fein schneiden und aufstreuen.

Mehr draus machen Mengen verdreifachen (für 10–15 Portionen!) und auf einer Party um Mitternacht servieren. Lässt sich prima vorbereiten!

Rindergulasch

mit viel Sauce
30 Min. + 1 Std. 30 Min. Garen
pro Portion ca. 210 kcal
23 g Eiweiß · 11 g Fett · 6 g Kohlenhydrate

ZUTATEN FÜR 4 PORTIONEN

400 g Rindergulasch
400 g Zwiebeln (ca. 5 Stück)
2 EL neutrales Öl
2 EL Tomatenmark
Salz · Pfeffer
edelsüßes und rosenscharfes Paprikapulver
2 Lorbeerblätter
4 EL Schmand (24 %)

ZUBEREITUNG

1. Das Fleisch kalt abspülen und trockentupfen. Zwiebeln schälen und klein würfeln.

2. Öl in einem Schmortopf erhitzen. Das Fleisch darin rundherum kräftig anbraten. Zwiebeln einige Minuten mitbraten. Das Tomatenmark unterrühren, kurz mitbraten.

3. Alles mit 2 TL Salz, Pfeffer und reichlich Paprikapulver würzen. Ca. 300 ml Wasser angießen und die Lorbeerblätter zugeben. Zugedeckt bei mittlerer Hitze ca. 1 1/2 Std. schmoren. Dabei immer wieder umrühren und nach Bedarf noch Wasser zugeben.

4. Am Ende der Garzeit den Schmand unterrühren oder ihn erst vor dem Servieren auf das Gericht geben. Das Gulasch mit Salz, Pfeffer und Paprikapulver abschmecken.

Tuning-Tipp Für Erwachsene die Hälfte des Wassers durch Rotwein ersetzen. Für **Szegediner Gulasch** 15 Min. vor Garzeitende 500 g Sauerkraut zugeben.

Schweinefleisch süßsauer

für große und kleine Asia-Fans
25 Min.
pro Portion ca. 340 kcal
26 g Eiweiß · 8 g Fett · 41 g Kohlenhydrate

ZUTATEN FÜR 4 PORTIONEN

2 Möhren (ca. 300 g)
2 kleine Stangen Lauch
1 Knoblauchzehe
1 walnussgroßes Stück Ingwer
100 g frische Sojasprossen
1 Dose Ananasstücke (580 g Inhalt)
6 EL Ketchup
2 EL neutrales Öl
400 g Schweinegeschnetzeltes
Salz · Pfeffer
Sojasauce

ZUBEREITUNG

1. Möhren schälen und in dünne Stifte schneiden. Lauch längs halbieren, waschen, dann Wurzelenden und Dunkelgrünes entfernen. Den Rest in 10 cm lange Stücke schneiden, die Stücke längs in feine Streifen schneiden.

2. Knoblauch und Ingwer schälen, beides durch die Knoblauchpresse drücken. Sojasprossen waschen. Ananas in ein Sieb geben, Saft auffangen. 200 ml davon mit dem Ketchup glatt rühren.

3. Öl in einer tiefen Pfanne oder im Wok erhitzen. Geschnetzeltes darin rundherum kräftig anbraten, mit Salz und Pfeffer würzen. Möhren zugeben, ca. 3 Min. braten. Knoblauch, Ingwer, Lauch und Sojasprossen zugeben. Alles zusammen weitere 3 Min. braten.

4. Ketchupmix einrühren und aufkochen. Ananas in der Sauce heiß werden lassen. Mit Sojasauce abschmecken und servieren.

Das schmeckt dazu Reis oder Mie-Nudeln

Currygeschnetzeltes

indisch inspiriert
30 Min.
pro Portion ca. 435 kcal
31 g Eiweiß · 25 g Fett · 22 g Kohlenhydrate

ZUTATEN FÜR 4 PORTIONEN

- 1 kleine Zwiebel
- 300 g Möhren
- 2 EL Mehl
- 2 TL Currypulver
- Salz · Pfeffer
- 400 g Putengeschnetzeltes
- 1 EL neutrales Öl
- 400 g ungesüßte Kokosmilch (Dose)
- 300 g TK-Erbsen

ZUBEREITUNG

1. Zwiebel schälen und klein würfeln. Möhren schälen und ebenfalls klein würfeln.

2. Mehl, Currypulver, 1 TL Salz und etwas Pfeffer in einem großen Gefrierbeutel mischen. Das Putenfleisch hineingeben, schütteln, bis das Fleisch rundum bepudert ist.

3. Öl in einer Pfanne erhitzen. Die Zwiebeln darin glasig dünsten, das Putenfleisch zugeben und rundherum anbraten. Möhren hinzufügen und kurz mitdünsten.

4. Kokosmilch angießen und bei mittlerer Hitze 10 Min. köcheln lassen. Nach 5 Min. die Erbsen zugeben. Mit Salz, Pfeffer und Currypulver würzen und servieren.

Das schmeckt dazu Reis

Tuning-Tipp Das Gericht mit etwas Kreuzkümmel abschmecken und Kichererbsen oder Linsen aus der Dose statt Erbsen verwenden.

Lammtopf mit Bohnen

besonders reich an Eisen
15 Min. + 60 Min. Schmoren
pro Portion ca. 220 kcal
24 g Eiweiß · 9 g Fett · 10 g Kohlenhydrate

ZUTATEN FÜR 4 PORTIONEN

- 400 g Lammgulasch
- 2 Zwiebeln
- 2 Knoblauchzehen
- 3 Möhren
- 2 EL neutrales Öl
- 2 EL Tomatenmark
- Salz · Pfeffer
- 1–2 TL getrockneter Thymian
- 500 g breite grüne Bohnen

ZUBEREITUNG

1. Das Lammfleisch trockentupfen. Zwiebeln und Knoblauch schälen und klein würfeln. Möhren schälen und ebenfalls klein würfeln.

2. Öl in einem Schmortopf erhitzen. Zwiebeln und Knoblauch darin glasig dünsten. Das Fleisch zugeben und rundherum kräftig anbraten. Möhren kurz mit anbraten. Tomatenmark zugeben und kurz mitrösten, dann 300 ml Wasser angießen.

3. Mit Salz, Pfeffer und Thymian würzen. Bei schwacher Hitze zugedeckt ca. 60 Min. schmoren, dabei ab und zu umrühren.

4. Inzwischen die Bohnen waschen, putzen, eventuell entfädeln und in ca. 2 cm lange Stücke schneiden. 20 Min. vor Ende der Garzeit die Bohnen zum Lammtopf geben. Den Eintopf mit Salz und Pfeffer abschmecken.

Das schmeckt dazu Kartoffeln, Reis oder Bandnudeln

Speed-Tipp Bohnen aus der Dose nehmen.

Rinderbraten mit Orangenaroma

wärmt im Winter
20 Min. + 12 Std. Marinieren + 2,5–3 Std. Schmorzeit
pro Portion ca. 370 kcal
42 g Eiweiß · 20 g Fett · 6 g Kohlenhydrate

ZUTATEN FÜR 8 PORTIONEN

1 Zwiebel · 2 Knoblauchzehen · 1 Stange Staudensellerie
1,5 kg Rinderschmorbraten aus der Hüfte
1/2 l Orangensaft
Salz · Pfeffer
2 EL Tomatenmark
1/2 TL Ingwerpulver
2 EL Butter
150 g Kräuterfrischkäse

Außerdem:
1 Porzellanschüssel, nur wenig größer als das Fleischstück, zum Marinieren

ZUBEREITUNG

1. Zwiebel und Knoblauch schälen, würfeln. Sellerie waschen, putzen und samt Grün klein schneiden. Alles in die Schüssel geben.

2. Das Fleisch auf das Gemüse legen. Orangensaft mit 2 TL Salz, 1/2 TL Pfeffer, Tomatenmark und Ingwer mischen und darüber gießen. Abgedeckt über Nacht im Kühlschrank ziehen lassen.

3. Fleisch herausheben, abtupfen, mit Salz und Pfeffer einreiben und in einem Schmortopf in der Butter rundum kräftig anbraten. Gemüse und Marinade zugeben. Zugedeckt bei kleiner Hitze 2 1/2–3 Std. schmoren.

4. Braten fest in Alufolie wickeln. Sauce im Topf mit dem Frischkäse pürieren. Mit Salz und Pfeffer würzen. Braten in 1 cm dicke Scheiben schneiden, mit der Sauce servieren.

Kasseler mit Senfsauce

klassisch gut
15 Min. + 30 Min. Garen
pro Portion ca. 390 kcal
32 g Eiweiß · 26 g Fett · 7 g Kohlenhydrate

ZUTATEN FÜR 4 PORTIONEN

1 Zwiebel
600 g mageres, rohes Kasseler Kotelett
1 Lorbeerblatt
2 EL mittelscharfer Senf
1–2 EL Saucenbinder
Salz · Pfeffer
1–2 TL Honig

ZUBEREITUNG

1. Zwiebel schälen und klein würfeln. Fleisch mit den Zwiebeln in einem passenden Topf von allen Seiten im eigenen Saft andünsten. 3/4 l Wasser angießen, das Lorbeerblatt zugeben und das Kasseler ca. 30 Min. leicht sieden lassen (nicht kochen, sonst wird es zäh).

2. Kasseler in Alufolie wickeln. 1/2 l Fleischsud in einem Topf mit dem Senf verrühren, aufkochen. 1–2 EL Saucenbinder mit dem Schneebesen einrühren, nochmals aufkochen und köcheln lassen, bis die Sauce andickt. Mit Salz, Pfeffer und Honig abschmecken.

3. Das Kasseler in dünne Scheiben schneiden und mit der Senfsauce servieren.

Tuning-Tipp Für **Orangen-Senfsauce** die Hälfte des Fleischsuds durch Orangensaft ersetzen und die Sauce mit etwas Currypulver und 2 EL Crème fraîche abrunden.

Schweinebraten mit Gemüsesauce

ganz einfach
20 Min. + 2 Std. Schmoren
pro Portion ca. 380 kcal
40 g Eiweiß · 22 g Fett · 4 g Kohlenhydrate

ZUTATEN FÜR 8 PORTIONEN

1 Zwiebel
2 Knoblauchzehen
3 EL neutrales Öl
Salz · Pfeffer
1,5 kg Schweinerollbraten (vom Metzger fertig gerollt und zusammengebunden)
1 Packung TK-Suppengemüse (450 g)
1 Dose gehäutete Tomaten (800 g)
2 TL Pizzagewürz (Kräutermischung)
50 g Sahne

ZUBEREITUNG

1. Backofen auf 220° vorheizen (Umluft nicht empfehlenswert). Zwiebel und Knoblauch schälen und getrennt klein würfeln. Knoblauch mit dem Öl mischen, mit Salz und Pfeffer würzen. Braten rundherum mit Knoblauchöl einpinseln.

2. Suppengemüse und Zwiebeln in einem Bräter verteilen. Braten darauf setzen und im heißen Ofen (unten) 50 Min. anbraten; nach der Hälfte der Zeit einmal wenden. Backofen auf 180° zurückschalten, Tomaten zugeben und den Braten weitere 1 1/4 Std. schmoren.

3. Den Braten herausnehmen und fest in Alufolie wickeln. Das Gemüse mit Pizzagewürz würzen und alles einmal aufkochen lassen. Bei mittlerer Hitze ca. 5 Min. einkochen lassen. Die Sahne einrühren und die Sauce fein pürieren. Mit Salz und Pfeffer würzen. Braten dünn aufschneiden (Bratensaft aus der Folie zur Sauce geben) und mit der Sauce servieren.

Das schmeckt dazu Bandnudeln und Salat

Ingwer-Entenbrust auf Ananas-Rotkohl

raffiniert kombiniert
20 Min. + 30 Min. Marinieren
pro Portion ca. 390 kcal
22 g Eiweiß · 18 g Fett · 35 g Kohlenhydrate

ZUTATEN FÜR 4 PORTIONEN

400 g Entenbrust
1 Dose Ananas in Stücken (565 g Abtropfgewicht)
ca. 3 cm Ingwer
1 große Dose Rotkohl (800 g)
Salz · Pfeffer

ZUBEREITUNG

1. Entenbrüste kalt abspülen, mit Küchenpapier trockentupfen und in eine flache Form legen. Ananas abtropfen lassen, den Saft dabei auffangen.

2. Den Ingwer schälen und fein reiben. Mit 5 EL des Ananassaftes mischen und über das Fleisch gießen. Abgedeckt im Kühlschrank mindestens 30 Min. ziehen lassen.

3. Entenbrüste abtupfen und mit der Hautseite nach unten in eine Pfanne geben. Bei starker Hitze ca. 10 Min. braten, dabei mehrmals wenden. Aus der Pfanne nehmen.

4. Rotkraut und Ananasstücke in die Pfanne geben und ca. 5 Min. erhitzen. Mit Salz und Pfeffer abschmecken. Entenbrüste dünn aufschneiden und auf dem Kraut servieren.

Das schmeckt dazu Kartoffelpüree, Kartoffelklöße oder Gnocchi

Tuning-Tipp Die Marinade mit 1/2 TL chinesischem Fünf-Gewürze-Pulver würzen.

Schweinefilet mit Apfel-Curry-Sauce

mit Cashew-Kick
25 Min.
pro Portion ca. 510 kcal
38 g Eiweiß · 31 g Fett · 19 g Kohlenhydrate

ZUTATEN FÜR 4 PORTIONEN

600 g Schweinefilet
Salz · Pfeffer
3 EL neutrales Öl
1 säuerlicher Apfel
1 kleine Zwiebel
100 g Cashewkerne (ersatzweise Mandeln)
1 EL Currypulver
100 ml ungesüßter Apfelsaft
100 ml Hühnerbrühe
125 g Sahne
1 EL heller Saucenbinder

ZUBEREITUNG

1. Das Filet trockentupfen, einmal quer halbieren, rundherum mit Salz und Pfeffer einreiben. Öl in einer Pfanne erhitzen, das Filet darin bei mittlerer Hitze in 10–12 Min. rundherum braun braten. Herausnehmen und in Alufolie wickeln.

2. Den Apfel gut waschen, ungeschält vierteln, das Kernhaus entfernen, das Fruchtfleisch in kleine Spalten schneiden. Zwiebel schälen und fein hacken. Die Cashewkerne ebenfalls hacken.

3. Alle drei Zutaten im heißen Bratfett in der Pfanne 2 Min. dünsten. Mit Currypulver bestäuben, dieses kurz anschwitzen. Mit dem Apfelsaft und der Brühe ablöschen und 3 Min. köcheln. Sahne und Saucenbinder einrühren und aufkochen lassen, salzen und pfeffern. Fleisch aufschneiden und mit der Apfel-Curry-Sauce anrichten.

Das schmeckt dazu Reis

Lammkoteletts mit Paprikaquark

ganz einfach
25 Min.
bei 6 Portionen pro Portion ca. 620 kcal
61 g Eiweiß · 40 g Fett · 5 g Kohlenhydrate

ZUTATEN FÜR 4–6 PORTIONEN

2–3 rote Spitzpaprika (ersatzweise 1 rote Paprikaschote)
400 g Magerquark
200 g saure Sahne
2 EL Ajvar (Paprikapaste)
2 EL Zitronensaft
Salz · Pfeffer
8 doppelte Lammkoteletts (à 150 g)
4 Knoblauchzehen
2 Zweige Rosmarin
4 EL Olivenöl

ZUBEREITUNG

1. Die Spitzpaprika waschen, putzen und in kleine Würfel schneiden. Quark mit saurer Sahne, Ajvar und Zitronensaft verrühren, salzen und pfeffern. Paprikawürfel unterziehen.

2. Die Koteletts kalt abspülen, trockentupfen und den Fettrand mehrmals einschneiden. Beidseitig salzen und pfeffern. Knoblauch schälen und in Scheibchen schneiden, Rosmarin waschen und trockenschütteln, die Nadeln abzupfen und hacken.

3. Öl in einer Pfanne erhitzen, die Koteletts darin von jeder Seite 4–5 Min. braten. Knoblauch und Rosmarin kurz mitbraten. Mit dem Paprikaquark servieren.

Das schmeckt dazu Bratkartoffeln (S. 50, Tipp zum Rezept »Pellkartoffeln«)

Tuning-Tipp Für noch mehr mediterrane Würze die Koteletts in einer Marinade aus Olivenöl, Knoblauch und Rosmarin über Nacht ziehen lassen.

Rumpsteaks mit Senf-Schalotten

macht was her
30 Min.
pro Portion ca. 585 kcal
28 g Eiweiß · 45 g Fett · 12 g Kohlenhydrate

ZUTATEN FÜR 4 PORTIONEN

4 Rumpsteaks (à 180 g)
Salz · Pfeffer
Mehl zum Bestäuben
350 g Schalotten
2 EL neutrales Öl
2 EL Butter
1 EL Zucker
200 ml Rinderfond (Glas)
6 EL trockener Weißwein oder Rinderfond
2 EL scharfer Dijon-Senf
2 EL Crème fraîche
1/2 Bund Schnittlauch

ZUBEREITUNG

1. Die Steaks trockentupfen, beidseitig salzen, pfeffern und mit Mehl bestäuben. Die Schalotten schälen, vierteln oder achteln.

2. Das Öl in einer großen Pfanne stark erhitzen. Steaks auf jeder Seite 2 Min. scharf anbraten. Butter dazugeben, Steaks in 3–4 Min. fertig braten. Herausnehmen und mit Alufolie abgedeckt warm stellen.

3. Schalotten im Bratfett in ca. 3 Min. glasig dünsten. Den Zucker darüber streuen, karamellisieren lassen. Fond und Wein angießen und bei mittlerer Hitze 5 Min. einkochen lassen. Senf und Crème fraîche einrühren, salzen und pfeffern. Das Fleisch zugeben, zugedeckt 5 Min. ziehen lassen. Schnittlauch waschen, fein schneiden und aufstreuen.

Das schmeckt dazu Röstkartoffeln

Austausch-Tipp Eine preiswerte Alternative zu den Rumpsteaks sind Schweinekoteletts.

Schweinesteaks mit Meerrettichkruste

preiswert
35 Min. + 15 Min. Backen
pro Portion ca. 515 kcal
46 g Eiweiß · 26 g Fett · 10 g Kohlenhydrate

ZUTATEN FÜR 4 PORTIONEN

4 Schweinenackensteaks (ca. 180–200 g)
Salz · Pfeffer
2 EL neutrales Öl
2 EL weiche Butter
2 EL geriebener Meerrettich (Glas)
2 EL geriebener Parmesan
2 EL Semmelbrösel
1 Bund Petersilie
2 Bund Suppengrün
1/4 l Gemüsebrühe
125 g Sahne
1 EL heller Saucenbinder

ZUBEREITUNG

1. Das Fleisch trockentupfen, salzen und pfeffern. Im heißen Öl in einer Pfanne von jeder Seite 3–4 Min. anbraten. Herausnehmen und in eine ofenfeste Form setzen.

2. Den Backofen auf 180° vorheizen (Umluft nicht empfehlenswert). 1 EL Butter mit Meerrettich, Parmesan und Semmelbröseln verrühren. Petersilie waschen, trockenschütteln, Blättchen fein hacken und untermischen. Mit Salz und Pfeffer würzen. Die Meerrettichpaste auf das Fleisch streichen. Dieses im heißen Ofen (Mitte) 15 Min. überbacken.

3. Inzwischen das Suppengrün waschen, putzen und in Stifte schneiden. Im übrigen Bratfett mit der restlichen Butter kurz andünsten. Brühe und Sahne angießen, zugedeckt 6 Min. dünsten. Saucenbinder einrühren, das Gemüse würzen und zu den Steaks servieren.

Das schmeckt dazu Kartoffelrösti

Italia-Schnitzel

gelingt immer
10 Min. + 20 Min. Backen
pro Portion ca. 415 kcal
41 g Eiweiß · 23 g Fett · 10 g Kohlenhydrate

ZUTATEN FÜR 4 PORTIONEN

- 4 Schweineschnitzel (je ca. 120 g)
- 4 EL Pesto (Glas)
- 4 kleine Zucchini
- 1/2 Bund Basilikum
- 1 Dose stückige Tomaten (800 g)
- 50 g Sahne
- Salz · Pfeffer
- 150 g Mozzarella
- Öl für die Form

ZUBEREITUNG

1. Backofen auf 200° (Umluft 180°) vorheizen. Schnitzel abspülen und trockentupfen. Beidseitig dünn mit Pesto einstreichen.

2. Die Zucchini waschen, putzen und auf der Küchenreibe grob raspeln. Basilikum abbrausen und trockenschütteln, die Blätter fein hacken.

3. Eine Auflaufform (ca. 2 l Inhalt) dünn mit Öl einfetten. Schnitzel in die Form legen. Tomaten aus der Dose mit Sahne, Zucchiniraspeln, Tomatenwürfeln und Basilikum mischen. Mit Salz und Pfeffer würzen. Gleichmäßig über die Schnitzel gießen.

4. Mozzarella in dünne Scheiben schneiden und auf den Schnitzeln verteilen. Im heißen Ofen (Mitte) ca. 20 Min. backen.

Kinder machen mit Schnitzel zu bestreichen, Zucchini zu raspeln und Basilikum mit dem Wiegemesser zu hacken, macht Spaß!

Kalbs-Involtini

mit Liebe gemacht
30 Min.
pro Portion ca. 345 kcal
37 g Eiweiß · 19 g Fett · 5 g Kohlenhydrate

ZUTATEN FÜR 4 PORTIONEN

- 8 Kalbsschnitzel (à 80 g)
- Salz · Pfeffer
- 8 Scheiben luftgetrockneter Schinken (ca. 100 g)
- 2–3 Zweige Salbei
- 2 EL ÖL
- 1 EL Butter
- 200 ml Kalbsfond (Glas; ersatzweise Fleischbrühe)
- 1 EL heller Saucenbinder
- Holzspießchen zum Zusammenstecken

ZUBEREITUNG

1. Die Kalbsschnitzel trockentupfen, flach streichen, beidseitig leicht salzen und pfeffern. Mit je 1 Scheibe Schinken und 3–4 Salbeiblättern belegen. Fleisch aufrollen und mit Holzstäbchen zusammenstecken.

2. In einer großen Pfanne das Öl und die Butter erhitzen, die Röllchen darin bei mittlerer Hitze in 5 Min. rundherum braun anbraten. Fond angießen, Deckel auflegen und bei mittlerer Hitze 10 Min. schmoren.

3. Die Kalbsröllchen aus der Pfanne nehmen. Den Saucenbinder in den Schmorfond einrühren, diesen aufkochen, die Sauce mit Salz und Pfeffer abschmecken.

Das schmeckt dazu Pilzrisotto (S. 71)

Tuning-Tipp Die Schmorsauce zusätzlich mit 125 g Sahne und 8 feinstreifig geschnittenen Salbeiblättern verfeinern.

Lammsteak Stroganoff

mit viel Sauce!
30 Min.
pro Portion ca. 335 kcal
33 g Eiweiß · 16 g Fett · 12 g Kohlenhydrate

ZUTATEN FÜR 4 PORTIONEN

- 4 Cornichons
- 2 gegarte geschälte Rote Beten (vakuumverpackt; Gemüseabteilung)
- 2 große Zwiebeln
- 2 EL neutrales Öl
- 4 Lammsteaks (à ca. 150 g)
- Salz · Pfeffer
- 3/4 l Gemüsebrühe
- 3–4 TL Senf
- 4–5 EL Schmand (24 %)

ZUBEREITUNG

1. Cornichons in dünne Scheiben schneiden. Rote Beten abtropfen lassen, in dünne Stifte schneiden. Zwiebeln schälen, fein würfeln.

2. Öl in einer Pfanne erhitzen. Lammsteaks salzen und pfeffern und von beiden Seiten scharf anbraten; das dauert ca. 8 Min. Herausnehmen und fest in Alufolie packen.

3. Zwiebeln im entstandenen Fond in der Pfanne andünsten. Brühe angießen und bei starker Hitze etwa auf die Hälfte einkochen lassen. Senf und Schmand einrühren, dann Cornichons und Rote Beten dazugeben. Mit Salz und Pfeffer würzen.

4. Lammsteaks 2 Min. in der Sauce ziehen lassen, den Fleischsaft aus der Folie in die Sauce geben.

Speed-Tipp Schneller geht's, wenn Sie statt Zwiebeln und Gemüsebrühe 2 Dosen Zwiebelsuppe (à 425 ml) verwenden.

Hähnchenfrikassée

frühlingsfrisch
35 Min.
pro Portion ca. 620 kcal
28 g Eiweiß · 47 g Fett · 17 g Kohlenhydrate

ZUTATEN FÜR 4 PORTIONEN

- 200 g TK-Erbsen
- 1 gebratenes Hähnchen (vom Metzger oder Imbissstand)
- 100 g Möhren
- 1 Kohlrabi (ca. 300 g)
- Salz · Pfeffer
- 1 Zwiebel
- 2 EL Butter
- 1 EL Mehl
- 1/2 l Hühnerbrühe
- 200 g Sahne
- 30 g Kerbel (ersatzw. 1 Bund Petersilie)

ZUBEREITUNG

1. Erbsen antauen lassen. Das Hähnchen häuten, Fleisch von den Knochen ablösen und in mundgerechte Stücke schneiden. Möhren schälen und in dünne Scheiben schneiden. Kohlrabi schälen, grob zerteilen, die Stücke ebenfalls in Scheiben schneiden. Das Gemüse in kochendem Salzwasser 5 Min. garen, abgießen, abschrecken und gut abtropfen lassen.

2. Zwiebel schälen und würfeln, in einem Topf in der Butter glasig dünsten. Das Mehl darüber stäuben und anschwitzen. Mit der Brühe aufgießen und aufkochen lassen. Sahne einrühren und 5 Min. köcheln lassen. Fleisch und Gemüse untermischen.

3. Das Gericht salzen und pfeffern, noch 5 Min. ziehen lassen. Den Kerbel abbrausen und hacken, unter das Frikassée mischen.

Das schmeckt dazu Reis

Speed-Tipp Statt Frischgemüse 500 g TK-Suppengemüse nehmen (ebenfalls vorgaren).

Fisch & Meeresfrüchte

Darf's ein bisschen Meer sein? Aber bitte! Fisch enthält hochwertiges Eiweiß, Jod und wertvolle Omega-Fettsäuren. Mit zarter Knusperkruste, frisch aus dem Ofen oder glänzend gegart im Aroma-Pack schmeckt er auch kleinen Leuten, die das Seegetier bisher nur in Stäbchenform kannten. Wer Abwechslung liebt, serviert auch mal

Muscheln oder Garnelen – mit unseren Rezepten schnell und problemlos zubereitet. Für den Alltag ist gegen Tiefgekühltes nichts einzuwenden. Voraussetzung für absoluten Genuss aber ist: Kaufen Sie Fisch und Meeresfrüchte in Sushi-Qualität – absolut frisch!

Grundrezept Paniertes Fischfilet

ganz einfach
30 Min.

pro Portion ca. 395 kcal
33 g Eiweiß · 21 g Fett · 18 g Kohlenhydrate

ZUTATEN FÜR 4 PORTIONEN

4 Fischfilets (à ca. 150 g; z. B. Rotbarschfilet)
2 EL Zitronensaft
Salz · Pfeffer
3 EL Mehl · 2 Eier
5 EL Semmelbrösel
5 EL Butterschmalz
Schnitze von 1 unbehandelten Zitrone zum Anrichten

ZUBEREITUNG

1. Fischfilets kalt abspülen und trockentupfen. Mit Zitronensaft beträufeln, salzen und pfeffern. 10 Min. ziehen lassen.

2. Die Fischfilets im Mehl wenden, überschüssiges Mehl abschütteln, dann durch die verquirlten Eier ziehen und schließlich in den Semmelbröseln wenden. Die Panade leicht andrücken.

3. Das Schmalz in einer großen Pfanne erhitzen. Die Fischfilets darin von jeder Seite bei mittlerer Hitze in 3–4 Min. goldbraun braten. Mit Zitronenschnitzen anrichten.

Das schmeckt dazu Kartoffelsalat (Rezept S. 62) und Gurken-Dill-Salat, beide mit einer Essig-Öl-Marinade (Rezept S. 112) angemacht, oder Pellkartoffeln mit grünem Salat

Austausch-Tipp Die knusprige Hülle passt auch prima zu anderen Filets: Seelachs, Kabeljau, Lengfisch, Scholle.

Mehr draus machen Haben sich Gäste angesagt? Für eine große Tischrunde die panierten Filets am besten schwimmend in der Fritteuse ausbacken.

Kräuter-Fischstäbchen

preiswert
30 Min. + 15 Min. Braten
pro Portion ca. 480 kcal
38 g Eiweiß · 24 g Fett · 27 g Kohlenhydrate

ZUTATEN FÜR 4 PORTIONEN

- 1 Grundrezept paniertes Fischfilet (S. 138; z. B. Rotbarsch)
- 1/2 Bund Petersilie
- 2 Eier
- 50 g Semmelbrösel
- Salz · Pfeffer

ZUBEREITUNG

1. Die Fischfilets (Grundrezept S. 138) kalt abspülen und trockentupfen, mit dem Pürierstab grob zerkleinern. Mit Zitronensaft, Salz und Pfeffer (Grundrezept) würzen. Petersilie waschen, trockenschütteln, abzupfen und fein hacken. Petersilie, 2 Eier und 50 g Semmelbrösel unter die Fischfarce mischen. Mit Salz und Pfeffer würzen.

2. Die Masse ca. 2 cm dick zu einem Rechteck auf ein Brett streichen. In 16 Stäbchen (ca. 8 x 5 cm) schneiden. Diese nacheinander in Mehl, Eiern und Semmelbröseln (Grundrezept) wenden.

3. Butterschmalz (Grundrezept) in einer großen Pfanne erhitzen, Fischstäbchen darin auf beiden Seiten portionsweise in 8 Min. goldbraun braten.

Das schmeckt dazu Kartoffelsalat

Tuning-Tipp 2 Avocados mit 3 EL Zitronensaft pürieren, 150 g Joghurt, 1 fein gewürfelte Schalotte und 1/2 Bund gehackte Petersilie unterrühren. Mit Salz und Pfeffer würzen. Zu den Fischstäbchen reichen.

Mandel-Fisch mit Brokkoli

ganz einfach
60 Min.
pro Portion ca. 625 kcal
39 g Eiweiß · 45 g Fett · 16 g Kohlenhydrate

ZUTATEN FÜR 4 PORTIONEN

- 1 Grundrezept paniertes Fischfilet (S. 138)
- 70 g gehobelte Mandeln
- 600 g Brokkoli
- Salz · Pfeffer
- 1 rote Paprikaschote
- 6 EL Olivenöl

ZUBEREITUNG

1. Fischfilets wie im Grundrezept (S. 138) vorbereiten und würzen. Nacheinander in Mehl und Eiern (Grundrezept) und statt in Semmelbröseln in den Mandeln wenden.

2. Brokkoli putzen, in Röschen teilen. Stiele schälen, halbieren und in 1 cm große Stücke schneiden. In kochendem Salzwasser 3–5 Min. kochen, abschrecken, gut abtropfen lassen.

3. Die Paprikaschote waschen, putzen, vierteln und in feine Streifen schneiden. Olivenöl erhitzen, Brokkoli und Paprika darin bei mittlerer Hitze 5 Min. braten, salzen und pfeffern.

4. Gleichzeitig die Fischfilets in einer Pfanne im heißen Schmalz (Grundrezept) 4 Min. von jeder Seite goldbraun braten. Mit dem Brokkoli anrichten.

Knusprige Hülle für feine Filets

Herrlich zart und saftig bleibt Fischfilet in einem goldbraunen Mantel aus mehreren Schichten.

→ Richtig würzen Erst wird das gute Stück gesäuert – Zitrone ist wichtig für Geschmack und Festigkeit des Fleisches –, zuletzt gesalzen. 10–15 Min. sollte es ziehen, bevor man es in Mehl und Semmelbröseln wälzt.

→ Richtig ummanteln Hier ist das richtige Maß wichtig: Zu viele Brösel können sich mit Fett voll saugen. Sind es zu wenige entstehen »Löcher« in der Hülle – das Fischfilet klebt in der Pfanne an. Am besten brät man in Butterschmalz oder in einer Mischung aus Öl und Butter.

Panieren mit Fantasie

→ Anders bröseln Die äußere Schicht der Panade bringt Abwechslung auf den Fisch, und je nachdem, womit man ihn umhüllt, wird er knusprig, kernig, würzig oder scharf. Oder auch alles auf einmal.

→ Das ist geeignet grober Polentagrieß, Vollkorn-Haferflocken, zerbröselte Cornflakes, Chili- oder Tortilla-Chips, geriebene Nüsse, Mandeln oder Erdnüsse und Sesam.

Fischfilet mit Kokoskruste

raffiniert gewürzt
50 Min.
pro Portion ca. 515 kcal
35 g Eiweiß · 27 g Fett · 35 g Kohlenhydrate

ZUTATEN FÜR 4 PORTIONEN

- 1 Grundrezept paniertes Fischfilet (S. 138)
- 100 g Kokosflocken
- 1 große feste Mango (ca. 500 g)
- 2 feste Bananen
- 300 g kleine Strauchtomaten
- 1 EL Butter
- Saft von 1 Limette
- 3 EL Tomatenketchup
- 1 EL Chilisauce
- Salz · Pfeffer

ZUBEREITUNG

1. Das Fischfilet (Grundrezept S. 138) kalt abspülen und trockentupfen, mit Zitronensaft, Salz und Pfeffer (Grundrezept) würzen. Erst in Mehl und Eiern (Grundrezept), dann in Kokosflocken statt in Böseln wenden.

2. Mango schälen, Fruchtfleisch vom Stein schneiden und würfeln. Bananen schälen, in Scheiben schneiden. Tomaten waschen, halbieren, Samen und Stielansätze entfernen, das Fruchtfleisch in Spalten schneiden.

3. Die Fischfilets im heißen Butterschmalz (Grundrezept) von jeder Seite bei mittlerer Hitze 4 Min. braten. Die Butter erhitzen, Mango und Bananen kurz darin anbraten, Tomaten hinzufügen. Limettensaft, Ketchup und Chilisauce einrühren, salzen und pfeffern. Das Fruchtgemüse zum Fisch servieren.

Das schmeckt dazu Basmatireis

Gebratene Forellen

klassisch gut
30 Min.
pro Portion ca. 490 kcal
46 g Eiweiß · 32 g Fett · 5 g Kohlenhydrate

ZUTATEN FÜR 4 PORTIONEN

- 4 küchenfertige Forellen (à ca. 300 g)
- Salz · Pfeffer
- 1–2 EL Mehl
- 100 g Butter
- 2 EL gehackte Haselnüsse
- 1 EL Zitronensaft
- Schnitze von 1 unbehandelten Zitrone zum Anrichten

ZUBEREITUNG

1. Die Forellen kalt abspülen, trockentupfen, innen und außen salzen und pfeffern. In Mehl wenden. Backofen auf 100° vorheizen.

2. In zwei Pfannen 40 g Butter erhitzen, die Forellen darin bei mittlerer Hitze auf beiden Seiten insgesamt 10–15 Min. braten. Herausnehmen und im Ofen warm stellen.

3. Übrige Butter zerlassen, die Nüsse darin leicht bräunen. Zitronensaft zugeben, salzen und pfeffern. Zum Servieren die Nussbutter über die Forellen träufeln, die Fische mit Zitronenschnitzen umlegen.

Tuning-Tipp Appetit auf **Panierte Forellen**? Bitte sehr: Mit Mehl bestäubten Fisch durch 3 verschlagene Eier und 4–5 EL Semmelbrösel oder gemahlene Haselnüsse ziehen.

Schollenfilet mit Tomaten-Speck-Sauce

gelingt immer
30 Min.
pro Portion ca. 495 kcal
30 g Eiweiß · 34 g Fett · 17 g Kohlenhydrate

ZUTATEN FÜR 4 PORTIONEN

- 600 g Schollenfilets
- 4 EL Zitronensaft
- Salz · Pfeffer
- 6 EL Polenta (Maisgrieß)
- 100 g durchwachsener Speck
- 2 große Tomaten
- 3 Stängel Petersilie
- 4 EL neutrales Öl
- 2 EL Butter

ZUBEREITUNG

1. Die Schollenfilets kalt abspülen und trockentupfen. Mit Zitronensaft beträufeln, salzen und pfeffern. Im Grieß wenden und gut andrücken. Speck in kleine Würfel schneiden. Tomaten waschen, Samen und Stielansätze entfernen, das Fruchtfleisch ebenfalls würfeln. Petersilie waschen, die Blättchen hacken.

2. Öl und Butter in einer großen Pfanne erhitzen, die Schollen darin in 6–8 Min. goldgelb braten, dabei einmal wenden. Herausnehmen und warm halten.

3. Die Speckwürfel im Bratfett knusprig werden lassen. Tomaten untermischen, kurz mitbraten, sparsam salzen und pfeffern. Petersilie zugeben. Die Schollenfilets mit der Tomaten-Speck-Sauce anrichten.

Das schmeckt dazu kleine neue Pellkartoffeln, in Butter geschwenkt und mit gehackter Petersilie bestreut

Lachskotelett mit Kohlrabi-Kartoffeln

Fisch de luxe!
40 Min.
pro Portion ca. 720 kcal
46 g Eiweiß · 46 g Fett · 29 g Kohlenhydrate

ZUTATEN FÜR 4 PORTIONEN

- 100 g TK-Erbsen
- 4 Lachskoteletts (à ca. 250 g)
- 2 EL neutrales Öl
- 2 TL Zitronensaft
- Salz · Pfeffer
- 600 g vorwiegend fest kochende Kartoffeln
- 2 Kohlrabi (ca. 500 g)
- 2 EL Butter
- 1/4 l Gemüsefond (Glas) oder Gemüsebrühe
- 2 TL Speisestärke
- 150 g Schmand (24 %)

ZUBEREITUNG

1. TK-Erbsen aus der Packung nehmen, antauen lassen. Lachskoteletts kalt abspülen und trockentupfen. Mit Öl und Zitronensaft einpinseln, salzen und pfeffern. Kartoffeln und Kohlrabi schälen, würfeln.

2. Die Butter erhitzen, Kohlrabi darin 3 Min. andünsten. Kartoffeln hinzufügen, mit Fond oder Brühe ablöschen. Aufkochen, bei mittlerer Hitze 15 Min. zugedeckt köcheln lassen.

3. Eine Pfanne stark erhitzen und die Lachskoteletts darin von beiden Seiten jeweils 4–5 Min. braten.

4. Stärke und 3 EL Wasser verrühren, mit dem Schmand und den Erbsen unter das übrige Gemüse mischen. Alles kurz aufkochen lassen, salzen und pfeffern. Zum Lachs servieren.

Austausch-Tipp Kein Schmand im Angebot? Dann nehmen Sie 100 g Crème fraîche, verrührt mit 2 EL saurer Sahne.

Kabeljaufilet mit Rosmarin

Fisch mal mediterran
25 Min.
pro Portion ca. 375 kcal
33 g Eiweiß · 22 g Fett · 2 g Kohlenhydrate

ZUTATEN FÜR 4 PORTIONEN

- 4 Kabeljaufilets (à 180–200 g)
- Saft von 2 Zitronen
- Salz · Pfeffer
- 80 g Butter
- 2 EL Olivenöl
- 2 TL gehackter Rosmarin
- 1/4 l trockener Weißwein oder Geflügelfond (Glas)

ZUBEREITUNG

1. Fischfilets kalt abspülen, trockentupfen und mit der Hälfte des Zitronensafts beträufeln, salzen und pfeffern.

2. In einer großen beschichteten Pfanne 1 EL Butter zusammen mit dem Olivenöl stark erhitzen. Fischfilets mit dem Rosmarin darin auf beiden Seiten in 2 Min. anbraten, dann 5 Min. bei milder Hitze gar ziehen lassen. Herausnehmen und warm stellen.

3. Bratensatz in der Pfanne mit dem übrigen Zitronensaft verrühren, Wein oder Fond angießen und bei starker Hitze auf die Hälfte einkochen. Übrige Butter in Stückchen unterschlagen. Die Sauce über den Fisch gießen.

Das schmeckt dazu Kartoffelpüree, unter das winzige gebratene Knoblauchwürfel gemischt werden.

Grundrezept Fisch in Folie

glänzend gegart
20 Min. + 30 Min. Garen

pro Portion ca. 440 kcal
52 g Eiweiß · 26 g Fett · 1 g Kohlenhydrate

ZUTATEN FÜR 4 PORTIONEN

4 küchenfertige ganze Fische (z. B. Forellen, Renken, Saiblinge; à ca. 350 g)
Salz · Pfeffer
1 Bund gemischte Kräuter
80 g kalte Butter
extrastarke Alufolie
weiche Butter zum Einfetten

ZUBEREITUNG

1. Die Fische kalt abspülen, trockentupfen, innen und außen salzen und pfeffern. Die Kräuter abbrausen, trockenschütteln, die Blätter abzupfen, mit der Butter in Stückchen in den Bauch der Fische legen.

2. Den Backofen auf 200° (Umluft 180°) vorheizen. 4 ausreichend große Blätter Alufolie (ca. 30 x 40 cm) mit der glänzenden Seite nach oben auf der Arbeitsfläche ausbreiten. In der Mitte mit Butter einstreichen. Die Fische darauf legen und verpacken: Die Längsseiten der Folie hochheben, zwei- bis dreimal umfalzen, dann die Schmalseiten hochnehmen und ebenfalls umfalzen.

3. Die Fische auf ein Backblech in den heißen Ofen (Mitte) legen und 15 Min. garen. Bei ausgeschaltetem Ofen noch 15 Min. nachziehen lassen. In der Folie zu Tisch bringen.

Das schmeckt dazu Pellkartoffeln oder Kartoffelgratin (Rezepte S. 50 bzw. S. 55) und grüner Salat

Speed-Tipp Morgens die Fische in Folie verpacken, ein paar Stunden im Kühlschrank ruhen lassen, mittags in den Ofen schieben.

Heilbuttfilets auf Gemüse

kalorienarm
30 Min. + 30 Min. Garen
pro Portion ca. 325 kcal
3 g Eiweiß · 19 g Fett · 7 g Kohlenhydrate

ZUTATEN FÜR 4 PORTIONEN

2 Heilbuttfilets (à ca. 300 g)
Salz · Pfeffer · 300 g Möhren
1 Petersilienwurzel
2 kleine Zucchini (ca. 250 g)
3–4 Stangen Staudensellerie (ca. 200 g)
1 Stange Lauch
1 Bund Petersilie
60 g kalte Butter
extrastarke Alufolie
weiche Butter zum Einfetten

ZUBEREITUNG

1. Das Fischfilet kalt abspülen, trockentupfen, mit Salz und Pfeffer einreiben. Ofen auf 200° (Umluft 180°) vorheizen. Möhren und Petersilienwurzel schälen und in streichholzfeine Stifte schneiden. Zucchini und Sellerie waschen, putzen und ebenfalls in feine Stifte schneiden. Lauch waschen, putzen und in feine Ringe schneiden. Petersilie waschen, trockenschütteln, die Blätter hacken.

2. 2 große Bögen Alufolie (je ca. 40 x 50 cm) in der Mitte mit Butter einreiben. Das Gemüse mischen, darauf verteilen, salzen und pfeffern. Petersilie darüber streuen, mit der Butter in Flöckchen belegen.

3. Heilbutt auf das Gemüse legen. Jedes Stück Alufolie wie im Grundrezept (S. 142) beschrieben zu einem Päckchen verschließen und auf ein Backblech legen. Im heißen Ofen (Mitte) 20 Min. garen, dann 10 Min. im abgeschalteten Ofen nachziehen lassen. Fisch auf einer vorgewärmten Platte mit Gemüse und Dünstsaft servieren.

Das schmeckt dazu Pellkartoffeln

Austausch-Tipp Gelingt genauso gut im Bratbeutel: Zutaten hinein, Beutel gut verschließen und auf ein kaltes Backblech legen. Den Fisch in den auf 180° vorgeheizten Backofen (unten, Umluft 160°) schieben und 30 Min. garen.

Meeresfrüchte-Curry in Alufolie

für große und kleine Asia-Fans
30 Min. + 25 Min. Garen
pro Portion ca. 420 kcal
45 g Eiweiß · 26 g Fett · 4 g Kohlenhydrate

ZUTATEN FÜR 4 PORTIONEN

300 g küchenfertige Tintenfischtuben
250 g rohe geschälte Riesengarnelen (frisch oder aufgetaute TK-Ware)
400 g Fischfilet (z. B. Lachs) · 2 EL neutrales Öl
1 Bund Frühlingszwiebeln · 2 Knoblauchzehen · 1 Limette (ersatzweise 1 kleine unbehandelte Zitrone) · Salz · Pfeffer · 6 EL ungesüßte Kokosmilch (Dose) · 1–2 TL gelbe Currypaste (ersatzweise Currypulver)
1 Bund Koriandergrün · extrastarke Alufolie

ZUBEREITUNG

1. Tintenfische, Garnelen und Fischfilet kalt abspülen und trockentupfen. Tintenfische in Ringe, Fisch in Stücke schneiden. 4 Bögen Alufolie (ca. 30 x 40 cm) auslegen, mit je 1/2 EL Öl bestreichen. Fisch und Meeresfrüchte mischen, je 1 Portion in die Mitte eines Folienstückes legen.

2. Den Backofen auf 200° (Umluft 180°) vorheizen. Frühlingszwiebeln waschen, putzen und schräg in Stücke von 2–3 cm schneiden. Knoblauch schälen und fein hacken. Limette heiß waschen, trockenreiben, die Schale abreiben, den Saft auspressen.

3. Frühlingszwiebeln, Knoblauch und Limettenschale über dem Fisch verteilen. Salzen und pfeffern. Kokosmilch mit Currypaste und Limettensaft verrühren, über die Fischmischung träufeln. Jedes Stück Alufolie wie im Grundrezept (S. 142) beschrieben zu einem Päckchen verschließen und auf ein Backblech legen. Im heißen Ofen (Mitte) 15 Min. garen, dann noch 10 Min. im abgeschalteten Ofen nachziehen lassen.

4. Koriandergrün abbrausen, trockenschütteln, Blättchen grob hacken und auf das Curry streuen.

Das schmeckt dazu thailändischer Duftreis oder Basmatireis

Rotbarsch in Pergamenthülle

ganz einfach
30 Min. + 25 Min. Garen
pro Portion ca. 410 kcal
35 g Eiweiß · 27 g Fett · 3 g Kohlenhydrate

ZUTATEN FÜR 4 PORTIONEN

4 Rotbarschfilets (à ca. 180 g)
250 g frischer Spinat
300 g Tomaten
4 Schalotten
1 unbehandelte Zitrone
8 EL Olivenöl
1 TL getrockneter Oregano
Salz · Pfeffer
8 EL trockener Weißwein oder Hühnerbrühe

ZUBEREITUNG

1. Die Fischfilets kalt abspülen und trockentupfen. Spinat gründlich waschen, putzen, verlesen und gut abtropfen lassen. Tomaten waschen und in Scheiben schneiden, dabei die Stielansätze entfernen. Schalotten schälen und in dünne Streifen schneiden. Die Zitrone heiß waschen, trockenreiben und in Scheiben schneiden.

2. Den Backofen auf 200° vorheizen. Für vier Päckchen jeweils 2 Bögen Backpapier (ca. 30 x 40 cm) übereinander legen und mit je 1 EL Olivenöl bestreichen. Darauf jeweils Spinat, dann Schalotten und Tomaten übereinander schichten. Mit dem Oregano bestreuen. Die Fischfilets und zuletzt die Zitronenscheiben darauf setzen. Salzen und pfeffern. Mit Wein oder Brühe und dem restlichen Öl beträufeln.

3. Die Längsseiten des Papiers hochnehmen, zur Mitte hin über dem Fisch übereinander schlagen und dreimal zusammenfalzen. Die Enden einfalten und unter die Päckchen schlagen. Diese auf das Backblech setzen und den Fisch im Ofen (Mitte, Umluft 180°) 25–30 Min. garen. Das Gericht als Päckchen servieren.

Das schmeckt dazu Bratkartoffeln (S. 50, Tipp zum Rezept »Pellkartoffeln«)

Aroma-Päckchen:

→ **Alufolie** Darin gart der Fisch im eigenen Saft. Nichts kann entweichen – das Aroma, der Duft bleiben erhalten. Ein kräftiger Geschmack entwickelt sich. Das Päckchen muss aber nicht aus Alufolie sein.

Es gibt viele Verpackungen:

→ **Backpapier** Kein Butterbrotpapier nehmen, es verbrennt!
→ **Bratfolie und Bananenblätter**
oder – wenn Sie die »Verpackung« mitessen möchten –
→ **blanchierte Kohl- oder Wirsingblätter.**

Rotbarsch mit Thymian-Tomaten-Kruste

kalorienarm
30 Min. + 20 Min. Garen
pro Portion ca. 340 kcal
31 g Eiweiß · 19 g Fett · 13 g Kohlenhydrate

ZUTATEN FÜR 4 PORTIONEN

600 g Rotbarschfilet
Salz · Pfeffer
abgeriebene Schale und Saft von 1 unbehandelten Zitrone
500 g Zucchini
50 g in Öl eingelegte getrocknete Tomaten (Glas)
1/2 Bund Petersilie
8–10 Zweige Thymian
2 EL Semmelbrösel
4 EL Olivenöl
Olivenöl für die Form

ZUBEREITUNG

1. Das Fischfilet kalt abspülen, trockentupfen und in große Stücke schneiden. Mit Salz, Pfeffer und 2 EL Zitronensaft würzen.

2. Backofen auf 200° vorheizen. Zucchini waschen, putzen und in dünne Scheiben schneiden. Überlappend in eine gefettete Gratinform legen, salzen und pfeffern. Fisch darauf legen.

3. Getrocknete Tomaten klein würfeln. Petersilie und Thymian waschen, trockenschütteln, die Blättchen fein hacken. Tomaten, Kräuter und Brösel vermischen. Mit Salz, Pfeffer und 1/2 TL abgeriebener Zitronenschale würzen, Mischung auf dem Fisch verteilen. Olivenöl, 1 EL Tomatenöl und übrigen Zitronensaft verquirlen, darüber träufeln. Im Ofen (unten, Umluft 180°) 20–25 Min. garen.

Austausch-Tipp Statt Rotbarsch eignet sich auch Kabeljau- oder Heilbuttfilet.

Meerbrassen auf Fenchel

schmeckt nach Urlaub
30 Min. + 20 Min. Garen
pro Portion ca. 415 kcal
43 g Eiweiß · 24 g Fett · 6 g Kohlenhydrate

ZUTATEN FÜR 4 PORTIONEN

4 Meerbrassen (à 300–350 g)
Salz · Pfeffer
1–2 unbehandelte Zitronen
4 kleine Zweige Rosmarin
2 Schalotten
2 Knoblauchzehen
2 Fenchelknollen
4 große Tomaten
4 EL Olivenöl
150 ml Fischfond (Glas)

ZUBEREITUNG

1. Die Fische kalt abspülen, trockentupfen, auf beiden Seiten je zweimal schräg einschneiden. Innen und außen mit Salz und Pfeffer bestreuen. Zitrone(n) heiß waschen, trockenreiben und in dicke Scheiben schneiden. In jeden Fisch 1 Zweig Rosmarin und 1–2 Zitronenscheiben stecken.

2. Backofen auf 200° vorheizen. Schalotten schälen und in Ringe schneiden, Knoblauch schälen und in Scheiben teilen. Fenchel waschen und putzen. Die Knollen halbieren und quer in feine Scheiben schneiden. Tomaten waschen und ohne Stielansätze grob würfeln.

3. In einer Pfanne 3 EL Öl erhitzen, darin das Gemüse mit dem Knoblauch bei mittlerer Hitze 4–5 Min. unter Wenden anschmoren. Salzen und pfeffern. In einer großen Gratinform verteilen, Fische darauf betten, mit dem übrigen Öl einpinseln, den Fond angießen. Im Ofen (Mitte, Umluft 180°) 20–25 Min. garen.

Das schmeckt dazu Stangenweißbrot

Chili-Fisch aus dem Ofen

scharf

20 Min. + 20 Min. Garen

pro Portion ca. 260 kcal

35 g Eiweiß · 13 g Fett · 2 g Kohlenhydrate

ZUTATEN FÜR 4 PORTIONEN

8 Scheiben TK-Fischfilet (z. B. Kabeljau; à ca. 100 g)
Salz · Pfeffer
4 Frühlingszwiebeln
2 Knoblauchzehen
1–2 rote Chilischoten
1 Limette oder 1 kleine unbehandelte Zitrone
4 EL neutrales Öl
1 Bund Koriandergrün (ersatzweise Petersilie)
Öl für die Form

ZUBEREITUNG

1. Eine ofenfeste Form mit Öl einfetten, gefrorene Fischfilets hineinlegen. Auf beiden Seiten salzen und pfeffern.

2. Backofen auf 200° (Umluft 180°) vorheizen. Die Frühlingszwiebeln waschen, putzen und in feine Ringe schneiden. Knoblauch schälen, die Chili(s) waschen, putzen und die Samen entfernen. Knoblauch und Chili fein würfeln. Mit den Frühlingszwiebeln mischen, über den Fisch streuen.

3. Limette oder Zitrone heiß waschen, trockenreiben, in dünne Scheiben schneiden und diese obenauf legen. Das Öl darüber träufeln. Die Fischfilets im heißen Ofen (Mitte) 20 Min. braten, nach der Hälfte der Garzeit wenden. Koriandergrün abbrausen, trockenschütteln, hacken und zum Servieren obenauf streuen.

Mehr draus machen Ganz easy auch für 8 Portionen zu machen – Zutaten einfach aufs Blech packen.

Heilbutt unter Kartoffelhaube

preiswert

30 Min. + 20 Min. Garen

pro Portion ca. 430 kcal

6 g Eiweiß · 16 g Fett · 30 g Kohlenhydrate

ZUTATEN FÜR 4 PORTIONEN

1 Beutel Kartoffelpüree (für 3 Portionen)
1/8 l Milch
2 TL Butter
Salz · Pfeffer
geriebene Muskatnuss
4 Heilbuttfilets (à ca. 180 g)
1 EL Zitronensaft
2 EL neutrales Öl
1/2 Bund Dill
1/2 Bund Schnittlauch
50 g Emmentaler, fein geraspelt

ZUBEREITUNG

1. Das Püree nach Packungsangabe mit nur 1/4 l statt 3/8 l Wasser und der Milch zubereiten. Butter untermischen, mit Salz, Pfeffer und Muskat würzen.

2. Den Backofen auf 220° (Umluft 200°) vorheizen. Fisch kalt abspülen, trockentupfen, mit Salz, Pfeffer und Zitronensaft würzen. Das Öl in einer Pfanne erhitzen, Fischfilets darin von jeder Seite bei milder Hitze 1 Min. anbraten. Herausnehmen, in eine Gratinform legen.

3. Kräuter abbrausen, trockenschütteln, Dillblättchen fein hacken, Schnittlauch fein schneiden. Kräuter und Käse unter die Kartoffelmasse heben, diese auf dem Fisch verteilen. Im heißen Ofen (Mitte) 20 Min. überbacken.

Das schmeckt dazu grüner Salat oder Rote-Beten-Salat (Rezept S. 114)

Knoblauchgarnelen

wie in Spanien
25 Min.
pro Portion ca. 190 kcal
24 g Eiweiß · 9 g Fett · 3 g Kohlenhydrate

ZUTATEN FÜR 4 PORTIONEN

- 12 große Riesengarnelen mit Schale (King Prawns; ca. 700 g)
- 1 Knoblauchknolle
- 1 Bund Petersilie
- Salz · Pfeffer
- 3 EL Olivenöl

ZUBEREITUNG

1. Garnelen mit der Schale längs halbieren und dabei den Schwanz daran belassen. Mit einem kleinen spitzen Messer den dunklen Darm vorsichtig entfernen, die Garnelen kalt abspülen und trockentupfen.

2. Die Knoblauchzehen aus der Knolle lösen und leicht klopfen, so dass sie aufplatzen. Die Petersilie waschen, trockenschütteln und die Blättchen grob hacken. Die Garnelen mit Salz und Pfeffer würzen.

3. Das Olivenöl in einer großen Pfanne erhitzen. Garnelen und Knoblauch darin bei großer Hitze ca. 10 Min. braten, dabei einmal wenden. Die Petersilie darüber streuen. Die Garnelen schmecken warm und kalt.

Tuning-Tipp 2 Limetten heiß waschen, trockenreiben, achteln und abwechselnd mit den Garnelen auf Spieße stecken. Diese wie im Rezept beschrieben zubereiten.

Sahniges Fischragout

mit viel Sauce!
25 Min.
pro Portion ca. 380 kcal
29 g Eiweiß · 23 g Fett · 10 g Kohlenhydrate

ZUTATEN FÜR 4 PORTIONEN

- 600 g Fischfilet (z. B. Kabeljau)
- 2 EL Zitronensaft
- Salz · Pfeffer
- 1 Bund Frühlingszwiebeln
- 2 kleine Möhren
- 1 Zwiebel
- 1 Bund Dill
- 1 EL Butter
- 150 ml Weißwein oder Fischfond (Glas)
- 150 ml Fischfond (Glas)
- 200 g Crème fraîche

ZUBEREITUNG

1. Das Fischfilet kalt abspülen, trockentupfen und in mundgerechte Stücke schneiden. Mit Zitronensaft beträufeln, mit Salz und Pfeffer würzen. Frühlingszwiebeln waschen, putzen und in grobe Stücke schneiden. Die Möhren schälen, in dünne Scheiben schneiden. Die Zwiebel schälen, fein würfeln. Dill abbrausen, trockenschütteln, die Blättchen fein hacken.

2. Die Butter erhitzen, die Zwiebeln darin glasig dünsten. Möhren dazugeben, kurz mitdünsten und mit dem Weißwein ablöschen. Den Fischfond dazugießen, aufkochen, Crème fraîche unterrühren, mit Salz und Pfeffer würzen. Fisch und Frühlingszwiebeln hineingeben und darin bei kleiner Hitze ca. 5–10 Min. ziehen lassen. Den Dill einstreuen und sofort servieren.

Austausch-Tipp Den Fisch ganz oder nur zum Teil durch Lachsfilet und/oder Garnelen ersetzen, statt Dill Petersilie nehmen.

Gebackene Tintenfischringe

blitzschnell
20 Min.
pro Portion ca. 265 kcal
24 g Eiweiß · 16 g Fett · 6 g Kohlenhydrate

ZUTATEN FÜR 4 PORTIONEN

- Öl zum Frittieren (mindestens 1 l)
- 600 g Tintenfischtuben, küchenfertig vorbereitet
- Salz · Pfeffer
- 1 unbehandelte Zitrone
- Mehl zum Wenden

ZUBEREITUNG

1. Die Fritteuse oder einen großen Topf mit dem Öl füllen und dieses auf ca. 180° erhitzen. Inzwischen die Tintenfische kalt abspülen, trockentupfen, in fingerdicke Ringe schneiden, diese salzen und pfeffern. Zitrone heiß waschen, trockenreiben, in Spalten schneiden.

2. Tintenfischringe im Mehl wenden, in ein Sieb geben und darin überschüssiges Mehl abschütteln. Die Ringe portionsweise im heißen Öl in ca. 3 Min. goldbraun backen, herausnehmen, auf Küchenpapier abtropfen lassen und sofort mit Zitronenspalten servieren.

Tuning-Tipp Für **Tintenfisch in Rotwein** 1 Zwiebel würfeln. 400 g Staudensellerie klein schneiden. 400 g Tintenfischtuben in mundgerechte Stücke schneiden. Zwiebeln und Sellerie in 1 EL Olivenöl anbraten, Fischstücke kurz mitbraten und mit 400 ml Rotwein ablöschen. Den Wein einkochen lassen, 800 g gehäutete Tomaten (Dose), 1 EL Tomatenmark und 2 Lorbeerblätter zugeben und ca. 15 Min. kochen lassen. Salzen und pfeffern, 3 EL gehackte Petersilie unterrühren. Schmeckt zu Nudeln oder Reis.

Fisch mit Kräuterkruste

ganz einfach
30 Min. + 30 Min. Backen
pro Portion ca. 320 kcal
30 g Eiweiß · 16 g Fett · 12 g Kohlenhydrate

ZUTATEN FÜR 4 PORTIONEN

- 600 g Fischfilet (z. B. Rotbarsch)
- 2 EL Zitronensaft
- Salz · Pfeffer
- 1 Bund Petersilie
- 3 Zweige Thymian
- 4 EL Butter
- 6 EL Semmelbrösel
- 2 EL Senf
- Butter für die Form

ZUBEREITUNG

1. Den Backofen auf 200° vorheizen, eine ofenfeste Form mit Butter ausstreichen. Den Fisch kalt abspülen, trockentupfen, mit Zitronensaft beträufeln. Mit Salz und Pfeffer würzen, in die Form legen.

2. Petersilie und Thymian waschen und trockenschütteln. Petersilienblättchen fein hacken, Thymianblättchen abzupfen. Die Butter erhitzen, Semmelbrösel dazugeben und ca. 2 Min. anrösten. Die Kräuter untermischen, mit Salz und Pfeffer würzen.

3. Den Senf gleichmäßig auf den Fisch streichen, die Semmelbrösel darüber verteilen. Im Ofen (Mitte, Umluft 180°) in 20–30 Min. goldbraun backen.

Das schmeckt dazu Pellkartoffeln (S. 50)

Garnelencocktail mit Avocado

ganz was Feines
25 Min.
pro Portion ca. 255 kcal
25 g Eiweiß · 20 g Fett · 2 g Kohlenhydrate

ZUTATEN FÜR 4 PORTIONEN

250 g gegarte ausgelöste Riesengarnelen (King Prawns)
4–6 Blätter Eisbergsalat (ca. 150 g)
1 reife Avocado
Saft von 1 Limette
2 EL Joghurt
Salz · Pfeffer
2–3 Spritzer Tabasco
75 g Sahne
3–4 Zweige Dill

ZUBEREITUNG

1. Garnelen kalt abspülen und gut abtropfen lassen. Salatblätter waschen, trockentupfen und putzen.

2. Avocado halbieren, entsteinen und das Fruchtfleisch mit einem Löffel herausheben. Eine Hälfte in grobe Stücke schneiden und diese sofort mit 1 EL Limettensaft beträufeln. Die zweite Hälfte mit 2 TL Limettensaft mit einer Gabel zerdrücken. Joghurt unterrühren, mit Salz, Pfeffer und Tabasco würzen. Sahne steif schlagen und unterheben.

3. Dill abbrausen und trockenschütteln. Vier Schalen mit dem Salat auskleiden, Garnelen und Avocadostücke darauf verteilen und mit der Avocadosauce überziehen. Mit Dillspitzen garnieren.

Austausch-Tipp Schmeckt auch mini: Sie können die Garnelen durch Shrimps – kleine gekochte Tiefseegarnelen – ersetzen.

Meeresfrüchtesalat

kräuterwürzig
25 Min.
pro Portion ca. 240 kcal
19 g Eiweiß · 14 g Fett · 4 g Kohlenhydrate

ZUTATEN FÜR 4 PORTIONEN

1 Zwiebel
2 Knoblauchzehen
5 EL Olivenöl
1/8 l Weißwein oder Fischfond (Glas)
3–4 EL Zitronensaft
1 Packung TK-Frutti-di-Mare (blanchierte Meeresfrüchtemischung; 450 g)
3 Zweige Thymian
Salz · Pfeffer
1 Zucchino (150 g)
200 g Kirschtomaten
3 Zweige Basilikum

ZUBEREITUNG

1. Zwiebel und Knoblauch schälen, fein würfeln und in 1 EL Olivenöl glasig dünsten. Wein oder Fond und Zitronensaft angießen. Gefrorene Meeresfrüchte und Thymian zufügen, aufkochen und zugedeckt bei milder Hitze 3 Min. köcheln lassen.

2. Meeresfrüchte abgießen, den Sud auffangen und zur Hälfte einkochen. Mit Salz, Pfeffer und übrigem Olivenöl verrühren.

3. Zucchino waschen, putzen und in feine Stifte schneiden, Tomaten waschen und halbieren oder vierteln. Basilikum abbrausen, trockenschütteln, die Blätter abzupfen und hacken, mit Gemüse und Meeresfrüchten unter die Marinade mischen.

Vorrats-Tipp Keine Zeit zum Einkaufen? Dann kombinieren Sie die Meeresfrüchte mit 100 g bissfest gekochter Pasta.

Fischteller mit Dill-Senfsauce

macht was her

30 Min.

pro Portion ca. 410 kcal

28 g Eiweiß · 31 g Fett · 5 g Kohlenhydrate

ZUTATEN FÜR 4 PORTIONEN

100 g gemischte Blattsalate nach Wahl (oder Fertigprodukt)
400 g gemischter Räucherfisch (z. B. Bückling, Makrelenfilet, Räucherlachs, Schillerlocke)
50 g Keta-Kaviar
1 EL Dijon-Senf
2 EL Weißweinessig
1 EL flüssiger Honig
Salz · Pfeffer
5 EL neutrales Öl
1/2 Bund Dill

ZUBEREITUNG

1. Frische Blattsalate putzen, waschen, trockenschleudern und mundgerecht zerkleinern. Fertig gekauften Salatmix ebenfalls waschen und trockenschleudern. Den Räucherfisch eventuell enthäuten und in grobe Stücke schneiden.

2. Den Salat auf einer großen Platte verteilen. Fisch und Kaviar dekorativ dazu anrichten.

3. Für das Dressing Senf, Essig, Honig, Salz und Pfeffer cremig rühren, das Öl unterschlagen. Dill abbrausen, trockenschütteln, die Blättchen fein hacken und untermischen. Sauce über den Salat träufeln.

Mehr draus machen Schmeckt auch prima als **Kartoffelsalat mit Fisch:** 500 g Pellkartoffeln oder Salzkartoffeln vom Vortag in Scheiben schneiden. Mit den übrigen Zutaten in einer Schüssel vermischen.

Matjes nach Hausfrauenart

klassisch gut

20 Min. + 60 Min. Kühlen

pro Portion ca. 700 kcal

23 g Eiweiß · 49 g Fett · 40 g Kohlenhydrate

ZUTATEN FÜR 4 PORTIONEN

150 g Sahne
200 g saure Sahne
2 EL Salatmayonnaise
4 TL Weißweinessig
Salz · Pfeffer
1 TL Senfkörner
1 TL Zucker
2 säuerliche Äpfel
2 Zwiebeln
200 g Gewürzgurken
8 frische Matjesfilets (à ca. 60 g)

ZUBEREITUNG

1. Sahne mit saurer Sahne und Mayonnaise verrühren, mit dem Essig, Salz, Pfeffer, Senfkörnern und Zucker vermischen.

2. Die Äpfel waschen, vierteln, das Kernhaus entfernen, das Fruchtfleisch quer in dünne Stücke schneiden. Zwiebeln schälen, halbieren und in dünne Halbringe schneiden. Die Gurken in feine Scheiben teilen.

3. Die Äpfel, Zwiebeln und Gurken unter die Sauce mischen. Matjesfilets abspülen, trockentupfen und in die Sauce geben. Mindestens 1 Std. abgedeckt im Kühlschrank durchziehen lassen.

Vorrats-Tipp Eingelegter Matjes hält sich mindestens 3 Tage im Kühlschrank.

Mehr draus machen Matjes mit Sahnesauce sind mit Pellkartoffeln (Rezepte S. 50) oder Bratkartoffeln auch als Hauptmahlzeit ein Genuss.

Grundrezept Miesmuscheln

frisch genießen! *pro Portion ca. 350 kcal*
30 Min. *22 g Eiweiß · 8 g Fett · 15 g Kohlenhydrate*

ZUTATEN FÜR 4 PORTIONEN

4 kg Miesmuscheln
2 Möhren · 4 Stangen Staudensellerie
1 Stange Lauch · 1 Fenchelknolle · 2 EL Olivenöl
100 ml Pernod (Anisschnaps) nach Belieben
700 ml Weißwein oder Fischfond (Glas)
2 Lorbeerblätter
1/2 TL Pfefferkörner
1 TL Senfkörner · Salz

ZUBEREITUNG

1. Eventuelle Verunreinigungen oder Bärte an den Muscheln entfernen und die Muscheln in kaltes Wasser legen. Geöffnete Muscheln unbedingt wegwerfen! Inzwischen die Möhren schälen, Staudensellerie, Lauch und Fenchel waschen und putzen. Das Gemüse in dünne Scheiben schneiden.

2. Das Olivenöl in einem goßen Topf oder in zwei kleineren Töpfen erhitzen und das Gemüse darin bei mittlerer Hitze ca. 3 Min. andünsten, mit dem Pernod ablöschen, einkochen lassen und mit Weißwein oder Fischfond und 700 ml Wasser aufgießen. Lorbeerblätter, Pfefferkörner und Senfkörner dazugeben, aufkochen und mit Salz abschmecken.

3. Die Muscheln in einem Sieb abtropfen lassen, in den Sud geben und ca. 10 Min. kochen lassen, dabei häufig umrühren. Die Muscheln sind gar, wenn alle Schalen geöffnet sind. Geschlossene Muscheln unbedingt wegwerfen! Muscheln mit dem Sud in Suppentellern servieren.

Das schmeckt dazu Weißbrot

Austausch-Tipp Einfach ein Grundrezept Tomatensauce (S. 30) zubereiten und die vorbereiteten Muscheln darin anstatt im Sud in ca. 10 Min. garen, dabei häufig umrühren.

Muscheln mit Zitronengras und Chili

für große und kleine Asia-Fans
30 Min.
pro Portion ca. 225 kcal
19 g Eiweiß · 7 g Fett · 6 g Kohlenhydrate

ZUTATEN FÜR 4 PORTIONEN

4 kg Miesmuscheln
2 Bund Frühlingszwiebeln
2 Stängel Zitronengras
2–4 Chilischoten
3 cm Ingwer
4 Kaffirlimettenblätter nach Belieben
1 Bund Koriandergrün
1 EL neutrales Öl
1/4 l Sake (Reiswein) oder Fischfond (Glas)
1–2 EL Fischsauce

ZUBEREITUNG

1. Die Muscheln wie im Grundrezept (S. 150) beschrieben vorbereiten.

2. Frühlingszwiebeln, Zitronengras, Chilis waschen und putzen. Die Frühlingszwiebeln in ca. 3 cm große Stücke schneiden. Zitronengras und Chilis in sehr feine Ringe schneiden. Ingwer schälen und sehr fein würfeln. Limettenblätter waschen und in sehr feine Streifen schneiden. Den Koriander abbrausen, trockenschütteln und die Blättchen abzupfen.

3. Öl in einem großen Topf oder in zwei Töpfen erhitzen. Frühlingszwiebeln, Zitronengras, Chili und Ingwer darin 3 Min. andünsten. Reiswein bzw. Fond und 800 ml Wasser zugießen, Fischsauce und ggf. Limettenblätter zugeben, aufkochen. Die Muscheln kochen wie im Grundrezept (S. 150, Punkt 3) beschrieben, mit dem Koriander bestreuen, mit dem Sud in Suppentellern servieren.

Tuning-Tipp Für **Asia-Muschelsuppe** nur 1/2 Rezept zubereiten, Muschelfleisch aus den Schalen lösen. 400 ml Kokosmilch zugießen, aufkochen, Muscheln darin kurz erhitzen, mit Korianderblättchen garniert servieren.

Miesmuschelsuppe

sahnig frisch
60 Min.
pro Portion ca. 720 kcal
25 g Eiweiß · 44 g Fett · 23 g Kohlenhydrate

ZUTATEN FÜR 4 PORTIONEN

1/2 Grundrezept Miesmuscheln (S. 150)
1 Möhre
1 Bund Frühlingszwiebeln
200 g Sahne
200 g Crème fraîche
Salz · Pfeffer
1–2 TL Speisestärke
2 EL gehackter Dill

ZUBEREITUNG

1. Die Muscheln wie im Grundrezept (S. 150) beschrieben zubereiten, aus den Schalen lösen und zur Seite stellen. Den Sud durch ein feines Sieb gießen.

2. Möhre schälen, Frühlingszwiebeln waschen und putzen, beides sehr klein schneiden. Die Sahne steif schlagen. Den Muschelfond aufkochen, die Crème fraîche einrühren, mit Salz und Pfeffer würzen.

3. Speisestärke mit 2 EL kaltem Wasser anrühren und die Suppe damit binden. Das Gemüse zugeben und in ca. 2 Min. bissfest kochen. Die Muscheln kurz in der Suppe erhitzen. Zum Schluss Dill und Sahne einrühren, das Gericht sofort servieren.

Venusmuscheln

Sie sind besonders gut geeignet als Vorspeise oder für Nudelsaucen. 500 g pro Portion sind ausreichend.
→ Die Muscheln sind in der Regel schon sauber und müssen nur in kaltem Wasser gewaschen werden. Nach ca. 5 Min. sind die Muscheln gar, Vorkochen ist nicht notwendig.
→ Ersetzen Sie doch einmal die Miesmuscheln im Rezept »Spaghetti mit Muscheln« durch Venusmuscheln oder verfeinern Sie eine Tomatensauce damit. Superschnell geht es mit ausgelöstem Venusmuschelfleisch aus der Tiefkühltruhe.

Jakobsmuscheln

... werden meist ausgelöst angeboten. Lecker schmecken sie mit Zitronensaft, Salz und Pfeffer gewürzt und in der Pfanne mit Butter oder Olivenöl von beiden Seiten ca. 2 Min. bei mittlerer Hitze gebraten.

Kindertipp!

→ **Basteln** mit leeren Muscheln macht Spaß! Dazu die Schalen säubern und in Essigwasser 5 Min. auskochen. Danach aufkleben oder Löcher hineinbohren und auffädeln.

Spaghetti mit Muscheln

wie beim Italiener
60 Min.
pro Portion ca. 755 kcal
38 g Eiweiß · 17 g Fett · 105 g Kohlenhydrate

ZUTATEN FÜR 4 PORTIONEN

1/2 Grundrezept Miesmuscheln (S. 150)
4 Tomaten
1 Bund Petersilie
3 EL Olivenöl
Salz · Pfeffer
500 g Spaghetti

ZUBEREITUNG

1. Die Muscheln wie im Grundrezept (S. 150) beschrieben zubereiten, aus dem Sud nehmen und zur Seite stellen. Den Sud durch ein feines Sieb gießen und etwa auf die Hälfte einkochen lassen.

2. Inzwischen die Tomaten waschen, den Stielansatz entfernen und das Fruchtfleisch würfeln. Petersilie waschen, trockenschütteln, die Blättchen fein hacken.

3. Das Olivenöl in einem großen Topf erhitzen und die Tomaten darin ca. 2 Min. andünsten. Den Muschelfond dazugießen, aufkochen, mit Salz und Pfeffer würzen. Muscheln in die Sauce geben und darin erhitzen, zum Schluss die Petersilie zugeben.

4. Die Spaghetti in Salzwasser laut Packungsangabe bissfest kochen, abgießen und mit der Sauce mischen, sofort servieren.

Zarte Süße und feine Frucht – unsere Desserts schmecken einfach **unwiderstehlich!** Und wenn mal keine Zeit ist für Genießer-Grieß oder Clafoutis, dann machen Sie's wie unsere südlichen Nachbarn: Italienische Mammas servieren gern Nachtisch aus dem heimischen Garten. Je nach Saison naschen Bambini dann Pfirsiche, Kirschen, Birnen oder Beeren und damit auch eine Menge wertvoller Vitamine, die in den Früchten schlummern.

Süßes & Obst

Aber übernehmen Sie vorher die Schnipselarbeit! Denn Ernährungswissenschaftler haben herausgefunden, dass Kinder doppelt so viel **Obst verputzen,** wenn sie es klein geschnitten serviert bekommen. So präsentiert, werden auch Äpfel und Kiwis zum Hochgenuss.

Grießbrei

Grundrezept Grießbrei

ganz einfach
20 Min.
pro Portion ca. 360 kcal
8 g Eiweiß · 15 g Fett · 46 g Kohlenhydrate

ZUTATEN FÜR 4 PORTIONEN

400 g Beeren einer Sorte oder gemischt (z. B. Erdbeeren, Himbeeren, Johannisbeeren)
30 g Zucker

Für den Grießbrei:
1/2 l Milch · 125 g Sahne
1 Päckchen Vanillezucker
60 g Zucker · Salz
50 g Weichweizengrieß

ZUBEREITUNG

1. Die Beeren abbrausen, vorsichtig trockentupfen und verlesen. Erdbeeren halbieren oder vierteln. Beeren mit 30 g Zucker bestreuen.

2. In einem kleinen Topf Milch und Sahne mit dem Vanillezucker, Zucker und 1 Prise Salz verrühren und alles bei schwacher Hitze zum Kochen bringen.

3. Den Grieß unter ständigem Rühren in die heiße Milch einrieseln lassen, einmal aufkochen, dann bei schwacher Hitze 5 Min. ausquellen lassen. Grießbrei auf tiefe Teller verteilen, Beeren darauf geben.

Tuning-Tipp 1/4 l Milch durch Sahne ersetzen und den Grießbrei mit abgeriebener Zitronenschale aromatisieren – schmeckt himmlisch!

Speed-Tipp Statt der frischen Früchte 1 kleine Dose Aprikosen oder Pfirsiche nehmen. Früchte abtropfen lassen, pürieren und unterziehen.

Grießflammeri

preiswert
40 Min. + 4 Std. Kühlen
pro Portion ca. 445 kcal
12 g Eiweiß · 18 g Fett · 59 g Kohlenhydrate

ZUTATEN FÜR 4 PORTIONEN

1 Grundrezept Grießbrei (oben) mit 60 g Weichweizengrieß, ohne Sahne
6 Blatt weiße Gelatine
2 Eier (Größe M)
125 g Sahne
250 g Heidelbeeren (frisch oder TK)
50 g Puderzucker

ZUBEREITUNG

1. Den Grießbrei wie im Grundrezept oben mit Milch, aber ohne Sahne, mit Vanillezucker, Zucker, Salz (Grundrezept) und 60 g Grieß kochen. Gelatine kalt einweichen.

2. Den Topf vom Herd ziehen. Gelatine ausdrücken, nach und nach im Grießbrei auflösen. Eier trennen. Eigelbe untermischen. Eiweiß und Sahne getrennt steif schlagen und unter den noch leicht warmen Brei heben. Masse in eine kalt ausgespülte Kranz- oder Puddingform füllen und in 4 Std. im Kühlschrank fest werden lassen.

3. Vor dem Servieren die Beeren waschen und verlesen oder auftauen. Mit dem Puderzucker pürieren. Flammeri stürzen, anrichten, mit der Fruchtsauce umgießen.

Tuning-Tipp 50 g gehackte geröstete Mandeln und/oder 50 g Korinthen mit den Eigelben unter den Grießbrei heben.

Mandel-Grießschnitten

für Naschkatzen
50 Min. + 2 Std. Kühlen
bei 6 Portionen pro Portion ca. 385 kcal
10 g Eiweiß · 23 g Fett · 37 g Kohlenhydrate

ZUTATEN FÜR 4–6 PORTIONEN

1 Grundrezept Grießbrei (oben) mit 80 g Weichweizengrieß, ohne Sahne
30 g Butter
2 EL Mehl
2 Eier (Größe M)
100 g Mandelblättchen
2 EL Butterschmalz
Butter für die Form

ZUBEREITUNG

1. Den Grießbrei wie im Grundrezept oben mit Milch, aber ohne Sahne, mit Vanillezucker, Zucker und Salz (Grundrezept) sowie 80 g Grieß kochen. Vom Herd nehmen und die Butter unterrühren. Eine kleine Kastenform einfetten. Den Grießbrei einfüllen und 2 Std. kalt stellen.

2. Den Grießbrei stürzen, in 8 Scheiben schneiden. Schnitten erst in Mehl wenden, dann durch die verquirlten Eier ziehen und in die Mandelblättchen drücken.

3. Schmalz in einer großen Pfanne erhitzen. Grießschnitten darin bei mittlerer Hitze in 3–4 Min. pro Seite goldbraun braten.

Das schmeckt dazu Sauerkirsch- oder Ananaskompott (Rezepte S. 167 bzw. 164, Tipp »Mehr draus machen«); auch ein Fruchtsalat passt.

Grießspaghetti

originell
40 Min.
bei 6 Portionen pro Portion ca. 370 kcal
8 g Eiweiß · 13 g Fett · 53 g Kohlenhydrate

ZUTATEN FÜR 4–6 PORTIONEN

1 Vanilleschote
1 Grundrezept Grießbrei (oben) mit 100 g Hartweizengrieß, ohne Sahne
2 Eier (Größe M) · 2 EL Butter · 500 g Himbeeren (frisch oder aufgetaute TK-Ware)
100 g Puderzucker · 2–3 EL Kokosflocken

ZUBEREITUNG

1. Die Vanilleschote aufschlitzen, Mark herauskratzen. Mark und Schote mit Milch, aber ohne Sahne, mit Vanillezucker, Zucker und Salz (alles aus dem Grundrezept oben) aufkochen. Vanilleschote entfernen. Grieß unter Rühren einstreuen (Grundrezept) und 1 Min. quellen lassen. Vom Herd nehmen, Eier und Butter unterrühren.

2. Frische Himbeeren verlesen, möglichst nicht waschen. Einige Himbeeren beiseite legen. Übrige Himbeeren fein pürieren, dann den Puderzucker unterrühren. Sauce nach Belieben durch ein Sieb passieren, um die Kernchen zurückzubehalten.

3. Grießbrei durch eine kalt ausgespülte Kartoffelpresse spaghettiartig auf Dessertteller drücken. Himbeersauce darauf verteilen, Kokosflocken aufstreuen. Mit den übrigen Himbeeren garnieren.

Kinder machen mit Lassen Sie doch ihre Kinder den Grießbrei selbst »nudeln«!

Grundrezept Milchreis mit Cranberrys

Kinderliebling
30 Min.
pro Portion ca. 585 kcal
9 g Eiweiß · 5 g Fett · 126 g Kohlenhydrate

ZUTATEN FÜR 4 PORTIONEN

Für den Milchreis:
1/2 l Milch · Salz
250 g Milchreis
3 EL Zucker

Für die Beeren:
340 g Cranberrys · 200 g Zucker
1 Stück Schale von einer unbehandelten Zitrone (ca. 5 cm)

ZUBEREITUNG

1. Für den Milchreis die Milch mit 1/2 l Wasser und 1 Prise Salz aufkochen lassen, den Reis hineingeben. Reis bei kleiner Hitze in ca. 20 Min. weich kochen, dabei oft umrühren. Zum Schluss den Zucker unterrühren.

2. Inzwischen die Cranberrys waschen und abtropfen lassen. 1/4 l Wasser mit Zucker und Zitronenschale aufkochen, die Cranberrys hineingeben und ca. 5 Min. kochen lassen, bis sie aufplatzen. Den Milchreis mit den Cranberrys servieren.

Tuning-Tipp 1 TL abgeriebene Zitronen- oder Orangenschale oder 1 Zimtstange oder das ausgekratzte Mark von 1 Vanillestange im Reis mitkochen.

Austausch-Tipp Wenn gerade kein Milchreis im Vorratsschrank zu finden ist, nehmen Sie einfach Langkorn-, Vollkorn-, Basmati-, Risotto- oder Klebreis.

1 x kochen – 2 x essen An dem Tag, an dem es Reis als Beilage gibt, kann man den Reis für das Milchreisdessert am folgenden Tag gleich mitgaren: Den gesamten Reis ohne Salz zubereiten. Den für das Dessert zurückbehaltenen Reis mit etwas Milch ca. 5 Min. kochen, dabei häufig umrühren. Der Milchreis soll eine weiche, aber nicht flüssige Konsistenz haben. Zum Schluss mit Zucker süßen.

Speed-Tipp Schnell zubereitete Begleiter für Milchreis sind Marmelade, Preiselbeeren aus dem Glas, eingemachtes Obst, Dosen- oder TK-Obst. Ebenfalls ganz einfach lecker: 5 TL Zucker mit 1 TL Zimt mischen und über den Reis streuen.

Trauttis Mandarinenreis

Quark-Reisauflauf

mit Zitronen-Kick
40 Min. + 40 Min. Backen
pro Portion ca. 600 kcal
28 g Eiweiß · 19 g Fett · 78 g Kohlenhydrate

ZUTATEN FÜR 4 PORTIONEN

1 Grundrezept Milchreis (S. 156)
4 Eier (Größe M)
2 EL Zucker
500 g Quark (20 % F. i. Tr.)
1 TL abgeriebene Schale von einer unbehandelten Zitrone
Butter für die Form

ZUBEREITUNG

1. Den Milchreis wie im Grundrezept (S. 156) beschrieben zubereiten und etwas abkühlen lassen. Den Backofen auf 180° vorheizen und eine ofenfeste Form mit Butter ausstreichen.

2. Die Eier trennen, Eigelbe mit Zucker, Quark und Zitronenschale schaumig rühren. Eiweiße steif schlagen.

3. Die Quarkmasse mit dem Milchreis mischen, zum Schluss den Eischnee unterheben und in die Form füllen. Im Ofen (Mitte, Umluft 160°) in 30–40 Min. goldbraun backen.

Tuning-Tipp 4 EL klein geschnittene beliebige Trockenfrüchte vor dem Backen unter den Reis mischen.

Süße Reisküchlein

Milchreis mal knusprig
55 Min.
pro Portion ca. 545 kcal
15 g Eiweiß · 16 g Fett · 83 g Kohlenhydrate

ZUTATEN FÜR 4 PORTIONEN

4 EL Rosinen
1 Grundrezept Milchreis (S. 156)
3 Eier
Semmelbrösel zum Wenden
Öl zum Braten

ZUBEREITUNG

1. Die Rosinen in heißem Wasser einweichen. Inzwischen den Milchreis wie im Grundrezept (S. 156) beschrieben zubereiten und etwas abkühlen lassen.

2. Eier verquirlen, Rosinen abgießen und abtropfen lassen. Den Reis mit den Eiern und den Rosinen mischen. Küchlein formen, in Semmelbröseln wenden und in heißem Öl von beiden Seiten goldbraun braten.

Trauttis Mandarinenreis

super Dessert
45 Min.
pro Portion ca. 560 kcal
10 g Eiweiß · 20 g Fett · 82 g Kohlenhydrate

ZUTATEN FÜR 4 PORTIONEN

1 Grundrezept Milchreis (S. 156) ohne Zucker
2–3 EL Mandarinensirup (ersatzweise Mandarinensaft aus der Dose und 2 EL Zucker)
1 TL abgeriebene Zitronenschale von einer unbehandelten Zitrone
Zucker nach Belieben
1 Dose Mandarinen (300 g Abtropfgewicht)
200 g Sahne

ZUBEREITUNG

1. Milchreis wie im Grundrezept (S. 156) beschrieben, aber ohne Zucker zubereiten. Sirup und Zitronenschale einrühren, den Reis nach Belieben zuckern, abkühlen lassen. Inzwischen die Mandarinen in einem Sieb abtropfen lassen, dabei den Saft auffangen. Die Sahne steif schlagen.

2. Den Reis gut durchrühren, wenn die Masse zu fest ist, etwas Mandarinensaft dazugeben. 4 EL Mandarinen abnehmen, die übrigen Mandarinen mit dem Reis mischen. Die Sahne unterheben und Dessertschälchen mit dem Mandarinenreis füllen. Die zurückbehaltenen Mandarinen darauf verteilen.

Austausch-Tipp Die Mandarinen durch andere Obstkonserven, z. B. Pfirsiche, Kirschen oder Brombeeren, ersetzen oder frische Früchte verwenden.

Das schmeckt dazu

Leckeres aus Obst als Beilage zu süßen Reisgerichten, Grießbrei [→ S. 155] oder Waffeln [→ S. 161]

→ **Apfelmus** 1 kg Äpfel schälen, das Kernhaus entfernen und grob zerkleinern. Die Äpfel mit 2–4 EL Zucker, 1 Zimtstange und 150 ml Wasser aufkochen und bei kleiner Hitze in ca. 10 Min. weich kochen, zerstampfen oder pürieren. Apfelmus schmeckt auch zu Reibekuchen [→ S. 61]!

→ **Abgezogene Sauerkirschen** 350 g Sauerkirschen (Glas) in einem Sieb abtropfen lassen, dabei den Saft auffangen. Den Saft mit 1 Zimtstange aufkochen und nach Belieben zuckern. 1–2 TL Speisestärke mit 2 EL kaltem Wasser anrühren, in den Saft gießen und unterrühren, ca. 2 Min. kochen lassen. Die Kirschen dazugeben und kurz erhitzen. Die Kirschen schmecken warm und kalt, auch zu Vanilleeis!

→ **Karamellisierte Blutorangen, ersatzweise Orangen** 4–6 Orangen schälen und in Scheiben schneiden. 6 EL Zucker mit 1 EL Wasser kochen, bis ein hellbrauner Karamell entsteht. 1/4 l Blutorangensaft, ersatzweise Orangensaft, 4 Gewürznelken und 2 EL Butter dazugeben und aufkochen. Die Orangenscheiben darin ca. 5 Min. kochen, dabei öfters wenden.

Fruchtig-Feines auf die Schnelle

Für **Fruchtsaucen** eignen sich viele Obstsorten, z. B. Beeren, Mangos, Pfirsiche, Aprikosen oder gemischte Früchte – frische, TK- oder Dosenware. Die Früchte gegebenenfalls waschen, zerkleinern und pürieren. Je nach Belieben Puderzucker und **Zitronensaft** dazugeben. Wer mag, verfeinert die Sauce mit Alkohol (z. B. mit Cointreau, Grand Marnier oder Wodka).

→ Die Saucen schmecken z. B. auch zu Schokomousse [→ S. 169], Vanilleparfait [→ S. 170], Crème brulée [→ S. 202].

→ Mit Fruchtsaucen lassen sich prima **Dekorationen** zaubern: z. B. je 1 EL Himbeer- und Pfirsichsauce auf einen Teller geben; cremigen Joghurt in einen Gefrierbeutel füllen, eine kleine Ecke abschneiden und Linien oder Punkte in die Saucen setzen. Den Joghurt mit einem Spießchen zu Spiralen, Wellen oder Herzen verziehen.

Aprikosengratin mit Baiserhaube

nach Lust, Laune und Marktangebot
15 Min. + 45 Min. Backen
pro Portion ca. 365 kcal
18 g Eiweiß · 9 g Fett · 54 g Kohlenhydrate

ZUTATEN FÜR 4 PORTIONEN

750 g Aprikosen
3 Eier (Größe M)
2 Pck. Vanillezucker
250 g Magerquark
3 EL gemahlene Mandeln
3 EL Mehl · Salz
6 EL Zucker
Fett für die Form

ZUBEREITUNG

1. Backofen auf 180° vorheizen. Eine hohe ofenfeste Form (Inhalt ca. 2 l) einfetten und im Ofen vorwärmen. Aprikosen waschen, halbieren und die Steine entfernen.

2. Eier trennen. Eigelbe und Vanillezucker cremig rühren. Nach und nach Quark, Mandeln und Mehl einrühren. Für das Baiser die Eiweiße mit 1 Prise Salz steif schlagen, dabei den Zucker einrieseln lassen.

3. Aprikosen in der Form verteilen. Eigelbmasse darauf schichten und mit dem Baiser krönen. Im Ofen (unten, Umluft 160°) 45 Min. backen. Wird das Gratin zu dunkel, mit Alufolie abdecken. Sofort servieren.

Austausch-Tipp Schmeckt auch mit anderem Obst, z. B. mit Beeren, Kirschen oder geschälten Apfelvierteln.

Speed-Tipp Vorbereitetes Obst aus Dose, Glas oder Tiefkühltruhe gibt Gas!

Kokosschmarrn mit Beeren

einfach himmlisch
45 Min.
bei 3 Portionen pro Portion ca. 585 kcal
19 g Eiweiß · 31 g Fett · 56 g Kohlenhydrate

ZUTATEN FÜR 3–4 PORTIONEN

500 g gemischte Beeren (z. B. Erdbeeren, Heidelbeeren, Himbeeren, Brombeeren)
1 Päckchen Vanillezucker
4 EL Kokosflocken
4 Eier (Größe M)
2 EL Zucker
1/4 l Milch
150 g Mehl · Salz
Öl zum Braten

Außerdem:
Puderzucker und Kokos-Chips zum Garnieren

ZUBEREITUNG

1. Beeren waschen, putzen und, je nach Art, klein schneiden. Mit dem Vanillezucker mischen. Kokosflocken in einer trockenen Pfanne kurz rösten, bis sie duften, herausnehmen.

2. Eier trennen. Eigelbe mit Zucker, Milch und Mehl verrühren. Eiweiße mit 1 Prise Salz steif schlagen und unter die Masse heben.

3. Etwas Öl in einer großen Pfanne erhitzen, die Hälfte des Teiges einfüllen. 2 EL Kokosflocken gleichmäßig aufstreuen. Teig bei kleiner Hitze ca. 5 Min. braten, dann wenden. Nach 2–3 Min. mit zwei Gabeln in Stücke reißen und rundherum goldbraun braten.

4. Restlichen Teig genauso backen. Schmarrn mit den Beeren anrichten, mit Puderzucker bestreuen mit Kokoschips garnieren.

Austausch-Tipp Aus dem Teig 4 Schaumomeletts backen und mit Beeren gefüllt servieren – schmeckt ebenfalls köstlich.

Bratapfelauflauf

preiswert
15 Min. + 40 Min. Backen
pro Portion ca. 490 kcal
17 g Eiweiß · 19 g Fett · 61 g Kohlenhydrate

ZUTATEN FÜR 4 PORTIONEN

8 sehr kleine Äpfel (z. B. Cox Orange)
120 g Knuspermüsli
3 Eier (Größe M)
250 g Magerquark
150 g Schmand (24 %)
4 EL Zucker · Salz
3–4 TL Johannisbeergelee
Fett für die Form
Puderzucker zum Bestäuben

ZUBEREITUNG

1. Backofen auf 180° vorheizen. Äpfel schälen, Kernhaus mit einem Apfelausstecher oder Messer ausstechen. Jeden Apfel mit ca. 2 TL Knuspermüsli füllen. Eine flache Auflaufform dünn einfetten.

2. Die Eier trennen. Eigelbe mit Quark, Schmand und Zucker cremig rühren, restliches Knuspermüsli zugeben. Eiweiße mit 1 Prise Salz steif schlagen und unter die Quarkmasse ziehen.

3. Masse in die Form füllen. Die gefüllten Äpfel hineinsetzen und den Auflauf im Ofen (Mitte, Umluft 160°) ca. 40 Min. backen.

4. Vor dem Servieren jeden Apfel mit einem Klecks Johannisbeergelee krönen und den Auflauf mit Puderzucker bestäubt servieren.

Speed-Tipp Backen Sie die Äpfel ungeschält, lediglich gewaschen – spart Zeit und liefert zusätzliche Ballaststoffe.

Apfel-Clafoutis

fein im Herbst
15 Min. + 30 Min. Backen
pro Portion ca. 415 kcal
15 g Eiweiß · 11 g Fett · 64 g Kohlenhydrate

ZUTATEN FÜR 4 PORTIONEN

3 Äpfel
4 Eier (Größe M)
50 g Zucker
200 g Mehl
200 g Vanillejoghurt
1/8 l Milch
Salz
Puderzucker
Zimtpulver
Fett für die Form

ZUBEREITUNG

1. Backofen auf 200° vorheizen. Eine flache Auflaufform einfetten. Die Äpfel waschen, schälen, achteln und das Kernhaus entfernen.

2. Eier trennen. Eigelbe und Zucker schaumig rühren. Nach und nach Mehl, Joghurt und Milch unterrühren. Eiweiße mit 1 Prise Salz steif schlagen und unter den Teig heben.

3. Teig in die Form füllen, die Äpfel darauf verteilen. Im Ofen (Mitte, Umluft 180°) ca. 30 Min. backen. Vor dem Servieren mit etwas Puderzucker und Zimt bestäuben.

Austausch-Tipp Nach Geschmack und Saison z. B. Beeren, Aprikosen, Zwetschgen oder Mangos statt Äpfel verwenden. Für Schoko-Clafoutis 2 EL Kakaopulver zum Teig geben.

Kinder machen mit Der Teig kann, bis auf den Eischnee, gut von Kindern mit dem Schneebesen gerührt werden. Beim Handrührgerät brauchen sie allerdings Hilfe.

Allround-Talent Vanillesauce

→ **Blitzschnell gemacht** 1 Päckchen Vanillesaucenpulver mit Zucker und Milch laut Packungsangabe zubereiten – oder mal eine selbst gemachte Vanillesauce ausprobieren:
→ **Grundrezept Vanillesauce** 1/2 Vanillestange mit 1/2 l Milch aufkochen. 2–3 Eigelbe in eine Schüssel geben und 2 Schöpfer heiße Milch langsam zugießen, dabei kräftig rühren. 100 g Zucker und die Eigelbe in den Milchtopf zurückgießen und bei kleiner Hitze andicken lassen. Dazu ca. 2 Min. mit einem Holzlöffel ständig am Topfboden im Zickzack rühren. Die fertige Vanillesauce sofort durch ein feines Sieb gießen und warm servieren. Ein Traum für Naschkatzen!

Rhabarbercrumble

ganz einfach
25 Min. + 45 Min. Backen
pro Portion ca. 505 kcal
6 g Eiweiß · 23 g Fett · 66 g Kohlenhydrate

ZUTATEN FÜR 4 PORTIONEN

600 g Rhabarber
200 g Mehl
100 g kalte Butter
100 g Zucker
1 EL Vanillezucker
Butter für die Form

ZUBEREITUNG

1. Backofen auf 180° vorheizen. Eine ofenfeste Form mit der Butter ausstreichen. Den Rhabarber waschen, schälen, in grobe Stücke schneiden und in der Form verteilen.

2. Das Mehl sieben und die Butter in Würfel schneiden. Mehl, Butter, Zucker und den Vanillezucker mischen und mit den Händen schnell zu Streuseln verreiben. Die Streusel über den Rhabarber geben und das Gericht im Ofen (Mitte, Umluft 160°) in 35–45 Min. goldbraun backen.

Austausch-Tipp Für ein Crumble eignen sich alle säuerlichen Obstsorten.

Tuning-Tipp **Winterliches Crumble:** 3 Blutorangen schälen, 8 Feigen waschen, beides in Scheiben schneiden, in die Form schichten und mit 3 EL gehackten Walnüssen bestreuen. Streusel zusätzlich mit 1/2 TL Zimtpulver verkneten; wie im Rezept beschrieben backen.

Kirschenmännchen

Süßes zum Sattessen
30 Min. + 45 Min. Backen
pro Portion ca. 545 kcal
16 g Eiweiß · 16 g Fett · 80 g Kohlenhydrate

ZUTATEN FÜR 4 PORTIONEN

6 Brötchen vom Vortag
600 g Kirschen
3 Eier (Größe M)
1/2 l Milch
4 EL Zucker
1/2 TL Zimtpulver
2 EL Butter
Butter für die Form

ZUBEREITUNG

1. Den Backofen auf 180° vorheizen. Die Brötchen in dünne Scheiben schneiden. Kirschen waschen, die Stiele entfernen und die Kirschen entsteinen. Brötchenscheiben und Kirschen mischen.

2. Eine ofenfeste Form mit Butter ausstreichen und die Mischung darin verteilen. Eier, Milch, Zucker und das Zimtpulver verquirlen und über die Brötchen gießen. Die Butter in Flöckchen auf dem Auflauf verteilen und diesen im Backofen (Mitte, Umluft 160°) in 35–45 Min. goldbraun backen.

Speed-Tipp Statt frischen Kirschen abgetropfte Sauerkirschen aus dem Glas nehmen.

Austausch-Tipp Für **Brotauflauf mit Äpfeln** 3 EL Rosinen nach Belieben in 4 cl Rum einweichen. Statt Kirschen 600 g Äpfel (geschält, Kernhaus entfernt) in Stücke schneiden. Mit den Rosinen untermischen.

Apfelstrudel mit Filoteig

Herbst-Klassiker auf neue Art
30 Min. + 45 Min. Backen
pro Stück ca. 160 kcal
3 g Eiweiß · 7 g Fett · 21 g Kohlenhydrate

ZUTATEN FÜR 1 STRUDEL (12 SCHEIBEN)

1 kg säuerliche Äpfel (z. B. Boskoop)
50 g Rosinen
50 g gehackte Mandeln
4 EL Zucker
4 cl Rum nach Belieben
1/2 TL Zimtpulver
2 EL Butter
4 Blätter Filoteig (aus dem türkischen Lebensmittelgeschäft)
4 EL gemahlene Haselnüsse
1 Eigelb
Puderzucker zum Bestäuben

ZUBEREITUNG

1. Backofen auf 200° vorheizen, das Backblech mit Backpapier auslegen. Die Äpfel schälen und das Kernhaus entfernen. Äpfel in kleine Stücke schneiden, diese mit Rosinen, Mandeln, Zucker, Rum und Zimt mischen.

2. Die Butter schmelzen. Filoteigblätter auf einem Küchenhandtuch ausbreiten, dabei die Teigränder überlappen lassen. Den Teig mit der flüssigen Butter einpinseln und mit den Haselnüssen bestreuen.

3. Die Äpfel auf dem Teig verteilen, dabei einen Rand unbelegt lassen. Eine Seite vom Küchenhandtuch anheben, den Strudel einrollen und aufs Backblech legen. Die Enden nach unten einklappen. Das Eigelb verquirlen und den Strudel damit bestreichen. Im Ofen (Mitte, Umluft 180°) in 35–45 Min. goldbraun backen. Zum Servieren mit Puderzucker bestäuben. Schmeckt warm und kalt.

Mandelwaffeln

Kinderliebling
15 Min. + 45 Min. Backen
bei 10 Waffeln pro Stück ca. 595 kcal
12 g Eiweiß · 39 g Fett · 50 g Kohlenhydrate

ZUTATEN FÜR 8–10 STÜCK

250 g weiche Butter
200 g Zucker
4 Eier (Größe M)
1 TL abgeriebene Schale von einer unbehandelten Zitrone
300 g Mehl
200 g geschälte gemahlene Mandeln
1/2 Päckchen Backpulver
Salz · 1/2 l Milch
Öl zum Einpinseln
Puderzucker zum Bestäuben

ZUBEREITUNG

1. Das Waffeleisen vorheizen. Die Butter mit Zucker, Eiern und der Zitronenschale schaumig rühren. Mehl mit gemahlenen Mandeln, Backpulver und 1 Prise Salz mischen und zur Buttermasse geben. Die Milch nach und nach dazugießen und alles zu einem zähen Teig verrühren.

2. Das Waffeleisen mit Öl einpinseln und nacheinander die Waffeln backen. Dazu den Teig mit einer Schöpfkelle portionsweise auf das Waffeleisen gießen. Die Waffeln schmecken warm oder kalt. Mit Puderzucker bestäubt servieren.

Das schmeckt dazu **Erdbeeren mit Sahne:** 500 g Erdbeeren waschen, putzen und halbieren. Die Erdbeeren mit 4 EL Puderzucker, 4 EL Zitronensaft und 4 cl Cointreau nach Belieben mischen, 10 Min. durchziehen lassen. Inzwischen 400 g Sahne steif schlagen, zu Erdbeeren und Waffeln servieren.

Marzipan-Bratäpfel

am besten ofenfrisch
15 Min. + 20 Min. Backen
pro Portion ca. 205 kcal
3 g Eiweiß · 8 g Fett · 29 g Kohlenhydrate

ZUTATEN FÜR 4 STÜCK

1 EL Mandelstifte
4 Äpfel
100 g Marzipanrohmasse
4 cl Rum oder Orangensaft
1 EL Rosinen
Fett für die Form

ZUBEREITUNG

1. Den Backofen auf 200° (Umluft 180°) vorheizen. Die Mandeln in einer trockenen Pfanne goldbraun rösten. Äpfel waschen und trockenreiben. Das Kernhaus ausstechen.

2. Marzipan mit Rum bzw. Saft, Rosinen und Mandeln verkneten und in die Äpfel füllen. Die Äpfel in eine gefettete ofenfeste Form setzen und im Ofen (Mitte) 15–20 Min. backen.

Austausch-Tipp Für eine **Makronenfüllung** 2 Eiweiße steif schlagen, 1 EL Puderzucker zugeben und 2 EL gemahlene Haselnüsse oder, wer es knusprig mag, 2 EL Müslimischung unterheben. Die Äpfel wie im Rezept zubereiten und backen.

Speed-Tipp Die Äpfel vorbereiten und mit je 1 EL Preiselbeeren (Glas) füllen und wie im Rezept beschrieben backen.

Da passt's dazu Bratäpfel munden nicht nur pur oder mit Vanillesauce (S. 160), sondern auch als Beilage zu Ente, Gans und Wild.

Zwetschgenknödel

ganz einfach lecker
20 Min. + 20 Min. Garen
pro Portion ca. 360 kcal
5 g Eiweiß 20 g Fett 65 g Kohlenhydrate

ZUTATEN FÜR 4 PORTIONEN

8 Zwetschgen
8 Stück Würfelzucker
Salz
1 Paket Knödelteig (750 g; aus dem Kühlregal)
4 EL Butter
6 EL Semmelbrösel
Zimtpulver

ZUBEREITUNG

1. Die Zwetschgen waschen, entsteinen und in jede Frucht 1 Stück Würfelzucker legen. In einem großen Topf reichlich Salzwasser zum Kochen aufsetzen.

2. Aus dem Knödelteig 8 Knödel formen. In die Mitte der Knödel jeweils 1 Zwetschge legen und die Knödel sorgfältig verschließen. Knödel ins kochende Wasser geben, das Wasser wieder aufkochen lassen, die Hitze reduzieren und die Knödel 20 Min. ziehen lassen.

3. Inzwischen die Butter schmelzen, nach Belieben leicht bräunen lassen und mit den Semmelbröseln sowie 1 Msp. Zimtpulver verrühren. Die Knödel aus dem Wasser heben, abtropfen lassen und mit der warmen Bröselbutter servieren.

Das schmeckt dazu **Zwetschgenkompott:** 800 g Zwetschgen waschen, entsteinen und mit 3–5 EL Zucker, 1 Zimtstange und 150 ml Wasser aufkochen. Abgedeckt ca. 10 Min. kochen lassen, dabei gelegentlich umrühren.

Überbackene Pfirsiche

Früchte mal knusprig
30 Min. + 15 Min. Backen
pro Portion ca. 220 kcal
3 g Eiweiß · 11 g Fett · 25 g Kohlenhydrate

ZUTATEN FÜR 4 PORTIONEN

- 4–5 Pfirsiche (ca. 600 g)
- 75 g italienische Mandelkekse
- 3–4 getrocknete Soft-Aprikosen
- 4 EL Orangensaft
- 1 EL Zitronensaft
- 1 EL Pinienkerne
- 2 EL Crème fraîche
- 1 Eigelb
- 1/8 l Apfelsaft
- Puderzucker zum Bestäuben

ZUBEREITUNG

1. Die Pfirsiche waschen, halbieren und den Stein herauslösen. Backofen auf 220° vorheizen (Umluft nicht empfehlenswert).

2. Mandelkekse in einen Gefrierbeutel geben, diesen locker verschließen. Kekse mit einer Teigrolle fein zerbröseln. Aprikosen fein würfeln. Beides mischen, mit dem Orangen- und Zitronensaft beträufeln. Pinienkerne hacken, mit Crème fraîche und Eigelb unterkneten.

3. Die Pfirsiche mit der gewölbten Seite nach unten in eine Gratinform setzen, die Füllung darauf verteilen. Den Saft angießen. Pfirsiche im heißen Ofen (Mitte) ca. 15 Min. backen, bis sich eine leichte Kruste gebildet hat. Mit Puderzucker bestäubt servieren.

Austausch-Tipp Die feine Keks-Aprikosen-Füllung schmeckt auch köstlich in frischen Feigen oder großen Pflaumen.

Tuning-Tipp Das Dessert mit einem Klecks halbsteif geschlagener Vanillesahne »toppen«.

Aprikosen-Johannisbeer-Gratin

endlich Sommer!
30 Min. + 15 Min. Backen
pro Portion ca. 275 kcal
11 g Eiweiß · 11 g Fett · 32 g Kohlenhydrate

ZUTATEN FÜR 4 PORTIONEN

- 400 g reife Aprikosen
- 150 g schwarze Johannisbeeren
- 1 EL Vanillezucker
- 1 Ei (Größe M)
- 50 g Puderzucker
- 250 g Sahnequark
- abgeriebene Schale von 1/2 unbehandelten Zitrone
- 1 EL Speisestärke
- 2 EL Mandelblättchen nach Belieben

ZUBEREITUNG

1. Backofen auf 220° vorheizen (Umluft nicht empfehlenswert). Aprikosen waschen, halbieren, entsteinen und in Spalten schneiden. Johannisbeeren kurz abbrausen, Beeren von den Stielen streifen und verlesen. Die Aprikosen in einer Gratinform verteilen, Beeren darüber streuen. Mit Vanillezucker bestreuen.

2. Das Ei trennen. Eigelb mit Puderzucker und 1 EL heißem Wasser schaumig schlagen. Quark, Zitronenschale und Stärke gut unterrühren. Eiweiß steif schlagen und unterheben.

3. Den Quarkschaum auf den Früchten verteilen und nach Belieben mit Mandelblättchen bestreuen. Im heißen Ofen (Mitte) in 15–20 Min. goldbraun überbacken.

Tuning-Tipp Früchte vorm Gratinieren mit 2 EL Weißwein beträufeln.

Austausch-Tipp Zur Abwechslung Birnen mit Brombeeren kombinieren.

Pfirsich-Tiramisu

einfach himmlisch!

30 Min. + 4 Std. Kühlen

bei 6 Portionen pro Portion ca. 450 kcal
10 g Eiweiß · 25 g Fett · 46 g Kohlenhydrate

ZUTATEN FÜR 4–6 PORTIONEN

900 g reife Pfirsiche
75 g Zucker
250 g Mascarpone
250 g Speisequark
2 EL Zitronensaft
1/2 TL abgeriebene Schale von einer unbehandelten Zitrone
150 g Löffelbiskuits
2 EL Mandelblättchen

ZUBEREITUNG

1. Die Pfirsiche überbrühen, abschrecken, häuten und halbieren, dann entsteinen. 3 Pfirsichhälften beiseite legen, übrige Pfirsiche klein schneiden und mit dem Zucker glatt pürieren. Mascarpone, Quark, Zitronensaft und -schale untermischen.

2. Die Hälfte der Löffelbiskuits in eine Schüssel geben – Biskuits gegebenenfalls grob zerkleinern. Die Hälfte der Pfirsichcreme einfüllen und glatt streichen. Übrige Biskuits darauf verteilen, restliche Creme einfüllen. Zugedeckt im Kühlschrank 4 Std. durchziehen lassen.

3. Die Mandeln in einer trockenen Pfanne goldbraun rösten, abkühlen lassen. Zurückbehaltene Pfirsichhälften in Spalten schneiden und die Creme damit dekorieren. Die Mandelblättchen obenauf streuen.

Austausch-Tipp Schmeckt auch prima mit reifen Aprikosen oder Nektarinen.

Beeren-Joghurtdessert

mit Limetten-Kick

25 Min. + 60 Min. Kühlen

bei 6 Portionen pro Portion ca. 250 kcal
5 g Eiweiß · 13 g Fett · 27 g Kohlenhydrate

ZUTATEN FÜR 4–6 PORTIONEN

500 g gemischte Beeren (frisch oder aufgetaute TK-Ware)
100 g Kirschkonfitüre
4 Blatt weiße Gelatine
1–2 Limetten (ersatzweise 1 unbehandelte Zitrone)
300 g Birnen- oder Pfirsichjoghurt
2 EL Puderzucker
200 g Sahne
1 EL gehackte Pistazien nach Belieben

ZUBEREITUNG

1. Frische Beeren abbrausen, verlesen und trockentupfen. Aufgetaute Beeren abtropfen lassen. Ein Drittel der Beeren abnehmen und beiseite stellen. Die restlichen Beeren mit der Konfitüre mischen und auf vier Dessertschalen verteilen.

2. Gelatine in kaltem Wasser einweichen. 1 Limette heiß waschen, trockenreiben, Schale fein abreiben. Limettenschale mit Joghurt und Puderzucker verrühren. Die Limette(n) auspressen, es soll 4 EL Saft ergeben.

3. Den Limettensaft erwärmen, die ausgedrückte Gelatine darin auflösen, unter den Joghurt rühren. Sahne steif schlagen und unterheben. Die Creme auf den Beeren verteilen, das Dessert 1 Std. kühl stellen. Zum Servieren mit den zurückbehaltenen Beeren und nach Belieben mit Pistazien garnieren.

Zitronen-Quarkmousse

preiswert

30 Min. + 2–3 Std. Kühlen

pro Portion ca. 485 kcal
23 g Eiweiß · 20 g Fett · 55 g Kohlenhydrate

ZUTATEN FÜR 4 PORTIONEN

5 Blatt weiße Gelatine
1 unbehandelte Zitrone
2 Eigelbe (von sehr frischen Eiern)
110 g Zucker
500 g Magerquark
200 g Sahne
300 g Rote Grütze (Kühlregal)

ZUBEREITUNG

1. Die Gelatine in kaltem Wasser einweichen. Zitrone heiß waschen, trockenreiben und die Schale sehr fein abreiben, 3 EL Zitronensaft auspressen.

2. Die Eigelbe mit 90 g Zucker dickschaumig schlagen. Zitronensaft und 3 EL Wasser leicht erwärmen, die ausgedrückte Gelatine darin unter Rühren auflösen. Unter die Eigelbcreme rühren. Quark und Zitronenschale untermischen. Die Sahne steif schlagen und unterheben. Die Mousse in eine Schüssel füllen, 2 Std. kalt stellen. Mousse und Grütze in Schalen anrichten.

Austausch-Tipp Kombinieren Sie die Mousse doch auch einmal mit dem Sauerkirschkompott von S. 167!

Kokos-Panna-cotta

raffiniert kombiniert

20 Min. + 5 Std. Kühlen

pro Portion ca. 445 kcal
5 g Eiweiß · 36 g Fett · 25 g Kohlenhydrate

ZUTATEN FÜR 4 PORTIONEN

5 Blatt weiße Gelatine
250 g Sahne
250 g ungesüßte Kokosmilch (Dose)
80 g Zucker
2 Scheiben geschälter frischer Ingwer
2 EL Kokosflocken

ZUBEREITUNG

1. Die Gelatine in kaltem Wasser einweichen. Sahne, Kokosmilch, Zucker und Ingwer aufkochen und offen bei milder Hitze 5 Min. köcheln lassen. Den Topf vom Herd ziehen, die Gelatine ausdrücken und in der heißen Kokossahne unter Rühren auflösen. Den Ingwer entfernen.

2. Die Mischung in vier Förmchen (à 150 ml) gießen. Mindestens 5 Std. kalt stellen.

3. Kokosflocken in einer trockenen Pfanne goldbraun rösten. Abkühlen lassen. Panna cotta auf Dessertteller stürzen, mit den Kokosflocken bestreuen.

Mehr draus machen Mit **Ananaskompott** servieren: Dafür 1 kleine frische Ananas schälen, vierteln, vom Strunk befreien und in kleine Stücke schneiden. 1/4 l Orangensaft, 3 EL Zitronensaft und 30 g Zucker aufkochen. 1 EL Speisestärke mit 5 EL Orangensaft glatt rühren, in die heiße Masse geben, erneut aufkochen. Ananasstücke dazugeben und kurz mitköcheln. Kompott in eine Schüssel füllen und 2 Std. kalt stellen.

Melonenkaltschale

leicht & lecker

20 Min. + 30 Min. Kühlen

pro Portion ca. 150 kcal

2 g Eiweiß · 0 g Fett · 33 g Kohlenhydrate

ZUTATEN FÜR 4 PORTIONEN

800 g Wassermelone (mit Schale gewogen)
1/2 Galiamelone (ca. 800 g)
Saft von 1 Zitrone
1/4 l Aprikosensaft
1 EL flüssiger Honig
1 Vanilleschote
2 Zweige Zitronenmelisse

Außerdem:
1 Kugelausstecher

ZUBEREITUNG

1. Aus der Wassermelone die Samen entfernen, von der Galiamelone die Samen mit einem Löffel herausschaben. Von beiden Melonensorten mit einem Melonenausstecher einige Kugeln ausstechen und abgedeckt kalt stellen.

2. Das übrige Melonenfleisch aus der Schale lösen und in Stücke schneiden. Mit Zitronensaft, Aprikosensaft und dem Honig im Mixer oder mit dem Pürierstab glatt pürieren. Die Vanilleschote längs aufschlitzen, das Mark herauskratzen und untermischen.

3. Die Melonenkugeln dazugeben und die Suppe 30 Min. kalt stellen. Vor dem Servieren die Melisse waschen, trockentupfen, die Blätter abzupfen und aufstreuen.

Mehr draus machen Je 1 Kugel Zitronensorbet oder -eis in die Kaltschale setzen.

Grüne Grütze

grün & gut

20 Min. + 2 Std. Kühlen

pro Portion ca. 275 kcal

1 g Eiweiß · 0 g Fett · 64 g Kohlenhydrate

ZUTATEN FÜR 4 PORTIONEN

500 g grüne Früchte (z. B. Granny-Smith-Äpfel, Kiwis, grüne kernlose Weintrauben, Netzmelone)
3/4 l Birnensaft
3 EL Speisestärke
75 g brauner Zucker
1 walnussgroßes Stück Ingwer
1 Stück Schale von einer unbehandelten Zitrone

ZUBEREITUNG

1. Die Früchte waschen und putzen (Apfel, Weintrauben) oder schälen (Kiwis, Netzmelone), das Fruchtfleisch klein schneiden.

2. Vom Birnensaft 1/8 l abnehmen und mit der Speisestärke verquirlen. Den übrigen Saft und den Zucker in einen Topf geben. Ingwer schälen und dritteln, mit der Zitronenschale hinzufügen. Langsam aufkochen, die Früchte hineingeben und 2 Min. köcheln lassen. Die angerührte Stärke dazugießen und alles noch 3 Min. bei milder Hitze garen, bis die Flüssigkeit dicklich ist.

3. Ingwer und Zitronenschale entfernen, die Fruchtmasse in eine kalt ausgespülte Schüssel füllen, etwas abkühlen lassen, dann abgedeckt 2 Std. kalt stellen.

Austausch-Tipp **Rote Grütze** zubereiten: mit 500 g gemischten Beeren, statt Birnensaft Kirschsaft und statt Ingwer 1 aufgeschlitzte Vanilleschote.

Apfel-Pflaumenmus-Dessert

im Spätsommer wunderbar

30 Min. + 2 Std. Kühlen

bei 6 Portionen pro Portion ca. 310 kcal
8 g Eiweiß · 20 g Fett · 27 g Kohlenhydrate

ZUTATEN FÜR 4–6 PORTIONEN

500 g säuerliche Äpfel
300 g Zwetschgen
2 EL Zitronensaft
2 EL brauner Zucker
3 EL Apfelsaft
250 g Magerquark
2 Päckchen Vanillezucker
125 g Sahne
75 g Zartbitterschokolade
50 g Haselnusskrokant

Außerdem:
Gemüsemühle (Flotte Lotte) oder ein mittelgrobes Metallsieb

ZUBEREITUNG

1. Die Äpfel waschen und vierteln, Blütenansätze und Stiele entfernen. Die Zwetschgen waschen, halbieren und entsteinen. Äpfel und Zwetschgen mit Zitronensaft, Zucker und dem Apfelsaft aufkochen, bei mittlerer Hitze 5 Min. köcheln lassen.

2. Den Quark mit dem Vanillezucker verrühren. Sahne steif schlagen und unterheben. Die Schokolade grob hacken.

3. Die Apfel-Pflaumen-Mischung durch die Gemüsemühle (Flotte Lotte) oder ein mittelgrobes Metallsieb passieren, in eine Schüssel füllen. Erst den Krokant, dann die Quarksahne darauf verteilen. Die Schokolade obenauf streuen. Das Dessert vor dem Servieren abgedeckt 2 Std. kalt stellen.

Kinder machen mit Kinder haben Spaß daran, Obst durch die Flotte Lotte zu treiben.

Sauerkirschkompott

ganz einfach

20 Min. + 60 Min. Kühlen

pro Portion ca. 105 kcal
1 g Eiweiß · 1 g Fett · 23 g Kohlenhydrate

ZUTATEN FÜR 4 PORTIONEN

400 g TK-Schattenmorellen
1/4 l Sauerkirschsaft
2 EL Zucker
1/2 Zimtstange
1 Stück Schale von einer unbehandelten Zitrone
2 TL Speisestärke

ZUBEREITUNG

1. Die Kirschen antauen lassen. 200 ml Kirschsaft mit Zucker, Zimtstange und Zitronenschale langsam aufkochen lassen.

2. Den übrigen Kirschsaft mit der Stärke verquirlen, in den heißen Saft rühren und köcheln, bis er gebunden ist. Gefrorene Kirschen dazugeben, langsam aufkochen und 2–3 Min. köcheln lassen. Vom Herd nehmen, abkühlen lassen. Zimtstange und Zitronenschale herausfischen.

Austausch-Tipp Statt Kirschen zur Abwechslung TK-Heidelbeeren oder -Brombeeren nehmen, den Kirschsaft durch schwarzen Johannisbeersaft oder Orangensaft ersetzen. Umwerfend!

Da passt's dazu zu frisch gebackenen Waffeln (Rezept S. 161), Pfannkuchen (S. 94) und Vanilleeis (S. 171, Kasten) oder zur Quarkmousse von S. 164.

Zum Überziehen und Dekorieren

→ **Schokolade schmelzen** Die Schokolade mit dem Messer grob zerkleinern oder in Stücke brechen und in eine ofenfeste Schüssel geben. Einen Topf, in den die Schüssel passt, 3 cm hoch mit Wasser füllen, dieses aufkochen, die Schüssel in den Topf stellen und die Schokolade darin schmelzen.

Fruchtiges in Schokohülle

→ **Schokofrüchte herstellen** Geeignet sind z. B. Erdbeeren, Bananen, Trauben, Physalis (Kapstachelbeeren) oder auch Trockenfrüchte. Dunkle Schokolade, Vollmilchschokolade oder weiße Schokolade schmelzen. Die vorbereiteten Früchte in die Schokolade tauchen, die Früchte auf ein Gitter legen und die Schokolade fest werden lassen.

Schokoladenmousse

klassisch gut
20 Min. + 4 Std. Kühlen
pro Portion ca. 490 kcal
10 g Eiweiß · 49 g Fett · 17 g Kohlenhydrate

ZUTATEN FÜR 4 PORTIONEN

200 g Bitterschokolade
4 Eigelbe
100 ml Orangensaft
200 g Sahne

ZUBEREITUNG

1. Die Schokolade wie im Kasten auf S. 168 beschrieben schmelzen.

2. Eigelbe und Orangensaft in eine Schüssel geben und ebenfalls über dem heißen Wasserbad mit dem Schneebesen ca. 3 Min. schaumig schlagen. Sofort mit der Schokolade verrühren und die Mischung etwas abkühlen lassen.

3. Die Sahne steif schlagen und die Schokoladenmasse mit dem Schneebesen unterheben. Die Mousse 3–4 Std. kühl stellen.

Tuning-Tipp Unter die Schokoladen-Eigelb-Masse 1/2 TL Gewürze mengen, z. B. Zimtpulver, gemahlenen Kardamom, zerbröselte getrocknete Chilischoten oder 3 EL kleine Schokoladenstückchen. Oder in die fertige Schokomousse vor dem Kühlstellen 4 cl Alkohol (z. B. Grand Marnier, Kirschwasser oder Kakaolikör) einrühren.

Schokoladencreme mit Früchten

ganz einfach
25 Min. + 2 Std. Kühlen
bei 6 Portionen pro Portion ca. 405 kcal
5 g Eiweiß · 40 g Fett · 13 g Kohlenhydrate

ZUTATEN FÜR 4–6 PORTIONEN

150 g Bitterschokolade
400 g Crème fraîche
400 g frische Früchte (z. B. Beeren, Kiwis, Mango, Physalis)

ZUBEREITUNG

1. Schokolade in Stücke brechen. Die Creme fraîche unter Rühren erhitzen. Schokolade dazugeben und unter Rühren auflösen. Die Creme in Gläser füllen, 2 Std. kühl stellen.

2. Die Früchte vorbereiten und eventuell in mundgerechte Stücke schneiden. Auf der Creme anrichten und das Dessert servieren.

Austausch-Tipp Die Crème fraîche durch 400 g flüssige Sahne ersetzen.

Tuning-Tipp Für **Erdbeer-Schokotörtchen** 4 kleine Mürbeteigtartelettes – selbst gemacht (S. 195) oder gekauft – innen mit je 1 TL heißer Aprikosenmarmelade ausstreichen, diese etwas trocknen lassen. Die Schokoladencreme wie im Rezept beschrieben zubereiten, in die Tarteletts füllen und diese kalt stellen. 250 g geputzte Erdbeeren halbieren und vor dem Servieren auf den Törtchen verteilen.

Schokoladensorbet

einfach himmlisch!
15 Min. + 4 Std. Kühlen
pro Portion ca. 395 kcal
3 g Eiweiß · 1 g Fett · 91 g Kohlenhydrate

ZUTATEN FÜR 4 PORTIONEN

1 Vanillestange
350 g Rohrohrzucker (ersatzweise weißer Haushaltszucker)
3 EL Kakaopulver
1 EL Instant-Kaffeepulver
4 cl Kakaolikör nach Belieben

ZUBEREITUNG

1. Die Vanillestange längs aufschneiden und das Mark auskratzen. 600 ml Wasser mit dem Vanillemark und dem Zucker ca. 3 Min. kochen, bis sich der Zucker aufgelöst hat.

2. Inzwischen den Kakao mit 3 EL kaltem Wasser glatt rühren, in den Topf gießen und alles nochmals aufkochen. Den Topf vom Herd nehmen, Instantkaffee und Likör zugeben und die Mischung abkühlen lassen.

3. Das Sorbet in der Eismaschine cremig gefrieren lassen oder in eine bauchige Schüssel umfüllen, diese für 4 Std. in das Gefriergerät stellen und die Mischung alle 30 Min. mit dem Schneebesen durchrühren.

Austausch-Tipp Für **Früchtesorbet** 400 g Fruchtpüree, z. B. von Beeren, Aprikosen oder gemischten Früchten, mit 300 g Zucker aufkochen, abkühlen lassen. 4 EL Zitronensaft und nach Belieben 4 cl Alkohol (z. B. Cointreau oder Himbeergeist) unterrühren. Das Sorbet wie beschrieben gefrieren lassen.

Schokoladensauce

blitzschnell
10 Min.
pro Portion ca. 360 kcal
9 g Eiweiß · 35 g Fett · 20 g Kohlenhydrate

ZUTATEN FÜR 4 PORTIONEN

250 g Bitterschokolade
1/4 l Milch

ZUBEREITUNG

Schokolade in Stücke brechen. Die Milch aufkochen, die Schokolade dazugeben und bei kleiner Hitze rühren, bis sie sich aufgelöst hat. Die Schokoladensauce schmeckt warm und kalt.

Da passt's dazu Für **Birne Helene** die Schokoladensauce wie im Rezept beschrieben zubereiten. 2 EL Mandelblättchen in einer trockenen Pfanne goldbraun rösten, abkühlen lassen. 200 g Sahne steif schlagen. 4 Portionen Vanilleeis in Dessertschälchen anrichten, 8 Birnenhälften (Dose) dazulegen und mit der Sahne und den Mandeln dekorieren. Die Schokoladensauce getrennt dazu servieren.

Tuning-Tipp Kleiner Kaffee-Kick gefällig? Für **Mocca-Schokosauce** die Schokoladensauce wie beschrieben zubereiten. 2 EL Instant-Kaffeepulver, 2 EL braunen Zucker und nach Belieben 4 cl Kaffeelikör einrühren.

Austausch-Tipp 1/8 l Milch durch Sahne ersetzen – nicht kalorienarm, aber köstlich!

Grundrezept Vanilleparfait

mmh, selbst gemacht!
20 Min. + 6 Std. Gefrieren

bei 12 Portionen pro Portion ca. 175 kcal
2 g Eiweiß · 16 g Fett · 6 g Kohlenhydrate

ZUTATEN FÜR 10–12 PORTIONEN

1 Vanillestange
4 Eigelbe
4 EL Milch
4 EL Zucker
500 g Sahne

ZUBEREITUNG

1. Die Vanillestange längs aufschneiden und das Mark auskratzen. Eigelbe, Milch, Zucker und das Vanillemark in eine bauchige Metallschüssel geben. Einen Topf, in den die Schüssel passt, 3 cm hoch mit Wasser füllen, dieses aufkochen, die Schüssel in den Topf stellen.

2. Mit einem Schneebesen die Eigelbe in ca. 3 Min. cremig schlagen und die Schüssel sofort aus dem Wasser nehmen. Die Eimasse abkühlen lassen, dabei gelegentlich luftig schlagen.

3. Inzwischen die Sahne steif schlagen. Die Eiermasse unter die Sahne heben und nach Belieben in Portionsförmchen oder in einer großen Form im Tiefkühlgerät in 4–6 Std. gefrieren lassen.

Tuning-Tipp Parfait lässt sich eiskalt variieren – für coolen Genuss! Geben Sie in die fertige Masse z. B. Schokoladenspäne, Zimtpulver, Haselnusskrokant oder auch mal Smarties. Für ein marmoriertes Himbeerparfait hochwertige Himbeermarmelade in die fertige Masse mischen, dabei die Marmelade nicht vollständig verrühren, so dass ein Marmormuster entsteht. Für größere Genießer dürfen Sie die abgekühlte Eimasse auch hochprozentig verfeinern: Einfach einen Schuss Rum, Grand Marnier oder Himbeergeist dazugießen.

Erdbeer-Eisbombe

einfach zum Dahinschmelzen
30 Min. + 6 Std. Gefrieren
bei 6 Portionen pro Portion ca. 405 kcal
5 g Eiweiß · 31 g Fett · 24 g Kohlenhydrate

ZUTATEN FÜR 4–6 PORTIONEN

500 g Erdbeeren
4 EL Puderzucker
1 Grundrezept Vanilleparfait (S. 170)

ZUBEREITUNG

1. Erdbeeren waschen und putzen. 200 g Erdbeeren mit 4 EL Puderzucker pürieren, die übrigen Erdbeeren zur Seite stellen.

2. Das Vanilleparfait wie im Grundrezept (S. 170) beschrieben zubereiten. Die fertige Masse in zwei gleich große Portionen teilen, unter die eine Hälfte das Erdbeerpüree heben.

3. Die Erdbeermasse in eine bauchige Schüssel geben. Die Vanillemasse in einen Gefrierbeutel füllen und eine Ecke abschneiden. Die Ecke mit dem Loch tief in die Erdbeermasse hineinstecken und die Vanillemasse vorsichtig herausdrücken. Das Parfait wie im Grundrezept beschrieben gefrieren lassen.

4. Zum Servieren die Schüssel kurz unter warmes Wasser halten und die Eisbombe auf einen Teller stürzen. Mit den übrigen Erdbeeren garnieren.

Austausch-Tipp Eisbomben laden zum Kombinieren ein. Perfekte Eis-Partner sind z. B. Vanille und Schokolade, Kaffee und Krokant sowie Erdbeer, Vanille und Smarties für Kinder. Einfach ausprobieren, was am besten ankommt!

Einfach, lecker, unverzichtbar

→ **Grundrezept Vanilleeis** 1 Vanillestange längs aufschneiden, das Mark auskratzen. 1/4 l Milch und 250 g Sahne mit dem Vanillemark aufkochen. 5 Eigelbe mit 100 g Zucker schaumig rühren, 1 Schöpfer heiße Milch einrühren. Alles zurück in den Topf gießen. Mit einem Holzlöffel ständig am Topfboden rühren und die Milch in ca. 3 Min. dick cremig werden lassen. Sofort durch ein feines Sieb gießen und abkühlen lassen. In der Eismaschine oder in einer bauchigen Schüssel im Tiefkühlgerät (hier alle 30 Min. durchrühren) gefrieren lassen.

Eisparfait

Parfait gelingt perfekt, auch wenn es nicht ständig umgerührt wird. Denn Parfait enthält reichlich geschlagene Sahne, die für eine **zart-cremige Konsistenz** sorgt – einfach zum Dahinschmelzen! Parfait heißt auch »Semifreddo« oder **Halbgefrorenes.** Falls Sie eine Eismaschine besitzen oder tatsächlich alle 30 Min. die Masse mit dem Schneebesen gut durchrühren, eignet sich das obenstehende Milcheis-Grundrezept ebenfalls gut für verführerischen Eisgenuss.

Apfelstrudeleis

ganz cool im Herbst
25 Min. + 6 Std. Gefrieren
bei 6 Portionen pro Portion ca. 405 kcal
5 g Eiweiß · 34 g Fett · 20 g Kohlenhydrate

ZUTATEN FÜR 6 PORTIONEN

2 Scheiben Apfelstrudel, selbst gemacht (S. 161) oder fertig gekauft
1 Grundrezept Vanilleparfait (S. 170)

ZUBEREITUNG

1. Den Apfelstrudel in kleine Stücke hacken.

2. Das Vanilleparfait wie im Grundrezept (S. 170) beschrieben zubereiten und die Strudelstücke unter die fertige Parfaitmasse heben. Das Parfait wie im Grundrezept beschrieben gefrieren lassen.

Austausch-Tipp Apfelstrudel durch Apfel-, Kirsch-, Aprikosen- oder Rhabarberkuchen ersetzen. Für **Lebkuchenparfait** 4 Lebkuchen fein hacken. Zusammen mit 1/2 TL Lebkuchengewürz, je 1 EL Orangeat und Zitronat sowie 4 cl Rum nach Belieben unter die Parfaitmasse heben. Wie im Grundrezept (S. 170) beschrieben gefrieren lassen.

Schokosandwiches

Kinderliebling
25 Min. + 6 Std. Gefrieren
pro Stück ca. 325 kcal
4 g Eiweiß · 20 g Fett · 33 g Kohlenhydrate

ZUTATEN FÜR 20 STÜCK

100 g dunkle Schokolade
1 Grundrezept Vanilleparfait (S. 170)
40 große Schokocookies (Schokoladenkekse, fertig gekauft)

ZUBEREITUNG

1. Die Hälfte der Schokolade in Stück brechen und im Wasserbad schmelzen (Kasten S. 168). Die übrige Schokolade in kleine Stücke hacken und zur Seite stellen.

2. Das Vanilleparfait wie im Grundrezept (S. 170) beschrieben zubereiten, dabei die geschmolzene Schokolade in die warme Eimasse einrühren und die Schokoladenstückchen unter die fertige Masse heben. Das Parfait in eine Form füllen und wie im Grundrezept beschrieben gefrieren lassen.

3. Das Parfait mit einem Eisportionierer abstechen oder die Form stürzen und das Parfait in Stücke schneiden. Jeweils 2 Cookies mit einer Portion Eis zusammenkleben, die Schokosandwiches auf ein Blech legen und sofort wieder einfrieren.

Austausch-Tipp Variieren Sie Eissorten und Cookies nach Lust und Laune!

Brotzeit & unterwegs essen

Heißt das Lieblingsfach Ihres Kindes »große Pause«? Das wird auch so bleiben. Denn unsere **Powerstullen** machen die **freie Zeit** zwischen Deutsch und Mathe noch

attraktiver. Mama oder Papa müssen dafür aber keineswegs früher aufstehen – die Brote sind **im Nu** gemacht. Und **würzige Aufstriche,** Dips und Salsas, Pita, Wraps und Pizza-Fladen schmecken so gut, dass sie auch für eine herzhafte Brotzeit, ein Familien-Picknick **am See** oder den Sonntagsbrunch mit Freunden herhalten können.

Also große Pause für die ganze Familie!

Pita mit Hackbällchen

Teeny-Liebling
35 Min.
pro Portion ca. 670 kcal
31 g Eiweiß · 19 g Fett · 77 g Kohlenhydrate

ZUTATEN FÜR 4 PORTIONEN

1 kleine Zwiebel
300 g Rinderhackfleisch
2 EL Semmelbrösel
1 Ei (Größe M)
Salz · Pfeffer
1 TL rosenscharfes Paprikapulver
2 EL neutrales Öl
1–2 Romanasalatherzen
1 Bund Radieschen
8 Pita-Brottaschen (à ca. 65 g)
200 g Sahnejoghurt

ZUBEREITUNG

1. Die Zwiebel schälen und würfeln. Hackfleisch mit Zwiebeln, Semmelbröseln und Ei verkneten. Mit Salz, Pfeffer und 1/2 TL Paprikapulver würzen. Aus dem Hackteig 16 kleine Klöße formen.

2. Das Öl in einer Pfanne erhitzen und darin die Hackbällchen bei mittlerer Hitze in 8–10 Min. rundherum braun anbraten.

3. Salat und Radieschen waschen, putzen. Den Salat in Streifen, die Radieschen in dünne Scheiben schneiden.

4. Die Pita-Taschen toasten, mit Salat, Radieschen und Hackbällchen füllen. Jeweils etwas Joghurt darauf geben, mit dem übrigen Paprikapulver bestäuben.

Austausch-Tipp Appetit auf vegetarisches Fingerfood? Bitte sehr: Kleine Bulgur-Frikadellen (Rezept S. 73) in die Brottaschen füllen.

Rucola-Wraps mit Räucherlachs

für kleine und große Fischfans
30 Min.
pro Portion ca. 655 kcal
26 g Eiweiß · 35 g Fett · 57 g Kohlenhydrate

ZUTATEN FÜR 4 PORTIONEN

30 g Pinienkerne
200 g Schmand (24 %)
100 g saure Sahne
2 TL Dijon-Senf
1–2 TL Zitronensaft
Salz · Pfeffer
1 Bund Rucola
200 g Kirschtomaten
200 g Räucherlachs in Scheiben
8 Weizenmehl-Wraps (à ca. 45 g)
Holzspießchen oder Butterbrotpapier zum Servieren

ZUBEREITUNG

1. Die Pinienkerne in einer trockenen Pfanne goldbraun rösten, vom Herd nehmen. Schmand, saure Sahne, Senf und Zitronensaft verrühren. Mit Salz und Pfeffer würzen.

2. Rucola verlesen, waschen, trockenschütteln und grob zerpflücken. Die Tomaten waschen und vierteln. Den Lachs in breite Streifen schneiden.

3. Die Wraps nach Packungsangabe in einer heißen Pfanne ohne Fett von beiden Seiten kurz erhitzen. Schmandmasse auf die Wraps streichen, mit Rucola, Lachs und Tomaten belegen. Pinienkerne aufstreuen.

4. Die Wraps zu Tüten aufrollen. Mit Holzspießchen zustecken oder in Butterbrotpapier einschlagen, damit sich die Wraps nicht wieder ausrollen.

Tipp Weizenmehl-Tortillas finden Sie im Brotregal größerer Supermärkte.

Fischstäbchen-Baguette

preiswert
35 Min.
pro Portion ca. 965 kcal
33 g Eiweiß · 36 g Fett · 128 g Kohlenhydrate

ZUTATEN FÜR 4 PORTIONEN

- 1 Bund Frühlingszwiebeln
- 1 kleine Salatgurke (ca. 300 g; möglichst mit unbehandelter Schale)
- 6 Blätter Eisbergsalat
- 1 Bund Dill
- 100 g Mayonnaise
- 2 EL Joghurt
- Salz · Pfeffer
- 2 EL neutrales Öl
- 16 TK-Fischstäbchen (500 g)
- 8 Baguettebrötchen (à 90 g)

ZUBEREITUNG

1. Frühlingszwiebeln waschen, putzen und fein schneiden. Gurke waschen oder schälen und in dünne Scheiben schneiden. Den Salat waschen, putzen und zerpflücken.

2. Den Dill abbrausen, trockenschütteln, einige Blättchen für die Garnitur beiseite legen, die übrigen hacken. Mayonnaise mit Joghurt, Dill, Salz und Pfeffer verrühren.

3. Das Öl in einer Pfanne erhitzen, die gefrorenen Fischstäbchen darin bei mittlerer Hitze von jeder Seite 5–8 Min. braten, mehrmals wenden. Frühlingszwiebeln kurz mitdünsten.

4. Die Brötchen toasten, längs aufschneiden und mit der Dillmayonnaise bestreichen. Mit Salat, Gurken, Fischstäbchen und Frühlingszwiebeln füllen. Mit Dill garnieren.

Kinder machen mit Salatblätter zerpflücken und Gurken in Scheiben schneiden – ein Spaß für Kids.

Gefülltes Pizza-Fladenbrot

schmeckt nach Urlaub
30 Min. + 10 Min. Backen
pro Portion ca. 705 kcal
27 g Eiweiß · 23 g Fett · 92 g Kohlenhydrate

ZUTATEN FÜR 4 PORTIONEN

- 2 Fladenbrote (à ca. 250 g)
- 1 Zwiebel
- 1 Knoblauchzehe
- 2 EL Olivenöl
- 1 kleine Dose gehäutete Tomaten (400 g)
- 1 TL getrocknete italienische Kräuter
- Salz · Pfeffer
- 1 rote Spitzpaprikaschote
- 200 g Mozzarella
- 60 g Paprikasalami-Aufschnitt
- 3 Zweige Basilikum

ZUBEREITUNG

1. Die Fladenbrote quer aufschneiden. Zwiebel und Knoblauch schälen, fein würfeln und im Öl glasig dünsten. Tomaten samt Saft einrühren, etwas zerdrücken. Alles aufkochen, mit Kräutern, Salz und Pfeffer würzen. Offen bei starker Hitze 10 Min. einkochen lassen.

2. Den Backofen auf 220° (Umluft 200°) vorheizen. Paprikaschote waschen, halbieren, putzen und in feine Streifen schneiden. Mozzarella in dünne Scheiben schneiden.

3. Tomatenmasse auf den unteren Brothälften verteilen. Mit Salami, Paprika und Mozzarella belegen. Basilikum abbrausen, trockenschütteln, die Blätter abzupfen und darauf geben. Die oberen Brothälften auflegen. Im heißen Ofen (Mitte) 10 Min. backen.

Speed-Tipp Für den Belag statt selbst gekochter Tomatensauce eine Dose »Pizza-Tomaten mit Oregano« nehmen.

Zwieback mit Grillgemüse

auch als Vorspeise
25 Min.
pro Stück ca. 145 kcal
7 g Eiweiß · 7 g Fett · 13 g Kohlenhydrate

ZUTATEN FÜR 8 STÜCK
1 Aubergine
1 Zucchino
8 Kirschtomaten
4 Zweige Thymian
200 g Feta
2 EL Olivenöl
Salz · Pfeffer
8 Stück Zwieback

ZUBEREITUNG

1. Aubergine und Zucchino waschen und in Scheiben schneiden. Tomaten waschen und halbieren. Den Thymian waschen und trockenschütteln, Blättchen abzupfen. Feta in dicke Scheiben schneiden.

2. Das Olivenöl in einer großen Pfanne erhitzen. Auberginen, Zucchini und den Thymian darin bei mittlerer Hitze ca. 5 Min. anbraten, die Tomaten dazugeben, kurz mitbraten, mit Salz und Pfeffer würzen.

3. Die Zwiebackscheiben nebeneinander legen, abwechselnd Gemüse und Schafkäse darauf schichten.

Tuning-Tipp Für **Zwieback mit Lammfilet** 4 Lammfilets salzen und pfeffern, in 1 EL Öl bei großer Hitze 3–8 Min. braten. Herausnehmen, kurz ruhen lassen und in Scheiben schneiden. Den Zwieback mit Grillgemüse wie im Rezept beschrieben zubereiten und das Fleisch zusätzlich darauf schichten.

Toast Hawaii

klassisch gut
15 Min. + 15 Min. Backen
pro Toast ca. 290 kcal
15 g Eiweiß · 15 g Fett · 22 g Kohlenhydrate

ZUTATEN FÜR 8 TOASTS
8 Scheiben Toastbrot
4 EL Butter
8 Scheiben Ananas (Dose)
8 Scheiben gekochter Schinken
8 dicke Scheiben Emmentaler
4 EL Preiselbeeren nach Belieben

ZUBEREITUNG

1. Den Backofen auf 220° (Umluft 200°) vorheizen. Toastscheiben auf beiden Seiten toasten und mit Butter bestreichen. Die Ananas abtropfen lassen.

2. Toastscheiben nebeneinander auf ein Backblech legen und mit dem Schinken belegen. Je 1 Ananasscheibe darauf legen, mit Käse bedecken und im heißen Ofen (Mitte) in 10–15 Min. goldbraun überbacken. Zum Servieren nach Belieben je 1/2 EL Preiselbeeren in die Mitte der Ananas setzen.

Austausch-Tipp Die Ananas durch Tomatenscheiben und Shiitakepilze (ersatzweise Champignons) ersetzen. Tomaten und Pilze mit Salz und Pfeffer würzen, den Toast wie im Rezept beschrieben zubereiten. Nach Belieben andere Käsesorten mit mindestens 45 % Fett verwenden, z. B. Ziegenkäse, Gorgonzola oder Mozzarella.

Bunt belegte Brotpizzen

raffiniert belegt
15 Min. + 15 Min. Backen
pro Stück ca. 255 kcal
18 g Eiweiß · 13 g Fett · 18 g Kohlenhydrate

ZUTATEN FÜR 4 STÜCK
1 Dose Tunfisch (naturell; 135 g Abtropfgewicht)
2 Zwiebeln
4 Artischockenherzen (Dose)
4 Scheiben Sauerteigbrot
1/4 l Tomatensauce, (Rezept S. 30 oder aus dem Glas)
1–2 EL Kapern
2–3 EL entsteinte Oliven
1 TL getrockneter Oregano · Pfeffer
150 g Gouda, geraspelt

ZUBEREITUNG

1. Den Backofen auf 220° (Umluft 200°) vorheizen. Den Tunfisch abtropfen lassen. Zwiebeln schälen und in sehr feine Ringe schneiden. Die Artischocken vierteln.

2. Die Brote nebeneinander auf ein Backblech legen und mit der Tomatensauce bestreichen. Tunfisch, Zwiebeln, Artischocken, Kapern und die Oliven darauf verteilen. Mit Oregano und Pfeffer würzen, den Käse darüber streuen und die Brotpizza im heißen Ofen (unten) in 10–15 Min. goldbraun backen.

Austausch-Tipp Auf der Tomatensauce schmecken z. B. auch gekochter Schinken und Champignons, Salami und Peperoni oder bunte Paprikastreifen und blanchierte Brokkoliröschen. Einfach ausprobieren, was am besten ankommt oder nehmen, was der Vorrat hergibt!

Steaksandwich

einfach lecker
20 Min.
pro Sandwich ca. 535 kcal
19 g Eiweiß · 48 g Fett · 6 g Kohlenhydrate

ZUTATEN FÜR 2 SANDWICHES
4 große Salatblätter
1 Tomate
1/4 Salatgurke
2 große Brötchen
2 EL Mayonnaise
2 Rumpsteaks (je 120 g)
Salz · Pfeffer
Öl zum Braten
Ketchup nach Belieben

ZUBEREITUNG

1. Salatblätter waschen, putzen und abtropfen lassen. Tomate und Gurke waschen, den Stielansatz der Tomate entfernen, beides in Scheiben schneiden. Die Brötchen aufschneiden und die Schnittflächen mit Mayonnaise bestreichen. Die Steaks leicht klopfen, mit Salz und Pfeffer würzen.

2. Das Öl in einer Pfanne erhitzen, die Steaks darin bei großer Hitze auf beiden Seiten anbraten. Bei mittlerer Hitze in 5–10 Min. fertig braten, herausnehmen, kurz ruhen lassen.

3. Brötchen mit Salat, Tomaten und Gurken belegen, mit Salz und Pfeffer würzen. Das Steak dazwischenklemmen. Die Sandwiches nach Belieben mit Ketchup servieren.

Vegi-Tipp Auch ohne Fleisch gut drauf! Für ein **Salat-Sandwich** das Steak weglassen, zusätzlich geraspelte Möhren, Rote-Beten-Scheiben (Glas) und Avocadostreifen mit (Kräuter-)Salz und Pfeffer würzen und alles zwischen die Brötchenhälften klemmen.

Power-Vollkornstulle

ganz easy
10 Min.
ca. 310 kcal
20 g Eiweiß · 12 g Fett · 28 g Kohlenhydrate

ZUTATEN FÜR 1 PORTION

2 große Salatblätter
2 Scheiben Vollkornbrot
1 EL Senf
1 Scheibe gekochter Schinken
2 EL Alfalfasprossen
1 dicke Scheibe Käse (z. B. Emmentaler)

ZUBEREITUNG

1. Salatblätter waschen, putzen und gut abtropfen lassen. Das Vollkornbrot jeweils auf einer Seite mit Senf bestreichen, die Salatblätter darauf legen.

2. Den Schinken auflegen, darauf die Sprossen und zuletzt den Käse. Die zweite Brotscheibe als Deckel aufsetzen.

Tuning-Tipp Tomaten und Gurkenscheiben mit Salz und Pfeffer würzen und zusätzlich in das Brot legen. Diese Variante ist allerdings für unterwegs nicht geeignet, da das Ganze schnell durchweicht.

Austausch-Tipp Den Schinken durch gebratene Hähnchenbrust ersetzen. Dazu 1 Hähnchenbrust mit Salz und Pfeffer würzen, im heißen Öl in ca. 5–10 Min. braten, abkühlen lassen und in dünne Scheiben schneiden. Auch lecker mit übrig gebliebenem Grillhähnchen.

Buntes Schichtbrot

für kleine Hochstapler
15 Min.
pro Portion ca. 350 kcal
13 g Eiweiß · 16 g Fett · 35 g Kohlenhydrate

ZUTATEN FÜR 2 PORTIONEN

3 Stängel Petersilie
200 g fettreduzierter Frischkäse
1 Spritzer Zitronensaft
Salz · Pfeffer
1 TL Currypulver
1 TL edelsüßes Paprikapulver
1 Msp. Pulbiber (Paprikaflocken; aus dem türkischen Lebensmittelladen) nach Belieben
5 Scheiben Vollkornbrot

ZUBEREITUNG

1. Petersilie waschen, trockenschütteln und die Blättchen fein hacken. Den Frischkäse in vier Portionen zu je 50 g teilen. Eine Portion beiseite stellen.

2. 50 g Frischkäse mit der Petersilie und dem Zitronensaft verrühren und mit Salz und Pfeffer würzen. 50 g Frischkäse mit dem Currypulver verrühren und salzen. 50 g mit Paprikapulver verrühren, salzen und nach Belieben mit Pulbiber würzen.

3. 4 Brotscheiben mit je einer Frischkäsesorte bestreichen, die Brote aufeinander stapeln. Die fünfte Brotscheibe zuletzt aufsetzen. Das Brot leicht andrücken und in zwei Portionen teilen.

Tuning-Tipp Snacks für die Party: Das Schichtbrot in mundgerechte »Türmchen« schneiden.

Speed-Tipp Frischkäsezubereitungen (z. B. mit Kräutern, mit Paprika, mit Meerrettich, mit Pfeffer) aus dem Kühlregal verwenden.

Paprika-Omelett-Sandwich

raffiniert gewürzt
20 Min.
pro Sandwich ca. 270 kcal
12 g Eiweiß · 12 g Fett · 27 g Kohlenhydrate

ZUTATEN FÜR 4 SANDWICHES

- 1/2 Bund Schnittlauch
- 3 Eier (Größe M)
- 3 EL Ajvar (Paprikapaste)
- 1 Schuss Milch
- 1 1/2 EL Mehl
- Salz · Pfeffer
- 1 EL neutrales Öl
- 2 rote Paprikaschoten
- einige Blätter Eisbergsalat
- 4 große (Vollkorn-) Brötchen oder Hörnchen
- 4 EL Schmand (24 %)

ZUBEREITUNG

1. Schnittlauch waschen und in Röllchen schneiden. Eier mit Ajvar, einem Schuss Milch und dem Mehl verquirlen. Mit Salz und Pfeffer würzen. Schnittlauch unterheben.

2. 1 EL Öl in einer beschichteten Pfanne (26 cm Ø) erhitzen. Die Eiermasse in die Pfanne geben und bei sanfter Hitze und geschlossenem Deckel ca. 6 Min. braten.

3. Paprikaschoten waschen, putzen und in Streifen schneiden. Salatblätter waschen und trockenschleudern.

4. Brötchen aufschneiden, die Schnittflächen mit Schmand bestreichen, mit Paprika und Salatblatt belegen. Das Omelett vierteln und auf jede Brötchen-Unterseite ein Stück legen. Das Brötchen zusammenklappen.

Austausch-Tipp Besonders würzig: Rucola statt Eisbergsalat und Ajvar statt Schmand.

Tipp Das Omelett schmeckt auch solo mit einem Salat.

Familien-Hotdog

great!
20 Min.
pro Portion ca. 560 kcal
15 g Eiweiß · 35 g Fett · 43 g Kohlenhydrate

ZUTATEN FÜR 4 PORTIONEN

- 1 türkisches Fladenbrot
- einige Blätter Eisbergsalat
- 3 Tomaten
- 1/2 Salatgurke
- 2 EL Senf
- 2 EL Ketchup
- 4 Wiener Würstchen
- 5 EL Remoulade
- 3 EL Joghurt
- 8 EL Röstzwiebeln (Fertigprodukt)

ZUBEREITUNG

1. Ofen auf 250° (Umluft 220°) vorheizen. Das Brot aufschneiden und im Ofen auf dem Rost (Mitte) in ca. 5 Min. knusprig backen.

2. Eisbergsalat, Tomaten und Gurke waschen. Salat putzen und in Stücke teilen. Tomaten in dünne Scheiben schneiden, Stielansätze entfernen. Gurke in dünne Scheiben schneiden.

3. Eine Fladenbrothälfte mit Senf, die andere mit Ketchup bestreichen. Untere Brothälfte mit Salat belegen. Würstchen nach Belieben längs halbieren, sternförmig darauf verteilen. Gurken- und Tomatenscheiben darauf legen.

4. Remoulade und Joghurt glatt rühren. Gleichmäßig auf dem belegten Brot verteilen. Mit den Röstzwiebeln bestreuen. Deckel auflegen und gut festdrücken. In Achtel schneiden und fest in Frischhaltefolie einschlagen.

Vegi-Tipp Statt Würstchen 4 hart gekochte Eier in Scheiben schneiden und auf das Brot legen. Oder würzigen Winzerkäse nehmen.

Überraschungspäckchen

Kinderliebling
20 Min. + 30 Min. Ruhen
+ 40 Min. Backzeit
pro Stück ca. 155 kcal
6 g Eiweiß · 6 g Fett · 18 g Kohlenhydrate

ZUTATEN FÜR 20 STÜCK

- 500 g Mehl
- 1 TL Salz
- 1 Päckchen Trockenhefe
- 6 EL neutrales Öl
- 300 g Feta
- 20 kleine Kirschtomaten
- 3 EL Sesam

ZUBEREITUNG

1. Mehl, Salz und Hefe mischen. 1/4 l Wasser und 2 EL Öl untermengen, kneten bis der Teig nicht mehr klebt. Evtl. noch etwas Wasser zugeben. Abgedeckt an einem warmen Ort ca. 30 Min. gehen lassen. Inzwischen den Feta in 20 Würfel teilen. Kirschtomaten waschen.

2. Teig noch einmal gut durchkneten und in 20 Portionen teilen. Jede Portion flach drücken, mit 1 Fetawürfel und 1 Tomate füllen. Teigstücke zu kleinen Kugeln formen.

3. Restliches Öl mit Sesam in einer großen flachen Auflaufform mischen. Die Kugeln darin wenden, eng nebeneinander (Nahtstellen nach unten) hineinsetzen. In den kalten Backofen stellen, die Temperatur auf 180° stellen (Umluft nicht empfehlenswert). Die Päckchen in ca. 40 Min. goldbraun backen.

Austausch-Tipp Päckchen mit Mozzarella, getrockneten Tomaten und Oliven füllen.

Herzhafte Maismuffins

besonders reich an Karotin
25 Min. + 25 Min. Backen
pro Muffin ca. 180 kcal
6 g Eiweiß · 9 g Fett · 19 g Kohlenhydrate

ZUTATEN FÜR 12 MUFFINS

- 2 Möhren
- 100 g roher Schinken in Scheiben oder am Stück
- 300 g Maismehl
- 2 TL Backpulver
- 1/4 TL Natron
- 1 1/2 TL Salz
- 2 Eier (Größe M)
- 1/8 l neutrales Öl
- 1/4 l Buttermilch
- 3 EL Röstzwiebeln (Fertigprodukt)
- 12 kleine Brokkoliröschen (ca. 4 cm groß)
- 1 Muffinblech mit 12 Mulden
- 12 Papierförmchen für die Muffinmulden

ZUBEREITUNG

1. Backofen auf 200° vorheizen. Möhren schälen und grob raspeln. Schinken klein würfeln.

2. Maismehl mit Backpulver, Natron und Salz mischen. Eier kurz verquirlen, Öl und Buttermilch einrühren, die Masse soll nicht glatt gerührt sein. Mehlmischung kurz unterrühren, so dass die Zutaten gerade verbunden sind.

3. Möhrenraspel, Schinkenwürfel und Röstzwiebeln unter den Teig ziehen. Papierförmchen in die Mulden des Muffinblechs setzen und die Hälfte des Teiges gleichmäßig auf die 12 Mulden verteilen.

4. Brokkoliröschen waschen und in jeden Muffin 1 Röschen stecken. Restlichen Teig darauf verteilen. Die Muffins im Ofen (Mitte, Umluft 180°) in ca. 25 Min. goldbraun backen.

Austausch-Tipp Funktioniert auch mit Weizenmehl, am besten Type 1050.

Eingelegter Schafkäse

super vorzubereiten

20 Min. + 60 Min. Marinieren

pro Portion (abgetropft) ca. 115 kcal

8 g Eiweiß · 9 g Fett · 1 g Kohlenhydrate

ZUTATEN FÜR 8 PORTIONEN

- 1 rote Paprikaschote
- 1/2 Salatgurke
- 1 Knoblauchzehe
- 50 ml Olivenöl
- Salz · Pfeffer
- 300 g Feta
- 2 EL Sonnenblumenkerne
- 1 Bund Schnittlauch

ZUBEREITUNG

1. Die Paprikaschote und die Gurke waschen, putzen und klein würfeln. Den Knoblauch schälen und zum Olivenöl pressen. Olivenöl mit Salz und Pfeffer würzen.

2. Den Feta in eine flache Form legen. Die Gemüsewürfel darüber verteilen und das Öl darüber gießen. Abgedeckt im Kühlschrank mindestens 1 Std. ziehen lassen.

3. Sonnenblumenkerne in einer trockenen Pfanne goldbraun rösten. Den Schnittlauch waschen, trockenschütteln und in kleine Röllchen schneiden. Beides erst kurz vor dem Servieren über den Käse streuen.

Das schmeckt dazu knuspriges Baguette oder Fladenbrot

Austausch-Tipp Dünne Radieschenscheiben, Frühlingszwiebeln oder Tomatenwürfel bringen Farbe und Vitaminpower.

Caprese im Glas

Sommerhit

20 Min. + 12 Std. Marinieren

pro Portion ca. 150 kcal

8 g Eiweiß · 12 g Fett · 2 g Kohlenhydrate

ZUTATEN FÜR 8 PORTIONEN

- 300 g Mini-Mozzarella-Kugeln
- 1 Bund Rucola
- 75 ml Olivenöl
- Salz · Pfeffer
- 300 g Kirschtomaten

ZUBEREITUNG

1. Die Mozzarellakugeln auf einem Sieb gut abtropfen lassen, Lake auffangen. Rucola verlesen, waschen und trockenschütteln. Stiele abzwicken, die Blätter grob zerkleinern.

2. In einem großen Glas (ca. 750 ml Inhalt) das Öl mit 4 EL der Mozzarellalake, Rucola, etwas Salz und Pfeffer und den Mozzarellakugeln mischen. Verschlossen über Nacht im Kühlschrank ziehen lassen.

3. Am nächsten Tag Kirschtomaten waschen und zum eingelegten Mozzarella geben. Im Kühlschrank bleibt der Salat gut 2 Tage frisch, der Käse wird mit der Zeit aber weicher.

Das schmeckt dazu Baguette, Fladenbrot

Austausch-Tipp Wenn Sie keinen Mini-Mozzarella bekommen, können Sie auch 2 große Mozzarellakugeln grob würfeln. Klasssisch gut mit Basilikum statt Rucola oder mit Fetawürfeln statt Mozzarella.

Für ein Picknick super geeignet

→ **Würziges** – z. B. Käsewürfel aus Hartkäse, Essiggurken, Mixed Pickles, Oliven, Peperoni, marinierte Artischocken, luftgetrockneter und geräucherter Schinken, Salami, Pfefferbeißer oder Landjäger.
→ **Frisches** – z. B. Gurken, Tomaten, Radieschen, Paprikaschoten, Staudensellerie, Rettich – entweder im Ganzen oder aufgeschnitten.
→ **Fruchtiges** – z. B. Melonen, Erdbeeren, Pfirsiche, Aprikosen, Zwetschgen oder Obstsalat.
→ **Alles frisch** Die Lebensmittel am besten in einer Kühltasche transportieren, so bleibt alles kühl und frisch, das ist besonders wichtig bei sommerlichen Temperaturen!

Wurstsalat

klassisch gut

20 Min. + 30 Min. Marinieren

pro Portion ca. 385 kcal

11 g Eiweiß · 36 g Fett · 4 g Kohlenhydrate

ZUTATEN FÜR 4 PORTIONEN

2 rote Zwiebeln (ersatzweise braune Speisezwiebeln)
Salz · Pfeffer
5 EL Rotweinessig
3 EL neutrales Öl
8 Regensburger Würste
2 Essiggurken

ZUBEREITUNG

1. Die Zwiebeln schälen und in Ringe schneiden. Aus Salz, Pfeffer, Essig und Öl ein Dressing anrühren und die Zwiebeln darin 15 Min. ziehen lassen.

2. Inzwischen die Wurst pellen. Wurst und Essiggurken in dünne Scheiben schneiden und mit dem Dressing mischen. Nochmals 10–15 Min. durchziehen lassen.

Austausch-Tipp Die Regensburger durch 500 g Lyoner, Schinkenwurst, Leberkäse oder Aufschnitt ersetzen.

Tuning-Tipp Für **Schweizer Wurstsalat** 200 g Emmentaler und 400 g Lyoner in Streifen schneiden. Den Salat wie im Rezept beschrieben mit Essiggurken und Dressing zubereiten und durchziehen lassen. Nach Belieben vor dem Servieren Schnittlauchröllchen unter den Salat mischen.

Bayerischer Obatzder

schmeckt nicht nur im Biergarten

20 Min.

pro Portion ca. 290 kcal

15 g Eiweiß · 24 g Fett · 3 g Kohlenhydrate

ZUTATEN FÜR 4 PORTIONEN

250 g Camembert
1/2 Bund Petersilie
150 g Doppelrahm-Frischkäse
1 EL edelsüßes Paprikapulver
Salz · Pfeffer
2 rote Zwiebeln (ersatzweise braune Speisezwiebeln)

ZUBEREITUNG

1. Den Camembert mit einer Gabel in kleine Stücke reißen. Die Petersilie waschen, trockenschütteln und die Blättchen fein hacken.

2. Den Camembert mit Frischkäse, Petersilie, Paprikapulver zu einer Paste verrühren und mit Salz und Pfeffer würzen. Die Zwiebeln schälen, in dünne Ringe schneiden und auf dem Obatzden verteilen.

1 x kochen – 2 x essen Für **Käsetaschen** 450 g TK-Blätterteig auftauen lassen, in Quadrate schneiden. Ofen auf 200° (Umluft 180°) vorheizen. Den Obatzden wie im Rezept beschrieben zubereiten, 2 Eier und 1 EL Semmelbrösel unterrühren. Käse auf den Teigstücken verteilen, 1 Eigelb verquirlen, Teigränder damit einpinseln, Teig zusammenklappen. Die Oberfläche mit Eigelb bestreichen, nach Belieben mit Kümmel bestreuen und im Ofen (Mitte) in 20–25 Min. goldbraun backen.

Mariniertes Gemüse

Sommerhit

25 Min. + 12 Std. Marinieren

pro Portion ca. 120 kcal

4 g Eiweiß · 8 g Fett · 9 g Kohlenhydrate

ZUTATEN FÜR 4 PORTIONEN

2 Zucchini
1 Aubergine
150 g Champignons
1 Knolle Knoblauch
1/2 Bund Thymian
Olivenöl zum Braten und Aufgießen
4–6 EL Aceto balsamico
Salz · Pfeffer

ZUBEREITUNG

1. Zucchini und Auberginen waschen, putzen und quer in Scheiben schneiden. Die Champignons putzen, große Pilze halbieren. Knoblauchknolle quer durchschneiden. Den Thymian waschen und trockenschütteln.

2. Reichlich Olivenöl in einer oder zwei Pfannen erhitzen und darin Gemüse, Knoblauch und den Thymian bei großer Hitze ca. 5 Min. anbraten. Mit Salz und Pfeffer würzen, mit dem Aceto balsamico ablöschen.

3. Das Gemüse in einen flachen Behälter schichten und so viel Olivenöl aufgießen, dass es bedeckt ist. Im Kühlschrank 12 Std. durchziehen lassen. Zum Servieren die Ölmarinade gut abtropfen lassen.

1 x kochen – 2 x essen Abgetropfte Ölmarinade im Kühlschrank aufbewahren – super für aromatische Salatdressings! Dafür die Marinade mit Salz, Pfeffer und Aceto balsamico abschmecken.

Pikanter Melonensalat

raffiniert gewürzt

20 Min.

pro Portion ca. 60 kcal

1 g Eiweiß · 0 g Fett · 12 g Kohlenhydrate

ZUTATEN FÜR 4 PORTIONEN

800 g Wassermelone (mit Schale gewogen)
1 weiße Zwiebel (ersatzweise braune Speisezwiebel)
2 grüne Chilischoten nach Belieben
1 Bund Koriandergrün
Salz · Pfeffer
Saft von 2 Limetten
4 EL Rotweinessig

ZUBEREITUNG

1. Melonenfruchtfleisch aus der Schale lösen, Samen entfernen, das Fruchtfleisch in mundgerechte Stücke schneiden. Zwiebel schälen, in feine Ringe schneiden. Chilis waschen, putzen, Samen entfernen, das Fruchtfleisch fein schneiden. Koriandergrün waschen, trockenschütteln und die Blättchen abzupfen.

2. Aus Salz, Pfeffer, Limettensaft und Essig ein Dressing anrühren. Melonenstücke, Zwiebeln, Chili und Koriander mischen und mit dem Dressing marinieren.

Austausch-Tipp Die Hälfte der Melone durch frische Ananas ersetzen und/oder den Koriander durch grob gehackte Petersilie.

Tuning-Tipp Servieren Sie den Melonensalat mal in der Melone – macht was her! Die Melone waschen und oben einen Deckel abschneiden. Fruchtfleisch mit einem spitzen Messer von der Schale lösen, mit einem Löffel herausheben. Salat wie beschrieben zubereiten und in die Melonenschale füllen.

Kürbis-Sesam-Dip

nussig-aromatisch
30 Min.
pro Portion ca. 155 kcal
5 g Eiweiß · 12 g Fett · 7 g Kohlenhydrate

ZUTATEN FÜR 4 PORTIONEN

300 g Kürbis (mit Schale gewogen) · Salz
4 EL Tahin (Sesampaste; Bioladen oder Reformhaus)
3 EL Zitronensaft
1 EL Olivenöl
Pfeffer
2 EL Kürbiskerne

ZUBEREITUNG

1. Den Kürbis schälen, die Samen entfernen, das Fruchtfleisch in Stücke schneiden. Diese in Salzwasser in 10–15 Min. weich kochen, das Wasser abgießen, den Kürbis pürieren.

2. Den Kürbis mit Sesampaste, Zitronensaft und Olivenöl verrühren, mit Salz und Pfeffer würzen. Den Dip anrichten und mit den Kürbiskernen bestreuen.

Austausch-Tipp Für **Hummus** 200 g gegarte Kichererbsen (Dose oder Glas) in einem Sieb kalt abbrausen, abtropfen lassen und pürieren. Kürbis durch die Kichererbsen ersetzen und das Rezept wie beschrieben zubereiten. Zusätzlich 150 g Joghurt unterrühren.

Tuning-Tipp Mit gerösteten Kürbiskernen bestreuen: Kürbiskerne in 1 EL Öl bei mittlerer Hitze in ca. 3 Min. knusprig rösten. Auf Küchenpapier abtropfen lassen und salzen.

Paprika-Schafkäse-Dip

ganz einfach
25 Min.
pro Portion ca. 210 kcal
7 g Eiweiß · 19 g Fett · 3 g Kohlenhydrate

ZUTATEN FÜR 4 PORTIONEN

4 geröstete rote Paprikaschoten (Glas)
100 g Schafkäse
1/2 Bund Petersilie
4 eingelegte Peperoni nach Belieben
100 g Doppelrahm-Frischkäse
Salz · Pfeffer

ZUBEREITUNG

1. Die Paprika abtropfen lassen und pürieren oder fein hacken. Den Schafkäse mit einer Gabel zerdrücken. Petersilie waschen, trockenschütteln und die Blättchen fein hacken. Die Peperoni ggf. entstielen und in Ringe schneiden.

2. Paprika, Schafkäse, Petersilie, Frischkäse und Peperoni verrühren und eventuell mit Salz und Pfeffer nachwürzen.

Das schmeckt dazu Ofenkartoffeln (S. 50) oder bunte Gemüserohkost

Tuning-Tipp Für **Mit Schafkäse gefüllte Paprikaschoten** 100–150 g Schafkäse – je nach Größe der Paprika – in Dreiecke schneiden und die abgetropften gerösteten Schoten damit füllen. Die gefüllten Paprika schmecken auch warm: Dafür die Schoten in Olivenöl ca. 10 Min. bei mittlerer Hitze anbraten und mit 3 EL grob gehackter Petersilie bestreuen.

Tzatziki

klassisch griechisch
20 Min.
pro Portion ca. 195 kcal
1 g Eiweiß · 5 g Fett · 4 g Kohlenhydrate

ZUTATEN FÜR 4 PORTIONEN

1 Salatgurke · Salz
1–4 Knoblauchzehen
1/2 Bund Dill
400 g griechischer Joghurt (10 % Fett)
2 EL Zitronensaft
2 EL Olivenöl
Pfeffer

ZUBEREITUNG

1. Die Gurke waschen, auf der Gemüsereibe raspeln. gut salzen und ca. 10 Min. stehen lassen. Den Knoblauch schälen und fein hacken. Dill waschen, trockenschütteln und die Blättchen fein hacken.

2. Gurkenraspel in ein feines Sieb geben und gut ausdrücken. Den Joghurt mit den Gurken, Knoblauch, Dill, Zitronensaft und Olivenöl verrühren und mit Pfeffer würzen.

Austausch-Tipp Für einen **Gurken-Minze-Dip** den Dill durch Minze ersetzen und den Knoblauch weglassen. Den Dip wie im Rezept beschrieben zubereiten.

Das schmeckt dazu Pita-Brot (fertig gekauft): Den Backofen auf 200° (Umluft 180°) vorheizen oder den Grill einschalten. Brotfladen mit Olivenöl einpinseln und im heißen Ofen (Mitte) oder unter dem Grill in 5–10 Min. goldbraun backen. Herausnehmen und mit getrocknetem Oregano bestreuen.

Mexikanische Salsa

scharf!
25 Min. + 15 Min. Marinieren
pro Portion ca. 90 kcal
1 g Eiweiß · 8 g Fett · 3 g Kohlenhydrate

ZUTATEN FÜR 4 PORTIONEN

1/2 Salatgurke
2 Tomaten
3 Frühlingszwiebeln
2 Chilischoten
1/2 Bund Koriandergrün (ersatzweise Petersilie)
Salz · Pfeffer
Saft von 2 Limetten
3 EL Olivenöl

ZUBEREITUNG

1. Gurke, Tomaten, Frühlingszwiebeln und Chilis waschen und putzen. Den Stielansatz der Tomaten entfernen, von den Chilis die Samen entfernen. Gurke und Tomaten in sehr kleine Würfel schneiden. Frühlingszwiebeln und Chilis in feine Ringe schneiden. Den Koriander waschen, trockenschütteln und die Blättchen abzupfen.

2. Gurken, Tomaten, Frühlingszwiebeln, Chilis und Koriander mischen, mit Salz, Pfeffer und Limettensaft würzen. Das Öl untermischen, die Salsa ca. 15 Min. ziehen lassen.

Das schmeckt dazu Brot oder Tortilla-Chips

Da passt's dazu Zu **Gebratenem Fischfilet** (z. B. Lachs, Snapper oder Seeteufel): Dafür die Fischfilets mit 2 EL Limettensaft beträufeln, salzen und pfeffern. Öl in einer Pfanne erhitzen und den Fisch darin bei mittlerer Hitze von beiden Seiten ca. 5–10 Min. braten.

Die können mit vielem

Die Dips auf dieser Seite schmecken einfach nur mit **Brot, mit Gemüse-**Rohkost aber auch zu gegrilltem oder **kurzgebratenem Fleisch** und **Fisch.**

Kürbisdip (links oben), Paprika-Schafkäse-Dip (rechts oben), Mexikanische Salsa (rechts unten), Tzatziki (links unten)

Rucolaschmand

leicht & lecker

15 Min.

pro 30-g-Portion ca. 75 kcal
2 g Eiweiß · 7 g Fett · 2 g Kohlenhydrate

ZUTATEN FÜR
ca. 300 g

1 Bund Rucola
50 g Kürbiskerne
200 g Schmand (24 %)
Salz · Pfeffer
Zitronensaft

ZUBEREITUNG

1. Rucola verlesen, waschen und trockenschütteln. Stiele entfernen, die Blätter mit den Kürbiskernen pürieren.

2. Den Schmand glatt rühren, mit Salz, Pfeffer und einem guten Spritzer Zitronensaft abschmecken.

3. Rucola-Kürbiskern-Mix unter den Schmand rühren und servieren.

Vorrats-Tipp Dicht verschlossen im Kühlschrank ca. 5 Tage haltbar. Sollte sich an der Oberfläche etwas Flüssigkeit abgesetzt haben, den Aufstrich vor dem Servieren einfach gut durchrühren.

Austausch-Tipp Schmeckt nicht nur auf Brot, sondern auch auf pikanten Pfannkuchen oder Crêpes. Wenn Sie den Schmand mit 100 ml Milch glatt rühren, wird der Brotaufstrich zum Dip, z. B. für Pellkartoffeln oder Knabbergemüse.

Rübli-Grünkern-Aufstrich

reich an Karotin

25 Min.

pro 40-g-Portion ca. 45 kcal
1 g Eiweiß · 1 g Fett · 7 g Kohlenhydrate

ZUTATEN FÜR
ca. 400 g

1 kleine Zwiebel
2 Möhren (ca. 200 g)
1/4 l Möhrensaft
80 g Grünkernschrot (Bioladen, Reformhaus)
1 EL Sojasauce
1 EL Olivenöl
1 TL Honig
Salz · Pfeffer

ZUBEREITUNG

1. Die Zwiebel schälen und klein würfeln. Möhren schälen und fein raspeln. Beides zusammen mit dem Möhrensaft in einen Topf geben und aufkochen.

2. Den Grünkernschrot einrühren und alles bei schwacher Hitze 5 Min. köcheln lassen. Abkühlen lassen.

3. Die Grünkernpaste zusammen mit Sojasauce, Olivenöl und Honig im Mixer fein pürieren. Mit Salz und Pfeffer abschmecken.

Da passt's dazu zu kräftigem Bauern- oder Vollkornbrot

Vorrats-Tipp Hält sich gut verschlossen im Kühlschrank ca. 7 Tage.

Austausch-Tipp Statt Möhrensaft können Sie auch Tomaten- oder Gemüsesaft nehmen.

Nüssli-Käs

mit Rucola-Kick
25 Min.
pro 20-g-Portion ca. 90 kcal
2 g Eiweiß · 8 g Fett · 3 g Kohlenhydrate

ZUTATEN FÜR ca. 250 g

125 g mehlig kochende Kartoffeln
125 g Walnusshälften
1/2 Bund Rucola
2–3 EL Nussöl
Salz · Pfeffer
Currypulver

ZUBEREITUNG

1. Kartoffeln mit Schale in wenig Wasser gar kochen. Inzwischen die Walnüsse grob hacken und in einer trockenen Pfanne rösten. Kartoffeln abgießen, kalt abschrecken und pellen.

2. Rucola verlesen, waschen, trockenschütteln und die Stiele entfernen. Blätter grob hacken und mit Walnüssen, Kartoffeln und dem Öl fein pürieren.

3. Den Nüssli-Käs mit Salz und Pfeffer würzen und im Kühlschrank mindestens 1 Std. abkühlen lassen. Mit etwas Currypulver abschmecken.

Vorrats-Tipp Gut verschlossen im Kühlschrank hält sich der Nüssli-Käs ca. 1 Woche.

Austausch-Tipp Wenn Sie die Hälfte der Paste mit 250 g Magerquark mischen, haben Sie einen tollen Dip, z. B. für Pellkartoffeln. Statt Rucola können Sie auch Petersilie oder Basilikum verwenden, statt Walnüssen auch Haselnüsse oder Kürbiskerne.

Tuning-Tipp Den Nüssli-Käs zur Kugel formen, 1/2 Bund Rucola fein hacken und die Kugeln darin wälzen.

Fetacreme

mediterran
20 Min.
pro 25-g-Portion ca. 45 kcal
3 g Eiweiß · 3 g Fett · 2 g Kohlenhydrate

ZUTATEN FÜR ca. 350 g

50 g getrocknete Tomaten ohne Öl (Glas)
1 Knoblauchzehe
1/2 Bund Basilikum
3 EL Sesam
200 g Feta
100 ml Milch

ZUBEREITUNG

1. Getrocknete Tomaten in kleine Würfel schneiden. Knoblauch schälen und grob zerkleinern. Basilikum waschen, trockenschütteln, die Blättchen grob hacken. Sesam in einer trockenen Pfanne rösten, bis die Samen duften, aus der Pfanne nehmen.

2. In einem hohen Rührbecher den zerbröselten Feta mit Milch, Knoblauch und dem Basilikum fein pürieren. Getrocknete Tomaten und Sesam unterziehen. Die Creme ist zunächst relativ flüssig.

3. Fetacreme in eine gut schließende Plastikbox oder ein Schraubglas füllen und im Kühlschrank aufbewahren. Sie wird nach einer Weile im Kühlschrank fester.

Da passt's dazu zu geröstetem Baguette oder kräftigem Bauernbrot; eignet sich gut für ein Buffet

Austausch-Tipp Mit insgesamt 150–200 ml Milch wird die Creme zum flüssigeren Dip für Gemüserohkost oder Ofenkartoffeln und zum »Pesto« für Nudeln.

Tuning-Tipp Schmeckt toll mit einer Hand voll klein geschnittener schwarzer Oliven statt Sesam.

Vorrats-Tipp Die Creme hält sich im Kühlschrank ca. 5 Tage.

Abwechslung aufs Brot!

Selbst gemachte Brotaufstriche sind eine gesunde, meist fettärmere und preiswerte Alternative zu Käse und Wurst – nicht nur für Vegetarier. Basis sind kohlenhydratreiche Lebensmittel wie beispielsweise würziger Grünkern, Kartoffeln, eiweißreiche Hülsenfrüchte wie Linsen oder Sojabohnen, Nüsse oder Kerne, außerdem Milchprodukte wie Feta oder Schmand.

→ **Für Geschmack** sorgen aromatische Zutaten wie getrocknete Tomaten, geröstete Nüsse, frische Kräuter und Gewürze – auf Aromastoffe und Geschmacksverstärker können Sie damit locker verzichten. Und genauso gut auf Konservierungs- und andere Zusatzstoffe, die sich in gekauften Brotaufstrichen finden.

→ **Streichfett** unten drunter wird nicht benötigt: Die Aufstriche sind durch hochwertiges Fett aus Nüssen, Ölen oder Milchprodukten schön cremig.

→ **Extra-Pluspunkt** Die Aufstriche sind variabel, lassen sich auch schnell zum Dip für Pellkartoffeln oder Nudeln strecken und machen auch beim Brunch oder auf dem Partybuffet eine gute Figur.

Rübli-Grünkern-Aufstrich (oben), Fetacreme (unten)

So bleiben Ihre Köstlichkeiten frisch

→ **Kleine Mengenlehre** Die selbst gemachten Brotaufstriche kommen ohne künstliche Konservierungsstoffe und mit wenig Zucker als natürliches Konservierungsmittel aus, das macht sie aber leichter verderblich. Deshalb immer nur kleine Mengen herstellen und auf peinliche Sauberkeit achten.

→ **Gut aufgehoben** Aufstriche in saubere, gut schließende Gefäße füllen, z. B. in Plastikboxen oder Twist-off-Gläser. Nur im Kühlschrank lagern, nicht zu lange offen stehen lassen und mit einem sauberen Löffel oder Messer entnehmen.

Apfel-Mandel-Aufstrich (links), Schokobutter (rechts)

Sommerfrucht-Aufstrich

vitaminreich
20 Min.
pro 25-g-Portion ca. 75 kcal
1 g Eiweiß · 3 g Fett · 12 g Kohlenhydrate

ZUTATEN FÜR
ca. 250 g

100 g Erdbeeren
100 g rote Johannisbeeren
100 g Gelierzucker (1 : 1)
Zitronensaft · 50 g Sesam

ZUBEREITUNG

1. Erdbeeren waschen, putzen und, je nach Größe, halbieren oder vierteln. Johannisbeeren kurz abbrausen, Beeren von den Stielen streifen und verlesen.

2. Alle Beeren mit dem Gelierzucker und einem Spritzer Zitronensaft mischen und ca. 10 Min. auf der höchsten Stufe im Mixer oder Blitzhacker pürieren. Der Fruchtaufstrich ist fertig, wenn die Masse zu gelieren beginnt.

3. Sesam in einer trockenen Pfanne rösten, bis die Samen duften, und unter den Fruchtaufstrich ziehen.

4. Den Aufstrich in ein sauberes, gut verschließbares Schraubglas oder in eine Plastikbox füllen und im Kühlschrank aufbewahren.

Da passt's dazu Schmeckt nicht nur auf Brot, sondern auch in Joghurt oder Quark gerührt oder auf Pfannkuchen oder Waffeln.

Vorrats-Tipp Hält sich gekühlt ca. 7 Tage.

Austausch-Tipp Beerenstarker Sommerhit: Probieren Sie den Fruchtaufstrich auch einmal mit Himbeeren, Pfirsichen oder Aprikosen statt Erdbeeren. Johannisbeeren sind wichtig für das Gelieren, sonst bleibt die Creme halbflüssig. Klappt auch mit TK-Beeren. Statt Sesam können Sie auch geröstete Kokosflocken, Mandelstifte, grob gehackte Kürbiskerne oder Walnüsse verwenden.

Tuning-Tipp 1 TL eingelegten grünen Pfeffer abtropfen lassen, mit dem Messerrücken eines großen Messers vorsichtig zerdrücken und statt Sesam unter die Konfitüre rühren.

Klassiker Ca. 1 Jahr haltbar, aber nicht ganz so aromatisch und weit weniger vitaminreich ist gekochte Konfitüre: 1 kg vorbereitete Früchte mit 1 kg Gelierzucker (1 : 1) mischen, in einem großen Topf aufkochen und mindestens 3 Min. sprudelnd kochen lassen. Heiß in vorbereitete Gläser füllen.

Apfel-Mandel-Aufstrich

kalorienarm
20 Min.
pro 25-g-Portion ca. 55 kcal
1 g Eiweiß · 3 g Fett · 7 g Kohlenhydrate

ZUTATEN FÜR ca. 500 g

- 4 reife süße Äpfel (ca. 600 g)
- etwas Apfelsaft
- 50 g Vollkorngrieß
- 50 g Rosinen
- 100 g gehäutete Mandeln
- 1/2 TL Zimtpulver
- 1 Päckchen Vanillezucker

ZUBEREITUNG

1. Äpfel waschen, trockenreiben, in Spalten schneiden und das Kernhaus entfernen. Äpfel mit einem Schuss Apfelsaft bei kleiner Hitze zugedeckt ca. 5 Min. dünsten.

2. Grieß und Rosinen zu den Äpfeln geben, unter Rühren aufkochen. Bei schwacher Hitze unter gelegentlichem Rühren 3 Min. köcheln lassen, bis der Grieß weich ist.

3. Mandeln hacken, mit Zimt und Vanillezucker zum Brei geben. Den Topf vom Herd nehmen und alles fein pürieren. In ein dicht schließendes Gefäß geben und im Kühlschrank aufbewahren.

Da passt's dazu fein auf Frischkäse-Brot

Vorrats-Tipp Hält sich gekühlt ca. 7 Tage.

Speed-Tipp Mit gemahlenen Mandeln geht's schneller.

Alles, was Brote süß macht

Mittlerweile ist das Angebot an süßen Brotaufstrichen riesig. Basis der meisten Produkte: Früchte, die mit Zucker gemischt und erhitzt und dadurch haltbar werden. Je höher der Frucht- und je niedriger der Zuckeranteil, desto gesünder, aber auch desto kürzer die Haltbarkeit.

→ **Marmelade** dürfen laut Gesetz nur noch eingemachte Zitrusfrüchte genannt werden, z. B. Orangenmarmelade.

→ **Konfitüren** sind Mischungen aus Früchten und mindestens 50 % Zucker. Extra-Qualität enthält einen besonders hohen Fruchtanteil.

→ **Fruchtaufstriche** enthalten weniger oder keinen Zucker und einen hohen Fruchtanteil.

→ **Gelee** wird aus Fruchtsaft gekocht und ist deshalb klar.

→ **Diätkonfitüre** enthält Fruchtzucker, was keine Kalorien spart, aber für Diabetiker geeignet ist, oder künstlichen Süßstoff statt Zucker, der die Kalorien reduziert.

→ **Nussnougatcreme** besteht v. a. aus Zucker, pflanzlichem Öl, Nüssen und Kakao und ist sehr zucker-, fett- und kalorienreich.

→ **Honig** wird von Bienen aus Blütennektar oder Honigtau hergestellt; kalt geschleudert besonders wertvoll.

Pflaumen-Nuss-Mus

reich an Mineralstoffen
20 Min.
pro 25-g-Portion ca. 95 kcal
2 g Eiweiß · 6 g Fett · 8 g Kohlenhydrate

ZUTATEN FÜR ca. 250 g

- 25 g Vollkorngrieß
- 50 g Trockenpflaumen
- 150 ml Apfelsaft
- 100 g gemahlene Haselnüsse
- 1/4 TL Zimtpulver
- 1/2 Päckchen Vanillezucker

ZUBEREITUNG

1. Grieß mit den getrockneten Pflaumen und dem Apfelsaft in einem Topf unter Rühren aufkochen. Bei schwacher Hitze und unter gelegentlichem Rühren 3 Min. köcheln lassen, bis der Grieß weich ist.

2. Gemahlene Haselnüsse, Zimt und Vanillezucker dazugeben. Den Topf vom Herd nehmen, alles mit dem Pürierstab fein pürieren.

3. Das Pflaumen-Nuss-Mus in eine gut schließende Plastikbox oder ein Schraubglas füllen und im Kühlschrank aufbewahren.

Da passt's dazu Schmeckt nicht nur als Brotaufstrich, sondern ist auch ein Hit in Joghurt, auf Pfannkuchen oder Waffeln.

Vorrats-Tipp Hält sich gekühlt ca. 7 Tage.

Austausch-Tipp Schmeckt auch mit Mandeln oder Walnüssen statt Haselnüssen.

Schokobutter

blitzschnell
10 Min.
pro 20-g-Portion ca. 130 kcal
2 g Eiweiß · 12 g Fett · 4 g Kohlenhydrate

ZUTATEN FÜR ca. 150 g

- 100 g zimmerwarme Butter
- 4 EL Kakaopulver
- 2 EL Puderzucker

ZUBEREITUNG

1. Alle Zutaten mit den Quirlen des Handrührgerätes ca. 5 Min. verkneten, bis die Masse heller wird.

2. Schokobutter in ein verschließbares Gefäß füllen oder zur Rolle formen und in Frischhaltefolie wickeln. Im Kühlschrank lagern.

Das schmeckt dazu Schmeckt als Brotaufstrich besonders gut mit Bananen- oder Erdbeerscheiben belegt. Toll auch auf Pfannkuchen oder Crêpes.

Vorrats-Tipp Hält sich im Kühlschrank ca. 1 Woche, tiefgekühlt mindestens 1 Monat.

Austausch-Tipp Statt Kakaopulver können Sie auch Carobpulver aus dem Reformhaus oder Bioladen verwenden.

Tuning-Tipp Für Erwachsene die Schokobutter mit etwas abgeriebener Orangenschale und einem Schuss Orangenlikör verfeinern oder, für Mokka-Aroma, 1/2 TL Instant-Kaffeepulver unterrühren.

Sind Sie relaxt? Dann bringen Sie – neben ein wenig Organisationstalent – schon die wichtigste Voraussetzung für eine **gelungene Party** mit. Denn Gäste nervt es, wenn Gastgeber hektisch sind und kaum Zeit zum Feiern haben. Wir plädieren für **Spaß statt Stress** und haben für Sie Tipps und Ideen gesammelt, die das

Feste feiern

herrlich **unkompliziert** machen. Wir stellen Ihnen Menü- und **Buffetstars** vor, die sich super vorbereiten lassen und richtig was hermachen: vom trendigen Fingerfood bis zum festlichen **XXL-Braten.** So können Sie mit großen und kleinen Gästen jedes Fest **entspannt genießen** – von der ersten bis zur letzten Minute!

Der große Durst

Die Angaben sind natürlich Richtwerte. Die Nachfrage nach Wasser und anderen alkoholfreien Getränken steigt mit der Temperatur, der Anzahl der weiblichen Gäste, der Kinder und der Autofahrer.

→ Getränk	→ Menge je Gast
Aperitif	max. 2 Gläser
Wein	1/2–1 l
Bier	1 1/2–2 l
Mineralwasser	1 1/2 l
Säfte	ca. 1/2 l
Digestif	1 Glas
Kaffee, Mokka & Co.	1–2 Tassen plus Milch bzw. Sahne

Mengenlehre für Ihr Buffet

→ Gericht	→ Menge je Person
Klare Brühe	150–200 ml
Suppe	200–250 ml
Salat	100 g
Fisch	50–100 g
Fleisch	50–80 g
Gemüse	150–200 g
Kartoffeln	150–200 g
Reis, Teigwaren, Getreide	50–70 g
Saucen	
– gehaltvoll, cremig	80 ml
– leicht, dünnflüssig	125 ml
Dessert	150–200 g
Gebäck	
– 1 Springform (Ø 24–26 cm) für 12 Personen	
– 1 Backblech für 20 Personen	

Feste feiern von A bis Z

→ **Buffet** Die praktische Lösung, wenn Sie mehr als 10 Gäste bewirten wollen.

→ **Checkliste** Sie hilft Ihnen, den Überblick zu behalten. Schreiben Sie alles auf, was erledigt werden muss – vom Einkauf bis zum WC-Putz.

→ **Deko** Macht gute Laune, besonders wenn sie auf Anlass, Motto oder das Essen abgestimmt ist. Beschränken Sie sich auf zwei Farben, sonst wird es unruhig. Preiswert und schön sind Deko-Materialien aus der Natur: z. B. Wiesenblumen, Efeuranken oder kleine Kürbisse. Einfarbige Tischdecken passen zu allem. Anregungen für Ihre Deko finden Sie auf den Seiten 208–211.

→ **Einladung** Zur Party 3–4 Wochen vorher einladen – mündlich, telefonisch oder per Mail. Bei förmlicheren Anlässen ca. 6 Wochen vorher eine schriftliche Einladung verschicken. Denken Sie beim Gestalten an die »4 W«: WER feiert WO, WANN und WARUM. Bitten Sie um Antwort, dann können Sie besser planen.

→ **Essen** Stimmen Sie es ab – auf Anlass und Jahreszeit. Ein rustikaler Eintopf beim Sektempfang ist genau so unpassend wie eine Gans beim Sommerfest. Wählen Sie Gerichte aus, die sich gut vorbereiten lassen. So können Sie die Arbeit auf mehrere Tage verteilen. Und wer wenig Zeit hat, ergänzt Selbstgemachtes einfach mit Gekauftem vom Partyservice oder Metzger.

→ **Garderobe** Ausreichend Platz schaffen, z. B. im Schlafzimmer.

→ **Geschirr & Co.** Fehlendes Geschirr, Besteck oder Gläser bei Freunden und Verwandten, bei Vereinen, beim Partyservice oder Getränkehandel leihen.

→ **Getränke** Wasser darf nie fehlen. Zum Auftakt trägt ein Aperitif zu entspannter Atmosphäre bei. Zu festlicheren Menüs und Buffets passt Wein gut, zu rustikaleren Bier. Kinder wollen nicht nur Wasser und O-Saft. Besorgen Sie z. B. roten oder hellen Traubensaft, der wie Wein aussieht. Bei den Mengen hilft Ihnen unsere Tabelle (links).

→ **Hilfe** Überlegen Sie rechtzeitig, ob und wobei Sie Hilfe brauchen und wer Ihnen helfen könnte. Bei weniger als 12 Personen genügt eine Freundin, die Ihnen zur Hand geht. Haben Sie mehr Leute eingeladen, so sollten Sie mindestens einen festen Helfer engagieren, bei mehr als 20 Personen mindestens zwei und bei einem größeren Menü zusätzlich zwei Servierkräfte. Wenn viele Kinder kommen, ist ein Babysitter prima. Sie müssen nicht alles alleine schaffen: Verpflichten Sie eine Freundin für das Dessert, die Oma für den Lieblingskuchen oder Ihren Partner für die Getränke.

→ **Licht** Wichtiger Stimmungsfaktor. Festliche Atmosphäre zaubert Kerzenlicht: Stecken Sie z. B. Leuchterkerzen in Äpfel oder in mit Sand gefüllte Gläser. Teelichter sehen auf Blättern oder Kacheln schön aus.

→ **Mengen** Immer überschlagen – sonst geraten Sie schnell ins Schleudern. Je umfangreicher das Buffet bzw. Menü, desto kleiner die Menge der einzelnen Gerichte. Konkrete Zahlen finden Sie in den Tabellen (links und rechts).

→ **Menü** Das gemeinsame Tafeln schafft eine gemütliche Atmosphäre und einen festlichen Rahmen, ist für den Gastgeber aber aufwändiger und nicht so gut vorzubereiten wie ein Buffet – deshalb eher für den kleinen Kreis bis 10 Personen geeignet.

→ **Organisation** Das A und O bei einem Fest. Je wichtiger der Anlass und je größer das Fest, desto früher sollten Sie mit der Planung beginnen. Machen Sie eine Checkliste.

→ **Räumlichkeit** Platz ist in der kleinsten Hütte – wenn Sie umräumen und kreativ sind. Bauen Sie das Buffet in der Küche, im Flur oder auf dem Balkon auf. Schaffen Sie Sitzmöglichkeiten mit Biergarnituren, Klapp- und Gartenstühlen. Faustregel: Pro Gast brauchen Sie 2 qm. Notfalls mieten Sie einen Raum an (z. B. über die Gemeinde, über Vereine, in einer Gaststätte).

→ **Sitzordnung** Bei einer kleineren Runde unnötig, bei großen Festen oder wenn sich nicht alle Gäste kennen, sinnvoll. Fertigen Sie Tischkarten oder einen Sitzplan an.

→ **Wetter** Auch im Hochsommer brauchen Sie für Ihre Open-Air-Party einen »Plan B« für Regen. Mit Pavillons, einer aufgespannten Plane (Baumarkt) oder einem Unterstand überstehen Sie und Ihre Gäste einen kurzen Schauer. Bei Dauerregen hilft nur, nach drinnen umzuziehen: Legen Sie den Boden mit einer festen Plane aus, bevor Sie die Biergarnituren ins Haus tragen.

Tischordnung für Messer und Gabel

Planen Sie pro Gedeck 60–70 cm Platz ein. Der Teller steht 1 Finger breit von der Tischkante entfernt, besonders festlich ist ein Unterteller. Rechts vom Teller liegen die Messer, links die Gabeln, oben quer die Löffel. Gibt es mehrere Gänge, das Besteck in der Reihenfolge der Gänge von außen nach innen legen.

Mengenlehre für Ihr Menü

→ Gericht	→ Als Hauptgang je Person
Klare Brühe	250 ml
Suppe	400 ml
Salat	200 g
Fisch	150–200 g
Fleisch	150–200 g
Gemüse	300–350 g
Kartoffeln	300 g
Reis, Teigwaren, Getreide	80–100 g
Saucen	
– gehaltvoll, cremig	100 ml
– leicht, flüssig	150 ml
Dessert	150–200 g
Gebäck	
– 1 Springform (Ø 24–26 cm) für 4 Personen	
– 1 Backblech für 5–6 Personen	

Profi-Tipps fürs Buffet

→ **Der richtige Ort** Das Buffet so aufbauen, dass es von allen Plätzen und von der Küche aus gut erreichbar ist.

→ **Fläche schaffen** Kleine Tische zusammenstellen, Tapezier- oder Biertische verwenden. Bei Platzmangel das Buffet in der Küche aufbauen.

→ **Schön bedeckt** Bettlaken, Packpapier, Lackfolie oder billiger Dekostoff können als Tischdecke dienen. Schöne Tischplatten wirken auch pur, eventuell mit einem Band oder Läufer geschmückt. Unschöne Tischbeine hinter langen Tüchern (mit Klebeband auf der Tischplatte fixieren) verstecken.

→ **Stapeln Sie hoch!** Steht das Buffet an der Wand, können Sie mit stabilen Kartons oder Bücherstapeln unterschiedliche Ebenen auf der Tischplatte bauen. Übergänge mit Tüchern ausstopfen, alles mit einem weich fallenden Tischtuch oder Laken bedecken.

→ **Buffetordnung** Stellen Sie Teller, Besteck und Servietten an den Anfang der Tafel oder auf einen Extra-Tisch. Es folgen die Suppen und Vorspeisen, außerdem der Brotkorb, dann die Hauptgerichte. Den Abschluss bilden die süßen Sachen, der Obstkorb und schließlich die Käseplatte. Alles was zusammengehört auch zusammenstellen (z. B. Knabbergemüse und Dips).

→ **Basics auf jedem Buffet** Brot (80–100 g pro Gast) und Butter, eine Käseplatte (50 g Käse pro Gast), ein Obstkorb (80–100 g pro Gast). Mit dieser »stillen Reserve« sind Sie auch für unerwartete Gäste gewappnet.

→ **Frisch auf den Tisch** Das Essen nicht zu früh auf das Buffet stellen und mit Frischhaltefolie abgedeckt lassen, bis die Gäste kommen.

→ **Speisen heiß halten** Platzieren Sie warme Gerichte auf Rechauds oder Wärmeplatten, die Sie z. B. beim Partyservice leihen können.

→ **Speisen kühl halten** Fürs Sommerbuffet Kühlelemente mit Alufolie umwickeln und unter Platten aus Metall legen. Kleinere Schüsseln jeweils in größere, mit Eiswürfeln gefüllte Schalen stellen.

→ **Sieht appetitlich aus** Das Buffet regelmäßig kontrollieren, leere Platten abräumen, mit Nachschub füllen und Reste zusammenstellen.

Profi-Tipps fürs Menü

→ Wählen Sie **Rezepte, die sich vorbereiten** lassen und nicht solche, die kurz vor dem Servieren fertig gestellt werden müssen – sonst verbringen Sie mehr Zeit in der Küche als bei Ihren Gästen.

→ **Abwechslung macht an!** Die einzelnen Gänge sollten sich optisch, geschmacklich und von der Konsistenz her unterscheiden: Nach einer Cremesuppe etwas Knackiges reichen. Nach einem üppigen Hauptgericht passt eine leichte Nachspeise. Und umgekehrt: Nach einer Fisch-Vorspeise nicht wieder Fisch als Hauptgericht servieren und nach Tomatensalat keine Tagliatelle mit Tomatensugo.

→ **Bereiten Sie alles so weit wie möglich vor.** Stellen Sie das benötigte Geschirr und Besteck, die Platten, Servierschüsseln und das Vorlegebesteck bereit.

→ Beachten Sie bei der **Tischdeko,** dass in der Tischmitte genügend Platz für Schüsseln und Platten bleibt. Und auch die Gäste sollten sich über den Tisch noch in die Augen blicken können.

→ Servieren Sie das Essen nicht tellerweise, sondern in **Schüsseln und auf Platten,** aus denen sich jeder bedient. Das entlastet Sie als Gastgeber und fördert die Kommunikation.

→ Eine schöne **Menükarte** macht Appetit. Und die Gäste wissen, was sie erwartet.

Obstkuchen vom Blech

Allround-Rührkuchen

schmeckt immer
20 Min. + 45–50 Min. Backen
pro Stück ca. 220 kcal · 3 g Eiweiß · 11 g Fett · 27 g Kohlenhydrate

ZUTATEN FÜR 1 KASTENFORM VON 26–28 cm LÄNGE/ 20 STÜCK

200 g zimmerwarme Butter
200 g Zucker
4 Eier (Größe M)
300 ml Milch
250 g Mehl
125 g Speisestärke
Salz
1 Päckchen Backpulver
Fett und Mehl für die Form
Puderzucker zum Bestäuben

ZUBEREITUNG

1. Ofen auf 180° vorheizen. Butter und Zucker mit dem Handrührgerät in ca. 5 Min. cremig rühren. Nacheinander die Eier und die Milch unterrühren.

2. Mehl, Stärke, 1 Prise Salz und Backpulver mischen, unter die Eiermasse rühren. Die Form fetten, mehlen. Teig einfüllen, den Kuchen im Ofen (Mitte, Umluft 160°) 45–50 Min. backen. Nach 25 Min. mit Alufolie abdecken.

3. Mit der Stäbchenprobe testen, ob der Kuchen fertig ist. Holzspieß in den Teig stechen und rausziehen: Klebt Teig daran, noch 5 Min. backen.

4. Den Kuchen kurz in der Form abkühlen lassen, dann aus der Form lösen und auf einem Gitter auskühlen lassen. Mit Puderzucker bestäubt servieren.

Einfrier-Tipp Lässt sich gut einfrieren – im Ganzen oder in Scheiben.

Obstkuchen vom Blech

saftig, fruchtig, wandelbar
25 Min. + 30 Min. Backen
pro Stück ca. 245 kcal 4 g Eiweiß · 13 g Fett · 27 g Kohlenhydrate

ZUTATEN FÜR 1 BLECH/20 STÜCK

1 Grundrezept Rührkuchen (links), dabei 100 g Mehl durch gemahlene Mandeln ersetzen
ca. 750 g Obst (z. B. Aprikosen, Zwetschgen, Kirschen, Äpfel, Rhabarber)
Puderzucker zum Bestäuben

ZUBEREITUNG

1. Ofen auf 180° vorheizen. Rührkuchenteig wie im Rezept links, aber mit nur 150 g Mehl und 100 g gemahlenen Mandeln zubereiten.

2. Das Obst waschen und je nach Art putzen, entsteinen, dann in Hälften, in Spalten oder Stücke schneiden.

3. Ein Backblech mit Backpapier auslegen und den Teig gleichmäßig darauf streichen. Obst gleichmäßig und dicht auf dem Teig verteilen.

4. Den Kuchen im Ofen (Mitte, Umluft 160°) 25–30 Min. backen. In Stücke schneiden und mit Puderzucker bestäubt servieren.

Das schmeckt dazu Halbsteif geschlagene Sahne macht den Früchtetraum perfekt.

Tuning-Tipp Das Mark von 1 Vanilleschote macht den Teig noch aromatischer.

Austausch-Tipp Mandeln im Teig weglassen und den fertigen Kuchen mit gerösteten Mandelstiften bestreuen.

Stracciatellaquadrate

Kinderliebling
25 Min. + 30 Min. Backen
pro Stück ca. 195 kcal
3 g Eiweiß · 11 g Fett · 22 g Kohlenhydrate

ZUTATEN FÜR 1 BLECH/30 STÜCK

1 Grundrezept Rührkuchen (S. 194) mit nur 150 g Zucker und Vanillejoghurt statt Milch
150 g Schokoladenraspel
200 g dunkle Kuvertüre

ZUBEREITUNG

1. Backofen auf 180° vorheizen. Rührteig wie im Grundrezept (S. 194), aber mit weniger Zucker und Vanillejoghurt statt Milch zubereiten. Schokoladenraspel unterheben.

2. Ein Backblech mit Backpapier auslegen. Teig gleichmäßig darauf streichen. Im Ofen (Mitte, Umluft 160°) 25–30 Min. backen. Mit der Stäbchenprobe (Grundrezept Punkt 3) testen, ob der Teig fertig gebacken ist.

3. Kuvertüre nach Packungsangabe schmelzen. Den Kuchen gleichmäßig damit überziehen. Wenn der Guss etwas angezogen ist, mit einem Messer die einzelnen Quadrate vormarkieren, sonst platzt der Schokoguss beim Schneiden leicht ab.

4. Den Guss bei Zimmertemperatur vollständig erstarren lassen. Kuchen in 30 kleine Quadrate schneiden und servieren.

Tuning-Tipp Noch schokoladiger schmeckt's mit 2 EL Kakaopulver im Teig.

Austausch-Tipp Ein Schuss Exotik: Für **Kokosquadrate** Kokos- statt Vanillejoghurt und Kokosflocken statt der Schokoraspel verwenden.

Gefüllte Tarteletts

gut vorzubereiten
30 Min. + 18 Min. Backen pro Portion
pro Stück ca. 245 kcal
5 g Eiweiß · 12 g Fett · 289 g Kohlenhydrate

ZUTATEN FÜR 22 TARTELETTS

1 Grundrezept Rührkuchen (S. 194) mit Orangensaft statt Milch
Fett und Semmelbrösel für die Form

Für die Füllung:
200 g Sahne
500 g Vanillequark
1 Päckchen Vanillezucker
750–1000 g Früchte nach Saison (z. B. Beeren, Aprikosen, Mangos, Trauben)
einige Tartelett-förmchen von 8 cm Ø

ZUBEREITUNG

1. Backofen auf 200° (Umluft 180°) vorheizen. Den Rührteig wie im Grundrezept (S. 194) beschrieben, aber mit Orangensaft statt Milch zubereiten.

2. Die Tartelett-Förmchen gut einfetten und mit Semmelbröseln ausstreuen. Teig gleichmäßig einfüllen und im heißen Ofen (unten) 15–18 Min. backen. Wer nicht so viele Förmchen besitzt, kann sie mehrmals hintereinander verwenden. Die Tarteletts vor dem Herausnehmen leicht abkühlen lassen, die Formen immer wieder gut fetten und bröseln.

3. Sind alle Tarteletts gebacken, die Sahne mit dem Handrührgerät steif schlagen. Kurz bevor die Sahne richtig steif wird, den Vanillequark und -zucker einfließen lassen.

4. Früchte waschen und je nach Art vorbereiten und putzen. In mundgerechte Stücke schneiden. Die Tarteletts kurz vor dem Servieren mit je 1 gehäuften EL Quarkcreme füllen und mit den Früchten belegen.

Vorrats-Tipp In einer Blechdose bleiben unbelegte Tarteletts einige Tage frisch. Eingefroren halten sie sich gut 3 Monate.

Und noch mehr Kuchenvarianten

Das Rührkuchen-Grundrezept von S. 194 können Sie blitzschnell variieren:

→ **Statt Milch** Buttermilch, Frucht- oder Naturjoghurt, Apfel- oder Orangensaft

→ **Das gibt Aroma** abgeriebene Zitronen- oder Orangenschale, Mark von 1 Vanilleschote, 2 EL Rum oder etwas Zimtpulver

→ **Schokokuchen** 2 EL Kakaopulver und 100 g Schokoladenraspel unter den Teig mischen, Kuchen mit 150 g geschmolzener Kuvertüre überziehen.

→ **Nusskuchen** 100 g Mehl durch gemahlene Mandeln oder Haselnüsse ersetzen.

→ **Marmorkuchen** Eine Hälfte des Teiges mit 1 EL Kakaopulver mischen. Erst den dunklen, dann den hellen Teig einschichten. Schichten mit einem Holzstäbchen durchziehen und so vermischen.

→ **Weihnachtskuchen** 2 TL Lebkuchengewürz und 150 g Orangeat/Rosinen zugeben.

→ **Früchtekuchen** 500 g Obst(stücke), z. B. Kirschen, Aprikosen, Äpfel unterrühren.

→ **Das hält saftig** Kuchen mit Zuckerguss überziehen. Für den Guss 200 g Puderzucker mit 2–3 EL Wasser, Zitronen- oder Orangensaft verrühren.

Stracciatellaquadrate (oben), Gefüllte Tarteletts

Kirsch-Mohn-Muffins

ganz einfach
20 Min. + 30 Min. Backen
pro Stück ca. 220 kcal
5 g Eiweiß · 10 g Fett · 26 g Kohlenhydrate

ZUTATEN FÜR 12 STÜCK

250 g Süßkirschen
100 g Butter
200 g Mehl
50 g feine Haferflocken
2 TL Backpulver
1/4 TL Natron
1/4 TL Salz
1/4 TL Zimtpulver
2 Eier (Größe M)
70 g Zucker
100 g backfertige Mohnmischung
1/4 l Buttermilch
Puderzucker zum Bestäuben nach Belieben
1 Muffinblech mit 12 Mulden
Papierförmchen für die Muffinmulden

ZUBEREITUNG

1. Backofen auf 190° vorheizen. Kirschen waschen und entsteinen, auf Küchenpapier etwas abtropfen lassen. Butter in einem Topf zerlassen. Mehl mit Haferflocken, Backpulver, Natron, Salz und Zimt mischen.

2. Die Eier in einer Schüssel mit der zerlassenen Butter, Zucker, der Mohnmischung und der Buttermilch verquirlen. Mehlmischung kurz unterrühren, so dass die Zutaten gerade eben verbunden sind – der Teig soll nicht vollständig glatt gerührt sein. Zum Schluss vorsichtig die Kirschen unterheben.

3. Das Muffinblech mit den Papierförmchen auskleiden und den Teig gleichmäßig einfüllen. Die Muffins im Ofen (Mitte, Umluft 170°) 25–30 Min. backen. Nach Belieben mit Puderzucker bestäuben.

Speed-Tipp 200 g gut abgetropfte Schattenmorellen aus dem Glas verwenden.

Blitz-Croissants

die Füllung macht's
20 Min. + 20 Min. Backen
pro Stück ca. 265 kcal
7 g Eiweiß · 10 g Fett · 36 g Kohlenhydrate

ZUTATEN FÜR 16 STÜCK

250 g Magerquark
75 ml neutrales Öl
175 ml Apfelsaft
Salz
500 g Mehl
1 Päckchen Backpulver
2 Äpfel (ca. 450 g; am besten Boskoop)
150 g gemahlene Haselnüsse
50 g Zucker
50 g Sahne
4 EL Rosinen
1/2 TL Zimtpulver
Mehl zum Arbeiten

ZUBEREITUNG

1. Backofen auf 200° (Umluft 180°) vorheizen. Quark mit Öl, Apfelsaft und 1 Prise Salz glatt rühren. Mehl und Backpulver mischen und nach und nach unterkneten, bis ein glatter Teig entstanden ist.

2. Für die Füllung die Äpfel waschen, vierteln, das Kernhaus entfernen und die Apfelstücke grob raspeln. Mit Haselnüssen, Zucker, Sahne, Rosinen und Zimt mischen.

3. Teig auf einer bemehlten Arbeitsfläche zu einem Kreis von ca. 50 cm Durchmesser und 4 mm Dicke ausrollen. Gleichmäßig mit der Füllung bestreichen.

4. Teig wie einen Kuchen mit einem Messer in 16 Dreiecke schneiden. Jedes von der breiten Seite her fest zu einem Croissant aufrollen und auf ein mit Backpapier ausgelegtes Blech legen. Jedes Hörnchen mit etwas Wasser einpinseln. Im heißen Ofen (Mitte) ca. 20 Min. backen.

Fruchtige Igel-Törtchen

mit Marzipan-Kick

25 Min. + 30 Min. Ruhen + 20 Min. Backen

pro Stück ca. 295 kcal

9 g Eiweiß · 11 g Fett · 40 g Kohlenhydrate

ZUTATEN FÜR 10 IGEL

250 g Magerquark
6 EL neutrales Öl
1 Ei (Größe M)
1 TL Salz
300 g Mehl
3 TL Backpulver
5 Äpfel
20 g Haferflocken
50 g getrocknete Aprikosen
50 g Marzipanrohmasse
3–4 EL Zitronensaft
30–50 g Mandelsplitter
30 g Rosinen oder getrocknete Cranberrys

ZUBEREITUNG

1. Quark, Öl, Ei, Salz und 150 g Mehl verrühren. Das übrige Mehl mit dem Backpulver mischen, mit ein wenig Wasser unterkneten. Den Teig in Folie wickeln, 30 Min. im Kühlschrank ruhen lassen.

2. Äpfel waschen, halbieren, das Kernhaus entfernen. Haferflocken in einer trockenen Pfanne anrösten. Aprikosen fein würfeln. Marzipan mit Zitronensaft pürieren, Flocken und Aprikosen untermischen. In 10 Portionen teilen, an Stelle des Kernhauses in die Äpfel drücken.

3. Backofen auf 200° (Umluft 180°) vorheizen. Teig ca. 8 mm dick ausrollen und in 10 Quadrate schneiden. Auf jedes Quadrat 1 Apfelhälfte (Schnittfläche nach unten) setzen, die Teigränder leicht nach oben einrollen.

4. Äpfel mit Mandelsplittern und Rosinen bzw. Cranberrys dekorieren. Die Igel auf ein mit Backpapier ausgelegtes Blech setzen und im heißen Ofen (Mitte) ca. 20 Min. backen. Eventuell nach 10 Min. abdecken.

Mini-Wähen mit Obst

für die Sommerparty

25 Min. + 20 Min. Backen

pro Stück ca. 315 kcal

6 g Eiweiß · 18 g Fett · 32 g Kohlenhydrate

ZUTATEN FÜR 6 STÜCK

Für den Boden:
3 große Platten TK-Blätterteig (ca. 225 g)
Mehl zum Ausrollen
Fett und Mehl für die Formen

Für den Belag:
100 g Schmand (24 %)
2 Eier (Größe M)
4 EL Zucker
3 Nektarinen
Zitronensaft

ZUBEREITUNG

1. Blätterteig nach Packungsangabe auftauen. Backofen auf 225° (Umluft 200°) vorheizen. 6 Förmchen (8–10 cm Ø) einfetten und mit etwas Mehl ausstäuben.

2. Teigplatten halbieren. Jede Hälfte rund und ca. 2 cm größer als die Förmchen ausrollen. Die Förmchen mit dem Teig auslegen, Böden mit einer Gabel mehrfach einstechen.

3. Für den Guss Schmand, Eier und Zucker verrühren. Nektarinen waschen, vierteln, entsteinen und in dünne Spalten schneiden. Mit Zitronensaft beträufeln.

4. Die Hälfte des Gusses in die Förmchen gießen, Nektarinenspalten darauf legen, restlichen Guss darüber gießen. Die Mini-Wähen im heißen Ofen (Mitte) ca. 20 Min. backen.

Deko-Tipp Mit Zitronenmelisse oder Minzeblättchen garnieren.

Austausch-Tipp Statt Nektarinen passen Brombeeren, Kirschen oder Zwetschgen.

Lachsmousse

ganz einfach
20 Min.
pro Portion ca. 140 kcal
12 g Eiweiß · 9 g Fett · 2 g Kohlenhydrate

ZUTATEN FÜR 10 PORTIONEN

300 g Räucherlachs
4 EL Orangensaft
250 g Magerquark
2 TL Tomatenmark
Salz · Pfeffer
100 g Sahne
Dillfähnchen zum Garnieren

ZUBEREITUNG

1. Den Lachs mit dem Orangensaft pürieren, dabei nach und nach Quark und Tomatenmark unterziehen. Die Masse mit Salz und Pfeffer abschmecken, abgedeckt kühl stellen.

2. Kurz vor dem Servieren die Sahne steif schlagen und unter die Lachsmousse ziehen. Diese nochmals mit Salz und Pfeffer abschmecken. Die Mousse mit Dill garnieren und rasch servieren.

Austausch-Tipp Für Meerrettich-Aroma den Orangensaft durch Apfelsaft und das Tomatenmark durch geriebenen Meerrettich aus dem Glas ersetzen.

Tuning-Tipp Fertige Mousse mit einem Klecks Kaviar garnieren.

Frischkäse-Tomaten-Terrine mit Kürbiskern-Pesto

super vorzubereiten
30 Min. + Abkühlzeiten
bei 12 Portionen pro Portion ca. 195 kcal
6 g Eiweiß · 16 g Fett · 6 g Kohlenhydrate

ZUTATEN FÜR EINE KASTENFORM/ CA. 12 PORTIONEN

16 Blatt Gelatine
800 g stückige Tomaten (Packung bzw. Dose)
Salz · Pfeffer
1–2 EL Zucker
2 EL Apfelessig
150 ml Apfelsaft
300 g Doppelrahm-Frischkäse
100 g Sahne
1 zerdrückte Knoblauchzehe

Für das Pesto:
1 Bund Basilikum
100 g angeröstete Kürbiskerne
3–4 EL Olivenöl
Zitronensaft

ZUBEREITUNG

1. Gelatine einweichen. 1 Tasse Tomaten erhitzen und 10 Blatt Gelatine darin auflösen. Nach und nach alle Tomaten zugeben. Mit Salz, Pfeffer, Zucker und Apfelessig würzen.

2. 50 ml Apfelsaft erhitzen, restliche Gelatine darin auflösen und etwas abkühlen lassen. Frischkäse mit dem übrigen Saft verrühren und unter die Gelatine rühren. Steif geschlagene Sahne unterziehen. Mit Knoblauch, Salz und Pfeffer würzen.

3. Eine Kasten- oder Terrinenform mit Frischhaltefolie auslegen. Die Käsecreme einfüllen, im Kühlschrank anziehen lassen. Dann die Tomatenmasse einfüllen. Über Nacht im Kühlschrank fest werden lassen.

4. Für das Pesto das Basilikum abbrausen und trockenschütteln. Die Blätter zusammen mit Kürbiskernen, 2 EL Wasser und dem Öl pürieren. Mit Salz, Pfeffer und etwas Zitrone würzen. Terrine stürzen, in Scheiben schneiden und mit Pesto servieren.

Auberginen-Zander-Röllchen

für Fischfans
30 Min. + 10 Min. Garen
pro Portion ca. 145 kcal
7 g Eiweiß · 6 g Fett · 6 g Kohlenhydrate

ZUTATEN FÜR 8 PORTIONEN

2 große Auberginen
Salz
Olivenöl zum Braten
800 g stückige Tomaten (Packung oder Dose)
2 Knoblauchzehen
Pfeffer
3 TL getrockneter Thymian
Zucker
600 g Zanderfilet am Stück
16 große Basilikumblätter
Zahnstocher zum Fixieren

ZUBEREITUNG

1. Die Auberginen waschen, Stielansätze entfernen. Die Früchte längs in je 4 Scheiben schneiden. Salzen und kurz ziehen lassen.

2. Etwas Öl in einer Pfanne erhitzen. Die Auberginenscheiben trockentupfen, je 2 im Öl in ca. 5 Min. von beiden Seiten goldbraun braten, auf Küchenpapier entfetten.

3. Für die Sauce die Tomaten in der Pfanne erhitzen. Geschälten Knoblauch dazupressen. Die Sauce mit Salz, Pfeffer, Thymian und etwas Zucker abschmecken, ca. 10 Min. einkochen lassen. In eine Auflaufform füllen. Backofen auf 200° (Umluft 180°) vorheizen.

4. Zander schräg (wie Lachs) in ca. 1 cm breite Scheiben schneiden. Salzen, pfeffern, auf die Auberginenscheiben verteilen. Mit Basilikum belegen. Auberginenscheiben zu Rouladen aufrollen, mit Zahnstochern feststecken. Röllchen in die Sauce setzen, im heißen Ofen (Mitte) ca. 10 Min. garen. Warm servieren.

Gefüllte Tomaten

Klassiker auf neue Art
25 Min.
pro Stück ca. 120 kcal
2 g Eiweiß · 8 g Fett · 11 g Kohlenhydrate

ZUTATEN FÜR 10 STÜCK

10 kleine Tomaten (ca. 6 cm Ø)
1 Dose Palmherzen (450 g)
1 große Avocado (oder 2 kleine)
Saft von 1/2 Zitrone
1 Knoblauchzehe
2 Frühlingszwiebeln
1/2 Bund Petersilie
2 EL neutrales Öl
Salz · Pfeffer

ZUBEREITUNG

1. Tomaten waschen und oben jeweils einen Deckel abschneiden. Das Innere mit einem Löffel auskratzen, klein würfeln. Tomaten kopfüber auf Küchenpapier abtropfen lassen.

2. Palmherzen abtropfen lassen und in kleine Stücke schneiden. Avocado halbieren, entsteinen. Das Fruchtfleisch aus der Schale heben, würfeln, mit dem Zitronensaft mischen. Den Knoblauch schälen und zur Avocado pressen.

3. Frühlingszwiebeln waschen, putzen und in dünne Ringe schneiden. Petersilie waschen, trockenschütteln, die Blättchen fein hacken. Beides mit den Palmherzen und dem Tomatenfruchtfleisch zum Avocadomix geben.

4. Das Öl untermischen, die Mischung mit Salz und Pfeffer abschmecken. Tomaten innen salzen und pfeffern. Den Gemüsemix in die Tomaten füllen. Tomatendeckel auflegen. Übrigen Salat separat reichen.

Italienischer Braten

ganz einfach
25 Min. + 3 Std. 30 Min. Garen
pro Portion ca. 240 kcal
36 g Eiweiß · 10 g Fett · 1 g Kohlenhydrate

ZUTATEN FÜR 6 PORTIONEN

1 Zwiebel
4 EL neutrales Öl
6 EL Tomatenmark
2 EL TK-Kräuter (»italienische Kräuter«)
Salz · Pfeffer
1 kg Schweinelachs (Lummer)

ZUBEREITUNG

1. Backofen auf 100° vorheizen (Umluft nicht empfehlenswert). Die Zwiebel schälen und fein würfeln. Mit 1 EL Öl und den übrigen Zutaten verrühren. Mit Salz und Pfeffer würzen. Ein Stück Alufolie von gut der doppelten Länge des Fleischstückes bereit legen.

2. Die Hälfte der Würzmischung in Bratenlänge mittig längs auf die Folie streichen. Das Fleisch trockentupfen. In einem Bräter in 2–3 EL Öl rundum kräftig anbraten, längs auf die Folie setzen. Fleisch oben mit Paste bestreichen, die Folie darüber zusammenfassen und falten, auch die Seiten fest verschließen.

3. Im heißen Ofen (Mitte) mind. 3 1/2 Std. garen. Den Braten herausnehmen, Folie ein wenig öffnen und den Saft in eine Schale gießen. Das Fleisch noch 5 Min. ruhen lassen, dann auspacken und aufschneiden.

Gefüllte Ente aus dem Bratschlauch

klassisch gut
30 Min. + 2 Std. Garen
pro Portion ca. 840 kcal
55 g Eiweiß · 50 g Fett · 42 g Kohlenhydrate

ZUTATEN FÜR 6 PORTIONEN

1 küchenfertige Flugente (ca. 2,8 kg)
50 ml Apfelsaft
Salz · Pfeffer
gemahlener Piment
250 g Zwiebeln
4 kleine Äpfel
250 g vorgekochte Maroni (vakuumverpackt)
100 g getrocknete Cranberrys
2 TL getrockneter Rosmarin
2–3 EL Schmand (24 %)

Außerdem:
Zahnstocher zum Zustecken
1 Bratschlauch, extra breit

ZUBEREITUNG

1. Ente abspülen, trockentupfen. 1 EL Apfelsaft mit Salz, Pfeffer, Piment würzen, die Ente damit innen und außen einreiben. Ofen auf 200° vorheizen, Rost zuvor herausnehmen.

2. Zwiebeln schälen und würfeln. 3 Äpfel waschen, ohne Kernhaus in Spalten schneiden, mit Zwiebeln, Maroni, 75 g Cranberrys und Rosmarin in die Ente füllen. Ente mit Zahnstochern zustecken.

3. Ente in den Bratschlauch packen, diesen verschließen und einstechen. Auf den Rost legen und in den Ofen (Mitte, Umluft 180°) schieben. Nach 1 1/2 Std. den Schlauch öffnen. Den Fond in eine Pfanne ablassen, die Ente in einem Bräter in weiteren 30 Min. offen knusprig braten.

4. Vom Fond das Fett abschöpfen. Übrigen Apfel waschen, ohne Kernhaus in schmale Spalten schneiden, in 1 EL Entenfett andünsten. Restliche Beeren und Fond zugeben, die Sauce mit Apfelsaft und Schmand verfeinern.

Lammbraten mit Balsamessig

zu Ostern ein Muss
40 Min. + 1 Std. 30 Min. Garen
+ 2–12 Std. Marinieren
pro Portion ca. 540 kcal
29 g Eiweiß · 44 g Fett · 7 g Kohlenhydrate

ZUTATEN FÜR 6 PORTIONEN

5 Knoblauchzehen
4 EL Öl (am besten Olivenöl)
2 TL getrockneter Thymian
Salz · Pfeffer
1 entbeinte Lammkeule (ca. 1,5 kg)
1 große Zwiebel
2 Möhren
1 rote Paprikaschote
4 EL Tomatenmark
6 EL Aceto balsamico
200 g Sahne
2 TL Honig

ZUBEREITUNG

1. 2 Knoblauchzehen schälen, pressen, mit 2 EL Öl und den Gewürzen mischen. Das Fleisch damit einreiben. Abgedeckt im Kühlschrank mindestens 2 Std. ziehen lassen.

2. Ofen auf 220° vorheizen (Umluft nicht empfehlenswert). Zwiebeln schälen, Möhren und Paprika waschen, putzen. Alles würfeln.

3. Fleisch in einem Bräter in 2 EL Öl 10 Min. rundherum anbraten und herausnehmen. Gemüse zugeben und anbraten. Tomatenmark kurz mitbraten, die Keule einlegen. Das Fleisch im heißen Ofen (unten) 20 Min. braten. Dann die Ofenhitze auf 100° reduzieren, die Keule weitere 2 Std. garen.

4. 1/4 l Wasser mit Essig und etwas Salz mischen. Wenn der Fond zu dunkel wird, den Braten mit dem Mix begießen.

5. Die Keule aus dem Bräter nehmen. Gemüse und Fond mit der Sahne pürieren. Mit Honig, Salz und Pfeffer abschmecken. Keule tranchieren und mit der Sauce servieren.

Zarter Pesto-Braten

schnell vorbereitet
15 Min. + 2 Std. 30 Min. Garen
pro Portion ca. 445 kcal
46 g Eiweiß · 28 g Fett · 1 g Kohlenhydrate

ZUTATEN FÜR 4 PORTIONEN

1 Schweinefilet (ca. 600 g)
8 dünne Scheiben Frühstücksspeck
3 EL Pesto (Glas)

ZUBEREITUNG

1. Backofen auf 80° vorheizen (Umluft nicht empfehlenswert). Das Filet trockentupfen. Ein Stück Alufolie von gut der doppelten Länge des Fleischstücks bereit legen. Auf Filetlänge die Speckstreifen schräg nebeneinander längs auf die Folie legen.

2. Eine Seite des Filets mit Pesto einstreichen und auf die vorbereiteten Speckstreifen legen. Die Oberseite ebenfalls mit Pesto bestreichen. Die Speckstreifen über dem Filet zusammenklappen. Alufolie über dem Fleisch zusammenfassen und falten. Auch die Seiten fest verschließen.

3. Das Paket auf den Backofenrost legen und im Ofen (Mitte) mindestens 2 1/2 Std. garen. Fleisch aus dem Ofen nehmen und vor dem Auspacken ca. 5 Min. ruhen lassen.

Crème brulée

preiswert
50 Min. + 12 Std. Ruhen
pro Portion ca. 295 kcal
7 g Eiweiß · 20 g Fett · 21 g Kohlenhydrate

ZUTATEN FÜR 6 PORTIONEN

1 Vanilleschote
1/4 l Milch
250 g Sahne
1 Prise Salz
3 Eier (Größe M)
2 Eigelbe
2 Päckchen Vanillezucker
6 EL Zucker

ZUBEREITUNG

1. Ofen auf 150° vorheizen (Umluft nicht empfehlenswert). Fettpfanne des Backofens 2 cm hoch mit heißem Wasser füllen, in den Ofen (Mitte) schieben. Die Vanilleschote aufschlitzen, das Mark auskratzen. Mark, Schote, Milch, Sahne und 1 Prise Salz in einem Topf einmal aufkochen. Schote entfernen.

2. In einem zweiten Topf Eier, Eigelbe und Vanillezucker verquirlen. Unter Rühren langsam den warmen Milch-Mix zugießen. Vorsichtig erhitzen, bis die Creme leicht andickt.

3. Mischung in ofenfeste Portionsformen (je 150 ml Inhalt) füllen. Ins Wasserbad im Ofen stellen und ca. 30 Min. garen. Aus dem Ofen nehmen und auskühlen lassen. Mit Frischhaltefolie abgedeckt über Nacht kalt stellen.

4. Cremeportionen mit dem Zucker bestreuen und unter dem heißen Backofengrill auf oberster Schiene karamellisieren. (Profiköche arbeiten mit einem Bunsenbrenner.)

Lebkuchen-Dessert

süßer Wintertraum
20 Min.
pro Portion ca. 465 kcal
25 g Eiweiß · 25 g Fett · 83 g Kohlenhydrate

ZUTATEN FÜR 4 PORTIONEN

250 g Lebkuchen
1 Glas Schattenmorellen (680 g Füllmenge)
500 g Magerquark
1 Päckchen Vanillezucker
75 g Zucker
200 g Sahne
2 EL Kakaopulver
2 TL Zimtpulver

ZUBEREITUNG

1. Lebkuchen fein zerbröseln. Die Schattenmorellen abgießen, den Saft dabei auffangen. Quark mit Vanillezucker und Zucker verrühren. Die Sahne steif schlagen, unterziehen.

2. Vier Dessertgläser mit der Hälfte der Lebkuchenbrösel ausstreuen, etwas Kirschsaft darüber träufeln. Abwechselnd Kirschen, Quarkcreme und Lebkuchenbrösel aufeinander schichten. Mit Quarkcreme abschließen.

3. Das Dessert bis zum Servieren kühl stellen. Kurz vor dem Servieren Kakao und Zimt mischen und durch ein feines Sieb über die Dessertportionen stäuben.

Austausch-Tipp Außerhalb der Lebkuchensaison Löffelbiskuits verwenden. Leichter wird's mit 200 g Sahnejoghurt und 1 Schuss Mineralwasser statt Sahne im Quark.

Ananas-Carpaccio mit Zitronencreme

raffiniert kombiniert
25 Min. + 60 Min. Kühlen bzw. Ruhen
pro Portion ca. 225 kcal
2 g Eiweiß · 9 g Fett · 34 g Kohlenhydrate

ZUTATEN FÜR 8 PORTIONEN

Für die Zitronencreme:
150 g Zitronenjoghurt
3 EL Zucker
200 g Sahne

Für das Ananas-Carpaccio:
2 frische Ananas
1 dickes Bund Minze
4 EL Zucker

ZUBEREITUNG

1. Für die Zitronencreme Joghurt und Zucker gut verrühren. Die Sahne steif schlagen und unterziehen. Abgedeckt kalt stellen.

2. Für das Carpaccio die Ananas schälen und längs vierteln. Bei jedem Viertel den Strunk herausschneiden, das Fruchtfleisch in dünne Scheiben schneiden und auf einer großen Platte verteilen.

3. Minze waschen und gut trockenschütteln. Die Blättchen mit dem Zucker im Mörser fein zerreiben, bis der Zucker grün ist. Zwei Drittel des Minzzuckers über der Ananas verteilen. Bei Zimmertemperatur 30 Min. ziehen lassen.

4. Ananas-Carpaccio mit dem restlichen Minzezucker bestreuen und mit der Zitronensauce servieren.

Speed-Tipp Gekauftes Zitronensorbet (TK) statt Zitronensauce zur Ananas servieren.

Schnee-Eier mit Erdbeersauce

Genuss in Rot-Weiß
25 Min.
pro Portion ca. 295 kcal
8 g Eiweiß · 8 g Fett · 46 g Kohlenhydrate

ZUTATEN FÜR 6 PORTIONEN

Für die Schnee-Eier:
200 g Zucker
6 Eier (Größe M)
1 TL Zitronensaft
1 Muffinblech mit 12 Mulden
Butter für die Form

Für die Sauce:
750 g Erdbeeren
2 EL Puderzucker
50 ml Orangensaft

ZUBEREITUNG

1. Ofen auf 190° (Umluft 170°) vorheizen. Fettpfanne des Backofens 2 cm hoch mit heißem Wasser füllen, auf die mittlere Schiene schieben. Die Mulden des Muffinblechs dick fetten, mit etwas von dem Zucker ausstreuen.

2. Eier trennen. Eiweiße mit dem Zitronensaft steif schlagen, dabei nach und nach den übrigen Zucker einstreuen. Masse in die Muffinmulden füllen. Die Form ins heiße Wasserbad im Ofen stellen und die Schnee-Eier ca. 12 Min. backen. Herausnehmen, kurz ruhen lassen, dann mit einem Löffel herausheben.

3. Während die Schnee-Eier garen, für die Sauce die Erdbeeren waschen, putzen, grob zerteilen, mit Puderzucker und Orangensaft fein pürieren. Wer keine Kernchen mag, streicht das Püree noch durch ein feines Sieb.

4. Auf jeden Teller etwas Sauce geben und jeweils 2 Schnee-Eier darauf anrichten.

Gefüllte Paprika-Eier

preiswert
20 Min.
pro Eihälfte ca. 55 kcal
4 g Eiweiß · 4 g Fett · 1 g Kohlenhydrate

ZUTATEN FÜR 10 EIHÄLFTEN

5 Eier (Größe M)
5 EL mildes Ajvar (Paprikapaste)
2 EL Sahne
1/2 TL Senf
1/2 Bund Petersilie
Salz · Pfeffer
rote Paprikawürfelchen für die Garnitur nach Belieben

ZUBEREITUNG

1. Eier am stumpfen Ende anpieksen und in kochendem Wasser in 9 Min. hart kochen. Kalt abschrecken, pellen und längs halbieren.

2. Eigelbe herauslösen und mit einer Gabel fein zerdrücken. Mit Ajvar, Sahne und Senf glatt rühren. Petersilie waschen, trockenschütteln und die Blättchen fein hacken. Eigelbmix mit Salz und Pfeffer abschmecken, die gehackte Petersilie bis auf 1 EL untermischen.

3. Masse in einen Spritzbeutel mit Sterntülle füllen und gleichmäßig in die Eier spritzen. Eier auf einer Servierplatte anrichten und mit der restlichen Petersilie und nach Belieben mit Paprikawürfelchen bestreuen.

Austausch-Tipp **Gefüllte Meerrettich-Eier:** Eigelbe mit 60 g Meerrettich-Frischkäse, 1 Schuss Milch, 1/2 TL Senf, Salz, Pfeffer und 2 EL Kapern mischen.

Hähnchen mit Cocktailsauce

ganz einfach
20 Min. + 60 Min. Garen
pro Portion ca. 230 kcal
24 g Eiweiß · 11 g Fett · 8 g Kohlenhydrate

ZUTATEN FÜR 10 PORTIONEN

Für das Hähnchen:
1 kg Hähnchenbrustfilet
Salz
2–3 EL neutrales Öl
2 Lorbeerblätter
1 TL schwarze Pfefferkörner
Saft von 1 Zitrone

Für die Sauce:
250 g fettarme Mayonnaise
1 Becher Aprikosenjoghurt (150 g)
3–4 EL Ketchup
Salz · Pfeffer
Worcestersauce

ZUBEREITUNG

1. Backofen auf 80° vorheizen (Umluft nicht empfehlenswert). Die Hähnchenfilets abspülen, trockentupfen und salzen. Im heißen Öl rundherum anbraten. Die Gewürze auf dem Fleisch verteilen, dieses mit Zitronensaft beträufeln und zugedeckt 60 Min. im Ofen ziehen lassen. Abkühlen lassen.

2. Mayonnaise, Joghurt und Ketchup glatt rühren. Den Bratfond vom Hähnchen durch ein Sieb dazugießen und unterrühren. Sauce mit Salz, Pfeffer und Worcestersauce würzen.

3. Hähnchenfilets jeweils längs halbieren, Hälften schräg in ca. 2 cm breite Stücke schneiden und auf einer Platte anrichten. Zum Servieren mit der Sauce überziehen.

Austausch-Tipp Für süßsaure Sauce statt Ketchup fertiges Mangochutney unterrühren, die Sauce mit Currypulver abschmecken.

Marinierte Pilze mit Artischocken

gut vorzubereiten
25 Min. + 12 Std. Marinieren
pro Portion ca. 180 kcal
6 g Eiweiß · 10 g Fett · 9 g Kohlenhydrate

ZUTATEN FÜR 6 PORTIONEN

1 kg kleine Champignons
2 Zwiebeln
1 walnussgroßes Stück Ingwer
300 ml Roséwein
3 EL weißer Aceto balsamico
6 EL neutrales Öl
2 TL Salz
1 EL schwarze Pfefferkörner
2 TL getrockneter Thymian
1 Dose Artischockenherzen (ca. 370 ml)

ZUBEREITUNG

1. Champignons putzen, die Stielansätze entfernen, größere Pilze halbieren. Zwiebeln und Ingwer schälen, Zwiebeln grob, Ingwer fein würfeln.

2. Roséwein mit Aceto balsamico, Öl, Salz, Pfefferkörnern und Thymian in einem breiten Topf aufkochen. Gerade so viele Pilze zugeben, dass sie alle im Sud stehen und 1 Min. kochen lassen, mit einem Schaumlöffel herausnehmen. Die übrigen Champignons portionsweise ebenso garen.

3. Artischockenherzen abtropfen lassen, Flüssigkeit auffangen. Herzen vierteln und mit der Flüssigkeit zum Sud geben. Kurz aufkochen und vom Herd ziehen.

4. Champignons samt allen Gewürzen in die Marinade geben und über Nacht an einem kühlen Ort durchziehen lassen.

Vorrats-Tipp Bleibt im Kühlschrank 1 Woche frisch und wird dabei sogar noch besser.

Marinierter Fenchel auf indische Art

raffiniert
20 Min. + 40 Min. Backen
+ 3 Std. Marinieren
pro Portion ca. 100 kcal
4 g Eiweiß · 6 g Fett · 6 g Kohlenhydrate

ZUTATEN FÜR 10 PORTIONEN

5 Fenchelknollen (je ca. 300 g)
1 Hand voll getrocknete Aprikosen
6 EL Olivenöl
1/2 TL gemahlener Kreuzkümmel
Salz · Pfeffer
4 EL Zitronensaft
1/8 l Orangensaft
2 Knoblauchzehen
1/2 Bund glatte Petersilie

ZUBEREITUNG

1. Ofen auf 200° vorheizen. Fenchel waschen und putzen. Das Grün abschneiden, beiseite legen. Die Knollen längs in mundgerechte Spalten schneiden. Aprikosen klein würfeln.

2. 2 EL Öl mit Kreuzkümmel, Salz und Pfeffer würzen. Fenchel, Aprikosen und Würzöl mischen, in einer großen Auflaufform verteilen. Im Ofen (Mitte, Umluft 180°) ca. 40 Min. garen, der Fenchel soll noch etwas Biss haben.

3. Restliches Öl mit Zitronen- und Orangensaft mischen. Mit Salz, Pfeffer und eventuell etwas Kreuzkümmel würzen. Geschälten Knoblauch dazupressen. Die Marinade über den Fenchel träufeln. Diesen abgedeckt mindestens 3 Std. im Kühlschrank ziehen lassen. Mit Fenchelgrün garniert servieren.

Austausch-Tipp **Fenchel italienische Art:** Kreuzkümmel durch getrocknetes Basilikum, Aprikosen durch getrocknete Tomaten und Petersilie durch frisches Basilikum ersetzen.

Polentarauten mit Käsecreme

preiswert
45 Min. + 45 Min. Kühlen
pro Portion ca. 100 kcal
2 g Eiweiß · 7 g Fett · 7 g Kohlenhydrate

ZUTATEN FÜR 20 STÜCK

- 1/2 l Gemüsebrühe
- 150 g Instant-Polenta (Maisgrieß)
- 3 EL geriebener Parmesan
- Salz · Pfeffer
- 200 g Doppelrahm-Frischkäse
- 50 g Crème fraîche
- 1 TL Senf
- 1 TL Zitronensaft
- 1/2 Bund Petersilie
- 3 EL Olivenöl
- 1/2 kleine rote Paprikaschote

Außerdem:
Spritzbeutel

ZUBEREITUNG

1. Brühe aufkochen, Polenta unter Rühren einstreuen und zugedeckt bei milder Hitze 5 Min. quellen lassen. Den Parmesan sowie etwas Salz und Pfeffer unterrühren. Die Polenta auf einem Brett ca. 1 cm dünn ausstreichen. 30 Min. abkühlen lassen.

2. Frischkäse mit Crème fraîche, Senf und Zitronensaft verrühren. Petersilie waschen, trockenschütteln. Die Blätter fein hacken, unter die Creme mischen, diese salzen und pfeffern.

3. Polenta in große Rauten schneiden. Im Öl portionsweise in 5 Min. beidseitig goldbraun braten, abkühlen lassen. Paprika waschen, putzen und in Streifchen schneiden. Polentarauten und Käsecreme damit garnieren.

Mehr draus machen Polentamenge verdoppeln, zusätzlich zur Käsecreme Avocadopüree servieren.

Austausch-Tipp Auch hübsch: statt Rauten Taler mit 5 cm Durchmesser ausstechen.

Chicken Wings mit Tomatendip

ganz easy
35 Min. + 12 Std. Marinieren + 40 Min. Backen
pro Portion ca. 305 kcal
41 g Eiweiß · 4 g Fett · 23 g Kohlenhydrate

ZUTATEN FÜR 4 PORTIONEN

- 20 Hähnchenflügel
- 250 g Tomatenketchup
- 1 TL edelsüßes Paprikapulver
- 4 EL Limettensaft
- 4 EL Weißweinessig
- Salz · Pfeffer
- 1 EL flüssiger Honig
- 1 rote Zwiebel
- 1 EL Butter
- 1/8 l Geflügelfond (Glas) oder Geflügelbrühe
- 1/2 Bund Petersilie

ZUBEREITUNG

1. Hähnchenflügel kalt abspülen und mit Küchenpapier trockentupfen. Ketchup mit Paprikapulver, Limettensaft, Essig, Salz, Pfeffer und Honig verrühren. Flügel in der Marinade wenden, abgedeckt über Nacht im Kühlschrank ziehen lassen.

2. Am nächsten Tag den Backofen auf 200° vorheizen. Marinade von den Flügeln abstreifen, aufbewahren. Flügel trockentupfen und auf den Rost legen, die mit Alufolie ausgelegte Fettpfanne darunter schieben. Flügel im Ofen (Mitte, Umluft 180°) 30 Min. braten, dann wenden und weitere 10–15 Min. braten.

3. Inzwischen für die Sauce die Zwiebel schälen, fein würfeln und in der zerlassenen Butter glasig dünsten. Fond oder Brühe zugießen und 5 Min. einkochen lassen. Übrige Marinade einrühren, kurz mitkochen. Mit Salz und Pfeffer würzen. Petersilie waschen, trockenschütteln. Blätter hacken und zum Dip geben.

Reispapier-Röllchen

für kleine und große Asia-Fans
25 Min.
pro Portion ca. 150 kcal
7 g Eiweiß · 4 g Fett · 22 g Kohlenhydrate

ZUTATEN FÜR 8 STÜCK

16 runde Blatt Reispapier (16 cm Ø)
2 Frühlingszwiebeln
1 Möhre (ca. 100 g)
150 g Salatgurke
125 g Schweinebraten-Aufschnitt
1 TL dunkles Sesamöl
4 TL süßscharfe Chilisauce
8 kleine Kopfsalatblätter
2 EL Schnittlauchröllchen

ZUBEREITUNG

1. Das Reispapier in Wasser 1–2 Min. einweichen, dann auf einem feuchten Küchentuch paarweise übereinander legen.

2. Die Frühlingszwiebeln waschen, putzen und fein schneiden. Möhre schälen, Gurke ebenfalls schälen und entkernen, beides in streichholzfeine Stifte schneiden. Bratenaufschnitt in dünne Streifen schneiden. Alles mit Sesamöl und Chilisauce mischen.

3. Salatblätter waschen, putzen, die Mittelrippen herausschneiden. Auf jedes Reispapier 1 Salatblatt legen, auf die untere Mitte 1 EL Füllung geben und mit Schnittlauch bestreuen. Reispapierseiten über die Füllung schlagen, die Päckchen von unten aufrollen.

Austausch-Tipp Noch edler wird's mit Roastbeef-Aufschnitt.

Tuning-Tipp Dazu einen milden Dip aus 4 EL Hoisinsauce (Asienladen), verrührt mit 2–3 EL Wasser, reichen.

Gefüllte Riesenchampignons

vegetarisch
35 Min. + 10 Min. Backen
pro Portion ca. 55 kcal
3 g Eiweiß · 4 g Fett · 1 g Kohlenhydrate

ZUTATEN FÜR 12 STÜCK

1 kleiner Zucchino (ca. 125 g)
1 gelbe Paprikaschote
2 Tomaten
1 Schalotte
1 Knoblauchzehe
2 EL Olivenöl
2 TL Tomatenmark
1 TL Kräuter der Provence
Salz · Pfeffer
12 Riesenchampignons (ca. 500 g)
60 g Greyerzer, fein geraspelt
12 Basilikumblätter
Olivenöl zum Bestreichen

ZUBEREITUNG

1. Zucchino, Paprika und Tomaten waschen, putzen und alles – die Tomaten aber separat – in sehr kleine Würfel schneiden.

2. Schalotte und Knoblauch schälen, fein hacken und im Öl andünsten. Zucchini und Paprika 3 Min. mitdünsten. Tomaten und Tomatenmark einrühren, mit Kräutern, Salz und Pfeffer würzen. Zugedeckt bei milder Hitze 10 Min. schmoren.

3. Backofen auf 220° (Umluft 200°) vorheizen. Pilze putzen, die Stiele herausschneiden und anderweitig verwenden. Pilzköpfe oben mit Olivenöl bepinseln, umgekehrt in eine Gratinform setzen. Mit der Hälfte des Käses ausstreuen, das Gemüse einfüllen, den übrigen Käse aufstreuen.

4. Champignons im heißen Ofen (unten) 10 Min. überbacken. Mit je 1 Basilikumblatt garnieren. Lauwarm oder kalt servieren.

MENÜZUSAMMENSTELLUNGEN

Wählen Sie aus und stellen Sie Ihr Lieblingsmenü selbst zusammen!

Frühlingsmenüs

Vorspeise
→ Grüner Salat mit Tomaten-Vinaigrette (S. 113)
→ Spargelpäckchen (S. 105)

Hauptgericht
→ Kalbs-Involtini (S. 134), Frühlingsgemüse-Platte mit Basilikum (S. 99), Röstkartoffeln
→ Hähnchenfrikassé (S. 134), Reis

Dessert
→ Zitronen-Quarkmousse (S. 164)
→ Rhabarbercrumble (S. 161)

Deko-Tipp Statt Blumengesteck: Kräuter-Töpfchen in Packpapier wickeln. Mit buntem Bastband fixieren.

Herbstmenüs

Vorspeise
→ Lauwarmer Linsensalat (S. 115)
→ Kürbis-Curry-Suppe (S. 109)

Hauptgericht
→ Rumpsteaks mit Senf-Schalotten (S. 133), Röstkartoffeln
→ Ingwer-Entenbrust auf Ananas-Rotkohl (S. 131)

Dessert
→ Apfel-Pflaumenmus-Dessert (S. 167)
→ Schokoladensorbet (S. 169)

Deko-Tipp Naturlook. Buntgefärbte Blätter (von Kastanie oder Ahorn) auf dem Tisch arrangieren. Darauf liegen kleine Zierkürbisse, die Sie im Herbst auf jedem Wochenmarkt bekommen.

Sommermenüs

Vorspeise
→ Antipasti-Bohnen (S. 33)
→ Crostini oder Zwieback mit Grillgemüse (S. 176)

Hauptgericht
→ Meerbrassen auf Fenchel (S. 144), Baguette
→ Zitronenhähnchen vom Blech (S. 121), Kräuter-Risotto (S. 71)

Dessert
→ Pfirsich-Tiramisu (S. 164)
→ Beeren-Joghurtdessert (S. 164)

Deko-Tipp Blüten in Hülle und Fülle. Auch Wasserflaschen werden mit Blüten-Bauchbinde gleich attraktiver.

Wintermenüs

Vorspeise
→ Miesmuschelsuppe (S. 151)
→ Grießklößchensuppe (S. 74)

Hauptgericht
→ Rinderbraten mit Orangenaroma (S. 131), Bandnudeln
→ Aprikosen-Hähnchen (S. 122), Reis

Dessert
→ Schokoladencreme mit Früchten (S. 169)
→ Bratäpfel (S. 162)

Deko-Tipp Kerzenhalter zum Anbeißen: Schöne Winteräpfel leicht aushöhlen, Kerze reinstecken.

Wieviel Suppe, Salat oder Fisch isst eine Person? Was wird getrunken? Mit unseren Profi-Tipps zu Mengenangaben, Getränken, Organisation, Geschirr & Co. auf S. 192/193 haben Sie alles im Griff und das gemeinsame Tafeln wird ein voller Erfolg.

Vegi-Menüs

Vorspeise
→ Maissuppe mit Kopfsalat (S. 75)
→ Bunte Blattsalate mit Senfvinaigrette (S. 112)

Hauptgericht
→ Reisring mit Rahmgemüse (S. 73)
→ Bulgur-Frikadellen mit Minzejoghurt(S. 73), Orientalisches Ofengemüse (S. 101)

Dessert
→ Grüne Grütze (S. 166) mit Vanillesauce (S. 160)
→ Melonen-Kaltschale (S. 166)

Deko-Tipp Knackige Pakete: Das Besteck ist praktisch in der Serviette versteckt und gleich mit einem Appetizer, z. B. Bundmöhrchen, verschnürt.

Preiswerte Menüs

Vorspeise
→ Tomatencremesuppe (S. 32)
→ Mariniertes Gemüse (S. 183)

Hauptgericht
→ Nudeln mit Erbsen-Schinken-Sahne (S. 27), grüner Salat mit Vinaigrette (S. 113)
→ Jansons Versuchung (S. 55)

Dessert
→ Apfel-Clafoutis (S. 158)
→ Obstsalat mit Früchten der Saison

Deko-Tipp Platzkärtchenhalter: Kartoffel mit buntem Band umwickeln, Namenszettel reinstecken oder dranhängen.

Menüs für Einsteiger-Köche

Vorspeise
→ Caprese im Glas (S. 181; nur die halbe Menge vorbereiten)
→ Rohkost mit Rucolaschmand (S. 186)

Hauptgericht
→ Grüne Pfannkuchen mit Schafkäse (S. 95)
→ Rindergulasch (S. 128), Bandnudeln

Dessert
→ Sauerkirsch-Kompott (S. 167) mit Vanilleeis
→ Schokoladencreme mit Früchten (S. 169)

Deko-Tipp Einfacher geht's nicht: Plätzchenausstecher aus Blech, z. B. Herzchen, dienen als schöne Serviettenringe

Menüs für besondere Anlässe

Vorspeise
→ Kartoffel-Spargel-Salat (S. 63), angerichtet auf Salatblättern
→ Knoblauchgarnelen (S. 147)

Hauptgericht
→ Rotbarsch mit Thymian-Tomaten-Kruste (S. 144), Baguette
→ Kalbsragout mit Spargel (S. 35), Tagliatelle oder Penne und Salat mit Vinaigrette (S. 112)

Dessert
→ Schokoladenmousse (S. 169)
→ Vanilleparfait (S. 170)

Deko-Tipp Witzige Menükarte und Bestecktasche in einem: Butterbrotbeutel an der Vorderseite kürzen und mit Silberstift die Speisenfolge draufschreiben.

BUFFETVORSCHLÄGE

Low-budget-Buffet

- → Hackfleischpastete (S. 81)
- → Kartoffeln vom Blech (S. 61) und Schnittlauchquark (S. 50)
- → Möhren-, Sellerie- Paprika- und Gurkensticks
- → Lauwarmer Linsensalat (S. 115)
- → Zucchinifritatta (S. 89)
- → Kohlsalat mit Ananas (S. 114)
- → Schokoladencreme mit Früchten der Saison (S. 169)

Das schmeckt dazu reichlich Baguette, Cocktailtomaten

Deko-Tipp In selbst gedrehten Tüten aus Butterbrotpapier handlich portioniert machen Ofenkartoffeln und Knabbergemüse gleich mehr her.

Schnelles, unkompliziertes Buffet

- → Italia-Schnitzel (S. 134)
- → Ofengemüse (S. 101, kalt oder lauwarm servieren)
- → Meeresfrüchte-Salat (S. 148)
- → Rucolaschmand (S. 186)
- → Nudelsalat mit cremigem Dressing (S. 44)
- → Fetacreme (S. 187)
- → Zitronen-Quarkmousse (S. 164)

Das schmeckt dazu Partybrötchen, Käseplatte, Eisbergsalat mit Vinaigrette (S. 112)

Deko-Tipp Wie im Bistro: Schreiben Sie die Speisen auf eine große Schiefertafel oder mit dickem Filzstift auf farbigen Karton. Pappteller mit einem netten Gruß sorgen bei Partygästen gleich für gute Laune.

Macht was her-Buffet

- → Fischteller mit Dill-Senfsauce (S. 149)
- → Garnelen-Cocktail mit Avocado (S. 148)
- → Ofengemüse (kalt oder lauwarm serviert, S. 101)
- → Kartoffel-Spargel-Salat (S. 63)
- → Paprika-Schafkäse-Dip (S. 184)
- → Zarter Pesto-Braten (S. 201)
- → Schokoladenmousse (S. 169)

Das schmeckt dazu Baguette und Partybrötchen, Käseplatte mit Roquefort, Brie, Comté, Ziegenfrischkäse und Rohmilch-Camenbert

Deko-Tipp Einfach edel: Viele schmale Vasen mit Wasser füllen und mit einzelnen Blumen bestücken.

Brunch

- → Nüssli-Käs (S. 187)
- → Caprese im Glas (S. 181, halbe Menge vorbereiten)
- → Räucherlachs mit Dillschmand (Tuning-Tipp zu den Reibekuchen, S. 61)
- → Gemüsequiche (S. 81)
- → Sommerfrucht-Aufstrich (S. 188) oder Apfel-Mandel-Aufstrich (S. 189)
- → Tomatentortilla (S. 89, kalt servieren)
- → Beeren-Joghurtdessert (S. 164)

Das schmeckt dazu reichlich Bauernbrot, verschiedene Brötchen und Baguette; Salami- oder Schinkenplatte; Camembert, Greyerzer

Deko-Tipp Knusper-Käseplatte: Die verschiedenen Sorten auf einem Stapel runder Knäckebrotscheiben präsentieren.

Buffets sind praktisch, wenn Sie mehr als 10 Personen kulinarisch verwöhnen möchten. Mit unseren Tipps zum Warm- oder Kalthalten, zum Hochstapeln und für die richtigen Mengen an Brot, Käse oder Obst sind Sie auf der sicheren Seite (S. 192/193).

Buffet mit deftigen Spezialitäten

→ Wurstsalat (S. 183)
→ Bayerischer Obatzder (S. 183)
→ Gemüserohkost mit Apfel-Joghurt-Sauce (S. 113)
→ Matjes nach Hausfrauenart (S. 149)
→ Quiche mit Speck und Zwiebeln (S. 80)
→ Pellkartoffeln mit Schnittlauchquark (S. 50)
→ Apfelstrudel (S. 161)

Das schmeckt dazu Brezeln, Roggenbrötchen, Butter, Emmentaler Käse, Gewürzgurken

Deko-Tipp Die Schildchen erleichtern die Auswahl am Buffet. Pergamentfähnchen zweimal lochen, auf Schaschlikspieße fädeln, in kleine rote Äpfel oder Paprika stecken und vor die Gerichte stellen.

Mediterranes Buffet

→ Meeresfrüchtesalat (S. 148)
→ Griechischer Bauernsalat (S. 115)
→ Lammbraten mit Balsamessig (S. 201)
→ Tomaten mit Tunfischfüllung (S. 107)
→ Ratatouille (S. 101, als Salat)
→ Tzatziki (S. 184)
→ Pfirsich-Tiramisu (S. 164)

Das schmeckt dazu Ciabatta oder Baguette, grüne und schwarze Oliven, gefüllte Weinblätter, eingelegter Schafkäse

Deko-Tipp Für alle Sinne: Aus Rosmarin, Thymian und blühendem Lavendel duftende Kräutersträußchen binden.

Oriental Buffet

→ Kürbis-Dip (S. 184)
→ Pikanter Melonensalat (S. 183)
→ Orientalisches Ofengemüse (S. 101)
→ Curryreis mit Lamm (S. 69)
→ Hähnchenspieße mit Kokosdip (S. 123)
→ Bulgur-Frikadellen mit Minzejoghurt (S. 73)
→ Couscous mit grünen Bohnen (als Salat, S. 76)

Das schmeckt dazu Fladenbrot, als Dessert Datteln, Feigen oder Baklava aus dem türkischen Lebensmittelgeschäft.

Deko-Tipp Bulgur-Frikadellen oder Fladenbrot mal ganz anders präsentieren, etwa in einer Schüssel mit getrockneten Hülsenfrüchten, z. B. roten Linsen.

Asiatisches Buffet/Wok-Party

→ Kürbis-Curry-Suppe (S. 109)
→ Asia-Nudeltopf (Tuning-Tipp, S. 40)
→ Grüner Blattsalat mit Ingwer-Vinaigrette (S. 113)
→ Asia-Hackbällchen vom Blech (S. 119)
→ Blitz-Nudelsalat Asia (S. 45)
→ Grünes Wokgemüse (S. 103)
→ Kokos-Panna-cotta (S. 164) mit Ananaskompott

Das schmeckt dazu Schale mit exotischen Früchten: Baby-Ananas und Baby-Bananen, Litschi, Physalis

Deko-Tipp Zum Anbeißen schön: Die Früchte zum Dessert auf Bananenblättern arrangieren.

Grillen macht Spaß!

→ Brandgefahr 1 Für ein ungetrübtes Grillvergnügen sind einige wichtige Punkte zu beachten: Bitte das Feuer in einer gesicherten Feuerstelle oder einem handelsüblichen Grill, weit entfernt von anderen Gegenständen, Bäumen oder Gebäuden entfachen und immer im Auge behalten! Mit Grillanzündern oder zerknülltem Zeitungspapier und zwei Händen voll kleiner Holzstöckchen lässt sich Holz oder Holzkohle mühelos anzünden. Verwenden Sie aus Sicherheitsgründen auf keinen Fall Spiritus oder Benzin! Lassen Sie das Feuer bis auf die Glut abbrennen, und beginnen Sie dann erst mit dem Grillen.

→ Brandgefahr 2 Legen Sie am besten ein Stück Alufolie oder Alu-Grillschalen unter das Grillgut auf den Rost, so kann kein Fett in die Glut tropfen, wodurch sich schädliche Stoffe entwickeln.

Gegrillte Makrelen

rasant vorbereitet
10 Min. + 35 Min. Grillen
pro Portion ca. 280 kcal
28 g Eiweiß · 17 g Fett · 1 g Kohlenhydrate

ZUTATEN FÜR 4 PORTIONEN

4 küchenfertige Makrelen (à 250 g)
3 Limetten
Salz · Pfeffer
4 Zweige Rosmarin
4 Zweige Thymian

ZUBEREITUNG

1. Die Makrelen innen und außen gründlich waschen, trockentupfen. 1 Limette auspressen und die Makrelen innen und außen mit dem Saft beträufeln. Mit Salz und Pfeffer würzen.

2. Übrige Limetten heiß waschen, trockenreiben und achteln. Rosmarin und Thymian waschen, trockenschütteln. Mit den Limetten in die Fischbäuche füllen. Die Makrelen 20–35 Min. grillen, dabei einmal wenden.

Austausch-Tipp Die Makrelen durch ganze Forellen, Doraden oder Snapper ersetzen.

Tuning-Tipp Für **Steckerlfisch** im Freien einen 15 cm tiefen, 20 cm breiten Graben ausheben, mit Holzkohle auffüllen und eine Grillglut vorbereiten. Makrelen oder Forellen mit Zitronensaft, Salz und Pfeffer würzen. 50 cm lange Holz- oder Metallstäbe (1 cm Ø) durch das Maul in die Fische stecken. Stäbe schräg in den Boden stecken, so dass sich die Fische über der Glut befinden; gelegentlich drehen.

Holzfällersteaks

Klassiker vom Volksfest
30 Min. + 24 Std. Marinieren
+ 20 Min. Grillen
pro Portion ca. 490 kcal
26 g Eiweiß · 42 g Fett · 1 g Kohlenhydrate

ZUTATEN FÜR 4 PORTIONEN

2 Zwiebeln
2 EL edelsüßes Paprikapulver
1 TL getrockneten Oregano
1 TL Wacholderbeeren
1/2 TL Pfefferkörner
Öl zum Marinieren
4 Schweinenackensteaks (à 180 g)
Salz · Pfeffer

ZUBEREITUNG

1. Die Zwiebeln schälen, in Ringe schneiden und zusammen mit Paprikapulver, Oregano, Wacholderbeeren und Pfefferkörnern in ein flaches Gefäß geben und alles gut mischen. Die Steaks dazwischen legen und so viel Öl angießen, dass die Steaks bedeckt sind. Das Fleisch im Kühlschrank abgedeckt mindestens 24 Std. durchziehen lassen.

2. Die Steaks aus der Marinade nehmen, mit Salz und Pfeffer würzen. Zwiebeln in einem Sieb abtropfen lassen, Wacholderbeeren und Pfefferkörner entfernen.

3. Die Steaks 15–20 Min. grillen, dabei einmal wenden. Die Zwiebeln auf einer Grillschale oder in der Pfanne in ca. 10 Min. braun rösten, dann überschüssiges Öl abgießen. Die Zwiebeln salzen, auf den Steaks verteilen und das Fleisch servieren.

Haloumispieße

vegetarisch
10 Min. + 20 Min. Grillen
pro Portion ca. 205 kcal
14 g Eiweiß · 16 g Fett · 2 g Kohlenhydrate

ZUTATEN FÜR 4 PORTIONEN

250 g Haloumi (Grillkäse; aus dem türkischen Lebensmittelgeschäft)
12 Kirschtomaten
1 EL Olivenöl
Pfeffer
Schaschlikspieße

ZUBEREITUNG

1. Haloumi in große Würfel schneiden. Die Tomaten waschen. Käsestücke und Tomaten abwechselnd auf Schaschlikspieße stecken und 10–20 Min. grillen, gelegentlich drehen.

2. Die fertigen Käse-Tomaten-Spieße mit Olivenöl beträufeln und pfeffern.

Austausch-Tipp Den Käse weglassen und bunte Gemüsespieße stecken. Gut geeignet dafür sind z. B. mundgerecht vorbereitete Zucchini, Zwiebeln, Paprikaschoten, Auberginen, Kirschtomaten oder Kürbisstücke.

Tuning-Tipp Statt Haloumi Feta nehmen und in Alufolie zubereiten. Dazu 250 g Feta, 12 Kirschtomaten, 2 EL schwarze Oliven und 1 TL getrockneten Oregano auf ein großes, doppelt gelegtes Stück Alufolie legen und dieses oben zusammenfalzen. Das Päckchen auf den Grill legen und ca. 15–20 Min. backen.

Brot am Stiel

ganz einfach knusprig
30 Min. + 1 Std. 20 Min. Ruhen
+ 20 Min. Grillen
pro Portion ca. 235 kcal
7 g Eiweiß · 6 g Fett · 36 g Kohlenhydrate

ZUTATEN FÜR 8–10 STÜCK

250 g Mehl (Typ 405)
250 g Weizenschrot (ersatzweise Weizenvollkornmehl)
1/2 Würfel Hefe (21 g)
2 EL brauner Zucker
300–400 ml Bier (ersatzweise Buttermilch)
50 g Butter
1 Ei (Größe M)
1 TL Salz
große Holzspieße

ZUBEREITUNG

1. Das Mehl in eine Schüssel geben, in die Mitte eine Mulde eindrücken, die Hefe hineinbröckeln. 1 Prise Zucker zur Hefe geben und mit ca. 100 ml Bier zu einer Paste verrühren. Den Vorteig mit einem Tuch abdecken, an einem warmen Ort 20 Min. gehen lassen.

2. Inzwischen die Butter schmelzen, etwas abkühlen lassen. Den Vorteig mit Butter, Ei, Salz, dem übrigen Zucker und dem restlichen Bier zu einem mittelfesten Teig verkneten, diesen nochmals 1 Std. gehen lassen.

3. Den Teig nochmals gut durchkneten und in 8–10 Portionen teilen, jede zu einer Wurst formen und um die Spieße wickeln. Das Stockbrot über der Glut in 15–20 Min. goldbraun backen, dabei gelegentlich drehen.

Speed-Tipp Teig zu Fladen geformt grillen.

Tuning-Tipp 2 EL Sonnenblumenkerne mit dem Teig verkneten.

Ritterburg-Kuchen

Grundrezept Schokokuchen

ZUTATEN FÜR 1 GUGLHUPF-FORM/20 STÜCK

- 200 g Butter
- 4 Eier (Größe M)
- 250 g Zucker
- 200 ml Orangensaft
- 300 g Mehl
- 1 Päckchen Backpulver
- 3 EL Kakaopulver
- 100 g Schokoladenraspel
- Öl für die Form

rasant vorbereitet
15 Min. + 45 Min. Backen
pro Stück ca. 235 kcal · 4 g Eiweiß · 12 g Fett · 28 g Kohlenhydrate

ZUBEREITUNG

1. Den Backofen auf 200° (Umluft 180°) vorheizen. Butter schmelzen und etwas abkühlen lassen. Die Eier mit dem Zucker schaumig schlagen, Orangensaft und die flüssige Butter dazugeben und alles verrühren.

2. Das Mehl sieben und mit dem Backpulver mischen. Mehl, Kakao und Schokoraspel unter die Eimischung rühren. Die Form mit Öl auspinseln. Den Teig in die Form geben und im heißen Ofen (Mitte) in 45–55 Min. backen.

Styling-Tipps Abgekühlten Kuchen für Kindergarten-Kids mit Schokoguss und Smarties dekorieren. Für 12 Zauber-Muffins den Teig in Muffinsförmchen geben. im auf 200° vorgeheizten Ofen (Mitte, Umluft 180°) 15–20 Min. backen. Muffins mit Papierfähnchen, Schirmchen oder – schön schaurig – Weingummi-Spinnweben stylen.

Ritterburg-Kuchen

ZUTATEN FÜR 1 RITTERBURG

- 1 Grundrezept Schokokuchen (links), in Kastenform gebacken

Außerdem:

- 2 Packungen Schokoglasur (300 g)
- 3 Päckchen Waffelschnitten (»Neapolitaner«)
- 1 Packung Eiswaffel-Mix
- 1 kleines buntes Papierdreieck
- 1 Schaummaus
- einige Eistüten
- 1 Papierserviette
- diverse Weingummi-Figuren und Lakritz-Artikel (z. B. große Gummibären, Vampire, Taler und Schnüre)
- einige Mandelblättchen

ganz einfach
1 Std. für den Kuchen + 1 Std. Dekorieren

ZUBEREITUNG

1. Kuchen nach Rezept links, aber in Kastenform backen, auskühlen lassen. Schokoglasur schmelzen. Kuchen aus der Form lösen, oben plan schneiden, stürzen. Aus den Waffelschnitten 2 Türme mit Zinnen bauen; Schokoglasur dient als Mörtel. Aus Eiswaffeln ein bogenförmiges Burgtor und mehrere Fenster ausschneiden. Für die Fahne das Papierdreieck mit Glasur an eine Waffelstange kleben. Für das Gespenst Schaummaus »köpfen«, Schoko-Augen aufmalen. Für das Burgfräulein 1 Eistüte kappen, Serviettenstück als Schleier ankleben. Tüte mit Glasur auf einen Gummibären kleben. Gummibärchen-Ritter bekommen einen Helm aus halben Weingummi-Talern, ein Schild aus ganzen Talern, ein Schwert aus Lakritzschnur.

2. Kuchen und Waffeltürme mit Schokoglasur überziehen, Fenster und Mandeln ankleben. Fürs Burgtor den Kuchen etwas aushöhlen, ein Lakritzschlangen-Tor formen und festkleben. Waffel-Zugbrücke davor legen, Lakritzschnüre dienen als Seil. Die Burg mit Gespenst, Rittern, Burgfräulein und Gummi-Vampir bevölkern.

Tipps für fröhliche Kinderfeste

→ **Die Zahl der Geburtstagsgäste** sollte nicht größer sein als die Zahl der Lebensjahre. Eine Fünfjährige ist überfordert, wenn zur Geburtstagsparty neben den besten Freundinnen auch noch sämtliche Nachbarskinder kommen. Und Sie sind es auch!

→ **Kleinen Mädchen** macht eine klassische Geburtstagstafel Spaß: mit schön geschmücktem Tisch, Kerzen und dekoriertem Geburtstagskuchen.

→ **Sind lebhafte Jungs zu Gast,** sollte ein Teil der Feier »open air« stattfinden. Bei Schnitzeljagd oder Geschicklichkeitsspielen auf der Wiese können sich junge Herren erst mal austoben, bevor's zum Essen nach Hause geht.

→ **Eine Schatzsuche** kommt bei Mädchen und Jungen gut an. Ein beklebter Karton dient als Schatzkiste. Darin finden sich z. B. süße Juwelen. Dazu einfache Plätzchen oder Kekse mit Glasur bestreichen und mit silbernen und goldenen Liebesperlen aus dem Supermarkt schmücken.

→ **Wollen Sie etwas Besonderes unternehmen?** Das muss nicht gleich ein Besuch im sündteuren Freizeitpark sein. Machen Sie einen Ausflug ins stillgelegte Bergwerk, ins Wellenbad, in die Eishalle zum Schlittschuhlaufen. Oder zu einem Grillplatz, wo Sie ein Lagerfeuer anzünden können. (Vorsicht: offene Flammen ziehen Kinderhände magisch an!). Auch ein Picknick im Park (oder im Biergarten), ein Nachmittag auf dem Minigolf- oder Abenteuerspielplatz gefällt kleinen Jungen und Mädchen gut.

→ **Nico findet Topfschlagen doof!** Legen Sie für Kinder, die partout nicht mitmachen wollen, Wachsmalstifte und Zeichenblock oder ein Puzzle bereit.

→ **Anti-Stress-Programm:** Bei sehr kleinen Gästen oder sehr großer Gästeschar brauchen Sie Unterstützung. Spannen Sie den Partner, eine Freundin oder eine Gast-Mutter ein.

→ **Und abends etwas Handfestes:** Nach Geburtstagskuchen und Gummibärchen freuen sich kleine Gäste zum Abschluss über einen herzhaften Imbiss, z. B. Hamburger (S. 222), Pinocchio-Hackfleischmuffins (S. 119), pikante Bagels, Bratwürstchen, Hot Dogs (S. 179) oder einfach Butterbrezeln.

Kleine Gewinne erhalten die Partylaune!

Eine Tombola kostet Zeit und auch ein wenig Geld, aber lohnt sich. Besorgen Sie für jedes Kind je einen Hauptgewinn (z. B. Playmo-Männchen, Diddl-Block oder Glasperlenarmband), dazu viele, viele Trostpreise (Kaugummis, Aufkleber, Traubenzucker- oder Schoko-Täfelchen, Mini-Tüten mit Gummibärchen usw.). Auf jeden Preis ein Etikett mit Nummer kleben. Kleine Zettel mit entsprechender Nummer oder mit NIETE beschriften und dann zusammenfalten. Die Lose mit den Hauptgewinn-Nummern in einem Zauberbecher anbieten, die übrigen Lose samt Nieten in einem Eimerchen. Jedes Kind zieht 1 Los aus dem Zauberbecher (und damit sicher einen Hauptgewinn) und mehrere Lose aus dem Eimerchen.

Coole Drinks

Ob bei Schnitzeljagd oder Schatzsuche, Faschingsfete oder Fußballturnier: Nicht nur im Sommer haben kleine Partygäste großen Durst. Stellen Sie reichlich Getränke bereit! Wasser löscht Durst am besten, macht aber meist wenig Eindruck. Besser kommt Apfelsaftschorle oder Limo an. Cola und Spezi besser nicht servieren, koffeinhaltige Getränke drehen die Festtagsgesellschaft noch mehr auf.

→ Für **beerenstarke Bowle** 2 l roten Früchtetee mit 1 l Traubensaft und 1 Schuss Mineralwasser mischen. Mit TK-Beeren runterkühlen, eventuell nachsüßen und in einem Gefäß aus Glas servieren – sehr chic ist z. B. eine Glasvase!

→ Beim Sommerfest im Garten eine **Cocktailbar für Kids** aufbauen. Verschiedene Sirupsorten, Fruchtsäfte und natürlich reichlich Mineralwasser bereitstellen, dazu viele Gläser, reichlich Trinkhalme, eine Menge Eiswürfel und fürs stilechte Garnieren Orangen- und Zitronenschnitze, Ananasstückchen, Beeren, Melisse- oder Minzestängel. Für bunte Eiswürfel Säfte einfrieren.
Lassen Sie aus der Kinderrunde einen Barkeeper oder eine Barchefin wählen. Denn wenn alle Kids gleichzeitig mixen, wird es schnell chaotisch.
Für einen **»Yellow Summer«** 2 Teile Orangensaft mit 1 Teil Ananassaft mischen. Den Drink auf Eis mit Strohhalm, Minzeblättchen und einem Orangenschnitz am Glasrand servieren.

Halloween!!!

Bei den Kids ist Halloween mega-in. Ein leuchtender Kürbis gehört unbedingt zum Gruselfest, das am Abend des 31. Oktober von kleinen Hexen und Geistern gefeiert wird. Dazu von einem nicht zu kleinen Kürbis einen Deckel abschneiden. Das Fruchtfleisch mit einem Löffel bis auf einen 1 cm dicken Rand auslösen und daraus z. B. eine scharfe Kürbis-Curry-Suppe (S. 109) kochen. Mund, Nase und Augen auf dem ausgehöhlten Kürbis vorzeichnen und mit einem Küchen- oder Teppichmesser ausschneiden. Für besonders grimmigen Ausdruck sorgen aufgemalte Augenbrauen und mit dem Mund als Silhouette ausgeschnittene einzelne Zähne. Nun nur noch ein Teelicht in den Kürbis stellen, anzünden und losgruseln!!

Es gibt immer was zu feiern

Kleine Feste verschönern den Alltag. Sie müssen nicht gleich einen Haufen Gäste einladen. Feiern Sie in der Familie: mit einem liebevoll gekochten Essen, das alle gemeinsam genießen, oder mit kleinen Ritualen, bei denen alle gern mitmachen und die lange im Gedächtnis bleiben.

→ **Silvester** Kindergarten- und Grundschulkinder, die aufbleiben dürfen, brauchen kein Riesenfeuerwerk. Meist bringen schon Wunderkerzen ihre Augen zum Leuchten.

→ **Karneval/Fasching** Ein Kostümfest – ob für Groß oder Klein – macht besonders viel Spaß, wenn Sie es unter ein Motto stellen: »Indianer«, »Zirkus«, »1001 Nacht«, »20er Jahre« oder »80er Jahre«, »Dschungelfieber« oder »Karibik-Night«. Stimmen Sie Deko und Essen darauf ab.

→ **Aschermittwoch** Nicht nur streng gläubige Katholiken essen am ersten Tag der Fastenzeit gern Fisch. Rezepte dazu gibt's auf S. 136–154.

→ **Muttertag und Vatertag** Mama darf sich am zweiten Sonntag im Mai verwöhnen lassen, Papa bekommt am Vatertag (Christi Himmelfahrt) das Frühstück ans Bett serviert.

→ **Sommer** Das erste Mal hitzefrei im Jahr! Das muss gefeiert werden. Mit einem Mittagessen auf Terrasse oder Balkon oder einem spontanen Picknick im Park.

→ **Zeugnisparty** Auch und gerade wenn die Noten nicht unbedingt den Wünschen entsprechen: Zeugnisse sind ein Grund zum Feiern! Denn nach einem halben Schuljahr haben alle Anerkennung verdient. Die Lieblingspizza, die Mama zu Ehren des Schulkinds gebacken hat, tröstet ein wenig über die 4 in Mathe hinweg und honoriert die bisherigen Bemühungen.

→ **Apfelfest** Biegen sich im Herbst die Äste Ihres Apfelbaums? Feiern Sie ein Apfelfest mit Apfel-Clafoutis (S. 158) und Apfelstrudel (S. 161) und vielleicht mit einem Glas Cidre mit den Freundinnen.

→ **Erntedank** Das Fest am ersten Sonntag im Oktober bietet Gelegenheit, mal so richtig aus dem Vollen zu schöpfen. Denn Gemüse und Obst gibt's zu dieser Zeit in reicher Auswahl – frisch aus dem Freiland oder dem Garten nebenan. Feiern Sie mit Kürbis- und Kartoffelsuppe. Oder wie die Amerikaner bei Thanksgiving im November mit einem Truthahn-Festtagsbraten.

→ **St. Martin** Feiern Sie am 11. November nicht nur ein Lampionfest. Der hilfsbereite Reiter und spätere Bischof aus Tours teilte seinen Mantel mit einem frierenden Bettler. Teilen Sie auch: Alle backen zusammen einen Kuchen oder eine Pizza und teilen beim gemeinsamen Essen.

Stimmungsvolles im Advent

Advent bedeutet Ankunft. Erleben Sie gemeinsam mit Ihrer Familie die Vorfreude auf Weihnachten!

→ **Leicht gemacht** Arrangieren Sie Tannengrün, Nüsse und rotbackige Äpfel in einer schönen Schale, klassische Weihnachtskugeln in Glasvasen. Kleine oder größere Sträuße aus Ilex und Tannengrün binden. Bei dieser Deko helfen selbst wilde Jungs gern mit.

→ **Genuss für alle Sinne** Orangen mit duftenden Gewürznelken bestecken und auf Tellern dekorieren. Einen fertig gebundenen Adventskranz aus dem Blumenladen mit Mandeln, Walnüssen, Sternanis und Zimtsternen dekorieren. Alles mit dünnem goldenem Draht umwickeln und in den Kranz stecken oder einfach mit Bastelkleber zwischen die Zweige kleben.

→ **Adventszeit mit Kindergarten-Kindern genießen** Nach einem Spaziergang in der Abenddämmerung darf zu Hause jeder im halbdunklen Zimmer ein Teelicht anzünden, gemeinsam singen dann alle ein Nikolaus- oder Weihnachtslied.

→ **Adventskränzchen mit Freundinnen** Laden Sie ein zu Punsch, Plätzchen und Weihnachtskuchen (S. 195, Kasten, Variante Allround-Rührkuchen). Auch ein Bratapfel-Auflauf (S. 158) weckt Weihnachtsstimmung. Für einen Erwachsenenpunsch brauchen Sie 1/2 l schwarzen Tee, 1/4 l Orangensaft und 1 Flasche Rotwein. Den Punsch mit Orangen- und Zitronenscheiben, je 2 Gewürznelken und Sternanis sowie 1 Zimtstange aromatisieren und langsam erhitzen. Mit Kandiszucker nach Belieben süßen. Und nach den süßen Naschereien essen große und kleine Gäste gern auch einen Teller dampfende Kartoffelsuppe (S. 58).

→ **Nikolaus** Am Vorabend stellen die Kinder ihre Stiefel vor die Tür. Und Mama und Papa packen über Nacht im Auftrag des frommen Bischofs aus Myra Nüsse, Orangen, Lieblingssüßigkeiten und vielleicht ein kleines Geschenk rein.

→ **Nicht übertreiben!** Kinder können nicht immer nur besinnlich sein. Sie brauchen neben schöner Deko und Atmosphäre auch viel Bewegung. Versuchen Sie, auch im Advent viel draußen zu sein.

Happy Birthday!

Auch wenn keine Party geplant ist: Am Geburtstag steht das Geburtstagskind im Mittelpunkt und darf bestimmen, was gekocht und am Nachmittag oder Abend unternommen werden soll. Das gilt auch, wenn Mama oder Papa Geburtstag hat. Und über eine Kerze auf dem Geburtstagskuchen freut sich jedes Familienmitglied. Denn beim Ausblasen darf man sich schließlich heimlich was wünschen.

Osterbrunch

→ Heißen Sie am Ostersonntag oder -montag mit Freunden den Frühling willkommen. Beginnen Sie den Tag mit einer **kleinen Wanderung.** Und wenn Mama oder Papa unterwegs diskret ein paar Eier oder Schokohasen verstecken, macht auch den Kids das langweilige Spazierengehen Spaß.

→ Bei schlechtem Wetter findet die **Eiersuche in der Wohnung** statt. Verstecken Sie die Nester – je nach Alter der Suchenden – auch mal im Hausflur, auf dem Dachboden oder in der Waschmaschine.

→ Zuhause wartet ein **Brunch-Buffet:** mit Brot, Butter, Marmelade und natürlich bunten Eiern. Dazu schmecken Osterschinken und pikante Brotaufstriche, z. B. Rucolaschmand und Rübli-Grünkern-Aufstrich (S. 186). Bieten Sie auch Rohköstlichkeiten oder einen knackigen Salat. Wer Zeit und Lust zum Vorbereiten hat, kann zusätzlich Maismuffins (S. 180), Eiertöpfchen (S. 93) oder einen Lammeintopf (S. 129) anbieten. Auch Kartoffeltorte oder Quiche (S. 53, 80) passt gut. Süßschnäbel freuen sich zum Abschluss über Zitronen-Quarkmousse (S. 164) oder Schokokuchen (S. 214).

→ Bevorzugen Sie nicht nur zum Osterbrunch **Eier aus Öko- oder Freilandhaltung!** Die tragen als erste Ziffer des Zahlencodes auf dem Ei eine »0« bzw. »1«.

Kochen für die Kindergruppe

Nur keine Premierenangst beim ersten Mal! Die Aufgabe, zehn oder gar 20 Mini-Feinschmecker zu bekochen, liegt Müttern und Vätern oft im Magen. Doch Scheu vor großen Mengen und Furcht vor langen Gesichtern sind unnötig. Mit unseren Rezepten gelingt das Kochen für viele kleine Esser perfekt und ohne Stress – ob für die Kinder-

gartengruppe, den Hort oder das Pfadfinderlager. Alles lässt sich gut vorbereiten und problemlos garen: lauter gesunde Lecker-schmecker-Essen, an denen es garantiert nichts zu meckern gibt. Nehmen Sie sich etwas Zeit für die Planung, dann klappt's schon beim ersten Mal perfekt.

Richtiges Timing und andere Tricks

→ **Vorm ersten Mal** Das Inventar in Kindergarten- oder Schulküche prüfen: Gibt's einen Pürierstab? Kann man Auflaufformen leihen? Passt das Backblech von daheim? Funktioniert der Backofen mit Heißluft, so dass man Kuchen oder Pizza auf zwei Etagen backen kann?

→ **Wählen Sie XXL!** Suppe für viele gelingt besser, wenn Sie sie in einem großen Topf statt in mehreren kleinen kochen. Salat lässt sich in einer großen Schüssel leichter mischen. Zur Not Spülschüssel oder kleine Wäschewanne zweckentfremden. Wenn Sie oft Essen für eine größere Kinderschar zubereiten, lohnt es sich, entsprechendes Equipment anzuschaffen. Preiswertes Kochgeschirr in Maxigröße finden Sie oft in Möbelhäusern oder im Großmarkt. Greifen Sie zu, wenn beim Discounter preiswerte 6-l-Suppentöpfe aus Aluminium oder Riesen-Salatschüsseln für die Sommerparty angeboten werden.

→ **Aufläufe und Gratins** lassen sich gut in der Fettpfanne des Backofens zubereiten. Im Großhandel gibt's Edelstahlwannen in vielen Größen. Vor dem Einkauf unbedingt den Backofen ausmessen! Besorgen Sie statt einer Riesenform evtl. 2 kleinere, die neben- oder hintereinander gestellt aufs Backblech passen. Die können Sie dann auch für die Familienküche gut gebrauchen.

→ **Genügend Zeit einplanen!** Große Mengen garen langsamer und brauchen länger beim Erhitzen.

→ **So brennt nichts an** Während des Erhitzens ständig rühren. Oder den Topf mit der gegarten Speise in einen Riesentopf setzen, den Sie mit heißem Wasser auffüllen. So setzt die Suppe garantiert nicht an, es dauert aber, bis sie richtig heiß geworden ist.

→ **Mengenlehre** Eine Erwachsenenportion macht zwei bis drei Kindergartenkinder satt. Faustregel: Je kleiner die Kinder, desto kleiner ist auch der Appetit, Jungs verputzen meist mehr als Mädchen. Für Teenager mindestens die anderthalbfache Normalportion einplanen!

→ **Auf Hygiene achten!** Egal ob Sie Salat putzen oder Paprika schnippeln wollen: Bitte vorher gründlich Hände waschen!

Da können Sie einpacken!

So transportieren Sie vorbereitetes Essen tipptopp:

→ Töpfe und Plastikdosen immer gut verschließen. Besonders dicht halten Schnellkochtöpfe. Bei normalen Töpfen Deckel auflegen und zum Transport mit Krepp-Klebeband ankleben.

→ Salatsaucen zu Hause mischen und in Schraubverschlussgläsern, z. B. in sauber ausgespülten Marmeladengläsern, transportieren.

→ Töpfe und Schüsseln zum Transport in Klappkisten stellen. Die gibt's in großen Supermärkten und in jedem Baumarkt. Beim Metzger oder im Großmarkt können Sie für wenig Geld Styroporboxen kaufen. Darin bleibt das Essen sogar warm.

Wie Gesundes trotzdem schmeckt

→ **Appetitliche Portionen machen an** Zum Servieren Suppe oder Salate aus Riesentöpfen wieder in kleinere Schüsseln umfüllen.

→ **Lust aufs Rohkost-Knabbern wecken** Sie müssen nicht jedes Radieschen zum Röschen schnitzen. Einfach Möhren, Gurken und Selleriestangen waschen bzw. schälen, längs vierteln oder achteln und als Sticks wie Salzstangen in bunten Bechern servieren. Im Frühjahr zarte Bundmöhrchen mit einem Büschel Grün als »Griff« anrichten.

→ **Für Mitbestimmung sorgen** Klein gehackte Petersilie oder Schnittlauchröllchen nicht gleich untermischen, sondern in kleinen Schälchen dazuservieren. Neugierige Kinder werden gern ein Löffelchen über ihre Portion streuen. Konservative Esser freuen sich, dass sie um dieses Grün nochmal »drumherum gekommen« sind – und verputzen das Gemüse im Auflauf umso klagloser.

→ **Wer macht was an welchem Tag?** Am besten tragen Eltern-Köche frühzeitig auf einer Liste ein, was sie kochen wollen. Spaghetti mit Tomatensauce schmecken am Mittwoch langweilig, wenn's am Montag schon Farfalle und am Dienstag Penne mit Tomatensauce gab.

Suppe & Obstquark

Als leichtes Mittagessen z. B. nach einem großen Frühstück (siehe Kasten S. 221) eignet sich an kalten Tagen eine Brühe mit Einlage und wenn es richtig heiß draußen ist, ein Quark mit frischen Früchten.

→ **20-Kinderportionen-Suppe** 4 l Brühe (Gemüse, Fleisch oder Geflügelbrühe) und 500 g Suppennudeln, 6 große Pfannkuchen in Streifen geschnitten oder 200 g Backerbsen.

→ **20 x Quark** 1,5 kg Magerquark und 1,5 kg Joghurt (3,5 % Fett) verrühren. Nach Belieben 500–800 g vorbereitete Früchte und etwas Honig untermischen.

Gemüsebrühe (links), Quark mit Früchten (rechts)

Gemüselasagne

super vorzubereiten
1 Std. 30 Min. + 45 Min. Backen
pro Portion ca. 490 kcal
19 g Eiweiß · 18 g Fett · 62 g Kohlenhydrate

ZUTATEN FÜR 20 KINDERPORTIONEN

3 Zwiebeln · 2,5–3 kg gemischtes Gemüse (z. B. Möhren, Zucchini, Staudensellerie, bunte Paprikaschoten, Mangold) · 1/2 Bund Thymian
5 EL Olivenöl · 2,4 kg stückige Tomaten (Dose)
Salz · Pfeffer · 1–1,5 kg Lasagneplatten (ohne Vorkochen) · 400 g Gouda, geraspelt
Öl für die Formen

Für die Béchamelsauce:
100 g Butter · 120 g Mehl · 2 l kalte Milch · geriebene Muskatnuss · Salz · Pfeffer

ZUBEREITUNG

1. Die Zwiebeln schälen, würfeln. Das Gemüse waschen, putzen und in kleine Stücke schneiden. Den Thymian waschen, trockenschütteln.

2. Für die Gemüsefüllung das Olivenöl in einem Topf erhitzen und zwei Drittel der Zwiebeln darin glasig dünsten, die übrigen Zwiebeln zur Seite stellen. Das Gemüse dazugeben, kurz mitdünsten und mit den Tomaten auffüllen. Den Thymian zufügen und alles bei mittlerer Hitze in ca. 10–15 Min. bissfest kochen. Mit Salz und Pfeffer würzen.

3. Den Backofen auf 200° vorheizen. Für die Béchamelsauce die Butter in einem Topf erhitzen und die übrigen Zwiebeln darin glasig dünsten. Mit dem Mehl bestäuben und unter ständigem Rühren ca. 2 Min. anschwitzen, bis es schäumt. Die Milch zugießen, alles gut verrühren und ca. 15 Min. bei kleiner Hitze kochen lassen, dabei häufig umrühren. Mit Muskat, Salz und Pfeffer würzen.

4. Eine ausreichende Zahl ofenfeste Formen mit Öl auspinseln. Jeweils 1 Finger breit Gemüsefüllung auf dem Boden verteilen. Die Teigplatten darüber legen und abwechselnd Béchamelsauce, Teigplatten und Gemüse einschichten. Mit Béchamelsauce abschließen, den Gouda auf der Lasagne verteilen und im Ofen (Mitte, Umluft 180°) in 40–50 Min. goldbraun backen. Herausnehmen und vor dem Portionieren ca. 5 Min. stehen lassen.

Vorbereiten-Tipp Gemüsefüllung und Béchamelsauce am Vortag zubereiten. Lasagne am nächsten Tag einschichten und backen.

Speed-Tipp Für Gemüsesauce die Gemüsefüllung wie im Rezept beschrieben zubereiten. Zusätzlich 1 kg passierte Tomaten und 2 EL Tomatenmark dazugeben. Passt als Sauce zu 2 kg Nudeln, 1 kg Bulgur oder 1 kg Reis.

Kartoffelsuppe mit Wiener Würstchen

schmeckt auch Gemüsemuffeln
60 Min.
pro Portion ca. 430 kcal
10 g Eiweiß · 33 g Fett · 17 g Kohlenhydrate

ZUTATEN FÜR 20 KINDER-PORTIONEN

2 Zwiebeln
1 kg Suppengemüse (Möhren, Lauch, Sellerie)
1,5–2 kg mehlig kochende Kartoffeln
5 EL neutrales Öl
4,5 l Gemüsebrühe
2 Lorbeerblätter
Salz · Pfeffer
geriebene Muskatnuss
500 g Sahne
20 Wiener Würstchen

ZUBEREITUNG

1. Die Zwiebeln schälen und würfeln. Das Gemüse waschen und putzen, die Kartoffeln schälen und alles in Stücke schneiden.

2. Das Öl in einem Topf erhitzen, Zwiebeln darin glasig dünsten. Gemüse und Kartoffeln kurz mitdünsten, die Brühe aufgießen. Die Lorbeerblätter zufügen und das Gemüse bei mittlerer Hitze in 15–20 Min. weich kochen. Mit Salz, Pfeffer und Muskat würzen.

3. Lorbeerblätter entfernen und die Suppe pürieren. Die Sahne zugießen und alles noch einmal aufkochen lassen. Kurz vor dem Servieren die Würstchen in Scheiben schneiden und in der Suppe kurz erhitzen.

Vorbereiten-Tipp Die Kartoffelsuppe am Vortag zubereiten. Am nächsten Tag die Würstchen schneiden. Die Suppe aufkochen, dabei oft umrühren, brennt leicht an!

Bunter Gemüsereis

asiatisch inspiriert
45 Min. + 40 Min. Garen + 35 Min. Backen
pro Portion ca. 220 kcal
6 g Eiweiß · 4 g Fett · 40 g Kohlenhydrate

ZUTATEN FÜR 20 KINDER-PORTIONEN

1 kg Vollkornreis
2–2,5 kg gemischtes Gemüse (z. B. Möhren, Frühlingszwiebeln, Chinakohl, Champignons)
Öl zum Braten
100–150 ml helle Sojasauce
5 EL dunkles Sesamöl
2 EL Fischsauce

ZUBEREITUNG

1. Den Reis in Wasser in 35–40 Min. bissfest kochen, in ein Sieb abgießen und mit kaltem Wasser abbrausen, gut abtropfen lassen. Das Gemüse waschen, putzen und in kleine Stücke schneiden.

2. Öl im Wok oder einer großen Pfanne erhitzen. Das Gemüse darin portionsweise bei großer Hitze und unter ständigem Rühren bissfest braten. Herausnehmen und auf einem großen Blech verteilen.

3. Den Ofen auf 180° vorheizen. Den Reis mit dem Gemüse mischen, mit Sojasauce, Sesamöl und Fischsauce würzen. Den Reis auf tiefe Bleche – es werden je nach Größe bis zu 4 benötigt – verteilen. Gemüsereis mit Alufolie abdecken und im Ofen (Mitte, Umluft 160°) in 25–35 Min. erhitzen.

Vorbereiten-Tipp Das Gericht am Vortag zubereiten und mit Frischhaltefolie oder mit feuchten Küchenhandtüchern abdecken. Alufolie ist ungeeignet, sie oxidiert!

Haferflockenküchlein

Hit bei Kids
1 Std. 15 Min.
pro Portion ca. 195 kcal
8 g Eiweiß · 9 g Fett · 21 g Kohlenhydrate

ZUTATEN FÜR 20 KINDER-PORTIONEN

600 ml Milch
200 g blütenzarte Haferflocken
400 g kernige Haferflocken
2 Zwiebeln
4 rote Paprikaschoten
300 g Champignons
Öl zum Braten
geriebene Muskatnuss
Salz · Pfeffer
4–6 Eier (Größe M)
Semmelbrösel zum Wenden

ZUBEREITUNG

1. Die Milch aufkochen und die Haferflocken (beide Sorten) damit übergießen, abgedeckt ca. 20 Min. quellen lassen. Inzwischen die Zwiebeln schälen und fein würfeln. Die Paprika waschen, putzen und klein würfeln. Champignons putzen und grob hacken.

2. 2 EL Öl im Wok oder einer großen Pfanne erhitzen, die Zwiebeln darin anbraten. Paprika und Champignons zugeben, kurz mitbraten, mit Muskat, Salz und Pfeffer würzen. Das Gemüse in eine Schüssel umfüllen, mit den Haferflocken mischen, etwas abkühlen lassen.

3. Eier untermischen, aus der Masse Küchlein formen, in den Semmelbröseln wenden. Öl in einer Pfanne erhitzen, die Küchlein darin portionsweise in ca. 5–10 Min. goldbraun braten.

Das schmeckt dazu Schnittlauchquark (S. 50), Rucolaschmand (S. 186) oder Tomatensauce (S. 30)

Großes Frühstück

Organisieren Sie in Kindergarten oder Schule wöchentlich – am besten freitags – ein gemeinsames Frühstück. Im Sommer kann es auch ein Picknick im Grünen sein.
→ **Alle haben etwas dabei** Jedes Kind bringt dafür etwas Bestimmtes mit: Brötchen, Brezeln, Butter, Marmelade, Wurst, Müsli, Milch, Käse, frisches Obst usw.
→ **Gemeinsam vorbereiten** Zusammen wird der Tisch gedeckt, eventuell mit Dekoration – z. B. zu Ostern, Weihnachten oder zur Jahreszeit passend.

Zusammen macht's mehr Spaß!

→ **Rituale** sind wichtig für Kinder, in der Gruppe stärken sie auch den Zusammenhalt. Jeder bringt etwas mit und teilt es mit den anderen.

Oliven, Mango, Leberkäse

→ **Multikulti** Kinder aus den unterschiedlichsten Kulturkreisen spielen und lernen gemeinsam. Gut, wenn sie auch einmal probieren, wie es woanders schmeckt!

Überbackener Blumenkohl

klassisch gut
60 Min. + 25 Min. Backen
pro Portion ca. 295 kcal
8 g Eiweiß · 26 g Fett · 7 g Kohlenhydrate

ZUTATEN FÜR 20 KINDER-PORTIONEN

4–5 Köpfe Blumenkohl (2,5–3 kg)
Salz
2 Zwiebeln
80 g Butter
100 g Mehl
1 kg Sahne
Pfeffer
geriebene Muskatnuss
400 g Käse, geraspelt (z. B. Gouda)
Butter für die Formen

ZUBEREITUNG

1. Ofenfeste Formen mit Butter ausstreichen. Den Blumenkohl waschen, putzen, in Röschen teilen, Stiele schälen und grob zerkleinern und alles in wenig Salzwasser in ca. 5 Min. bissfest kochen. Blumenkohl mit einer Schaumkelle herausfischen und auf die Formen verteilen. 1,5 l von dem Blumenkohlfond abmessen und abkühlen lassen.

2. Backofen auf 200° vorheizen. Die Zwiebeln schälen, fein würfeln und in der Butter glasig dünsten. Das Mehl darüber stäuben und ca. 2 Min. anschwitzen, bis es schäumt. Den Blumenkohlfond dazugießen und aufkochen, dabei oft umrühren. Die Sauce ca. 15 Min. kochen, mit der Sahne verfeinern und mit Salz, Pfeffer und Muskat würzen.

3. 200 g Käse in die Sauce rühren und diese über dem Blumenkohl verteilen. Den übrigen Käse darüber streuen. Den Blumenkohl im Ofen (Mitte, Umluft 180°) in 20–25 Min. goldbraun überbacken.

Putengeschnetzeltes in Gemüserahmsauce

mit viel Sauce!
1 Std. 10 Min.
pro Portion ca. 250 kcal
29 g Eiweiß · 11 g Fett · 7 g Kohlenhydrate

ZUTATEN FÜR 20 KINDER-PORTIONEN

2,2 kg Putenbrust
3 Zwiebeln
2 kg gemischtes Gemüse (z. B. Möhren, Brokkoli, Blumenkohl, Zucchini)
Salz · Pfeffer
1 l Sahne
1,5 l Gemüsebrühe
geriebene Muskatnuss
1–3 EL Speisestärke
200 g TK-Erbsen
Öl zum Braten

ZUBEREITUNG

1. Das Fleisch kalt abspülen, mit Küchenpapier trockentupfen und in mundgerechte Stücke schneiden. Zwiebeln schälen und fein würfeln. Das gemischte Gemüse waschen, putzen, in mundgerechte Stücke schneiden und in wenig Salzwasser in ca. 5 Min. bissfest blanchieren. Mit einer Schaumkelle herausheben und eiskalt abschrecken.

2. Das Fleisch salzen und pfeffern. Öl in einem flachen Topf erhitzen, das Fleisch darin portionsweise bei großer Hitze ca. 2 Min. anbraten, herausnehmen. Die Zwiebeln in den Topf geben, andünsten, den Gemüsefond aufgießen, aufkochen, Sahne zugießen, mit Salz, Pfeffer und Muskat würzen.

3. Die Stärke mit wenig kaltem Wasser glatt rühren, die Sauce damit binden. Fleisch, Gemüse und die Erbsen in die Sauce geben und erhitzen.

Fish & Chips

Kinderliebling
1 Std. 30 Min.
pro Portion ca. 450 kcal
4 g Eiweiß · 16 g Fett · 44 g Kohlenhydrate

ZUTATEN FÜR 20 KINDER-PORTIONEN

4 Rezept-Portionen Pommes frites (S. 61; oder 2250–3000 g Backofen-Pommes)
2,2 kg Fischfilet (z. B. Seelachs, Snapper)
5 Zitronen, davon mindestens 3 unbehandelte
4 EL Worcestersauce
Salz · Pfeffer
4 Eier (Größe M)
500 g Mehl
400–500 ml alkoholfreies Bier
Mehl zum Wenden
Öl zum Frittieren

ZUBEREITUNG

1. Pommes wie auf S. 61 beschrieben zubereiten und vorbacken. Fisch in Portionsstücke schneiden, diese auf ein Blech legen. 2 Zitronen auspressen, die übrigen (unbehandelten) heiß waschen, trockenreiben und in Spalten schneiden. Fisch mit Zitronensaft, Worcestersauce, Salz und Pfeffer würzen.

2. Das Frittieröl auf 180° erhitzen. Eier trennen und die Eiweiße zu Schnee schlagen. Das Mehl mit Bier und Eigelben zu einem zähflüssigen Teig verrühren, mit Salz und Pfeffer würzen. Den Eischnee unterheben.

3. Die Fischstücke im Mehl wenden, überschüssiges Mehl abklopfen. Stücke in den Backteig tauchen und im heißen Öl in ca. 5–8 Min. goldbraun backen. Herausnehmen, auf einem Gitter abtropfen lassen. Abwechselnd Fisch und Pommes knusprig ausbacken und mit den Zitronenspalten servieren.

Hamburger

ganz easy
60 Min.
pro Portion ca. 430 kcal
25 g Eiweiß · 24 g Fett · 30 g Kohlenhydrate

ZUTATEN FÜR 20 STÜCK

4 Brötchen vom Vortag
20 Brötchen, möglichst aus Vollkornmehl
1 1/2 Köpfe Eisbergsalat
5 Tomaten
5–8 Essiggurken
1,5 kg Rinderhackfleisch
4 Eier (Größe M)
Salz · Pfeffer
1 EL edelsüßes Paprikapulver
Öl zum Braten
1 Plastikflasche Ketchup (500 g)
1 Plastikflasche Mayonnaise (500 g)

ZUBEREITUNG

1. Brötchen vom Vortag in warmem Wasser einweichen. Die Vollkornbrötchen aufschneiden. Salat zerteilen, waschen, trockenschütteln und in Stücke reißen. Die Tomaten waschen, Stielansätze entfernen. Tomaten und Essiggurken in Scheiben schneiden. Brötchen, Salat, Tomaten, Essiggurken, Ketchup und Mayonnaise auf den Esstisch stellen.

2. Die eingeweichten Brötchen gut ausdrücken, mit dem Hackfleisch und den Eiern mischen. Den Fleischteig mit Salz, Pfeffer und Paprikapulver würzen.

3. Das Öl in einer Pfanne erhitzen. Aus dem Hackfleischteig flache Küchlein formen und diese portionsweise im heißen Öl bei großer Hitze in ca. 10 Min. beidseitig braun braten. Herausnehmen und zu den anderen Zutaten stellen. Jeder baut sich seinen Hamburger selbst zusammen!

Hausmittel gegen Unwohlsein

Was Großmutter schon wusste, wird auch von der modernen Wissenschaft bestätigt: Natürliche Substanzen in unseren Lebensmitteln haben heilende Wirkung, stärken die Abwehrkräfte und

helfen bei kleinen Wehwehchen. Auch die liebevolle Zubereitung, das Eingehen auf Bedürfnisse und Wünsche des kleinen oder großen Patienten und das Wissen, was dem Kranken am besten bekommt, hilft der ganzen Familie, mit alltäglichen Beschwerden und Krankheiten besser fertig zu werden. Und Ihnen selbst übrigens auch…

Was tun bei ...

→ **Sonnenbrand** Kühlen tut gut: Gurkenscheiben auflegen und den Saft auf der Haut trocknen lassen. Quark und Joghurt kühlen auch. Tomatiges von Mark bis Sauce verbessert den Lichtschutz von innen.

→ **leichten Verbrennungen** Hautstellen 15 Min. unter kaltes Wasser halten, um die Hitzeweiterleitung zu stoppen. Brandblasen mit Gaze abdecken. Kein Mehl, kein Fett, keine Creme – nur Luft heranlassen.

→ **Schürfwunden** Soweit wie möglich säubern, dann großzügig mit Puderzucker übersieben und offen lassen: Zucker legt die Wunde trocken und entzieht damit den Bakterien die Existenzgrundlage.

→ **Insektenstichen** Eine frisch aufgeschnittene Zwiebel oder Knoblauchzehe auf die Stelle drücken: Ätherische Öle wirken entzündungshemmend.

→ **Kopfschmerzen** Pfefferminzöl auf die Schläfen tupfen, Tee aus frischer Minze zubereiten (frische Blätter mit kochendem Wasser überbrühen).

→ **Ohrenschmerzen** 1 Zwiebel schälen, fein würfeln und erwärmen. Ein Stofftaschentuch mit heißem Wasser tränken, ausdrücken, Zwiebelwürfel darin einschlagen und als Kompresse aufs Ohr legen.

→ **Husten** Rettich-Hustensaft: 1 schwarzen Rettich schälen, in Scheiben schneiden und mit Rohrzucker bestreut 12 Stunden Wasser ziehen lassen. Saft absieben und 3 x täglich 1 EL trinken. Heilend wirken auch frisch aufgebrühte Tees aus Pfefferminze, Fenchel, Salbei, Ysop oder Thymian.

→ **geschwollenen Augen** Kamillenkompressen wirken abschwellend: 2 Beutel Kamillentee aufbrühen und etwas abgekühlt, aber noch warm auf die geschlossenen Augen legen.

→ **Schluckauf** Das hilft wirklich: 1 TL Zucker mit 3–5 Tropfen Essig mischen und einnehmen.

→ **Einschlafproblemen** 1 Glas Honig-Lavendel-Milch, frisch gebrühter Kräutertee aus Baldrian oder Hopfen, 2 Std. vor dem Einschlafen als letzte Mahlzeit warmer Getreidebrei aus Grieß oder Getreideflocken.

Wunderwaffe Tee

Heißes Wasser löst aus getrockneten Kräutern, Samen, Früchten, Blättern oder Blüten ätherische Öle – und das sind die wirksamen Stoffe. Die Zutaten für Ihren Tee bekommen Sie in der Apotheke. Damit sich die Wirkstoffe gut lösen, Samen wie z. B. Fenchelsamen im Mörser anstoßen, grobe Blätter oder Blüten etwas zerkleinern.

→ Pro Tasse 1 TL Tee oder Kräutermischung mit 1/4 l kochendem Wasser überbrühen und 10 Min. ziehen lassen. Ausnahme: Schwarztee braucht nur 3 Min. (anregend), maximal 6 Min. (beruhigend). Den Tee durch ein Sieb gießen. Er sollte möglichst heiß und ungesüßt in kleinen Schlückchen getrunken werden. In einer Thermoskanne bleibt seine Wirkkraft am besten erhalten.

Das weckt die Lebensgeister

Wer krank ist, braucht besondere Zuwendung – auch beim Essen und Trinken.

→ **Ein Getränk am Bett ist wichtig.** Eis- oder Zitronenwasser erfrischt. Damit es nicht absteht, jede Stunde frisches Wasser hinstellen. Tees oder gepresste Säfte in der Thermoskanne aufbewahren.

→ **Bereiten Sie alles möglichst frisch zu** – das kommt Vitaminen und Geschmack zugute.

→ **Keine Riesenportionen!** Kleine Mengen, mundgerecht und liebevoll angerichtet machen Appetit. Frisches Obst und Gemüse in kleine Stücke schneiden, Brot in Häppchen.

→ **Saftige Speisen sind ideal.** Sie lassen sich leicht kauen und schlucken. Harte, trockene Gerichte machen zu viel Mühe beim Essen.

→ **Leisten Sie dem Patienten beim Essen Gesellschaft** – Liebe geht auch durch den Magen.

→ **Nehmen Sie Essensreste wieder mit.** Stellen Sie sie in den Kühlschrank. Zum Aufwärmen einmal aufkochen, aber nicht ewig köcheln lassen – das zerstört die Vitamine und schmeckt fad.

→ **Seien Sie nicht gekränkt,** wenn der Patient trotz aller Mühe nichts isst. Versuchen Sie es einfach später nochmals.

Probleme nach dem Essen

→ **Verdauung** Darmträgheit wird oft durch kalorienreiche aber ballaststoffarme Nahrung, zu wenig Bewegung und zu wenig Flüssigkeit ausgelöst. Die beste Vorbeugung: Viel trinken! Morgens mit 1 Glas Wasser auf nüchternen Magen anfangen. Einige eingeweichte Trockenpflaumen, rohes Sauerkraut, 1–2 EL gelbe Leinsamen mit reichlich Flüssigkeit, Milchzucker als Süßungsmittel und Joghurt regen die Verdauung an – allerdings nur, wenn dazu ausreichend getrunken wird. Wichtig für eine langfristige Besserung: Ballaststoffreiche Lebensmittel wie Vollkorn, rohes Obst und Gemüse essen. Am besten morgens mit einem Müsli beginnen. Stopfend wirken Süßigkeiten, Schokolade und schwarzer Tee.

→ **Bauchweh** Frisch aufgebrühte Kräutertees aus Fenchel-, Kümmel- und Anissamen haben eine stark lindernde Wirkung. Pfefferminztee regt gleichzeitig die Verdauung an. Schafgarbe und Rosmarin bringen den Darm ebenfalls in Schwung und beugen Gärungsprozessen vor. Wärmflasche oder vorgewärmtes Kirschkernsäckchen auf dem Bauch wirken entspannend. Auch eine Bauchmassage mit Fenchelöl oder Majoranbutter und ein heißes Bad mit Lavendel oder Baldrian lösen die Spannungen.

→ **Blähungen** Sie tun nicht nur weh, sondern entladen sich leider oft auch geräuschvoll und geruchsintensiv. Hülsenfrüchte, Kohl, schwer verdauliches Vollkorngebäck in Kombination mit Zucker können Blähungen auslösen. Vorbeugung: »Verdächtige« Gerichte mit Kümmel, Anis, Fenchel, Ingwer, Bohnenkraut, Wacholderbeeren würzen. Tee aus je 10 g Kümmel- und Fenchelsamen sowie je 5 g Tausendgüldenkraut und Enzianwurzel (Apotheke) helfen.

→ **Sodbrennen** ist oft Folge von Säure bildender Ernährung. 1 TL Senf zu einem Stückchen Brot hilft. Mineralwasser, das reich an Hydrogencarbonat ist, beugt vor. Banane und Orangensaft puffern die Säure ab. Hafergrütze lindert Beschwerden. Im Akutfall 1 TL Bullrichsalz in 1/2 Glas Wasser aufgelöst trinken.

→ **Völlegefühl** Bei Völlegefühl nach schwerer Mahlzeit mindestens 3 Std. nichts essen, frisch aufgebrühten Tee von Ingwer oder Wermut trinken. Kamille, Minze und Melisse wirken lindernd bei Magenschleimhautreizung.

→ **Übelkeit** Bei Reiseübelkeit kleine Stückchen getrockneten oder kandierten Ingwer oder Aniskekse kauen. Ist die Übelkeit von Hunger begleitet, trockenen Zwieback kauen.

Gesundheitsküche

→ **Zaubermüsli gegen Verstopfung** 2 EL gelbe Leinsamen und 2 gewürfelte Trockenpflaumen in 1/4 l probiotischem Trinkjoghurt einweichen. Mit 3 EL Getreideflocken und 1 Tasse Frischobst mischen, mit Saft und Milchzucker süßen.

→ **Anisplätzchen gegen Übelkeit** 2 Eier, 150 g Puderzucker und 1 Prise Salz schaumig schlagen, 2–3 TL Anissamen und 150 g Mehl unterziehen, in Häufchen aufs Blech setzen, 2 Std. kühl stellen, bei 150° (Mitte, Umluft 140 °) 20 Min. backen.

→ **Hafergrütze beruhigt den Magen** 50 g zarte Haferflocken mit 200 ml Wasser und 1 Prise Salz aufkochen, 5 Min. quellen lassen.

Zaubermüsli (links), Anisplätzchen (rechts)

Was kann ich tun bei ...?

Durchfall Wichtig: Viel trinken, um verlorene Flüssigkeit zu ersetzen. Einige Stunden nichts essen, dann nach und nach leicht verdauliche, fett- und ballaststoffarme Schonkost und stopfende Lebensmittel wie geriebener Apfel und Zwieback. Cola (Kohlensäure herausrühren) und Salzstangen können auch helfen. Zucker meiden. Bouillon mit Möhrenpüree und Kartoffelschnee (beide Rezepte rechts) tun gut. Wird der Durchfall nach 2 Tagen nicht besser, zum Arzt gehen.

Erbrechen Auch hier steht der Ersatz verlorener Flüssigkeit im Vordergrund. Schlückchenweise mit Elektrolyt-Tee (Rez. rechts) beginnen. Wird dieser vertragen, mit milden Tees, z. B. aus Fenchel, Melisse, Kümmel oder Anis, fortfahren; auch mit Wasser verdünnte Säfte sind erlaubt. Zwieback oder Salzstangen zum Knabbern geben. Wird das vertragen, zu Schonkost übergehen. Fette, saure, schwer verdauliche und abführende Speisen meiden.

Fieber Wichtiger als Essen ist reichliches Trinken. Eis- oder Zitronenwasser, frisch gepresste Säfte und Tee tun gut. Mit Fieber kämpft der Körper gegen Krankheitserreger – das kostet Kraft. Damit das Essen nicht zusätzlich belastet, sollte es leicht verdaulich und fettarm sein, nicht zu viel Eiweiß aber reichlich Kohlenhydrate enthalten. Ideal: Obst, Gemüse, Reis, Nudeln und Suppen. Bei Appetitlosigkeit nicht zum Essen zwingen.

Schnupfen Neuere Studien zeigen: Viel trinken hilft nicht so viel, wie gedacht. Tee, Fruchtsäfte und Wasser tun trotzdem gut und lösen zähen Schleim. Inhalieren mit Kamille besänftigt die gereizten Schleimhäute und lässt sie abschwellen – die Nase wird wieder frei. Scharfe Gewürze wie Chili, Ingwer, Meerrettich oder Senf im Essen befreien die Nase ebenfalls. Viel frisches Obst und Gemüse stärkt die Abwehr.

Halsentzündung Wenn der Hals dick ist, macht Schlucken keinen Spaß. Alles, was gut rutscht oder kühlt tut jetzt gut: d. h. viel Flüssigkeit (besonders gut wirken Malven- und Salbeitee), Fruchteis, TK-Beeren zum Lutschen, Joghurt- oder Quarkspeisen, Milchshakes, Brühen und Cremesuppen. Harte, trockene, schwer kau- und schluckbare Gerichte meiden, also harte Brotkanten abschneiden, Gemüse und Obst als Püree geben.

Rekonvaleszenz Jetzt braucht der Körper Extra-Power. Die Aufbaukost sollte deshalb besonders viele wertvolle Nährstoffe liefern, leicht verdaulich und eiweißreich sein. Ideal: Obst, Gemüse, Nüsse, mageres Fleisch, Fisch, Milchprodukte. Besser sind mehrere kleine Mahlzeiten statt drei große. Das macht Appetit: Wünsche und Vorlieben berücksichtigen, Gerichte schön anrichten.

Rezepte, die helfen

→ **Durchfalltee** Mix aus 20 g getrockneten Heidelbeeren, je 10 g Pfefferminzblättern und Kamillenblüten zubereiten (s. S. 225). Schwarztee, Salbei- oder Brombeerblättertee wirken ebenfalls stopfend.

→ **Schwarzer Johannisbeersaft** (ungesüßt) lindert den Durchfall.

→ **Möhrensuppe** 150 g Möhren klein schneiden, in 1/8 l Instant-Hefebouillon 10 Min. garen, pürieren, nach Bedarf mit Wasser verdünnen.

→ **Kartoffelschnee** 200 g mehlig kochende Kartoffeln mit Schale ca. 25 Min. garen. Pellen und durch die Kartoffelpresse drücken. Mit 100 ml Buttermilch und etwas Salz verrühren.

→ **Elektrolyt-Tee** 1 Beutel Schwarztee mit 1/2 l kochendem Wasser aufbrühen, 2 Min. ziehen lassen. Mit 100 ml frisch gepresstem Orangensaft, 2 Prisen Salz und 2 TL Traubenzucker mischen.

→ **Fenchel-Reis** 100 g Milchreis mit 1/2 l Fencheltee und 1 TL Salz aufkochen und ca. 20 Min. sanft garen. Mit Sojasauce und etwas Petersilie würzen.

→ **Fiebertee** Thymian, Kamille und Lindenblüten zu gleichen Teilen mischen. 1 TL davon mit 1/4 l kochendem Wasser überbrühen, 5 Min. ziehen lassen, eventuell leicht süßen.

→ **Obstspieße mit Dip** 200 g Obst putzen, in mundgerechte Stücke schneiden, auf Zahnstocher spießen. 100 g Quark mit einem Schuss Orangensaft und 1 TL Honig glatt rühren, als Dip dazureichen.

→ **Anti-Schnupfen-Suppe** 200 g Möhren, 1 kleine Stange Lauch, 100 g Sellerie und etwas Ingwer putzen, waschen bzw. schälen, klein würfeln und in 1 EL Öl anbraten. 400 ml Hühnerbrühe zugießen, 10 Min. köcheln. 100 g Hähnchenbrust würfeln, zugeben und 5 Min. garen. Mit Sojasauce würzen und mit Schnittlauch bestreuen.

→ **Schnupfen-Killer-Brot** 1 EL weiche Butter mit 1 klein gehackten Knoblauchzehe und 1 EL Schnittlauchröllchen mischen. Auf geröstetes Brot streichen.

→ **Blitz-Eis** 150 g TK-Beeren mit 1–2 EL Puderzucker und einem Schuss Orangensaft im Mixer pürieren, sofort servieren.

→ **Tomatencreme** Je 1 klein gewürfelte Zwiebel und Knoblauchzehe in etwas Öl andünsten. 400 g Tomaten aus der Dose zugeben, mit Salz, Pfeffer und 2 TL getrocknetem Thymian würzen. Ca. 3 Min. stark einkochen lassen. Mit 100 g Sahne pürieren, nochmals würzen und servieren.

→ **Fitmacher-Topf** 1 gewürfelte Zwiebel in 1 EL Öl andünsten. 100 g Rinderhackfleisch zugeben und kräftig krümelig anbraten. 2 klein gewürfelte Möhren und 120 g Perlgraupen kurz mitdünsten, dann 300 ml Möhrensaft und 150 ml Wasser angießen. Zugedeckt 25 Min. sanft köcheln lassen, öfters rühren und nach Bedarf noch etwas Wasser zugeben. Salzen und pfeffern, 2 EL Sauerrahm unterziehen und mit viel Petersilie bestreut servieren.

GLOSSAR

Hier finden Sie von A(jvar) bis Z(itronengras) Zutaten, die unkomplizierten Gerichten aus der Familienküche ganz schnell einen besonderen Kick verleihen. Dazu Tipps, wo Sie was am besten bekommen oder wie Sie Ungewöhnliches ersetzen können.

AJVAR Die fruchtig-würzige Paste kochen Hausfrauen auf dem Balkan selbst ein – klassisch nur aus gerösteten Paprikaschoten, Salz und Pfeffer, oft auch mit Auberginen, Tomaten oder Peperoni, mit Zitronensaft, Essig, Olivenöl und anderen Gewürzen. Hier zu Lande bekommen Sie die Paprikapaste, die wunderbar zu Gegrilltem passt, im Glas im Supermarkt oder beim türkischen Lebensmittelhändler. Häufig können Sie wählen zwischen einer milden und einer schärferen Version. Bevorzugen Sie Ajvar ohne Konservierungsstoffe (Zutatenliste!).

BULGUR Für die orientalische Getreidespezialität wird Hartweizen gekocht, getrocknet, dann geschält und geschrotet. Dadurch erhält Bulgur sein typisch nussiges Aroma und lange Haltbarkeit. Schon die alten Babylonier stellten ihn her. Da Bulgur bereits vorgekocht ist, gart er schneller als beispielsweise Reis: 200 g Bulgur in ca. 300 ml kochend heißes Wasser einrühren und in gut 10 Min. bei ganz schwacher Hitze quellen lassen.

CASHEWKERNE Die Nüsse hängen an einer birnenförmigen, fleischigen Frucht. In den Anbauländern, z. B. in Indien, wird sie Cashew-Apfel genannt und als Obst gegessen. In unseren Supermärkten können Sie nur die nierenförmigen Cashewkerne kaufen, und zwar immer schon geschält und geröstet. Sie schmecken leicht süß, ein wenig mandelartig, und – wenn sie zu alt sind, leicht muffig. Deshalb die Kerne am besten gleich knabbern, höchstens mal für kurze Zeit fest verschlossen an einem kühlen, trockenen Ort aufbewahren.

CHILISAUCE Die süßscharfe Sauce verwenden Thailänder und Chinesen gern zum Würzen. Sie wird aus Chilischoten, Zucker, Salz und Essig hergestellt. Sie finden sie im Spezialitätenregal größerer Supermärkte und auf jeden Fall im Asia-Laden. Mögen's manche in Ihrer Familie besonders »hot«? Dann stellen Sie Chilisauce zum Dippen oder Nachwürzen mit auf den gedeckten Tisch. Bringt Pep z. B. an Frühlingsrollen oder Hähnchenflügel. Angebrochene Flaschen wie Ketchup im Kühlschrank aufbewahren.

CHILISCHOTEN Die superscharfen Verwandten der Gemüsepaprika stammen ursprünglich aus Amerika. Ihre Farbe sagt nur etwas über den Reifezustand, nichts aber über die Schärfe aus. Getrocknete Chilis gibt's nur in rot (reif). Faustregel für frische Schoten: je kleiner, desto feuriger. Entschärfen können Sie Chilis, wenn Sie Samen und Scheidewände entfernen. Denn darin steckt das meiste Feuer. Vorsicht! Die Schärfe klebt lange an den Fingern. Deshalb nach getaner Arbeit gründlich Hände waschen und nicht in den Augen reiben. Oder vorher Gummihandschuhe anziehen und auf jeden Fall Kinder beim Schnipseln fernhalten! Als Ersatz für frische Schoten dürfen Sie auch getrocknete oder eingelegte nehmen oder das Gericht mit Cayennepfeffer würzen. Übrigens: Wer zu viel Chili erwischt hat, isst besser ein Stück Brot, als das Feuer mit einem Schluck Wasser zu löschen.

COUSCOUS So heißt nicht nur grobkörniger Hartweizengrieß, sondern auch die damit zubereitete nordafrikanische Spezialität. In größeren Supermärkten, Bio- und Asienläden bekommen Sie vor allem Instant-Couscous. Der ist im Handumdrehen fertig – ideal für die schnelle Familienküche! Diesen vorbehandelten Couscous einfach nach Packungsanleitung in heiße Flüssigkeit einrühren oder mit Wasser aufkochen und quellen lassen, dabei eventuell mit der Gabel ein wenig auflockern.

CRANBERRYS Ab Spätherbst bieten viele Obstgeschäfte die Kultur-Preiselbeeren aus Amerika an. Sie sind größer als ihre wild wachsenden Schwestern aus Europa und nicht so sauer. Am besten schmecken vollreife Früchtchen, die schon etwas weich sind. Sie enthalten besonders wenig Säure und sind tiefrot gefärbt. Frische Beeren möglichst am Einkaufstag naschen oder verarbeiten. Sie verderben blitzschnell.

CURRYPASTE Die höllisch scharfe Würzpaste aus Thailand bringt Feuer in die Familienküche. Basis bilden immer Chilischoten, die mit Knoblauch, Schalotten, Korianderwurzel, Zitronengras, Garnelenpaste, Galgant und anderen Gewürzen fein zerstoßen und gemischt werden. Bei uns finden Sie vor allem drei Sorten in Asienläden und Supermärkten: Die rote Allround-Paste, außerdem die kräutergrüne, die als die schärfste gilt, und die mit Kurkuma gelb gefärbte, die gut zu Geflügel passt. Daneben gibt es noch indische Currypaste, die ebenfalls feurig schmeckt, aber im Gegensatz zur Thai-Paste in Öl konservierte getrocknete Gewürze enthält. Achtung: Currypaste stinkt beim Anbraten! Wer das nicht mag, rührt sie später dazu, und zwar am besten teelöffelchenweise. Nachschärfen können Sie immer noch. Ersatz: Currypulver oder frische Chilischoten.

CURRYPULVER Bei dem scharf-aromatischer Gewürzmix aus bis zu 30 fein gemahlenen Zutaten ist eines immer mit dabei: Kurkuma, die die gelbe Farbe gibt. Dazu kommen meist Koriander, Kardamom, Nelken, Muskatnuss, Kreuzkümmel oder auch Senfsamen. Reichlich Chili und Pfeffer stecken im superscharfen Madras-Curry und dem roten, dunkel gerösteten Ceylon-Curry. Milder sind englische und indische Mischungen, z. B. Bengal-Curry. Beim Kauf von Currypulver bitte nicht sparen! Billigcurry schmeckt durch zu viel Kurkuma oft erdig und wenig markant, ist manchmal sogar mit Hülsenfruchtmehl, Stärke oder Dextrose gestreckt. Neu gekauftes Currypulver erst mal probieren: Es kann viel schärfer als Ihre bisher gewohnte Mischung schmecken. Und nur kleine Mengen kaufen, da das Aroma schnell verfliegt.

FILOTEIG Blätterteig auf orientalische Art: Die hauchdünnen Teigblätter aus Mehl und Wasser lassen sich schnell in Knusperspezialitäten verwandeln: Die Filo-Blätter süß oder pikant füllen und in Öl schwimmend ausbacken. Im Backofen wird Filoteig schön knusprig, wenn Sie ihn vorher mit flüssiger Butter oder Öl bestreichen. Die fertig ausgerollten, runden oder eckigen Platten finden Sie – in Folie verschweißt – beim griechischen Lebensmittelhändler, den ähnlichen Yufka-Teig beim Türken. Ungeöffnete Päckchen im Kühlschrank aufbewahren oder einfrieren.

FISCHSAUCE Die rotbräunliche klare, salzig-aromatische Sauce dient als Allround-Würze in südostasiatischen Küchen. Sie wird aus fermentierten kleinen Fischen (meist Sardellen), Gewürzen und Wasser hergestellt und riecht ziemlich streng. In Supermärkten oder Feinkostläden finden Sie Fischsauce eher selten, im Asia-Laden dagegen Flaschen in verschiedenen Größen und Qualitäten. Dosieren Sie sie in jedem Fall vorsichtig, und sparen Sie zunächst mit zusätzlichem Salz. Ersatz: Sojasauce mit etwas Sardellenpaste gemischt.

GRAUPEN Die geschälten und polierten Gerstenkörner schwimmen gern in Suppe. Die großen werden (v. a. in Österreich) auch Rollgerste genannt und brauchen oft länger als 1 Std., bis sie weich sind. Bevorzugen Sie die kleinen, kugeligen Perlgraupen, die in der Hälfte der Zeit garen und auch bekömmlicher sind.

HIRSE In afrikanischen und asiatischen Ländern ist Hirse ein wertvolles Nahrungsmittel. Bei uns wird sie dagegen oft als Vogelfutter unterschätzt. Die fett- und eiweißreichen Körner, die wertvolle Vitamine und Mineralstoffe enthalten, finden Sie vor allem in Bio- oder Asienläden und in größeren Supermärkten, auch als Flocken oder Mehl. Hirse kann wie Reis zubereitet werden, der schluckt allerdings etwas mehr Flüssigkeit.

HOISINSAUCE Die dickflüssige süßlich scharfe Würzsauce aus China wird aus Sojabohnen, Wasser, Essig, Zucker, Knoblauch, Sesamsamen und Gewürzen hergestellt. Roter Reis verleiht ihr die typische rotbraune Farbe. Im Asia-Laden gibt's meist auch kleine Flaschen zum Ausprobieren. Probieren Sie Hoisinsauce mal als Dip zu gegrilltem Fleisch. Ersatz: leicht gesüßte Sojasauce.

INGWER Die Lieblingszutat asiatischer Köche gibt Gerichten einen fruchtig-scharfen Kick. Nehmen Sie für die Familienküche junge Ingwerwurzeln, die ein milderes Aroma als ältere Knollen liefern. Sie sind fest, haben eine hauchdünne, straffe Haut und hellgelbes, saftiges Fleisch. Frischen Ingwer gibt's in Asia-Läden, beim Gemüsehändler und im größeren Supermarkt. Zum Würzen reicht meist ein gut walnussgroßes Stück. Ungeschält bleibt er in Alufolie gewickelt im Gemüsefach des Kühlschranks gut 2 Wochen frisch. Oder die Wurzel einfach schälen, einfrieren und bei Bedarf frisch reiben.

KAFFIRLIMETTENBLÄTTER Damit verleihen Thai-Köche Gerichten eine fein-zitronige, aber nicht saure Note. Die glänzenden dunkelgrünen Blätter des Kaffirlimettenbaums werden einfach wie Lorbeerblätter mitgegart. Bei uns machen sie sich in Supermärkten noch rar. Greifen Sie zu, wenn Sie welche im Asia-Laden finden. Denn Kaffirlimettenblätter lassen sich prima einfrieren. Ersatz: etwas abgeriebene Limettenschale.

KARDAMOM Sowohl die grüne beziehungsweise schwarze Fruchtkapsel der Kardamompflanze als auch die in ihr liegenden Samen werden als Gewürz verwendet. Der kräftige Geschmack mit süßlicher eukalyptusähnlicher Note passt zu Fleisch- und Gemüsegerichten ebenso gut wie zu Süßspeisen. Hochwertiges Kardamompulver besteht ausschließlich aus gemahlenen Kardamomsamen. Packungsaufschrift lesen! Heißt es dort »gemahlener Kardamom«, wurden wahrscheinlich auch die weniger aromatischen Kapselhüllen mitvermahlen. Kardamom lässt sich schwer ersetzen, falls nicht vorhanden, einfach weglassen.

KOKOSMILCH Die cremig-flüssige Zubereitung aus Kokosfleisch und Kokoswasser schmeckt leicht süßlich. Sie mildert die Chilischärfe asiatischer Currys. Dosen stehen in Asienläden und vielen Supermärkten. Kaufen Sie ungesüßte Kokosmilch, am besten ohne Konservierungsstoffe (Zutatenliste)! Dosen vor Gebrauch gut schütteln oder umrühren: Während der Lagerung trennen sich Fett und Wasser, und das Fett setzt sich wie Rahm als dicke Schicht oben ab. Angebrochene Dosen rasch aufbrauchen. Nicht irreführen lassen: Manchmal wird das Kokoswasser, also die Flüssigkeit aus dem Inneren der Kokosnuss, als Kokosmilch bezeichnet.

KORIANDERSAMEN Die pfefferkornähnlichen Samen der Korianderpflanze haben einen süßlich-aromatischen Geschmack mit orangenschalenähnlicher und leicht scharfer Note. Sie würzen asiatische Spezialitäten ebenso wie Brot und Weihnachtsplätzchen. Im Gewürzregal des Supermarkts finden Sie meist gemahlenen Koriander. Für volles Aroma ganze Körner in einer Pfanne ohne Fett anrösten, dann selbst mahlen.

KORIANDERGRÜN Wird auch »Cilantro« oder »asiatische Petersilie« genannt, schmeckt mild-pfeffrig und hat einen markanten Geruch. Das Kraut der Korianderpflanze gibt's (mit Wurzeln) im Bund rund ums Jahr im Asia-Laden, im Töpfchen auch beim Gemüsehändler oder im Supermarkt. Die empfindlichen Blättchen nicht lange mitkochen, sondern klein geschnitten erst zum Schluss über die Speisen streuen.

KREUZKÜMMEL Sieht europäischem Kümmel zwar ähnlich, riecht und schmeckt aber ganz anders, nämlich bitter-würzig bis scharf-brennend und fast aufdringlich intensiv! Kreuzkümmel enthält ätherisches Öl, das leicht verfliegt. Deshalb am besten ganze Samen und nur kleine Mengen kaufen. Die Samen im Mörser fein zu zerstoßen, kostet allerdings viel Zeit. Wenn Sie keine Gewürzmühle besitzen, bevorzugen Sie gemahlenen Kreuzkümmel. Den finden Sie im Supermarkt-Gewürzregal als »Cumin«. Das Pulver gut verschlossen aufbewahren.

KURKUMA Die Wurzeln der Kurkumapflanze sind im Inneren sattgelb gefärbt. Deshalb heißt das Gewürzpulver, das aus den getrockneten Wurzeln gewonnen wird, auch Gelbwurz. Es verleiht Currypulver die typische Farbe und asiatischen Gerichten einen erdig pikanten Geschmack mit leicht bitterer Note. Vorsichtig dosieren! Bei uns können Sie nur selten ganze Kurkumawurzeln kaufen. Das Pulver dagegen gibt's preiswert im Supermarkt-Gewürzregal. Da es sehr lichtempfindlich ist, bewahren Sie es am besten in einem dunklen, dicht schließenden Glas auf.

MAISGRIESS → Polenta

MANGOCHUTNEY Mit Ingwer, Pfeffer, Essig, Chili, Zucker oder anderen Gewürzen wird aus Mangofrüchten ein raffiniert-exotischer Saucendip eingekocht. In Indien gibt es so viele Chutney-Rezepte wie Mangosorten. In unseren Supermärkten können Sie meist nur zwischen scharfem (»hot sliced«) und süßem (»sweet sliced«) wählen. Größere Auswahl finden Sie in Asia-Shops und Feinkostgeschäften. Angebrochenes Chutney im Kühlschrank aufbewahren und – wie Marmelade – bald aufbrauchen.

MIE-NUDELN Die chinesischen Eiernudeln werden wie unsere Teigwaren aus hellem Weizenmehl hergestellt, im Unterschied zu unseren Nudeln aber oft vorgedämpft (Instant-Nudeln). Deshalb sind sie blitzschnell gar. Es gibt sie von fadennudeldünn bis bandnudelbreit in Asia-Läden und im Spezialitätenregal größerer Supermärkte. Ersatzweise Vermicelli, Spaghettini oder Tagliatelle nehmen.

PINIENKERNE Die Schirmpinie wächst in Mittelmeerländern. Ihre mild-süßlichen Samen geben traditionellem Basilikumpesto Konsistenz und Geschmack. Sie passen aber auch wunderbar zu Salaten, Gemüsegerichten und süßen Kuchen. Die Kerne in einer Pfanne ohne Fett anrösten, bis sie duften. So bekommen sie besonders nussiges Aroma. Übrigens: Pinienkerne lassen sich nur extrem schwer aus ihren Schalen lösen, deshalb sind sie so teuer und im Supermarkt oder beim italienischen Feinkosthändler nur bereits geschält zu bekommen.

POLENTA Der italienische Maisgrieß wird auch bei uns immer beliebter. Sie bekommen ihn preiswert in Supermärkten, Bioläden, im Reformhaus oder beim italienischen Feinkosthändler. Das einfachste Rezept: Salzwasser in einem hohen Topf aufkochen, den Maisgrieß unter Rühren einrieseln lassen und weiterrühren bis der Brei beginnt, dick zu werden. Die Polenta ca. 20 Min. bei ganz schwacher Hitze quellen lassen, dabei immer mal wieder rühren. Wer weniger Zeit hat, nimmt Instant-Polenta. Die ist in wenigen Minuten zubereitet.

PULBIBER Die scharfen Paprikaflocken aus dem türkischen Lebensmittelgeschäft geben Döner feurigen Pep. Dafür werden Gewürzpaprikaschoten getrocknet, grob geschrotet und meist noch mit Salz und Gewürzen vermischt. Pulbiber vorsichtig dosieren, die Flocken können höllisch scharf schmecken! Am besten in einem dunklen Schraubverschlussglas und nicht zu lange aufbewahren: Denn die Flocken schimmeln leicht.

REISESSIG Egal ob aus China oder Japan importiert, ob hell oder dunkel: Der aus Reismaische gewonnene Essig schmeckt wesentlich milder als europäische Sorten, denn er enthält weniger Säure. Sie finden Reisessig im Asien- und Bioladen, im Reformhaus und in größeren Supermärkten. Als Ersatz können Sie milden Obst- oder Weißweinessig mit etwas Wasser verdünnen.

SAKE Der aus fermentiertem Reis gewonnene Wein hat eine herbe Note. In seinem Heimatland Japan wird er nicht nur zum Kochen verwendet, sondern auch gern kalt oder warm zum Essen getrunken. Neben Sake bieten Asia-Läden und große Supermärkte auch noch den japanischen, süßlich schmeckenden Reiswein Mirin und den chinesischen, ebenfalls süßlichen Shaoxing-Wein an. Sake enthält bis zu 15 % Alkohol. Als Ersatz ist Weißwein nicht geeignet. Nehmen Sie stattdessen besser trockenen Sherry.

SAMBAL OELEK Der rote Scharfmacher aus dem Supermarkt wird aus zerstoßenen Chilischoten, Salz, Öl und anderen Gewürzen hergestellt und kann mildfeurig bis superhot schmecken. Deshalb zunächst höchstens ein Teelöffelchen ans Gericht geben, probieren und eventuell nachwürzen. Im Heimatland Indonesien stehen Sambal-Gläschen auch zum individuellen Nachwürzen mit auf dem Tisch. Einmal geöffnete Gläser immer wieder gut verschließen. Sie dürfen Sambal oelek im Kühlschrank 3–4 Monate aufbewahren. Es kann aber wie Tomatenmark schimmeln oder verderben. Daher nur mit einem sauberen Löffel aus dem Glas entnehmen.

SARDELLENFILETS Die in Salz oder Öl konservierten Fischchen aus der Sardinenfamilie heißen auch Anchovis. Sie dienen vor allem in der mediterranen Küche als kräftige Würze. In Salz eingelegte Fische vor der Zubereitung unbedingt gut abspülen oder am besten 1 Std. wässern. Sardellen in Öl nur gut abtropfen lassen. Gläschen mit Sardellenfilets finden Sie im Feinkostregal des Supermarkts, einmal geöffnete sollten Sie im Kühlschrank aufbewahren. Wenn Sie ein Gericht mit Sardellen würzen, Salz nur sehr sparsam verwenden! Ersatz: Sardellenpaste.

SESAMÖL Das teure dunkle Öl aus geschrotetem und geröstetem Sesam bekommen Sie bei uns im Reformhaus, im Asia-Shop und Bioladen. Verwenden Sie es tropfenweise als Gewürz, nie zum Braten – kühl, dunkel und nicht zu lange lagern! Im Supermarkt gibt's auch raffiniertes Sesamöl aus nicht geröstetem Sesam. Es ist von allen Farb- und Duftstoffen befreit, neutral und kann hoch erhitzt werden, eignet sich also zum Braten und sogar Frittieren. Es ist lange haltbar. Sein

Geschmack aber mit dem des dunklen Öls nicht zu vergleichen.

SHIITAKEPILZE Mit dem Wok haben die Lieblingspilze der Ostasiaten auch in unserer Küche Karriere gemacht. Ihr intensives Aroma erinnert an Steinpilze. Sie bekommen Shiitake-Pilze beim Gemüsehändler, im Supermarkt oder Asia-Laden. Topfrische Exemplare sehen schön fleischig und gold- bis dunkelbraun aus und haben gewölbte Hüte. Getrocknete Pilze finden Sie unter ihrem chinesischen Namen Tongku. Bei frischen Pilzen nur die Stiele kürzen. Getrocknete mit warmen Wasser übergießen und 10–20 Min. einweichen lassen. Danach die Stiele herausdrehen, sie bleiben zäh. Frische Pilze verderben leicht. Getrocknete gut verpackt im Vorratsschrank lagern.

SOJASAUCE Die ostasiatische Allround-Würze bringt schnell einen Schuss Exotik ins Familienessen. Chinesische Sojasaucen sind meist dunkel, sehr würzig und manchmal ein wenig bitter. Japanische schmecken feiner und werden in der Regel traditionell in einem aufwändigen Prozess aus Sojabohnen, Weizen, Wasser und Meersalz gebraut. Sie heißen auch »Shoyu«. Die kräftige japanische »Tamari« besteht nur aus Sojabohnen, Wasser, Salz und Gärungsmitteln. Auf der Zutatenliste sollten keinesfalls Karamell oder Zucker, künstliche Aromen oder Konservierungsstoffe vermerkt sein. Da Sojasauce bis zu 20 % Salz enthält, beim Würzen zunächst mit Salz sparen.

SPROSSEN Ob von Radieschen oder Mungobohne, Linse oder Luzerne (Alfalfa): Frische Sprossen oder Keimlinge, wie sie botanisch korrekt heißen, enthalten viel Eiweiß, reichlich Vitamine und Mineralstoffe. Mittlerweile sind sie rund ums Jahr in fast jedem Supermarkt, im Reformhaus, Bioladen und beim Gemüsehändler im Angebot. Packen Sie nur knackig frische Sprossen ohne braune oder faule Stellen in den Einkaufskorb! Frische Sprossen gleich genießen, höchstens 2 Tage im Kühlschrank aufbewahren. Keimlinge lassen sich auch leicht selbst ziehen. Die Samen dafür erhalten Sie im Bioladen oder Reformhaus.

SÜSSKARTOFFELN Die stärkereichen Knollen aus Asien, Nordamerika und Afrika sind fester als ihre europäischen Verwandten. Ihre rötliche Schale lässt sich nur schwer abschälen. Ihr gelb-orangefarbenes Fleisch erinnert im Geschmack an mehlig kochende Kartoffeln mit süßlicher Note. Süßkartoffeln bzw. Bataten liegen vor allem im Gemüseregal von Asien- und Bioläden. Sie werden geschält oder ungeschält wie Kartoffeln mit Wasser gekocht, allerdings weniger gesalzen. Kühl und dunkel lagern.

TAHIN Die nussig-milde Paste aus gemahlenem Sesamsamen ist im Orient Basis vieler Saucen. Sie bekommen Gläschen mit Tahin – gesalzen und ungesalzen – in größeren Supermärkten (Asia-Regal), im Bioladen und Reformhaus. Eine Ölschicht schützt die Paste vorm Austrocknen und auch vor Schimmel. Vor Gebrauch kräftig durchrühren, dann erst die im Rezept angegebene Menge Tahin rauslöffeln.

TOFU Wird aus Sojamilch gewonnen und gehört mit seinem hohen Eiweiß- und Kalziumgehalt in vielen Ländern Asiens zu den Grundnahrungsmitteln. Tofu können Sie marinieren, kochen, braten oder grillen. Da er kaum Eigengeschmack mitbringt, verträgt er kräftige Würze. Große Auswahl finden Sie in Asien- und Bioläden: feste, weiche, frische, fermentierte, gesalzene und ungesalzene Tofusorten. Besonders pikant schmeckt geräucherter Tofu. Haben Sie die Folienverpackung geöffnet, können Sie Tofu im Kühlschrank mit Wasser bedeckt noch einige Tage aufbewahren. Das Wasser täglich wechseln.

WORCESTERSAUCE Der säuerlich-scharfe Saucenklassiker aus England enthält ebenso viele Zutaten wie Geschmacksnuancen: Neben Essig, Sherry und Soja eine Fülle von Gewürzen wie Nelke, Koriander, Piment, Ingwer oder Senf. Die genaue Rezeptur ist natürlich Geheimnis des Herstellers. Bevor Worcestersauce (sprich »Wuustersauce«) in kleine Flaschen abgefüllt wird, reift sie jahrelang in Holzfässern. Würzen Sie mit der tiefdunklen Sauce auch mal Tomatensaft, Salatdressing oder Rindfleischbrühe: Ein Spritzer genügt!

ZARTWEIZEN Das relativ neue schnell garende Getreideprodukt ist ein gesunder Sattmacher. Es besteht aus Hartweizenkörnen, die ohne Zusatzstoffe im Wasserdampf vorgegart, wieder getrocknet und dann geschält werden. Zartweizen steckt voller Ballaststoffe, Vitamine und Mineralstoffe und lässt sich wie Reis süß oder pikant kombinieren. Zartweizen im Kochbeutel ganz einfach in sprudelnd kochendem Salzwasser garen. Oder Körnchen auch mal wie Risotto zubereiten.

ZITRONENGRAS Es gibt Gemüse- und Fleischgerichten feinen Zitronenkick, ohne sie zu säuern. Doch das schilfartige dicke Gras hat mit Zitronen nichts zu tun, sondern verdankt seinen Namen lediglich dem zitronenähnlichen Duft. Nur der untere Teil wird zum Würzen verwendet. Wenn Sie frische Stängel beim Gemüsehändler, im Supermarkt oder Asia-Laden sehen, greifen Sie zu. Was Sie nicht gleich verwenden können, lässt sich gut einfrieren. Für die Zubereitung lose Blätter entfernen, Stängel kürzen, Wurzelansatz abschneiden. Das zwiebelartig verdickte untere Ende grob zerteilen (vor dem Servieren wieder entfernen). Oder ganz fein hacken und mitgaren. Zum Aromatisieren auch mal einen ganzen, etwas weich geklopften Stängel mitköcheln. Ersatz: frisch geriebene unbehandelte Limetten- oder Zitronenschale.

REGISTER

Wichtige Sachbegriffe und alle Rezepte in alphabetischer Reihenfolge. Die Rezepte finden Sie außerdem auch unter ihren jeweiligen **Hauptzutaten**. In grauem Fettdruck sind **Grundrezepte** hervorgehoben, *Sachbegriffe* und *Kurzrezepte* aus dem Serviceteil sind kursiv gedruckt.

REZEPTIDEEN FÜR JEDEN TAG

... für große und kleine Feinschmecker

ISBN (10) 3-7742-1695-9
ISBN (13) 978-3-7742-1695-2
240 Seiten | € 19,90 [D]

ISBN (10) 3-7742-6076-1
ISBN (13) 978-3-7742-6076-4
240 Seiten | € 19,90 [D]

ISBN (10) 3-7742-6333-7
ISBN (13) 978-3-7742-6333-8
64 Seiten | € 7,50 [D]

ISBN (10) 3-7742-6329-9
ISBN (13) 978-3-7742-6329-1
64 Seiten | € 7,50 [D]

ISBN (10) 3-7742-6630-1
ISBN (13) 978-3-7742-6630-8
144 Seiten | € 14,90 [D]

Lieblingsrezepte für die ganze Familie: schnell, gut, gesund, für morgens, mittags, abends, für unterwegs, zum Feiern und gegen kleine Wehwehchen.

GU

Willkommen im Leben.

IMPRESSUM

Die Autoren

Dagmar von Cramm (Herausgeberin)
Die Freiburger Diplom-Ökotrophologin ist eine gefragte Ernährungsexpertin. Sie ist mit einem Tierarzt verheiratet und hat drei Söhne. In zahlreichen Büchern und Zeitschriften veröffentlicht sie zum Thema Gesundheit, Kochen und Ernährung. Regelmäßig tritt sie im TV auf und ist eine begehrte Teilnehmerin wissenschaftlicher Symposien. Ihre Spezialgebiete sind Kochen für Kleinkinder, gesunde Familienküche sowie Gäste & Feste. Dagmar von Cramm gewann zweimal den Journalistenpreis der Deutschen Gesellschaft für Ernährung und ist inzwischen Mitglied im Präsidium. www.dagmarvoncramm.de

Susanne Bodensteiner
Die Literaturwissenschaftlerin, leidenschaftliche Köchin und Mutter von zwei Jungs im Teenager-Alter arbeitet seit vielen Jahren als freie Food-Autorin und Lektorin. Täglich kocht sie für Mann und Söhne, gern auch für Gäste. Fürs Familienkochbuch kümmerte sie sich um Texte und Überschriften, schrieb Aufmacher- und Glossarseiten und gab Tipps aus ihrer Küchenpraxis. Ihr Rezept für gute Laune am Familientisch: Lasagne servieren und das Thema Schule nicht allzu sehr vertiefen.

Martina Kittler
Die Diplom-Oecotrophologin und Sportwissenschaftlerin machte ihre Leidenschaft fürs Kochen zum Beruf – acht Jahre lang bei der größten deutschen Food-Zeitschrift und seit der Geburt ihrer Kinder Janina und Laurens als freie Foodjournalistin und -autorin. Das Thema gesunde Ernährung liegt ihr besonders am Herzen, und sie versteht es, dies mit Genussfreude und pfiffigen Rezeptideen in leckere Gerichte umzusetzen. Ihr Prinzip für die familiengerechte Küche: unkompliziert und mindestens einmal am Tag gemeinsam essen. Eine Lieblingsspeise ihrer Kinder ist übrigens das Zitronenhähnchen von S. 121.

Julia Skowronek
Die Profi-Köchin lebt mit ihrer Familie in München. Ihre Erfahrungen sammelte sie in namhaften Restaurants, auch im Ausland. Sie arbeitet als freie Rezept-Autorin und Food-Stylistin und betreibt einen Catering-Service. Regelmäßig kocht sie für 16 Kindergartenkinder. Lieblingsgerichte ihrer kleinen Tochter Feline sind das Curry von S. 85, Pommes (S. 61) und Vanilleparfait (S. 170). Sie kocht inzwischen schon am liebsten selbst, zusammen mit Mama.

Die Foodfotos

Fotos mit Geschmack
Ulrike Schmid und Sabine Mader
Die Fotografinnen leben mit ihren Familien mitten im »Fünf-Seen-Land« zwischen Starnberger See und Ammersee. Hier finden sie in ihrem Tageslichtstudio die Inspiration für ihre anspruchsvolle gemeinsame Arbeit. Wenn es Wetter und Auftrag zulassen, fotografieren sie auch gern unter freiem Himmel. Für dieses Buch haben Sie alle Rezept- und Produktfotos in Szene gesetzt. Tatkräftig unterstützt wurden sie dabei von Julia Skowronek (Foodstyling) und den beiden Küchenfeen Almut und Raquel, Nicola Welzmüller (Praktikantin im Studio) und Laura Schmid (Handmodel). Wir danken auch den Firmen Arzberg Porzellan, ASA Selection und Hey-Sign, die Fotorequisiten zur Verfügung stellten.

Die Peoplefotos

Peter von Felbert, Anne Eickenberg
Seit ihrem Abschluss im Fachbereich Foto Design an der Fachhochschule Bielefeld im Jahr 1994 arbeitet das Team erfolgreich im Bereich redaktioneller und künstlerischer Fotografie sowie in der Werbung. Ihre Arbeiten sind in namhaften Magazinen und Büchern veröffentlicht und in diversen Ausstellungen gezeigt worden. (www.felbert.de)

Programmleitung: Doris Birk

Leitende Redakteurin: Birgit Rademacker

Konzept, Redaktion und Bildredaktion: Sigrid Burghard

Lektorat: Claudia Lenz

Korrektorat: Waltraud Schmidt

Layout, Typographie und Umschlaggestaltung: independent Medien-Design, München; Umschlag: Sandra Gramisci; Innenlayout: Claudia Ehrl

Herstellung: Petra Roth

Satz: Knipping Werbung GmbH, Berg/Starnberg

Reproduktion: Fotolito Longo, Bozen

Druck: Appl, Wemding

Bindung: Conzella, Pfarrkirchen

ISBN (10) 3-7742-7200-X
ISBN (13) 978-3-7742-7200-2

Auflage	4.	3.	
Jahr	2008	2007	2006

Bildnachweis
Peter von Felbert, Anne Eickenberg: S. 2, 4 (1. Foto), 5 (letztes Foto), 6, 8, 22, 25 (2. u. 4.), 34, 47 (3.), 65 (1. u. 3.), 83 (1. u. 4.), 89, 97 (1., 3. u. 4.), 117 (1. u. 4.), 137 (2. u. 4.), 173 (3. u. 4.), 191 (2.), 218 (4.), 224 (2.), U 4 (2. Foto).
StockFood: S. 216 (alle Fotos)
Alle anderen Fotos: Fotos mit Geschmack, Ulrike Schmid und Sabine Mader
Titelfoto: FoodPhotography Eising, Martina Görlach – Pellkartoffeln (Rezept S. 50)

DAS ORIGINAL GU MIT GARANTIE

Das Original mit Garantie

IHRE MEINUNG IST UNS WICHTIG. Deshalb möchten wir Ihre Kritik, gerne aber auch Ihr Lob erfahren, um als führender Ratgeberverlag für Sie noch besser zu werden. Darum: Schreiben Sie uns! Wir freuen uns auf Ihre Post und wünschen Ihnen viel Spaß mit Ihrem GU-Ratgeber.

UNSERE GARANTIE: Sollte ein GU-Ratgeber einmal einen Fehler enthalten, schicken Sie uns bitte das Buch mit einem kleinen Hinweis und der Quittung innerhalb von sechs Monaten nach dem Kauf zurück. Wir tauschen Ihnen den GU-Ratgeber gegen einen anderen zum gleichen oder einem ähnlichen Thema um.

Ihr GRÄFE UND UNZER VERLAG
Redaktion Kochen & Verwöhnen
Postfach 86 03 25
81630 München
Fax: 089/41981-113
e-mail: leserservice@graefe-und-unzer.de

GRÄFE UND UNZER

Ein Unternehmen der
GANSKE VERLAGSGRUPPE

DAS MAG ICH JEDEN TAG!

Lesebändchen mit Namen drauf
machen das Wiederfinden von
Lieblingsgerichten kinderleicht.
Und wer gleich für jeden Tag in der Woche einen
Favoriten vormerken möchte, markiert die
Seiten mit den entsprechenden Lesezeichen.